KB125991

경상대학교 사회과학연구원 사회과학총서 20

한국의 지역사회 인구변동

지방자치단체의 인구증감 분석

경상대학교 사회과학연구원 엮음

이시원 · 김영기 · 이성진 · 하상근 지음

한울
아카데미

국립중앙도서관 출판시도서목록(CIP)

한국의 지역사회 인구변동 / 이시원...[등]지음. -- 파주
: 한울, 2005
    p. ;   cm. -- (한울아카데미 ; 749)(경상대학교 사회
과학연구원 사회과학연구총서 ; 20)

ISBN   89-460-3390-8 93330

322.92011-KDC4
304.6-DDC21   CIP2005001295

서문

　그동안 한국사회는 인구규모, 인구구성, 인구이동, 출산율, 사망률 등 인구와 관련하여 엄청난 변화를 경험하여 왔다. 다산을 중시하던 농경사회의 전통이 지속되었을 뿐만 아니라 50년대 베이비붐으로 인한 인구의 급격한 증가로 인해 가족의 생계유지와 국가 경제에 엄청난 부담으로 작용하였던 시기도 있었다. 이에 따라 1960년대 초반부터 인구 억제를 목적으로 한 가족계획사업이 국가적 차원에서 대대적으로 시행되어 인구 억제를 가장 성공한 국가로 거론되기도 하였다. 1960년에 6.0명에 달하던 출산율이 1985년에는 2.0명으로 저하되었고, 2002년 이후에는 1.17명으로 전 세계에서 출산율이 가장 낮은 국가가 된 것이다.

　물론 이러한 출산율의 급격한 저하가 인구 억제를 목적으로 한 가족계획사업에서 전적으로 비롯된 것이라고 말할 수는 없을 것이다. 여성들의 고등교육 기회의 증대 및 경제활동 참가율의 증가, 그리고 생활양식과 가치관의 변화도 출산율의 저하를 가져온 중요한 요인으로 작용하였음에 틀림없다. 여하튼 이러한 추세가 지속된다면 한국의 인구는 2004년 현재의 4천820만 명에서 2050년경에는 4천430만 명으로 약 400만 명이 줄어들 것이라는 예측이 나오고 있다.

　출산율의 저하, 사망률의 저하에 따른 인구규모의 변화뿐만 아니라 1960년대 이후 40여 년간의 압축성장과정에서 지역간 인구이동에 따른 급격한 인구변동을 또한 경험하였다. 소위 향도이촌형의 인구이동과 그에 수반한 자연출산력의 저하로 도시지역과 농촌지역 간의 비대칭적인 인구성장이 누적적으로 심화되어 왔던 것이다. 이 때문에 인구가 지속적으로 유출된 지역은 과소지역으로 전락하여 지역발전의 걸림돌로 작용하고 있는 것이다. 일정한 지역을 관할하고 있는 지방자치단체가 존립 발전하기 위해서는 일정 규모 이상의 주민수 즉, 인구가 요구된다. 그러나 수도권 지역의 기초자치단체와 상대적으로 규모가 큰 도시의 기초자치단체를 제외한 지역들은 인구의 지속적인 감소로 과소지역화가 심화되고 있는 실정에 있다.

필자들은 인구문제를 전문적으로 연구하는 인구학자는 아니다. 그러나 행정학을 전공하고 있는 연구자로서, 최근 우리 사회의 국가적인 정책과제가 되고 있는 지방분권, 지역의 균형발전이라는 관점에서 우리나라 자치단체의 인구변동을 체계적으로 규명해볼 필요성을 인식하게 되었다. 인구수의 감소에 따른 과소지역화는 해당 지방자치단체의 지방재정, 지역경제, 공동체의 정체성, 지역개발 등에 부정적인 영향을 주어 해당 지방자치단체의 대내외적인 경쟁력의 약화를 초래하고 있는 것이다. 최근 인구 3만 명 선을 위협받고 있는 기초자치단체도 적지 않아 과연 앞으로 기초자치단체로 존립할 수 있는지에 대한 의문이 제기될 가능성도 충분히 있다. 본 연구에서는 그동안 인구가 지속적으로 감소되어온 기초자치단체들을 연구의 주된 대상으로 삼고 있지만, 이와 함께 우리나라 기초 및 광역자치단체의 인구변동의 실태 그리고 인구이동의 전반적인 양상을 통계청 및 각 지방자치단체의 인구관련 통계자료 등을 활용하여 규명하고 있다.

본 연구에서 다루고 있는 내용을 장별로 간단히 간추려 보면 다음과 같다. 먼저 제1장 서론에서는 연구의 필요성 및 연구수행을 위한 분석틀을 제시하였다. 그리고 필자들이 연구하고자 하는 연구의 내용 및 방법이 기존의 인구관련 연구들과 어떠한 차이가 있는지를 밝혀놓았다. 제2장에서는 지방자치단체에서의 인구의 중요성, 과소지역의 의미, 인구감소의 요인 및 유형 등을 이론적인 검토의 차원에서 언급하였다. 제3장에서는 우리나라 광역자치단체별로 해당 광역자치단체에 속한 기초자치단체의 인구변동을 1960년부터

2003년까지의 통계자료를 토대로 실태분석을 시도하였다. 제4장에서는 인구이동의 실태를 분석하고 있는데, 여기에서는 각 광역자치단체를 대상으로 전입지와 전출지별 시·도간 인구이동의 실태를 살펴보고 있다. 제5장과 6장에서는 우리나라 기초자치단체를 대상으로 자연적 감소요인과 사회적 감소요인을 실증적인 분석방법을 통해 분석하였다. 이러한 실증적 분석결과는 출산율의 저하에 따른 자연적 감소와 경제적 요인 및 교육적 요인 등에 의한 사회적 감소를 극복하는 방안을 도출하는데 시사점을 주게 될 것이다. 제7장에서는 인구감소를 막기 위한 각국의 대응정책과 우리나라 중앙정부 및 기초자치단체의 대응정책의 실태를 살펴보고 그에 대한 평가를 하고 있다. 제8장에서는 현재 우리나라의 기초자치단체 수준에서 고려될 수 있는 인구감소의 대응방안을 인구장려정책과 인구대응정책의 차원에서 각각 제시하고 있다. 제9장에서는 본 연구의 결과를 요약해서 정리하는 것으로 마무리하고 있다.

필자들은 본 연구가 원활히 수행될 수 있도록 연구비를 지원해준 학술진흥재단에 대해 감사의 뜻을 표한다. 그리고 연구결과를 책으로 출판할 수 있도록 협조해준 경상대학교 사회과학연구원 정진상 원장에게 감사의 뜻을 표한다. 또한 어려운 출판사정에도 불구하고 본 연구결과를 단행본으로 출판할 수 있도록 성원을 아끼지 않은 도서출판 한울 관계자에게도 감사의 뜻을 전한다. 끝으로 본 연구가 과소지역화하고 있는 상당수 기초자치단체의 어려움에 대한 주의를 환기시키고 지역의 균형발전을 도모할 수 있는 정책자료로 활용되었으면 하는 간절한 바람을 아울러 가져본다.

2005년 6월 20일
필자들을 대신하여
이시원

차례

표 차례

그림 차례

1. 서론

1. 연구의 목적과 필요성

지방분권을 통한 지방자치의 활성화와 지역간 균형발전은 국가적 주요 의제의 하나이다. 현재의 참여정부는 지방분권과 지역균형개발을 추진하기 위해 대통령 직속으로 정부혁신 및 지방분권위원회와 국가균형개발위원회를 설치하고 그 실무기구로서 지방혁신 및 지방분권추진단을 구성하여, 중앙과 지방의 균형적인 개발, 지방에의 행·재정적 권한이양 등을 추진하고 있다. 이러한 지방분권과 지역균형개발의 성공적 추진을 위해서는 지방자치 단체의 역할이나 기능 강화가 요구되며, 무엇보다도 기초자치단체의 역량 강화가 필수적이다. 그러나 수도권 지역의 일부 기초자치단체를 제외한 대부분의 우리나라 기초자치단체들은 급격한 주민감소에 의해 자치단체로서의 역할이나 기능저하가 우려된다. 다시 말해 인구의 자연감소와 유출로 인한 과소(過疎) 기초자치단체의 발생이 심각한 상황에 이르고 있는 것이다.

그러면 과소지역(過疎地域)에 대한 연구가 필요한 이유는 무엇인가?

과소지역은 상대적으로 다른 지역에 비해 인구의 역외유출로 지방자치단체로서의 적정규모를 유지하지 못하여 정치적, 재정적으로 매우 취약한 상태에 있는 지역을 말한다. 보다 구체적으로 말하면 사회경제적인 개발이나 투자가 왕성한 수도권과 대비되는 지방의 소도시나 농촌특성의 군 지역을 과소지역으로 규정할 수 있다. 이들 지역들은 중앙정부의 정책적인 관심대상에서 소외되어 상대적으로 낙후성을 면치 못하고 있으며, 더욱이 최근 들어 이들 지역에서의 주민수의 감소가 심각해지고 있다. 따라서 과소지역에 대한 국가적 차원의 관심과 함께 이들 지역에 대한 기초적인 실태조사와 향후 대응방안에 대한 심층적인 연구가 요구되고 있는 것이다.

주민수는 지방자치단체의 규모 및 기능, 선거, 각종 정책결정, 행정서비스의 량과 질, 주민참여의 정도·갈등관리 등과 관련된다(박병식 외, 1995). 또한 도시성장 요인 중 주요변수의 하나이며, 지역 발전과 밀접한 관계에 있다(김원, 1997; 박영환 외, 2000; 박헌수·조규영, 2001; Jackson, 1995; Aguirre, 2002). 따라서 지방자치단체의 존립·발전을 위해서는 일정 규모이상의 주민수가 요구된다. 그러나 수도권 지역의 기초자치단체, 상대적으로 규모가 큰 기초자치단체 등을 제외한 지역들에서 주민수의 지속적인 감소가 나타나 과소지역화가 심화되고 있다.

2004년 기준으로 우리나라의 시·군자치단체는 전체 234개이지만, 이중 광역시의 자치구 및 군자치단체와 계룡시(2003년에 계룡출장소에서 계룡시 승격)를 제외한 우리나라의 158개 지방자치단체(시 자치단체 74개, 군자치단체 86개)의 1996년부터 2002까지의 인구수 감소실태에 대한 현황분석에 따르면, 지방자치단체의 주민수 감소는 시·군에 관계없이 지속적으로 나타나고 있어 지방자치단체들의 과소지역화 현상이 전국적으로 심화됨을 알 수 있다. 1996년에는 20개 시·66개 군에서 주민수 감소가 있었으며, 2001년에는 30개 시·64개 군에서 감소가 나타났다.

지역과소화를 유발하는 인구감소는 자연적인 감소와 사회적인 감소로 구분할 수 있는데, 이 가운데 인구의 유출에 의한 사회적인 감소가 더 큰 영향을 미친다. 시자치단체의 경우 1996년에 28개 시에서 사회적 감소가 나타났으나, 2001년에는 45개 시에서 사회적 감소가 나타났다. 그리고 군자치단체의 경우는 67개 군에서 사회적인 감소가 나타났다. 도별 인구 현황에 대한 분석에 따르면, 수도권에 해당하는 경기도와 비수도권인 기타 지역간의 인구격차가 심화되고 있는데, 사회적 이동이 큰 원인이다. 1996년~2001년까지 6년 평균을 볼 때, 충청북도는 3개시 가운데 2개 시에서·전라북도는 6개 시 가운데 5개 시에서·전라남도는 5개 시 가운데 4개 시에서·경상북도는 10개 시 가운데 8개 시에서 사회적 이동에 따른 의한 감소가 나타났다. 군자치단체의 경우 더욱 심각하다. 경기도는 연천군 1곳에서만 사회적 이동에 따른 감소가 나타난 반면에, 강원도·충청남도·전라북도·경상남도·제주도의 경우 모든 군자치단체에서 사회적 이동에 의한 주민수의 감소가 나타났다.

주민수의 감소에 따른 과소지역화는 해당 지방자치단체의 지방재정·지역경제·공동체의 정체성·지역개발 등에서 부정적인 영향을 주어 해당 지방자치단체의 대내·외적인 경쟁력의 약화를 초래한다. 우리의 경우 특히 농촌의 군에서 인구감소가 심각하여, 인구감소에 따른 과소지역화가 심화되고 있다(김태헌, 1996). 이에 따라 주민수 감소에 대한 정책적 대응방안의 모색이 시·군의 우선적인 정책과제로 대두되고 있다. 특히 향후 정부가 역점을 두고 추진할 지방분권과 관련하여 과소지역 자치단체의 인구감소 요인의 분석과 이에 대한 정책적 대응은 매우 중요한 현안과제가 아닐 수 없다.

그러나 지방자치단체 차원에서의 주민수 감소 대응정책에 대한 체계적인 연구가 이루어진 바 없다. 그러므로 주민수 감소에 따른 과소지역화의 대응방안의 모색을 위해서는 이와 관련된 선행적인 기초연구가 절실히 요구된다. 이러한 필요성에 따라서 본 연구는 주민수 감소의 요인은 무엇인가? 지방자치단체들은 어떤 대응책을 모색하고 있는가? 주민수 감소에 따른 과소지역화를 막는 적정 대응책은 무엇인가? 등의 연구문제를 토대로 연구를 수행하고자 한다.

2. 연구수행을 위한 분석틀 및 연구내용

본 연구에서는 주민수 감소의 요인은 무엇인가? 지방자치단체들은 어떤 대응책을 모색하고 있는가? 주민수 감소에 따른 과소지역화를 막는 적정 대응책은 무엇인가? 등을 연구문제로 설정하였다. 이를 위해 본 연구는 시·군 지방자치단체들의 주민수 감소원인과 지방자치단체 차원에서 이루어지

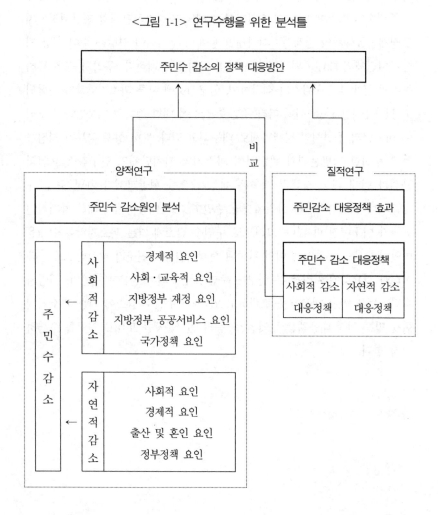

<그림 1-1> 연구수행을 위한 분석틀

고 있는 정책적 대응의 실태 및 평가를 통해 체계적이고 정합성이 높은 정책적 대안을 모색하기 위해 <그림 1-1>과 같은 분석틀로 구체적인 연구를 진행하고자 한다. <그림 1-1>에서 제시된 전체 분석틀을 토대로 구체적으로 전개될 연구내용을 기술하면 다음과 같다.

첫째, 1960년부터 2002년까지의 지방자치단체 주민수 변동 및 감소 실태를 분석하고자 한다. 우리나라 시·군 지방자치단체의 주민수 변화는 자연적인 변화라기보다는 인위적인 변화라는 특징을 가지며, 변화 양상 역시 급격하다. 1960년 이후 중앙정부 주도에 의한 경제개발과 국토개발정책, 인구정책, 수도권 개발 및 완화정책, 지방자치 등과 같은 각종 제도들의 실시는 시·군 지방자치단체의 주민수 변화에 큰 영향을 미쳤다. 또한 1961년 이후 성공적으로 추진된 인구억제정책은 최근까지 급격한 출산율의 저하를 초래하여 시·군 지방자치단체의 주민수 감소에 영향을 미쳤다. 따라서 우리나라 지방자치단체의 주민수 감소의 실태를 알기 위해서는 시대에 따른 주민수 변화에 대한 고찰이 필요하다. 이러한 고찰은 현재의 주민수 감소에 대한 역사적인 기원을 제공해 주며, 또한 주민수 감소의 정책적인 대안을 모색하는 기본 자료로서 활용할 수 있다.

둘째, 주민수 변동 및 실태를 토대로 연구는 주민수 감소의 원인을 분석한다.[1] 주민수의 감소는 사회적인 감소와 자연적인 감소로 구분된다. 주민수 감소의 요인을 분석하기 위해 기존 연구에서 나타난 하나의 모형보다는 여러 모형을 조합한 통합변형모델에 따른다. 즉 주민수 감소는 다양한 원인에 의해 나타날 수 있으므로 여러 모형을 통합하여 사용하고자 한다. 또한 기존의 경제학·사회학 분야 중심의 연구에서 소홀히 다루었던 행정적 요인을 추가하여 분석한다.

---

[1] 주민수의 증감과 영향요인 간에는 상호영향이 나타날 가능성을 배제할 수 없다. 즉, 경제·교육·환경·지방행정·상급기관정책·중력입지요인들이 사회적 이동에 따른 주민수의 증감에 영향을 줄 수 있지만, 반대의 경우도 가능하다. 즉, 주민수의 증감이 경제·교육·지방행정·상급기관정책·중력입지요인들의 변화에 영향을 줄 수도 있다. 본 연구는 여러 요인들이 주민수 증감에 미치는 영향관계에만 한정하고자 한다.

셋째, 지방자치단체들은 출산율의 감소와 전출의 증가에 따른 주민수의 감소를 예방하거나 적극적으로 출산율의 증가와 전입을 유도하는 시책들을 추진하고 있다. 그러므로 주민수 감소에 대한 대응방안을 수립·시행한 이후의 주민수 감소치를 조사하여 지방자치단체들의 정책이 실제적으로 효과가 있었는지 파악한다.

넷째, 종합적으로 지방자치단체가 인구감소에 따른 과소지역화를 막기 위한 대응방안을 제시하고자 한다. 인구감소에 따른 과소지역화는 지방자치단체가 직면한 심각한 위협이다. 이를 해결하지 못할 경우 지방자치단체는 그 존립 자체뿐만 아니라 나아가서는 지방자치제도 역시 위협을 맞이할 것이다. 따라서 지방자치단체의 인구감소에 따른 과소지역화를 막기 위한 대응방안을 모색하고자 한다.

3. 연구범위와 연구방법

본 연구는 경험적인 양적 분석과 기존정책에 대한 질적 분석을 병행할 것이다. 경험적인 양적 분석에서는 주민수의 자연적 감소에 영향을 미치는 요인과 사회적 감소에 영향을 미치는 요인을 탐색한다. 그리고 질적 분석에서는 지방자치단체가 주민수 감소에 대응하기 위해 시행중인 시책들의 실태를 고찰한 후, 이들 시책들의 효과를 분석한다. 이러한 연구에 따른 연구범위와 방법은 다음과 같다.

첫째, 연구대상은 2002년 기준으로 우리나라의 시·군자치단체 158개로 시자치단체 74개, 군자치단체 84개인데 이는 광역시에 속해 있는 일부 군자치단체를 제외한 거의 대부분의 시·군자치단체들이다. 최근 들어 농촌인구의 도시유입이 어느 정도 안정화단계에 있어서 오히려 도시간에 인구이동이 활발해지고 있는 추세이다. 즉, 우리나라의 인구이동은 최근 들어 시·도간의 장거리 이동보다 동일시·도내의 단거리 이동의 특징을 보인다(권용우·

이자원, 2000). 또한 시 기초자치단체는 동등한 규정을 받는 자치단체들로 대등한 관계를 형성하면서, 자치단체별로 다양한 특징을 가진다. 따라서 시 자치단체의 특성에 따른 인구변동의 파악이 가능하다. 그리고 군자치단체들은 인구감소에 따른 일차적인 영향을 받는 자치단체들로서 급격한 인구감소에 대한 대응책을 우선적으로 생각하는 실정이므로 적합한 연구대상이다.

그러나 기초자치단체이지만 광역시 소속의 일부 군자치단체와 자치구, 광역자치단체들은 분석대상에서 제외한다. 부산광역시의 기장군과 같은 광역시 소속의 군지역과 자치구는 일반적인 시·군과 같은 독립성과 차별성을 가진다고 보기 힘들다. 이는 광역시에 속한 자치구나 군자치단체들은 지역적인 특색이나 경계의 구분이 불분명하며, 주민들의 인식 역시 자치구민 또는 자치군민으로서 보다는 광역시의 일원으로 여기는 경향이 강하다. 달리 말해 광역시내 자치구간의 인구이동은 광역시내의 이동으로 여길 뿐 지역적인 차별성을 가진 자치단체로의 이동이라 보기 힘들다. 그리고 우리나라 광역자치단체는 모두 16곳으로 분석단위가 적으며, 광역자치단체들은 기초자치단체와는 역할이나 기능면에서 차이가 크기 때문이다.

둘째, 연구의 시간적 범위는 인구변동 실태의 경우 1960년부터 2002년까지가 연구범위에 해당되며, 주민의 자연적 감소와 사회적 감소 요인에서는 1991년부터 2002년까지이다[2].

---

2) 원래의 연구계획서상의 연구범위는 1996년부터 2001년까지였다. 1995년 이전은 인구이동의 추정을 어렵게 하는 신도시개발, 도·농통합 등의 구역개편으로 시·군자치단체의 변동이 심하였으나, 1996년부터 다소 안정적인 경계구분이 이루어졌다(김남일, 1998). 1996년도 이후 용인군·파주군·이천군·안성군·김포군·논산군·양산군 등이 시로 승격하였으며, 1998년에는 여수시·여천시·여천군의 통합과 울산광역시 등이 나타나기도 하였으나 대체로 인구변동은 안정적이기 때문에 1996년 이후부터 분석하고자 하였다. 또한 2001년까지 설정한 이유는 연구계획서가 2003년도에 제출되었기 때문이다. 그러나 본 연구팀은 자연적 감소와 사회적 감소의 요인에 대한 연구범위를 1991년부터 2002년까지 확대하였으며, 인구변동의 현황에 대한 분석을 새롭게 추가하면서 1960년부터 2002년까지 10년 단위로 현황에 대한 분석을 하였다. 그리고 처음의 연구계획서에서는 2001년까지이던 연구범위를 2002년까지 확대하였다.

셋째, 양적 연구와 질적 연구를 위한 자료수집이다. 양적 연구에서는 158 개 시·군자치단체들을 대상으로 사회적인 증감과 자연적인 증감의 요인을 파악하고자 하며, 영향요인으로 경제적 요인·사회적 요인·지방정부요 인·국가정책요인 등을 가정하였다. 따라서 158개 자치단체들을 대상으로 이들 요인에 대한 자료조사를 하였다.

양적 연구의 자료는 통계청에서 발간한 각종 자료집들, 광역 도 및 기초자 치단체에서 발간한 통계연보, 교육청, 기타 경제 연구소·중앙부처 등에서 발간한 자료를 중심으로 수집한다. 그리고 통계자료상에 나타나지 않은 정보 는 해당지역에 대한 직접 방문을 통해 수집하였다.

질적 연구를 위한 정책자료 수집은 주민수의 감소가 나타나는 지방자치단 체를 대상으로 기관조사와 면접을 통해 자료를 수집한다. 2001년 현재 30개 의 시자치단체와 64개의 군자치단체에서 주민수의 감소가 나타나고 있으나, 이들 자치단체 가운데 각 도별로 인구감소가 많은 자치단체를 선정하여 총 18개 자치단체에서 자료를 수집하였다. 조사를 위해 이들 자치단체에 자료협 조 공문과 조사표를 송부한 후 직접 방문하여 조사를 하였다.

넷째, 양적 분석에서는 RATS프로그램과 SPSSWIN통계프로그램을 사용하 여 빈도분석, 분산분석, 상관분석, 회귀분석 등을 하였다.

4. 선행연구와의 차이

인구증가는 자원이용과 인간 활동과 연관된다. 따라서 맬서스(Malthus)이후 인구와 관련된 기존 연구들은 인구감소보다는 증가에 초점을 두며, 분석수준 은 주로 국가적인 차원이다. 그리고 주요주제는 인구증가와 경제성장(Aguirre, 2002), 인구증가와 환경(Kumar, 2000; Jegasothy, 1999) 등이다. 1970년대 이후부터 일부 국가에서 인구감소가 나타나고 있으나 세계적으로 여전히 인구증가가 주요 관심사이므로 인구감소에 대해서는 학자나 정책결정자들의 관심이 상대적으로 적었다. 그리고 인구증가는 국가경제나 환경에 부정적인 영향을 미친다는 관점이 지배적이므로 인구증가와 경제성장·환경과의 관계에만 연구를 한정하는 경향이 있었다. 더욱이 인구문제는 중앙정부 차원에서 다루어야 한다는 인식과 더불어 주로 경제학·사회학적 관점에서 접근하였다. 따라서 지방정부 수준에서 주민수의 증감에 대한 연구는 거의 없는 실정이다.

그러나 본 연구는 시·군 지방자치단체이 주민수 감소의 대응방안을 모색할 필요성이 있다는 인식하에, 경험적인 양적 분석과 기존 정책에 대한 질적 분석을 통해 적절한 주민수 감소 대응방안을 제시하고자 하며 앞에서 살펴본 선행연구와는 다른 관점에서 접근한다.

첫째, 본 연구는 기존의 경제적이나 사회학에서 이루어진 인구변동이나 인구정책에 관한 문제를 행정학적인 측면에서 분석하고자 하였다. 기존의 사회학이나 경제학적인 접근에서는 출산이나 이동에 대한 사회경제적인 영향에만 분석을 한정하는 한계가 있었다. 그러므로 인구변동의 주요 요인으로 지방정부의 요인과 중앙정부의 정책요인들을 추가하여, 사회경제적인 영향에만 한정한 기존 연구와는 달리 행정적인 측면에서도 접근한다.

둘째, 기존의 자연적인 출산·사망 또는 사회적인 이동에 따른 인구변동에 대한 연구들은 실태에 대한 사전 또는 예비적 분석 없이 출산·사망 또는 사회적인 이동의 영향요인을 탐색하였다. 그러나 본 연구는 인구변동의 실태에 대한 분석과 회귀분석을 통해 자연적인 출산요인과 사회적인 이동이 인구변동에 영향을 미칠 수 있다는 근거하에 접근하였다.

셋째, 기존 인구정책에 관한 연구들의 초점은 인구억제정책이며, 또한 중앙정부 차원의 인구정책에 관심을 둔다. 그러나 본 연구는 인구억제보다는 인구감소를 예방하고 나아가 인구유입을 촉진하려는 정책에 관심을 둔다. 또한 기존의 중앙정부 차원의 인구정책이 아닌 지방정부 차원의 인구정책에 관심을 둔다.

2 지방자치단체 인구감소와 과소화 문제: 이론적 검토

1. 지방자치단체와 인구변화

1) 주민의 의미와 중요성

지방자치에서는 지역에 거주하는 사람들을 단순한 하나하나의 개체를 의미하는 인구라는 의미보다 주민이라 지칭한다. 주민은 주인이라는 의미를 내포하는 개념으로서 지방자치에서 특히 중요한 존재이며, 지방자치의 주체이다. 주민들의 참여가 없는 지방자치는 의미가 없다. 주민수의 감소는 지방자치단체의 기능이나 역할 수행을 위축시키며, 나아가 지방자치의 발전을 저해하므로 주민수의 감소를 막기 위한 지방정부의 대응책 모색이 필요하다. 특히 인구가 급격히 유입되고 있는 과대성장지역과 인구의 유출이 심각한 과소 지역간의 균형적 발전을 모색하기 위해서는 인구이동과 관련한 기초적 연구가 절실히 요청되고 있다.

주민은 지방자치단체의 구역 안에 주소를 가진 자이다(지방자치법 12조). 주소란 자연인 · 법인 · 내국인 · 외국인 모두가 가질 수 있으므로, 주민은 자연인 · 법인 · 내국인 · 외국인 · 연령 · 성별 · 행위능력을 구분하지 않는 포괄적 개념이다. 그러나 본 연구에서 주민은 내국인과 자연인에 한정하며, 각 지방자치단체별로 주소를 가지고 있는 사람을 의미한다.

2) 주민수의 변화

거시적인 측면에서 주민수의 변화는 크게 자연적인 증감과 사회적인 증감에 의해 발생한다(문현상 외, 1994; 구성렬, 1996). <표 2-1>의 주민수 감소의 회귀분석 결과에 따르면, 시자치단체의 주민수 감소에는 사회적 감소와 자연적 감소 모두가 영향을 미치지만(R2 : .963), 자연적 감소(beta : .143)에 비해 사회적 감소(beta : .958)가 주민수 감소에 더 큰 영향을 미친다. 역시 군지역에서도 주민수 감소에 사회적, 자연적 감소 모두가 영향을 미치지만(R2 : .979), 자연적 감소(beta : .110)에 비해 사회적 감소(beta : .922)가 더 큰 영향을 미친다. 이와 같이 주민수의 변화는 크게 자연적인 증감과 사회적인 증감에 의해 발생한다.

자연적인 증감은 출생과 사망 등에 의한 자연적인 변화를 의미한다. 출생이 사망보다 많은 경우 자연적인 주민수가 증가하며, 출생보다 사망이 많은 경우 자연적인 주민수의 감소가 나타난다. 그러나 최근 들어 출생률이 낮아짐에 따라 자연적인 증가폭이 줄어들고 있으므로 주민수 감소의 대응책이 중요해지고 있다. 이에 따라 일부 자치단체들에서 출산장려 차원의 정책이 나타나고 있다.

사회적인 증감요인으로는 주민이동을 들 수 있으며, 이는 다시 주거이동과 직업이동으로 나누어진다. 주거이동은 다시 행정구역내의 이동인 역내이

<표 2-1> 주민수 감소 요인

구 분		b	beta	T	R2 및 상수
시	사회적 감소	1.121	.958	103.14***	R2 : .963
	자연적 감소	572	.143	15.34***	상수: 800.87
군	사회적 감소	1.046	.922	116.64***	R2 : .979
	자연적 감소	.310	.110	12.92***	상수: 76.29

주) 분석년도는 1995년부터 2001년까지임.
*** p < 0.01

동과 행정구역간 또는 지방자치단체간의 이동인 역외이동으로 나누어진다. 역외이동의 경우 전입자수에 비해 전출자수가 많으면 주민수가 감소하는데, 이를 사회적 감소라고 한다. 우리나라의 경우 역외이동은 농촌에서 도시로의 이동, 소도시에서 대도시의 이동과 같은 도시화와 연관성이 강하다.

그런데 지방정부의 주민수 감소에 따른 대응정책은 어느 감소요인이 영향을 미치는지에 따라 달라진다. 즉, 주민수 감소의 원인이 출생률의 하락에 따른 자연적인 감소인 경우 출산율을 높이기 위한 정책이 필요하다. 그에 반해 주민수의 감소의 원인이 사회적인 순이동에 기인하는 경우 주민들의 전출을 억제하는 방안과 더 나아가 전입을 유도하는 정책을 모색하여야 한다.

2. 과소지역화

1) 인구와 성장

인구와 성장간의 관계에 대해 잭은(Jackson, 1995)은 긍정론과 부정론을, 아퀴리(Aguirre, 2002)는 경제학적인 관점에서 고전 경제이론(classical economic theory), 신고전이론(neo-classical theory)[3], 인간자본이론(human capital theory), 신맬서스주의 이론(neo-Malthusian theory) 등을 제시하고 있다. 이들의 이론은 분류상에 차이가 존재 하지만, 다소 유사성을 가진다.

잭슨(Jackson)의 부정론과 긍정론은 인구성장에 대한 비관적인 입장과 낙관적인 입장의 맥락을 같이하고 있다. 신맬서스주의자 또는 운명론자(doomster)들의 이론인 부정론은 한정된 환경 자원하에서 인구성장은 개발에 부정적인

---

3) 신고전이론(neo-classical theory)은 기술 확산의 모델뿐만 아니라 Solow(1956)에 의해 제기된 이론으로, 고전경제이론에서의 관심인 인구와 경제 간의 관계에 대해서는 소홀히 하였다. 그에 반해 성장은 물리적 자본의 투자행태에 의해 좌우되므로, 투자를 통한 경제성장이 중요하다고 인식하였다.

영향을 주므로 즉각적인 인구감축정책이 필요하다는 것이다. 즉, 급격한 인구증가는 가난을 확산시키고, 경제성장의 주요장애물이며, 생활수준을 낮출 뿐만 아니라 빈약한 서비스를 제공하도록 하며, 실업률을 높인다. 또한 정치적으로 정부의 안정성을 해치며, 선진국과 발전도상국간의 대립을 조장하며, 미래세대의 희생과 환경훼손이 나타날 가능성이 있다고 본다. 따라서 부정론은 종종 인구통제정책의 확산 논거로서 사용된다(Aguirre, 2002).

부정론은 아퀴리(Aguirre)의 고전 경제이론(classical economic theory)과 신맬서스주의 이론(neo-Malthusian theory)과 유사하다. 고전 경제이론은 인구와 소득에 대한 맬서스 이론이 중심으로, 인구와 성장은 역의 관계임을 가정한다. 이용 자원은 한정되어 있으므로 인구성장은 그에 따른 자원소비를 증가시키며, 또한 자본에 비해 적은 산출을 낳는다고 본다(Cannan, 1986). 신맬서스주의 이론은 기존의 맬서스이론이 다소 수정되어 변화한 것으로 1970년대 오일쇼크와 1980년대의 아프리카 기근에 영향을 받아 나타났다. 신맬서스 이론에서는 기존의 사람 수가 이용 가능한 음식과 각종 자원의 한도를 넘어서고 있다고 본다. 따라서 인구성장은 성장과 역의 관계에 있을 뿐만 아니라 인간들을 위협하고 있다. 이론적으로는 한정된 자원의 관점과 사회생물학적 관점에 따른다. 즉, 한정된 자원의 관점에서는 고전이론과는 달리 자원의 범위를 인간이 이용 가능한 모든 자원까지 확대하고 있으며, 사회생물학적 관점에서 인간은 생물학적 다양성과 자원 생태론적 균형을 위협하는 존재로 파악한다.

그에 반해 긍정론은 풍요론(cornucopians) 또는 호경기론(boomsters)으로 인구성장은 경제발전과 연결된다는 것이다. 긍정론은 아퀴리(Aguirre)의 인간자본이론(human capital theory)과 유사하다. 인간자본이론은 맬서스주의자들의 경제성장에 대한 대안으로 인간자본과 성장을 연관시키는 모델로서, 인간 자본에 대한 투자율은 인구 증가시 상승한다고 가정하고 있다. 또한 이 모델은 맬서스주의자이론과 신고전이론의 대안으로 경제성장을 위해서는 물리적인 자본투자와 더불어 기술과 과학적 지식을 가르치는 훈련과 교육 프로그램이 중요하다고 보았다. 따라서 단기적인 측면에서 인구성장은 일시적인 어려움을 유발할 수도 있지만, 장기적으로 볼 때 인구성장은 기술적 변동과 새로운 자원개발의 동기가 된다. 그리고 1750년부터 1930년까지의 인구증가와 발전 과의 관계를 분석한 결과 서유럽·미국·오스트리아·일본 등의 발전된 나라들은 인구증가가 있었다(Tripathi & Tiwari, 1996).

인구성장에 대한 부정론과 긍정론은 지방정부와 중앙정부의 인구정책과 직접적인 연관성을 가진다. 즉, 부정론은 인구통제적 인구정책의 필요성에 대한 논리이며, 긍정론은 인구성장의 필요성에 대한 논리가 된다. 현재 우리의 지방자치단체 수준에서 인구와 성장간의 관계는 긍정론에 해당된다. 즉, 지방자치단체의 주민수 증가는 지방자치단체의 기능이나 역할의 향상을 의미하며, 지방자치단체의 성장을 의미한다. 인구가 많은 광역자치단체들은 기초자치단체들에 비해 지방자치 측면에서 상대적으로 중요한 역할을 수행하고, 대 중앙정부 관계에서 높은 자치권을 행사하며, 행·재정적인 자주성이 강하다. 또한 같은 기초자치단체들이라도 인구규모가 큰 자치단체들은 그렇지 않은 기초자치단체들에 비해 상대적으로 더 큰 역할을 수행하며 업무와 관련된 재량성 역시 높다. 그러므로 인구가 감소하고 있는 지방자치단체의 경우 더 이상의 인구유출을 막기 위해 고심하고 있을 뿐만 아니라 출산율의 증가와 인구유입책을 마련하기 위해 적극적인 대응에 나서고 있는 것이다.

2) 과소지역화

(1) 과소화의 의미

우리나라는 1960년대 이후 추진된 정부주도의 산업화 과정에서 급격한 인구이동을 경험하였다. 수도권과 대도시권을 중심으로 한 성장전략으로 인해 농촌을 기반으로 하고 있는 자치단체의 경우는 인구의 유출로 자치단체로서의 존립 기반이 흔들리고 있는 반면에, 수도권 지역과 일부 대도시지역은 인구의 과밀로 몸살을 앓고 있는 실정이다. 1970년에서 1980년까지 10년의 기간동안 30% 이상의 인구감소를 가져온 기초자치단체가 23곳이며 심지어 50% 이상 감소한 기초자치단체도 2곳이나 된다. 1980년에서 1990년까지의 10년 동안에는 30% 이상 감소한 자치단체가 50군데이고 50% 이상 감소한 자치단체도 9곳으로 나타나 1970년에서 1980년의 10년 기간보다 더 급격한 감소가 이루어졌음을 알 수 있다. 1970년에서 2002년까지 30여년의 기간을 기준으로 보면 30% 이상 감소한 기초자치단체가 72군데, 50% 이상 감소한 지역이 54군데로 확인되고 있다. 이는 비수도권 지역과 대도시 인근의 일부 자치단체를 제외하고는 대부분의 기초자치단체가 자연적 인구의 감소와 급격한 인구유출로 자치단체의 자생력과 내생적 발전, 나아가서는 존립의 기반에 위협을 받고 있음을 알 수 있다.

이와 같이 인구의 증감이 지역에 따라 커다란 편차가 존재하여 인구가 급격히 늘어나는 지역과 인구가 급격히 줄어드는 지역이 발생하고 있는 것이다. 자치단체를 기준으로 볼 때, 인구의 급격한 증가로 면적당 인구밀도가 현저히 늘어나서 주민생활의 쾌적함이나 공공서비스의 원활한 공급에 차질이 이루어질 정도의 상황에 처한 지역을 인구과밀지역으로 표현한다면, 그 반대로 인구가 급격히 줄어들어 자치단체로서의 존립기반이 위험스러울 정도에 이른 지역을 과소지역으로 볼 수 있을 것이다. 그러나 과밀이나 과소의 절대적인 기준이 있는 것은 아니다. 과소라는 용어는 저널리즘적인 것으로 학문적으로나 정책적으로도 아직 하나의 개념으로 명확하게 확립되어 있지 않다. 일본의 경우를 보면, 1967년 정부차원에서 과소지역 대책을 수립하면서 정책적인 의미에서의 과소개념을 정의하고 있다(總務省, 2003). 이 정의에 따르면 인구감소지역의 문제를 과밀문제에 대비한 의미에서 과소문제라고 부르고, 인구감소 때문에 일정의 생활수준을 유지하는 것이 곤란하게 된 상황을 과소로 정의하고 있다. 다시 말해, 방재, 교육, 보건 등 지역사회의 기초적 조건의 유지가 곤란하게 되고, 그와 함께 자원의 합리적 이용이 곤란하게 되어 지역의 생산기능이 현저하게 저하된 것으로 보고 있다. 이와 같이 인구감소의 결과, 인구밀도가 저하되고 연령구성의 노령화가 진행되어 종래의 생활패턴을 유지하기가 곤란하게 된 지역에서 과소문제가 발생한다고 보고 있는 것이다. 한편 이러한 정책적 차원에서의 과소개념을 토대로 일본 학자들은 과소의 내용을 인구론적 과소와 지역론적 과소로 구분하고 다시 지역론적 과소를 사회적 과소와 경제적 과소로 세분하기도 하였다(米山,1969). 이러한 견해들의 핵심은 인구감소의 결과로 파악하고 있다는 점이다(金秊哲, 2003).

그러나 과소문제의 본질은 인구감소 그 자체보다도 인구감소나 인구감소의 저하가 사회적인 문제화하는 구조적 맥락에 있음을 지적하면서 과소지역 연구를 다음과 같은 2가지 관점에서 파악해야 한다는 견해가 제시되기도 하였다. 첫째, 과소는 대도시 중심의 거점개발 전략에 의해 농촌을 기반으로 하고 있는 지역사회가 시장경제에 포섭되지 않은 채, 국민경제의 변방으로 존재하든가, 종속적으로 포섭된 과정에서 초래된 구조적인 변용을 수반한 경제적, 구조적 현상이라는 것이다. 둘째, 과소는 외부환경 변화의 급격함을 견뎌내지 못하고 지역사회가 가진 자기 조정적 메커니즘이 기능하지 않게 되어, 지역사회체제의 가치관이나 규범의 아노미 현상을 수반한 사회적 현상으로 보아야 한다는 것이다. 이와 같이 과소문제는 과소의 외적조건(객관적 측면)과, 과소의 내적조건(주체적 측면)이라는 2가지 측면에서 파악해야 한다는 것을 강조하고 있다(金秊哲, 2003). 그러나 본서는 자연적 인구감소와 사회적 인구감소로 인해 상대적으로 인구감소가 심각한 자치단체들의 실태를 분석하는데 초점이 있기 때문에 과소문제를 인구감소의 결과에 따라 지방자치단체로서의 존립기반에 위협을 받고 있는 상태로 규정하고자 한다.

(2) 과소지역의 규정지표

과소화는 과밀화에 대한 상대적인 개념으로 파악되고 있다. 앞에서 언급한 바와 같이 우리나라는 1960년대 이후 정부주도의 산업화과정에서 소위 향도이촌형의 급격한 인구이동을 경험하였다. 따라서 수도권을 비롯한 대도시 지역의 자치단체는 과밀의 문제가 발생하였고 이 밖의 대부분의 자치단체는 급격한 인구유출로 마을공동체의 유지, 나아가서는 자치단체로서의 존립에 위협을 가져올 정도로 과소의 문제가 발생하고 있는 것이다.

그러나 과소에 대한 명확한 개념이 확립되어 있지 않으며 과소의 기준을 인구감소율로 삼는 경우는 그 절대적인 기준이 존재하는 것은 아니다. 일본의 경우를 보면 1960년대 후반부터 과소지역대책을 수립하면서 과소의 기준을 인구요건과 재정력 요건으로 설정하고 있다. 가장 최근에 수립된 과소지역자립촉진특별조치법(2000-2009)에 따르면 인구요건을 ① 1960-1995년 기간 동안의 인구감소율이 30% 이상, ② 1960-1995년 기간동안의 인구감소율이 25% 이상이고 고령자의 비율(65세 이상)이 24% 이상, ③ 1960-1995년 기간동안의 인구감소율이 25% 이상이고 젊은 층(15세-30세 미만)의 비율이 15% 이하, ④ 1970-1995년 기간 동안의 인구감소율이 19% 이상인 자치단체로 규정하고 있다(總務省,2003). 1970년대와 1980년대의 과소지역에 대한 대책을 수립하는 과정에서는 단순히 인구감소율만이 지표로 활용되었으나, 1990년대와 2000년대의 과소지역 대책에서는 인구감소율 뿐만 아니라 고령자 비율과 젊은층 비율이 지표로 활용되고 있다. 이것은 인구의 측면에서 본 과소의 문제가 단순히 인구감소의 문제만이 아니라 인구의 질적 구조도 문제가 된다는 것을 의미한다.

최근에 들어 우리나라에서도 과소문제 또는 과소지역이라는 말이 흔히 사용되고 있다. 그러나 개념의 정의가 명확하게 이루어진 상태에서 사용되고 있는 것은 아니다. 1970년대에 사용된 과소의 용례는 단지 인구감소와 같은 의미로 흔히 사용되었으나 1980년대 이후에는 과소현상을 급격한 인구감소 및 인구밀도의 저하가 수반된 지역문제로 이해하는 등 일정의 인식의 진전이 있었다고 볼 수 있다(金枓哲, 2003). 그러나 인구감소의 측면에서 정책적으로 과소지역을 규정하는 뚜렷한 기준을 찾아보기 어렵다. 과소지역 대책과 유사한 성격을 가지고 있는 '개발촉진지구의 지정과 개발에 관한 규정(1994)'에 의하면, 지구지정의 지표로 재정자립도, 인구증가율, 평균지가, 제조업종사자의 비율, 도로율 등의 5가지로 설정하고 이 가운데 2가지 이상의 지표가 전국의 하위 1/5 미만에 속하는 지역으로 규정하고 있다. 보다 최근인 2004년

참여정부에 의해 구상된 신활력지역발전구상에 따르면, 인구변화율, 인구밀도, 소득수준, 재정상황 등 4개 지표를 토대로 전국의 234개 시군구를 종합평가하여 하위 30%이내에 속한 지역을 신활력 지역으로 선정하게 되어 있다. 이와 같이 우리나라에서는 상당수의 지방자치단체가 인구의 감소로 어려움을 겪고 있는 상황임에도 인구감소에 초점을 맞춘 과소지역에 대한 규정은 매우 미흡한 상태임을 알 수 있다. 학문적 차원에서 일본과 한국의 과소정책의 비교연구를 시도한 연구에서는 인구감소율과 노령화비율, 인구밀도를 한국의 과소지역을 규정하기 위한 지표로 제안하고 있다. 이 제안은 일본의 과소지역 지표에서 활용되고 있는 인구요건을 참고로 하여 1980년대의 과소지역을 인정하기 위한 기준으로 ① 1980년부터 1990년까지의 10년간의 인구감소율이 30% 이상이든가, ② 동기간의 인구감소율이 20% 이상 30% 미만으로 65세 이상의 인구비율이 14%를 초과하고 있는 경우, ③ 동 기간의 인구감소율이 20% 이상 30% 미만으로 인구밀도가 56인/㎢ 이하인 경우를 제시하고 있다(金科哲, 2003).

그러나 정책차원에서든 학문적 차원에서든 심각한 인구감소문제의 귀결로 나타나고 있는 과소지역을 어떠한 지표를 사용하여 규정할 것인지에 대한 논의가 체계적이고 활발하게 이루어지지는 못하고 있다. 과소의 개념정의 그리고 과소지역을 규정하는 지표의 개발에 대한 활발한 논의가 전개될 필요가 있을 것이다. 향후 정책적인 차원에서 인구감소와 관련된 과소지역을 규정하는 경우, 1970년에서 2000년까지 30년의 기간동안 자치단체의 인구가 50% 이상 즉, 절반으로 줄어든 자치단체는 과소지역으로 규정하더라도 큰 무리가 없을 것이다. 지난 30년 동안 인구가 절반으로 줄어든 기초자치단체가 50군데를 넘고 있다. 이러한 자치단체들은 무엇보다도 인구감소를 막기 위한 대책에 안간힘을 쏟고 있는 실정이다. 그러나 인구감소에 대한 대책은 자치단체의 차원의 노력만으로 실효성을 거둘 수가 없다. 정부차원에서 과소지역에 대한 종합적인 대책을 통해서 해결해야 할 과제인 것이다.

(3) 과소지역에 대한 정부의 대책

일본은 1967년부터 급격한 인구감소가 일어나고 있는 지역을 대상으로 종합적인 대책을 마련하기 시작하여 1970년부터 현재에 이르기 까지 4차례에 걸친 특별조치법의 제정을 통해 과소지역문제에 대응해오고 있다. 이에 비해 산업화과정에서 급격한 인구이동으로 인구의 과밀과 과소현상이 일본보다 심각한 상황에 있는 우리나라의 경우는 과소지역 문제에 대한 정부차원의 종합적인 대책이 매우 미흡한 편이다.

일본의 경우를 보다 자세히 살펴보면, 1970-1979년에는 '과소지역대책긴급조치법'을 통해 우리나라의 기초자치단체에 해당하는 시정촌 가운데 32%인 1,093개의 시정촌을 대상으로 생활환경개선과, 내셔널미니멈의 확보 및 산업기반의 정비를 위한 대대적인 투자사업을 전개하였다. 그리고 1980-89년에는 '과소지역진흥특별조치법'을 통해 전국의 시정촌 36%에 해당하는 1,157개 시정촌을 대상으로 주민복지의 향상과 고용의 증대를 목표로 한 사업을 전개하였다. 1990-1999년에는 '과소지역활성화특별조치법'을 제정하여 전국 시정촌의 37%에 해당하는 1,199개의 시정촌을 대상으로 과소지역의 자주적, 주체적 노력에 의한 활성화의 실현을 목표로 각종 사업을 전개한 바 있다. 이 기간 동안의 과소대책은 노령화비율의 증가, 젊은층 인구의 감소현상을 고려하여 신과소시대로 규정짓고 가치관의 변화에 수반한 개발목표의 변화를 시도한 것이 큰 특징 중의 하나이다. 최근에는 2000-2009년의 기간을 대상으로 한 '과소지역자립촉진특별조치법'을 통해 과소지역문제에 대응해 가고 있다. 이 기간동안에 과소지역의 대상으로 지정된 시정촌은 전국 시정촌의 37.7%에 해당하는 1,203개이다. 이 법률은 인구의 현저한 감소에 따라 지역사회의 활력이 저하되고, 생산기능 내지 생활환경의 정비 등이 다른 지역에 비해 뒤처진 지역에 대해 종합적이고 계획적인 대책을 실시하기 위한 특별한 조치를 강구하기 위해 제정된 것으로 보고되고 있다(總務省, 2003). 이러한 과소대책을 종합적으로 추진하기 위한 중앙행정기구로 총무성의 자치행정국에 과소대책실(過疎對策室)을 두고 있다.

우리나라의 경우는 일본의 과소대책에 상응하는 종합적인 대책이 제대로 마련되어 있지 못한 상태이다. 일본의 과소대책법과 가장 유사한 것은 1990년에 10년간의 시한법으로 제정된 '오지개발촉진법'이다. 그러나 일본의 과소대책법과는 달리 해당 지역에 거의 영향을 미치지 못한 것으로 평가되고 있다. 별다른 실효성을 거두지 못한 원인 중의 하나는 개발계획을 수행하기 위한 행·재정적 지원이 극히 미미했기 때문이다. 면단위를 대상으로 오지면으로 지정을 받은 경우, 년간 약 5억 원의 개발자금이 지원되었지만 그것으로는 이렇다 할 개발을 시행할 자금이 되지 못하였던 것이다. 또한 대상지역의 지정에 객관성이 결여되어 있었고 개발의 주체가 되어야 할 지역주민은 물론 행정담당자들 까지도 관심이 별로 크지 않았던 점이 지적되고 있다.

보다 최근에 과소지역 대책과 유사한 성격을 가지고 있는 것은 참여정부에 의한 '신활력지역사업'이다. 참여정부의 출범과 함께 지역균형개발의 차원에서 시작된 이 사업은 인구의 감소 등으로 낙후된 지역이 지역혁신을 통해 새롭게 활력을 회복하도록 하는 것을 목표로 2005년부터 시행되고 있다. 전국의 기초자치단체 가운데, 인구변화율, 인구밀도, 소득수준, 재정상황 등 4개 지표를 통해 종합 평가된 결과, 하위 30% 이내에 속하는 자치단체가 그 대상으로 현재 70개 시군이 지정되어 있다. 이들 지역에 대해서는 낙후정도에 따라 자치단체별로 년간 20-30억씩 3년간 지원될 예정이다. 그러나 대상 시군별로 지원될 20-30억원의 사업자금이 지역 활력을 회복하는 데 어느 정도 기여할 것인지는 미지수이다.

3. 인구감소와 인구정책

앞에서 살펴본 바와 같이 과소화는 인구감소와 직결되며, 인구감소는 사회적 감소와 자연적인 감소로 구분할 수 있다. 따라서 여기서는 인구감소를 사회적인 감소와 자연적인 감소로 구분하여 구체적으로 살펴보고자 한다.

1) 인구감소

(1) 사회적 감소

① 인구이동모형

주민수의 사회적 감소는 주민이동에 따른 감소이다. 사회적 이동은 인구 변화의 주요 요인이다. 사회적 이동은 지역적인 사회구조나 경제구조, 지방 정부의 행정적인 기능이나 역할 수행에 변화를 초래한다. 즉, 한 지방자치단체에서의 주민수의 사회적 감소는 다른 지방자치단체에서 사회적 증가로 나타나 제로섬법칙이 적용되므로 자치단체간의 격차를 더욱 확대시키고, 생산요소의 이동을 통하여 지역경제에 직접적인 영향을 미친다(구성렬, 1996). 그러므로 사회적 이동에 의한 주민수의 감소는 지방자치단체간 불균형을 가속화하고 나아가 지방자치단체의 존립을 위협한다.

사회적 이동에 대한 연구는 경제학·사회학·문화인류학 등에서 주로 연구되고 있다. 전통적인 경제이론인 소득격차이론에 따르면 인구이동은 노동시장간의 소득격차로 인하여 발생한다. 즉, 지역간의 이동은 노동시장간의 소득 혹은 임금격차에 의하여 설명되며, 노동수용에 따른 지역간 차이는 임금 혹은 실업률에 있어서 지역간 격차를 발생시킨다. 이때 인구이동은 지역간 노동공급을 조절하여 임금 혹은 실업률에 있어서의 지역간 격차를 해소하는 균형요인으로 작용한다(구성렬, 1996). 사회학적 관점에서 인구이동은 인구이동이 사회적인 특성에 따라 나타난다고 가정한다.

인구이동의 모형에 대해서는 다양한 견해가 있지만, 주민이동의 모형으로 흔히 논의되고 있는 것으로는 라빈스타인(Ravenstein, 1885)의 중력모형, 티부(Tiebout, 1956)모형, 선별성모형, 토다로(Todaro, 1985)모형, 흡인-유출이론(Lee, 1996) 등의 이론들이며, 기타 전입모형·전출모형·지역선택모형 등도 제기된다(구성렬, 1996).

첫째, 중력모형(gravity model)은 인구이동 모형 중 가장 초기적인 모형이다.

중력모형에 따르면 특정지역간의 전출입인구 또는 전출입률은 양지역의 인구규모에 비례하고 지역간 거리에 반비례한다. 이러한 모형에 의거하여 인구규모와 거리는 인구이동을 설명하는 기본적인 요인으로 간주되었다. 즉, 인구규모가 크면 경제적인 기회가 많기 때문에 큰 쪽으로의 이동이 나타나며, 거리가 가까울수록 인구이동이 활발하게 나타난다. 그러므로 중력모형은 주민이동의 거리·방향에 따른 공간적 측면을 강조하는 이론으로 인구밀도·인구규모·지역간 거리 등에 의해 주민이동이 결정된다고 본다.

둘째, 선별성 모형은 인구 및 사회학자들이 중시하는 모형으로 경제적·사회적인 특성을 모두 중시한다. 선별성 모형은 이동을 유발하는 요인들을 선별적으로 분석하고자 하는 모형이다. 이러한 선별성의 관점에서 따른 한국인구학회와 최인호 등의 연구에 따르면 일반적으로 이동성향은 젊고 교육수준이 높은 층이 그렇지 않은 층보다 더 높은 것으로 나타난다(한국인구학회의 연구, 1997; 최인호외, 1986). 연령별로는 대체로 20-40세 계층의 이동률이 가장 높으며, 학력별로 볼 때 학력이 높을수록 이동률도 높다. 이러한 경향은 농촌에서 도시로의 이동, 농촌에서 농촌으로의 이동, 도시에서 도시로의 이동 모두에서 나타난다. 인구이동의 동기는 개별이동자의 인구특성 뿐만 아니라 이동의 방향(목적지)에 따라서도 달라진다. 일반적으로 가족요인이 지배적인 동기로 나타나고 있지만, 군지역에서 시지역으로의 이동의 경우 가족요인의 중요성은 감소되는 반면에 경제 및 교육요인의 중요성이 커지고 있다. 이러한 경향은 특히 남자 이동자(군지역→시지역)의 경우에 분명한데, 이들에게 경제적 요인은 가장 중요한 이동 동기이다.

셋째, 토다로 모형은 경제적인 요인에 의해 주민이동이 결정된다고 보는 이론으로 지역적인 소득격차를 중시한다. 인적자본이론에 의한 인구이동모형에서는 도시의 인구문제 및 실업문제가 별로 고려되지 않고 있다. 현재 제3세계의 많은 도시에서는 다수의 실업자 및 불완전취업자층이 존재함에도 불구하고 농촌에서 도시로 인구이동이 계속 이루어지고 있다. 그 결과 도시인구는 급격히 증가하여 심각한 도시문제 및 실업문제가 발생하고 있다.

토다로(1969)는 이런 현상을 설명하기위해 인구이동모형을 개발하였다. 그에 따르면, 인구이동에 경제적인 요소가 비경제적인 요소보다 더 많이 영향을 미치고, 결국 실제소득격차보다는 기대소득의 격차(실제소득격차 ×직장구할 확률) 때문에 인구이동이 발생한다고 하였다.

넷째, 티부 모형은 지방정부가 제공하는 지방공공재와 조세를 중시한 이론이다(Bewley, 1981). 지방공공재 중 중요한 것으로 공공서비스를 들 수 있다. 지방정부가 제공하는 공공서비스의 질적인 수준차이는 지역주민들의 계속적인 거주와 이주원인을 제공할 뿐만 아니라, 반대로 다른 지역의 주민들을 지역내로 이주하게 하는 흡인요인으로도 작용한다. 때문에 공공서비스 공급과 제공의 운영주체인 지방정부는 공공정책에 대한 주민들의 기대와 욕구를 충족시킴으로써 주민들의 삶의 질을 향상시키는 것에 초점을 두고 있다(최준호 외, 2003).

다섯째, 리(Lee)의 흡인-유출이론이다. 인구이동의 방향은 대체로 규모가 작은 또는 기회가 적은 자치단체에서 규모나 기회가 큰 자치단체로 나타나지만, 어느 한 방향으로만 이루어진다고 할 수 없다. 여러 요인들이 복합적으로 작용함에 따라 각 자치단체들은 흡인요인 뿐만 아니라 유출요인을 동시에 가지고 있다. 따라서 배출요인이 흡인요인보다 강하면 인구의 순전출이 나타나며, 그 반대의 경우 순전입이 나타난다. 이는 각 지방자치단체에서 전입과 전출이 동시에 나타나는 사실에서 이러한 모형의 타당성을 알 수 있다.

그러나 흡인-유출이론에서는 전출지와 전입지간의 사회·경제·문화적 불균형을 주민이동의 요인으로 가정하며 그 중 경제적 요인을 가장 중시한다(김형국, 1983).

여섯째, 전입모형과 전출모형 그리고 지역선택모형 등이다. 전입모형은 인구이동을 전출지보다는 전입지의 사회·경제·환경에 의해 설명하며 특히 전입지의 경제환경을 중시한다. 전출모형은 전출지 인구의 이동성향에 의해 영향을 받는다는 모형으로 경제환경은 영향을 주지 못하는 것으로 인식한다. 지역선택모형은 전입모형이나 전출모형이 경시한 거리·지역간 연관관계·대안적 기회 등에 의해 인구이동을 설명하고 있다. 그러나 대안적 기회를 최고소득·최저실업률 등으로 단일 변수화하는데 문제가 제기된다.

그런데 주민이동에 대한 각 모형들은 영향요인이나 연구대상을 제한적으로 설정하고 있다는 비판하에 하나의 모형보다는 여러 모형을 조합하여야 한다는 주장이 강하다(김성태·장정호, 1996; 김인호, 1998).

② 인구이동의 영향요인

인구이동에 대한 경험적·방법론적 선행연구들은 분석단위와 영향요인의 범위 등에 따라 구분할 수 있다. 즉, 분석단위를 기준으로 거시적인 연구와 미시적인 연구로 구분할 수 있으며, 영향요인으로 가정한 요인의 범위에 따라 부분균형분석과 일반균형분석으로 나누어 볼 수 있다. 구체적으로 살펴보면, 분석단위를 기준으로 분석단위가 지역 또는 도시인 거시적인 연구, 분석단위인 개인이며 질적인 미시적인 연구 등으로 구분된다. 또한 어떤 요인을 중심으로 하는가에 따라 지역간 임금격차와 같은 경제적 요인만을 중시하는 토타로 모형이나 지방공공재의 요인에 한정하는 티부 모형 등과 같이 한 요인에 초점을 두고서 연구하는 부분균형분석과 경제·사회·문화 등 다양한 요인들을 중시하는 일반균형분석 등으로 나누어지며, 일반균형분석이 중시되고 있다.

이 중 본 연구는 거시적인 접근법과 일반균형분석에 따르고자 한다. <표 2-2>와 같이 거시적 접근법에 따른 국내연구에서 주민이동의 요인은 연구마다 다소 차이를 보이지만, 종합해볼 때 경제적 요인·사회적 요인·정책적 요인·중력적 요인 등이다(전학석, 1993; 김성태·장정호, 1996; 최홍석, 1998; 김인호, 1998; 이은우. 1993; 이외희·조규영, 1999; 이동규, 2001; 허재완, 1994; 박외수, 1999; 박병식외, 1995; 김원, 1997).

대체로 이주의 결정요인 중 가장 중요한 것으로 평가되는 경제적 요인은 임금·고용기회·소득수준·실업률·GRP(1인당소득수준)·이주비용(물가·지가·공공요금) 등이며, 사회적 요인은 교육기회·문화시설편중·임대

<표 2-2> 주민이동의 영향요인에 관한 선행연구

구 분	접근 방법	종속 및 독립변수		자료
		종속변수	독립변수	
이은우 (1993)	거시적 미시적	시·군지역 인구이동량	소득수준, 이주비용(지역간거리), 유출지 빈곤정도, 교육기회 격차, 유입유출지의 인구수	인구센서스, 설문지
전학석 (1993)	거시적	인구이동률	지방에 대비한 수도권의 임금소득 격차, 취업기회 격차, 고등교육 격차, 사회문화 격차	통계자료
김성태·장정호 (1997)	거시적	인구이동률	지역간 기대소득, 공공재 공급(도로·교육), 삶의 쾌적도	통계자료
최홍석 (1998)	거시적	도시간 인구이동수	도시간 기대소득(1인당 예산), 거주비용(물가), 공공재(행정서비스), 환경적 요인(생활여건지수), 거리·도시 유형	인구센서스, 통계자료
김인호 (1998)	거시적	인구유입률	도시의 실업률, 도시근로자 소득, 도시인구증가율, GNP성장률	통계자료
이동규 (2001)	거시적	인구이동수	경제적요인: 소득(종사자수×평균임금), 취업기회(종사자수/경제활동인구) 정책적요인: 주택보급(주택보급률), 조세부담(1인당 조세부담액) 쾌적요인: 주거환경(1인당 공원면적), 기반시설(상하수도보급률), 복지문화(의료시설의 질적 양적 차이), 교육시설(교육기관의 질적 양적 차이), 공공시설(100인당 공무원수) 중력적요인: 거리(도시간 거리), 인구규모(각 도시별 인구수)	통계자료
	미시적	이주의사	가구주 사회경제적특성: 연령, 직업, 결혼, 결혼경과년도, 교육수준, 출생지역 가구주 생활형특성: 출근지역, 통근시간, 통행수단, 소속 주거환경특성: 주택유형, 주택규모, 주택소유형태, 이사 후 경과년도, 이주동기	통계자료
경기개발 연구원 (2001)	거시적	인구이동	경제적 요인(소득기회, 취업기회) 정책적 요인(지방세, 교육기회, 주택건설, 수도권정비권역) 쾌적도 요인(학교시설, 공공시설수, 복지관련예산, 의료시설, 의료인력, 상하수도, 주택수) 중력적 요인(인구규모, 거리)	통계자료

주택공급·생활여건(주택·도로·공공시설·의료시설 및 인력·상하수도)·도시환경오염 등이다. 그리고 정책적 요인은 조세부담·정부지출규모·주택건설계획·수도권정비권역 등이며, 중력적 요인은 거리·도시유형·인구수 또는 증가율 등이다(이세온, 1987).

<표 2-2>는 주민이동의 요인에 대한 선행연구에서 사용된 요인들을 정리한 것이다.

(2) 자연적 감소

기존 연구들의 초점은 인구감소보다는 인구증가이며, 주로 국가차원의 인구문제에 관한 연구들이다. 반면에 지방자치단체 차원에서의 자연적인 주민수 감소문제에 대해서는 상대적으로 관심이 미약하여 거의 연구가 이루어지지 않고 있다. 그에 따라 지방자치단체 수준도 자연적인 주민수의 감소에 대한 대처 방안을 모색하여야 한다.

자연적인 주민수의 감소는 사망보다 출산이 적음에 따라 나타난다. 현재 과학 및 의료기술의 발달에 의해 해마다 사망자수는 감소하고 있어 자연적인 주민수의 감소가 적어야 할 것이다. 그럼에도 도리어 자연적인 감소가 나타나고 있어서 이는 문제가 된다. 사망의 감소는 인구증가의 원인인 점을 감안하면, 주민수의 자연적인 감소를 막는 정책은 출산을 높이는 정책과 관련된다(Week, 1999). 사망은 자연적인 증감의 결정요인이지만, 어느 국가든 사망과 관련된 정책은 사망률을 낮추는 것이다. 그러므로 본 연구에서 출산에 한정하여 고찰하고자 한다.

지금까지 자연적 감소와 관련한 선행연구의 경향을 보면, 출산에 대한 이론적인 논의와 출산의 영향요인에 대한 경험적 연구이다. 이러한 선행연구들을 정리해 보면 다음과 같다.

① 출산이론

가. 출산과 출산율

출산의 변화는 출산율과 출산조절력[4]으로 측정되지만, 대체로 출산율을 통해 출산변화를 측정한다. 출산은 자녀를 낳아 가족구성원의 수와 구성을 결정하는 원동력으로, 출산수·출산자녀성비·가족확대기 등의 세 가지를 포함한다(함주현, 2001). 출산수는 합법적인 혼인관계하에서 출산하고 한 달 이내에 사망하지 않은 자녀수이며, 출산자녀성비는 여아 100명에 대비한 남아의 비율이며, 가족확대기는 출산에 의해 가족수가 확대되는 기간으로서 동일한 부모로부터 출산한 자녀간 최대연령차를 의미한다. 그러나 일반적으로 출산수를 출산력으로 본다(정성호, 1990).

출산율의 측정은 다양하게 이루어진다. 출산율은 시기의 구분 없이 자연적 출산율, 일반적 출산율, 나이별 출산율(age-specific birth rate), 총출산율 등으로 구분하기도 한다(Shrivastava, 1994). 또한 출산율을 특별한 한 해의 출산율인 기간출산율(period fertility rate)과 여러 해 동안의 여성 집단의 경험에 의한 코호트출산율(cohort fertility rate)로 구분하고서 다시 세분하기도 한다(Weeks, 1999; Cannan, 1986; Newell, 1988; 강은진, 1996). 코호트출산력은 어떤 집단에 속하는 부녀자들의 가임기 시초부터 종결시 약 35년간 낳은 모든 출산실적이며, 기간출산력은 1년간 계속되는 상이한 연령계층의 부녀자집단 들의 출산실적을 나타낸다. 이러한 출산력 지표를 구체적으로 보면, 기간(period)별 출산율은

---

4) 출산조절력은 출산조절에 관한 의사결정으로 구체적으로 피임과 인공유산 등에 대한 결정이다. 출산조절력의 요인으로 일반적으로 사회경제적요인·중간변수요인 등을 들고 있다. 사회경제적요인은 거주지역·여성의 취업경험·교육수준·종교·직업 등이며, Easterlin & Crimmins(1981)는 바람직한 가족규모·가임 가능한 가족규모 등의 출산조절에 대한 동기와 출산조절에 따른 비용 등을, 정성호(1990)는 중간변수로서 초혼연령·유아사망률·가임력·임신소모·피임지식·가족계획실시기관에 도달하는 시간 등이다. 정성호(1990)의 로지스틱 분석결과에 따르면, 출산조절력은 사회경제적요인중 교육수준에 의해서만 결정되며, 중간변수 중 초혼연령·유아사망률·이상자녀수·피임지식 등이 영향을 미치는 것으로 나타났다(정성호, 1990).

조출산율(crude birth rate), 일반출산율, 어린이-여성비율, Coal's 출산율, 연령별 출산율(ASFR: age-specific birth rate) 등으로 나누어진다. 코호트출산율은 총출산율(5년 단위 ASFR의 합계), 총재생산률(gross reproduction rate), 순생산률(또는 세대교체율), 출산기대(기대자녀수)로 구분된다.

이 중 출산력을 나타내는 가장 보편적인 지표는 조출생률(crude birth rate)이다(구성렬, 1996). 조출생률은 1년간 출산아수를 연중앙인구로 나눈 값이다.

$$CBR = \frac{B}{P}$$

B: 출생아수   P: 연중앙인구

나. 출산에 대한 이론

출산에 대한 이론은 크게 생물학적 이론, 사회문화적 이론, 경제적 이론 등으로 구분된다(Arora, 1990; Shrivastava, 1994).

첫째, 생물학적 이론은 성·음식·인구밀도와 출산의 관계에 대한 이론이다. 이 이론에 따르면 출산은 성적인 충동이 적을수록, 양식이 풍부할수록, 인구밀집도가 적을수록 감소한다.

둘째, 사회문화적 이론은 출산이 정신심리적인 결정·사회적 가치나 지위 등에 의해 결정된다는 것으로, 출산의 감소는 진취적인 사고를 많이 가지거나, 높은 사회적 지위를 추구하거나, 지적발달과 교육수준이 높거나, 여성의 권리에 대한 추구욕이 높거나, 자본주의적 사고가 높을 때 나타난다.

셋째, 경제적 이론은 출산이 경제적인 요인들에 의해 결정된다는 것이다. 최근의 출산저하는 여성들의 경제활동과 무관하지 않으며, 능력 있는 여성의 인력활용은 출산과 자녀 양육에 의해 발목이 잡히고 있다(국회여성특별위원, 2001). 따라서 출산은 경제적인 요인을 고려할 필요성이 있다.

경제적인 이론의 주요 연구대상은 소득증가에 따른 출산력 감소현상으로,

이러한 현상을 설명하기 위한 이론으로는 라이벤스타인(H. Leibenstein)의 한계효용이론, 베커(G. Becker)의 소비수요이론, 이스터린(R. Easterlin)의 수급절충이론, 기호 또는 상대소득 측면의 이론 등이 포함된다(구성렬, 1996).

라이벤스타인(H. Leibenstein)의 한계효용이론은 경제성장에 따른 출산력의 저하현상을 자녀양육에 따르는 효용과 비효용의 차이로 나타나는 한계적 순효용에 의하여 설명하고 있다[5]. 그에 따르면 소득수준이 낮은 경우 효용은 높지만 비용은 적어져 출산력이 높아지며, 소득이 상승하면 효용은 적어지는 대신에 비용은 상승하여 그에 따라 출산력은 낮아진다는 것이다.

베커(G. Becker)의 소비수요이론에 따르면, 소득수준은 출산력에 대하여 정의 편탄력성을 가지며, 자녀 출산에 대한 수요함수는 평생 소득이라는 예산의 제약 아래 효용을 극대화하는 조건에서 산출된다.

이스터린(R. Easterlin)의 수급절충이론에 따르면, 출산력은 소득 및 가격과 같은 수요측면에서 뿐만 아니라 자연출산력 또는 가임능력 그리고 피임실천능력 등과 같은 공급측면에 의해서도 영향을 받으며, 소득수준에 따른 출산력의 변동은 ∧ 모양으로 나타난다. 즉, 잠재적 생잔아수(산아제한을 하지 않을 때 가지는 자녀수)는 부부의 가임력과 성교의 빈도에 의하여 결정되는 자연출산력에 따라 결정되지만, 부모가 원하는 생잔자녀의 수(자연출산력-유아사망률)는 제한되므로, 부모가 원하는 생잔자녀수에 도달하기 이전에는 출산이 높지만, 부모가 원하는 생잔자녀수에 도달하면 소득상승에 따른 출산력이 낮아지기 시작한다는 것이다.

기호 또는 상대소득 측면의 이론은 소득증가에 따른 출산저하를 기호 또는 상대소득의 변화로 설명하려 하였다. 즉, 개인의 출산력은 자신의 절대소득보다는 자신이 속하는 준거집단 내에서의 상대소득에 의하여 좌우된다.

---

5) 효용은 소비적 효용(기르는 즐거움)·생산적 효용(물적 효용과 금전적 효용)·보험적 효용(병이나 노후에 대비한 효용)으로 구분하였으며, 비용은 직접비용(비용이나 출산 또는 교육 등에 따른 비용)과 기회비용(자녀출산을 포기한 부모의 가득소득 및 심리적 비용) 등으로 구분된다.

② 출산의 영향요인

출산은 한 지역이나 시대의 사회적 · 경제적 · 문화적 · 자연적 요인들에 의해 복합적으로 영향을 받는다(조남옥 외 1993; 문현상 외, 1995; 강은진, 1996). 기존 연구들을 종합해 볼 때 출산력의 영향요인은 사회적요인, 경제적인 요인, 가구특성요인, 결혼 및 임신관련 요인 등을 들 고 있다.

첫째, 결혼 및 임신 관련 요인은 결혼연령 · 여성의 미혼율(또는 결혼율) · 가임기 결혼지속기간 · 자발적금욕 · 비자발적금욕 · 성교빈도 · 임신능력 · 피임사용 여부 · 불임수술 여부 · 자연유산 · 인공유산 · 무월경 기간 · 산후 무월경 기간 · 가임력 · 자연적인 자궁내 사망 · 영구불임 등이다(Davis & Blake, 1956; Bongaarts, 1978). 이 가운데 학자들에 따라서는 여성의 결혼율 · 피임 · 인공유산 · 산후 무월경기간 등의 요인들이 강조되기도 하며(Bongaarts, 1978), 또한 초혼연령의 상승 · 피임실천의 증가 · 인공유산 등을 강조되기도 한다(은기수, 2001).

둘째, 경제적 요인으로는 여성경제활동인구의 증가 · 여성취업의 증가 등이 있으며, 특히 기혼여성의 취업률을 출산력 감소의 주요요인으로 강조한다(조남옥 외, 1994).

셋째, 가구특성요인으로는 세대주 교육수준 · 가족내 남아출생비 · 세대주 출생순위 · 세대주 종교 · 동거세대수 · 주택소유 여부 등이 있으며, 그 중 세대주 교육수준을 가장 주요한 요인으로 인식된다(함주현, 2001).

넷째, 여러 요인들을 복합적으로 제시하기도 한다. 강은진은 교육수준 · 여성의 경제활동참여 등과 소득수준 · 직업종류 · 도시화 · 유아사망률 · 가족계획사업 등을, 아로라(Arora)는 가족구조 · 아들선호 · 사회경제적 상태 · 직업 · 교육 · 결혼연령 · 사망 등을 제시하였다(강은진, 1996; Arora, 1990). 한편 보건복지부의 토론회(2005년 1월)에서는 저출산의 주요 원인을 결혼을 기피하는 가치관의 변화, 출산 · 자녀양육에 따른 과중한 부담, 일과 가정을 양립하기 위한 여건의 미비 등이 제시되기도 하였다(보건복지부, 2005). 또한 <그림 2-1>에서와 같이 여러 요인들이 복합적으로 고려된 출산력의 경로분

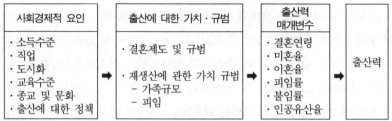
<그림 2-1> 출산력의 경로분석모형

사회경제적 요인	출산에 대한 가치·규범	출산력 매개변수	

·소득수준
·직업
·도시화
·교육수준
·종교 및 문화
·출산에 대한 정책
	·결혼제도 및 규범
	
	·재생산에 관한 가치 규범
	  - 가족규모
	  - 피임
		·결혼연령
		·미혼율
		·이혼율
		·피임률
		·불임률
		·인공유산율
			출산력

출처 : 문현상, (1995), 출산율 예측과 인구구조안정을 위한 적정출산수준

석 모형에 따르면, 출산력은 출산력 매개변수의 직접적인 영향을 받고, 출산력 매개변수는 출산에 대한 가치·규범의 영향을 받는다. 그리고 출산에 대한 가치·규범은 사회·경제·문화적 요인 즉 소득수준, 직업구조, 도시화 정도, 교육수준, 종교 및 문화적 요인과 출산에 대한 정책에 의하여 영향을 받는다(문현상, 1995).

이와 같이 기존의 연구들은 여러 요인들을 제시하고 있지만, 영향력이 큰 요인들로는 대체로 교육수준, 취업, 결혼연령 등의 요인이 제시되고 있다. 출산력은 모의 교육수준에 따라 차이가 존재한다. 일반적으로 교육수준은 출산력뿐만 아니라 결혼시기와도 부(-)의 관계가 있다고 알려져 있으며, 초등학교 학력과 중·고등학교 또는 대학교 학력 간에도 차별 출산력이 나타난다(권태환 외, 1978).

2) 인구감소(과소화)에 따른 인구정책

인구변동에 따른 과소화의 대응은 인구에 따른 문제이므로 대체로 인구정책에 포함되어 논의되어 왔다. 그러나 지방자치단체의 인구변동에 따른 과소화는 출산의 저하에 따른 과소화와 인구이동에 따른 과소화의 두 가지에 의해 발생한다. 그러므로 인구정책 역시 그 성격을 구분하여 순수하게 출산의 변동을 기하려는 정책과 인구분산이나 재배치를 기하려는 정책으로 구분하여 논의하기도 한다. 즉, 과소화 대응정책은 출산력의 변동을 주어 자연적인 증감을 초래하는 정책인 인구정책과 인구의 분산이나 재배치를 기하는 사회적인 감소 대응책으로 구분되어야 한다.

(1) 인구정책의 개념과 특징

인구정책은 법적인 조치·행정적인 사업·정부의 기타 행동 등을 통하여(Eldridge, 1968), 여러 가지 인구현상에 어떤 변화를 가져오기 위하여 의도적이고 실제적으로 행하는 정부의 모든 시책으로(Berelson, 1971), 인구현상에는 출생·사망·이동 등 기본적인 인구과정은 물론 인구성장·인구구성·인구의 지역적 분포·인구의 자질 등이 모두 포함된다(안계춘, 1978), 또한 인구정책은 인구의 양적·질적 변화에 따라 제기되는 각종 사회현상(환경·주택·고용, 교육 등)에 관한 대응정책으로(홍문식, 1998), 범주상 사회엔지니어링(social engineering) 정책 또는 인구통제의 복지경제적 정책이다(Shrivastava, 1994). 이러한 인구정책은 다른 정책과는 달리 경제·비경제·기술·과학발전 등과 같은 정책적 전제를 설정하지 않으며, 다른 사회·경제정책과 매우 밀접한 연관성을 가지므로, 사회·경제정책과 인구정책이 독립적으로 집행될 수 없다는 특징을 가진다. 즉, 인구에 영향을 미치는 사회적·경제적·정치적인 정책들과 분리하여 생각할 수 없으며, 사회적·경제적·정치적인 목적을 달성하기 위한 것이다(Raina, 1988).

인구정책은 인구의 적절한 조정과 배분을 통해 최적인구를 달성하며 이를 통해 국가의 경제성장을 기하고, 주민들의 복지를 높이는데 그 목적을 둔다. 우리의 인구정책 역시 사회정책적인 차원에서 가족보건사업의 일환으로 추진되었으며, 최근에는 복지향상과 관련하여 인구정책을 시행하고 있다.

인구정책은 인구감소가 나타나는 상황, 급격한 인구증가, 현인구증가의 유지 모두에 관심을 가지므로, 인구감소에 따른 증가를 위한 정책과 증가에 따른 감소정책을 모두 포함한다. 인구정책은 장기적인 목적과 단기적인 목적이 다를 수 있으며, 시대에 따라 인구정책의 집행이 다르다(Shrivastava, 1994).

최근까지 인구문제에 대한 관심은 개발도상국의 인구문제에 주어졌으며, 개발도상국의 인구정책은 경제개발적 접근과 가족계획적 접근에 따라 이루어졌다. 경제개발적 접근법에서는 인구성장을 부정적인 측면에서 파악하여 출산력의 조절을 통한 인구통제정책을 강조한다. 이러한 인구통제정책의 대표적인 것으로 가장 오래된 것은 인도의 인구억제정책이며(Ghosh, 1990; Aspalfer, 2002), 우리의 인구증가억제정책 또는 인구조절정책 역시 이 범주에 포함된다.

지방자치단체 수준의 인구정책은 출산저하에 따른 주민수 감소에 대한 대응책이며, 주민수의 증가를 목적으로 하는 정책이다. 즉, 지방자치단체의 인구정책은 지방자치단체들이 주민수의 감소를 막기 위해 출산율을 높이려는 정책적인 대응으로, 지방자치단체가 존속과 번영을 위해 현재의 인구동향을 변화시키거나 개선하기 위해 취하는 지방정부차원의 모든 시책을 포함한다(박상태, 1996).

현재 우리의 지방자치단체들의 관심은 인구감소가 나타나는 상황에 있으므로, 인구정책의 초점은 출산력 저하에 따른 인구감소를 막으며 더 나아가 인구를 늘리는 것이다. 지방자치단체 출산력 저하는 출산과 혼인 등에 의해 발생한다.

(2) 인구정책의 유형

인구정책의 유형은 학자에 따라 다소 차이가 난다. 학자에 따라서 인구반응정책(population-responsive policies)과 인구영향정책(population influencing polices)으로 구분한다(Shrivastava, 1994). 인구반응정책은 예기치 않았던 인구수와 인구밀도의 증감에 따른 영향을 단순히 극복하기 위한 정책이며, 인구영향정책은 의도적으로 인구수와 인구밀도에 변화를 주려는 정책으로 여기에는 이주 또는 이동에 영향을 주는 정책까지 포함한다. 또한 인구정책은 인구조정정책과 인구대응정책으로 구분하기도 한다(양재모, 1986; 이규식·김탁일, 1988). 인구조정정책은 인구현상 내지는 인구변동을 조절하는 것으로 가족계획사업과 이민사업 등의 인구성장억제정책, 보건사업과 인력개발사업 등의 인구자질향상정책, 인구수를 늘리려는 인구장려정책 등으로 구분되며, 인구대응정책은 인구현상의 변동에 대응시키기 위하여 사회경제현상을 조정하는 경제사회개발정책이다.

본 연구는 출산력의 감소를 억제하려는 정책은 인구조정정책으로, 사회적 감소를 억제하기 위한 정책을 인구대응정책으로 구분하고자 하며, 이에 대해 보다 구체적으로 살펴보고자 한다.

첫째, 인구조정정책은 의도적으로 인구변동에 영향을 초래하려는 정책으로, 인구의 양적인 변화뿐만 아니라 질적인 변화까지도 포함한다. 인구의 양적인 변화는 달리 총체적인 수적인 변화로서 인구수를 줄이거나 늘리려는 것을 포함하며, 질적인 변화는 수명·건강·삶의 질·복지 등에 변화를 주는 것을 의미한다. 따라서 인구조정정책은 양적인 측면에서 인구억제정책과 인구장려정책으로, 질적인 측면에서 인구자질향상정책으로 구분할 수 있다.

인구억제정책은 인구수의 급격한 증가에 대응하기 위한 정책으로, 보통 자연적인 증가를 막기 위하여 수립되며, 대체로 출산율의 조절을 주요수단으로 한다. 이러한 인구억제정책은 직접적인 정책과 간접적인 정책으로 구분된다. 직접적인 정책은 해외이민을 장려하는 정책과 출산의 조절을 통해 출산율을 떨어뜨리는 가족계획사업 등이며(안계춘, 1978), 간접적인 정책은 인구교육을 포함한 규제 및 보상 등이다(이희연, 2003). 인구장려정책은 인구수를 늘리려는 정책으로서, 출산율의 저하에 대응하여 출산율의 저하를 억제할 뿐만 아니라 더 나아가 출산율을 증가시키려는 정책이다. 그리고 인구자질향상정책은 인구성장 보다는 인구의 질적인 성장에 초점을 두어 인구자질향상·여성 및 노령인구활용·복지정책에 역점을 두는 정책이다(원석조, 2002).

본 연구의 관심사는 인구감소 문제를 해결하려는 것으로, 인구장려정책과 관련이 있다. 인구장려정책은 출산율의 저하에 대응하여 출산율의 저하를 억제할 뿐만 아니라 더 나아가 출산율을 증가시키려는 정책이다. 그에 반해 인구억제정책은 인구수를 줄이려는 정책으로서 인구감소에 대한 대응책을 모색하려는 본 연구와는 상반되며, 인구자질향상정책은 질적인 정책으로 인구의 양적인 성장을 기하려는 본 연구와는 차이가 있다.

지금까지 우리나라의 인구조정정책은 인구성장억제정책, 인구자질향상 정책, 인구성장장려정책 등으로 구분된다. 우리의 경우 1962년부터 1996까지의 인구억제정책, 1997년부터 2002년까지의 인구자질향상에 역점을 두는 신인구정책, 2003년부터의 인구장려정책으로 구분할 수 있다.

둘째, 인구대응정책은 인구이동에 따른 영향에 대응하기 위한 정책이다. 인구이동에 따른 영향은 지역간의 격차와 불균형으로 나타나며, 이를 해결하기 위해서는 과대성장지역과 과소성장지역에 대한 시책 모두를 포함한다. 또한 인구이동은 사회경제적인 현상과 밀접한 연관성을 지니므로, 사회경제현상을 조정하는 영역까지 포함한다. 따라서 인구대응정책은 수도권 및 대도시 성장의 억제, 지역분산 및 지역균형개발을 모두 포함한다. 수도권 및 대도시의 억제는 수도권 및 대도시로의 집중을 완화하기 위한 정책이며, 지역분산 및 지역균형개발은 각종 산업이나 관공시설의 지역간의 분산을 통해 지역간의 격차를 완화하고 균형발전을 도모하려는 정책이다.

우리나라의 경우 1960년대의 경제개발에 의한 산업화와 도시화는 수도권 중심의 인구집중을 심화시켜, 서울을 중심으로 하는 수도권에 우리나라의 정치적인 기관이나 권력 · 경제력 · 교육시설 · 문화시설 등이 집중되어 왔다. 이처럼 1960년대 이후 수도권으로의 집중도가 점차 강해짐에 따라 중앙정부는 인구대응정책의 일환으로 1964년부터 수도권관련정책인 인구집중 억제 · 수도권내 인구재배치 등과 지방에의 인구분산을 위한 사업 등을 추진하고 있다. 수도권 관련정책은 수도권의 인구집중억제, 수도권 인구재배치, 수도권 정비 등으로 요약할 수 있다. 1964년부터 1975년까지는 수도권으로의 집중억제 및 인구분산을 위해 직접적·물리적 규제를 중심으로 수도권 시책이 시행되었으며, 1977년부터 1994년까지 인구의 재배치를 위해 시책들이 추진되었다. 그러나 이러한 시책들은 실제 수도권 인구의 감소효과는 거의 없는 반면에 규제의 경직성으로 인해 부작용만 가중되는 결과를 낳아서,

1994년부터는 수도권의 정비에 중점을 두는 방향으로 전환하였다. 지방에의 인구분산을 위한 사업은 수도권에의 집중을 막으면서, 지방의 균형개발을 위한 목적으로 시행되었다. 이를 위해 국토개발계획하에서 지방을 권역별로 설정하여 개발하며, 낙후지역과 오지지역을 선정하여 지원하는 등의 사업을 추진하고 있다.

3 인구변동의 실태

최근에 나타나는 지방자치단체의 주민수 감소의 원인을 고찰하고 이에 따른 방안을 모색하기 위해서는 지방자치단체의 인구변동에 대한 실태분석이 요구된다. 본 장에서는 인구변동에 대한 실태를 분석하고자 하며, 그 구성은 다음과 같이 두 개의 절로 나눌 수 있다. 우선 제1절에서는 시·군 기초자치단체의 인구변동에 대해 1960년부터 2003년까지의 현황을 살펴보고자 한다. 이러한 인구변동 추이의 대략적인 파악을 기초로, 제2절에서는 1991년부터 2002년까지 인구변동의 세부적인 실태를 분석하고자 한다.

1. 시·군 기초자치단체 인구변동의 종합적 실태
   : 1960년–2003년

여기에서는 1960년부터 2003년까지의 시·군 기초자치단체의 인구변동에 대해 종합적으로 살펴보고자 한다. 보다 정확하게는 1960년부터 매년 단위로 살펴보아야 하겠지만, 워낙 방대한 자료이기도 하고, 본 절에서는 인구변동의 대략적인 흐름을 파악하는 것이 중요하기 때문에 매5년 단위로 살펴보게 될 것이다. 여기서 매5년 단위라 함은 1960년부터 5년 단위의 인구변동, 즉 총인구 및 인구변동률[6]을 살펴보는데, 이에 대한 기준은 인구주택 총조사(인구센세스)를 하는 시기를 기준으로 조사하였다. 그리고 자료수집은 본 연구의 모든 자료와 마찬가지로 각 도별 통계연보를 기준으로 하되, 각 시·군별 통계연보와 통계청의 인구주택총조사 자료를 보충하였다.

여기서의 인구변동이라 함은 각 기준년도(매5년 단위)에 따라 각 시·군 기초자치단체의 총인구와 현재년도 기준대비 전년도의 인구변동률을 말하는 것으로, 이를 통해서 각 기초자치단체의 총인구 추이와 인구변동률 추이를 살펴볼 수 있다.

하지만 이러한 각 기초자치단체의 인구변동(총인구 추이와 인구변동률 추이)을 살펴볼 때 한 가지 유의할 점이 있다. 즉 인구의 변동은, 첫째, 자연적 증감 혹은 사회적 증감에 따른 인구변동과, 둘째, 행정구역의 변화에 따른 인구변동[7]으로 구분해야 한다는 것이다. 구체적으로 살펴보면, 전자의 경우는 출생과 사망의 차이에 따른 자연적 증감과, 전입과 전출의 차이에 따른 사회적 증감(이동)에 의하여 각 자치단체의 인구의 변동이 생기는 것이다. 후자의 경우는 기존의 행정구역의 조정 및 변화(분리·통합·편입)로 인하여 기존 행정구역에 속해 있던 인구가 당연히 새로운 행정구역으로 편입됨으로써 인구의 변동을 가져오게 된다는 것이다. 이러한 경우는 1960년 이후 각 자치단체의 행정구역상의 변동이 있어 왔다는 것인데, 그 유형으로는 ① 새로운 시·군 기초자치단체의 설치(이 경우 기존 행정구역의 분리·통합·편입 등이 발생), ② 군자치단체에서 시자치단체로의 승격, ③ 시·군 기초자치단체의 통폐합(기존의 시·군 기초자치단체를 폐지하고 새로운 도농복합형태의 시 설치) 등으로 나누어 볼 수 있다. 이 같은 행정구역의 변화로 인한 인구의 변동은 자연적인 혹은 사회적인 인구증감에 따른 인구변동과 밀접한 관계를 가지고 있으며, 자연적 증감 혹은 사회적 증감에 따른 인구변동과 혼동할 우려가 있기 때문에 아주 세심하게 살펴봐야 한다는 것이다. 즉 인구변동이

---

6) 인구변동률 = (현재년도의 총인구 - 전년도 총인구) ÷ 전년도 총인구 × 100
7) 이 경우 행정구역의 변화는 독립변수이고 인구변동은 종속변수임.

자연적 증감 혹은 사회적 이동에 의한 것인지, 아니면 다른 행정구역의 변화에 따른 것인지를 잘 살펴봐야 한다는 것이다. 따라서 본 연구에서는 과거 행정구역의 변동에 상관없이 현시점에 따른 행정구역을 기준으로 총인구 및 인구변동률을 우선 살펴보고, 행정구역변동이 있었던 기초자치단체에 한해서는 별도로 구분하여 살펴보고자 한다. 아울러 시·군 기초자치단체의 총인구 및 인구변동률을 각 도별로 기술하고자 한다.

1) 경기도 기초자치단체의 인구변동

아래의 <표 3-1>에서는 경기도 31개 시·군 기초자치단체(27개 시자치단체와 4개의 군자치단체)의 총인구 및 인구변동률이 제시되어 있다.

경기도의 총인구 추이와 인구변동률을 살펴봄에 있어 각 자치단체를 일정한 기준에 의해 범주화 시켜볼 수 있는데, 이는 앞서 언급한 행정구역상의 큰 변화(조정)가 있었던 자치단체와 행정구역의 변화가 없었던 자치단체로 구분해 볼 수 있다. 우선 행정구역의 변동에 따른 3가지 유형의 변화가 있었던 자치단체로는 부천시(1973), 시흥시(1989), 고양시(1992), 평택시(1995), 남양주시(1995), 이천시(1996), 용인시(1996), 파주시(1996), 안성시(1998), 김포시(1998), 화성시(2001), 광주시(2001), 양주시(2003), 포천시(2003) 등 14개의 시자치단체이다. 이들의 특징을 살펴보면 행정구역의 변동이 있기 이전에는 인구감소현상이 나타나곤 하였으나, 행정구역의 변동 이후에는 인구증가현상만 나타난다는 것이다.

다음으로 행정구역상에 큰 변화가 없었던 자치단체는, 시자치단체와 군자치단체로 구분해 볼 수 있다. 이들은 수원시, 성남시, 의정부시, 안양시, 광명시, 동두천시, 안산시, 과천시, 구리시, 오산시, 군포시, 의왕시, 하남시 등 13개의 시자치단체와, 가평군, 양평군, 여주군, 연천군 등 4개의 군자치단체가 있다. 이들의 특징을 살펴보면, 우선 시자치단체는 최근년도에 와서는 인구변동률이 다소 완화되었지만 대부분의 시자치단체들은 대폭적인 인구

<표 3-1> 경기도의 총인구 및 인구변동률

(단위: 명, %)

경기도	총인구/인구변동률									
	1960	1965	1970	1975	1980	1985	1990	1995	2000	2003
	-	(65/60)	(70/65)	(75/70)	(80/75)	(85/80)	(90/85)	(95/90)	(00/95)	(03/00)
수원시	90,806	123,134	170,518	224,177	310,757	430,834	644,968	748,326	951,253	1,040,223
	-	(35.60)	(38.48)	(31.47)	(38.62)	(38.64)	(49.70)	(16.03)	(27.12)	(9.35)
성남시	-	-	-	272,329	376,447	447,839	540,764	888,844	928,196	970,470
				-	(38.23)	(18.96)	(20.75)	(64.37)	(4.43)	(4.55)
의정부시	-	69,969	94,518	108,365	133,263	162,701	212,368	281,896	362,529	397,145
		-	(35.09)	(14.65)	(22.98)	(22.09)	(30.53)	(32.74)	(28.60)	(9.55)
안양시	-	-	-	134,862	253,541	361,530	480,668	594,427	583,240	608,325
				-	(88.00)	(42.59)	(32.95)	(23.67)	(-1.88)	(4.30)
부천시	136,576	128,387	147,589	109,236	221,475	456,318	667,777	781,369	780,003	852,602
	-	(-6.00)	(14.96)	(-25.99)	(102.75)	(106.04)	(46.34)	(17.01)	(-.17)	(9.31)
광명시	-	-	-	-	-	219,592	328,803	344,417	338,855	337,516
						-	(49.73)	(4.75)	(-1.61)	(-.40)
동두천시	-	-	-	-	-	68,622	71,448	72,879	76,758	76,505
						-	(4.12)	(2.00)	(5.32)	(-.33)
안산시	-	-	-	-	-	-	252,157	507,952	575,574	671,687
							-	(101.44)	(13.31)	(16.70)
과천시	-	-	-	-	-	65,126	72,328	70,385	71,749	70,641
						-	(11.06)	(-2.69)	(1.94)	(-1.54)
구리시	-	-	-	-	-	-	109,418	143,742	170,008	193,842
							-	(31.37)	(18.27)	(14.02)
오산시	-	-	-	-	-	-	59,492	69,810	106,457	119,571
							-	(17.34)	(52.50)	(12.32)
시흥시	122,615	122,542	186,665	206,736	288,591	163,747	107,190	139,901	322,457	379,336
	-	(-.06)	(52.33)	(10.75)	(39.59)	(-43.26)	(-34.5)	(30.52)	(130.4)	(17.64)
군포시	-	-	-	-	-	-	99,956	245,190	271,306	276,756
							-	(145.30)	(10.65)	(2.01)
의왕시	-	-	-	-	-	-	96,892	109,948	121,777	144,458
							-	(13.47)	(10.76)	(18.63)
하남시	-	-	-	-	-	-	101,278	117,462	123,664	129,926
							-	(15.98)	(5.28)	(5.06)
고양시	75,935	86,151	133,313	143,122	155,611	183,129	244,755	564,111	800,297	873,006
	-	(13.45)	(54.74)	(7.36)	(8.73)	(17.68)	(33.65)	(130.48)	(41.87)	(9.09)
평택시	156,759	182,209	203,305	225,035	234,133	246,892	271,854	322,637	359,073	371,679
	-	(16.24)	(11.58)	(10.69)	(4.04)	(5.45)	(10.11)	(18.68)	(11.29)	(3.51)
남양주시	-	-	-	-	191,527	234,839	200,201	237,761	359,388	405,733
					-	(22.61)	(-14.75)	(18.76)	(51.16)	(12.90)

양주시	253,633	210,470	248,831	278,204	133,963	74,365	84,678	94,992	120,293	155,524
	-	(-17.02)	(18.23)	(11.80)	(-51.85)	(-44.49)	(13.87)	(12.18)	(26.63)	(29.29)
포천시	115,759	134,684	127,089	114,191	108,991	108,585	110,919	128,702	148,102	158,513
	-	(16.35)	(-5.64)	(-10.15)	(-4.55)	(-.37)	(2.15)	(16.03)	(15.07)	(7.03)
이천시	107,541	116,708	106,184	107,086	110,168	124,872	148,600	156,202	184,491	192,611
	-	(8.52)	(-9.02)	(.85)	(2.88)	(13.35)	(19.00)	(5.12)	(18.11)	(4.40)
용인시	106,689	106,124	96,561	111,517	135,610	153,859	187,977	244,763	395,028	583,516
	-	(-.53)	(-9.01)	(15.49)	(21.60)	(13.46)	(22.17)	(30.21)	(61.39)	(47.72)
파주시	148,103	182,404	191,434	166,072	165,066	164,917	185,046	168,803	193,719	243,757
	-	(23.16)	(4.95)	(-13.25)	(-.61)	(-.09)	(12.21)	(-8.78)	(14.76)	(25.83)
안성시	132,766	143,991	133,593	132,935	128,023	121,791	118,289	124,897	137,643	153,937
	-	(8.45)	(-7.22)	(-.49)	(-3.70)	(-4.87)	(-2.88)	(5.59)	(10.21)	(11.84)
김포시	111,350	84,928	78,084	91,904	96,797	110,984	114,521	108,824	165,466	211,515
	-	(-23.73)	(-8.06)	(17.70)	(5.32)	(14.66)	(3.19)	(-4.97)	(52.05)	(27.83)
화성시	217,223	204,719	193,885	208,289	217,117	225,833	187,319	164,284	195,362	249,917
	-	(-5.76)	(-5.29)	(7.43)	(4.24)	(4.01)	(-17.05)	(-12.30)	(18.92)	(27.93)
광주시	139,813	102,827	140,750	95,503	106,810	151,821	76,623	93,195	141,077	198,086
	-	(-26.45)	(36.88)	(-32.15)	(11.84)	(42.14)	(-49.53)	(21.63)	(51.38)	(40.41)
여주군	104,878	108,836	101,048	104,550	98,215	93,341	96,895	97,020	104,011	105,067
	-	(3.77)	(-7.16)	(3.47)	(-6.06)	(-4.96)	(3.81)	(.13)	(7.21)	(1.02)
연천군	42,897	68,638	60,093	67,306	67,048	64,841	61,305	54,843	53,019	50,188
	-	(60.01)	(-12.45)	(12.00)	(-.38)	(-3.29)	(-5.45)	(-10.54)	(-3.33)	(-5.34)
가평군	64,390	72,321	69,782	70,192	61,996	57,260	50,951	55,040	56,255	55,415
	-	(12.32)	(-3.51)	(.59)	(-11.68)	(-7.64)	(-11.02)	(8.03)	(2.21)	(-1.49)
양평군	97,496	113,292	106,173	113,634	93,444	85,731	77,185	78,846	82,963	84,171
	-	(16.20)	(-6.28)	(7.03)	(-17.77)	(-8.25)	(-9.97)	(2.15)	(5.22)	(1.46)

주1) 자료는 2003년도를 기준으로 함.
주2) 부천시는 1973년, 고양시는 1992년, 이천시, 용인시. 파주시는 1996년, 안성시, 김포시는 1998년, 화성시, 광주시는 2001년, 그리고 양주시, 포천시는 2003년에 각각 시로 승격됨.
주3) 1995년 송탄시, 평택시, 평택군을 폐지하고 도농복합형태의 평택시를 설치함.
주4) 1995년 미금시와 남양주군이 도농복합형태의 남양주시 설치.
주5) 시흥군은 1973년 안양읍이 시로 승격되면서 시흥군에서 분리되고, 1986년 반월지구출장소가 안산시로, 과천지구출장소가 과천시로 승격되어 시흥군에서 분리되었다. 1989년 시흥군 소래읍, 군자면, 수암면이 합쳐져 시흥시로 승격되었다.
주6) 2003년 양주시로 승격되기 전의 양주군의 경우, 1963년 의정부읍이 의정부시로 승격되었고, 1980년 남양주군이 분리되었으며, 1981년 동두천읍이 동두천시가 되었다.

증가현상으로 나타나고 있다는 것이고, 군자치단체들은 시자치단체에 비해서 아주 소폭의 인구증감이 있다는 것이다(특이하게도 연천군의 경우는 1980년대 이후 계속 인구감소 현상이 나타남).

인구가 계속해서 증가(인구감소가 전혀 없는)하고 있는 자치단체로는 수원시, 성남시, 의정부시, 안산시, 구리시, 오산시, 군포시, 의왕시, 하남시, 고양시, 남양주시 등 11의 시자치단체로 나타나고 있으며, 특히 수원시(1,040,223명)와 성남시(970,470)는 아주 엄청난 인구유입이 있었음을 알 수 있다.

종합해보면, 경기도(수도권)의 경우 각 자치단체들은 년도에 따라 다소의 변동을 보여주고 있으나, 연천군을 제외한 모든 기초자치단체들은 대체적으로 인구가 증가하고 있음을 보여주고 있다.

아래의 <표 3-2>에서는 2개 이상의 자치단체의 통·폐합에 따라 행정구역변동이 있었던 경기도 5개 시·군 기초자치단체의 총인구 및 인구변동률이 제시되어 있다.

<표 3-2> 행정구역변동(경기도) 자치단체의 총인구 및 인구변동률

(단위: 명, %)

경기도		총인구/인구변동률									
		1960	1965	1970	1975	1980	1985	1990	1995	2000	2003
		-	(65/60)	(70/65)	(75/70)	(80/75)	(85/80)	(90/85)	(95/90)	(00/95)	(03/00)
평택시	평택시	-	-	-	-	-	-	79,238			
								-			
	평택군	156,759	182,209	203,305	225,035	234,133	180,523	115,156	322,637	359,073	371,679
		-	(16.24)	(11.58)	(10.69)	(4.04)	(-22.90)	(-36.21)	(18.68)	(11.29)	(3.51)
	송탄시	-	-	-	-	-	66,369	77,460			
								(16.71)			
남양주시	남양주군	-	-	-	-	191,527	234,839	125,513	237,761	359,388	405,733
						-	(22.61)	(-46.55)	(18.76)	(51.16)	(12.90)
	미금시	-	-	-	-	-	-	74,688			
								-			

다음으로 경기도의 총인구 추이를 그림으로 나타내면, <그림 3-1>로 나타낼 수 있다. 경기도 총인구 추이는 1960년대의 약 200만 명에서 2003년도의 약 1,000만 명으로 늘어나, 전체적으로 S자 형태의 곡선을 보여주고 있음을 알 수 있다. 그리고 양적인 측면에서 볼 때 1960년부터 1980년까지는 인구의 완만한 증가로 나타나고 있으나, 1985년부터 2003년까지는 인구의 급격한 증가로 나타나고 있음을 알 수 있다.

<그림 3-1> 경기도의 총인구 추이

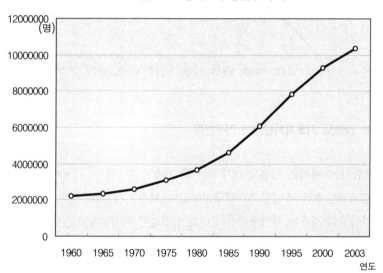

한편 경기도의 인구변동률 추이를 그림으로 나타낸 것으로, <그림 3-2>를 살펴보면 다음과 같다. 우선 전체적으로 볼 때, 1960년대부터 인구변동률이 급격히 증가하다가 1990년대를 정점으로 하여 계속 감소하고 있는 것으로 나타나고 있다. 이는 <그림 3-1>에서 보는 바와 같이 경기도의 총인구는 계속 증가하되, 그 변동률은 1990년을 기준으로 감소하고 있다는 것이다.

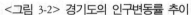
<그림 3-2> 경기도의 인구변동률 추이

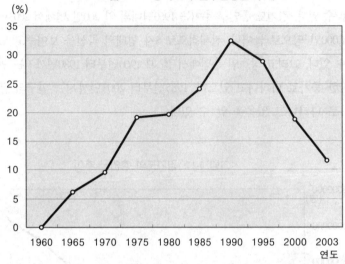

2) 강원도 기초자치단체의 인구변동

<표 3-3>에서는 강원도 18개 시·군 기초자치단체(7개 시자치단체와 11개의 군자치단체)의 총인구 및 인구변동률이 제시되어 있다.

강원도의 경우는 행정구역상의 변화가 있었던 자치단체로는 춘천시, 원주시, 강릉시, 삼척시, 그리고 철원군 등 4개의 시자치단체와 1개의 군자치단체로 나타나고 있다. 이들 자치단체의 특징을 살펴보면, 춘천시와 원주시의 경우 도농통합 이전과 이후에 인구의 대폭적인 증가가 있었다는 사실을 알 수 있다. 강릉시의 경우는 도농통합 이전에는 인구의 꾸준한 증가가 있었으나, 명주군과 통합한 이후에는 인구의 증·감이 교차형태로 나타나고 있다. 그리고 삼척시의 경우는 통합이전과 통합이후에 꾸준한 인구감소현상이 나타나고 있다.

행정구역상의 변화가 없었던 나머지 모든 자치단체들은 꾸준한 인구감소현상을 보이고 있으나, 속초시의 경우 다소의 인구증가현상도 엿볼 수 있다.

<표 3-3> 강원도의 총인구 및 인구변동률

(단위: 명, %)

강원도	총 인구/인구변동률									
	1960	1965	1970	1975	1980	1985	1990	1995	2000	2003
	-	(65/60)	(70/65)	(75/70)	(80/75)	(85/80)	(90/85)	(95/90)	(00/95)	(03/00)
춘천시	160,051	191,576	209,821	204,246	210,985	213,208	217,782	233,016	251,991	254,366
	-	(19.70)	(9.52)	(-2.66)	(3.30)	(1.05)	(2.15)	(7.00)	(8.14)	(.94)
원주시	160,560	188,303	202,454	194,486	198,715	205,643	225,174	238,027	270,891	282,025
	-	(17.28)	(7.52)	(-3.94)	(2.17)	(3.49)	(9.50)	(5.71)	(13.81)	(4.11)
동해시	-	-	-	-	104,370	91,757	89,162	100,329	104409	102,032
					-	(-12.08)	(-2.83)	(12.52)	(4.07)	(-2.28)
강릉시	203,930	215,987	229,903	234,108	203,531	217,364	228,961	223,775	233,812	230,080
	-	(5.91)	(6.44)	(1.83)	(-13.06)	(6.80)	(5.34)	(-2.27)	(4.49)	(-1.60)
속초시	-	60,316	73,096	71,475	65,798	69,595	73,796	80,709	90,201	89,458
		-	(21.19)	(-2.22)	(-7.94)	(5.77)	(6.04)	(9.37)	(11.76)	(-.82)
태백시	-	-	-	-	-	113,993	89,770	64,877	57,067	54,043
						-	(-21.25)	(-27.73)	(-12.04)	(-5.30)
삼척시	209,517	239,457	277,171	294,302	251,507	133,058	112,080	90,043	82,255	75,941
	-	(14.29)	(15.75)	(6.18)	(-14.54)	(-47.10)	(-15.77)	(-19.66)	(-8.65)	(-7.68)
홍천군	122,721	128,228	123,929	120,790	101,043	90,100	77,795	75,976	74,637	71,733
	-	(4.49)	(-3.35)	(-2.53)	(-16.35)	(-10.83)	(-13.66)	(-2.34)	(-1.76)	(-3.89)
횡성군	87,515	100,804	94,166	90,917	71,530	60,520	48,487	48,864	46,158	44,599
	-	(15.18)	(-6.59)	(-3.45)	(-21.32)	(-15.39)	(-19.88)	(.78)	(-5.54)	(-3.38)
영월군	107,254	119,088	123,668	112,576	95,577	82,024	64,588	53,405	48,437	44,134
	-	(11.03)	(3.85)	(-8.97)	(-15.10)	(-14.18)	(-21.26)	(-17.31)	(-9.30)	(-8.88)
평창군	85,682	98,445	96,959	93,193	78,747	68,618	53,257	49,789	47,190	46,531
	-	(14.90)	(-1.51)	(-3.88)	(-15.50)	(-12.86)	(-22.39)	(-6.51)	(-5.22)	(-1.40)
정선군	72,186	99,465	113,493	138,541	133,960	128,781	88,382	61,121	50,631	46,362
	-	(37.79)	(14.10)	(22.07)	(-3.31)	(-3.87)	(-31.37)	(-30.84)	(-17.16)	(-8.43)
철원군	55,541	65,507	59,757	65,647	64,376	59,587	52,603	54,310	53,329	50,450
	-	(17.94)	(-8.78)	(9.86)	(-1.94)	(-7.44)	(-11.72)	(3.25)	(-1.81)	(-5.40)
화천군	48,260	55,878	50,717	46,013	38,538	33,705	28,876	26,326	25,236	24,631
	-	(15.79)	(-9.24)	(-9.27)	(-16.25)	(-12.54)	(-14.33)	(-8.83)	(-4.14)	(-2.40)
양구군	33,549	38,496	38,976	39,019	33,719	30,860	28,649	24,244	23,483	22,146
	-	(14.75)	(1.25)	(.11)	(-13.58)	(-8.48)	(-7.16)	(-15.38)	(-3.14)	(-5.69)
인제군	52,882	61,006	61,611	56,563	47,791	44,205	36,592	35,093	33,646	32,188
	-	(15.36)	(.99)	(-8.19)	(-15.51)	(-7.50)	(-17.22)	(-4.10)	(-4.12)	(-4.33)
고성군	30,085	59,716	63,816	55,505	49,257	46,528	40,910	39,015	35,475	32,868
	-	(98.49)	(6.87)	(-13.02)	(-11.26)	(-5.54)	(-12.07)	(-4.63)	(-9.07)	(-7.35)
양양군	102,890	48,763	47,368	44,624	42,243	36,512	35,640	31,081	30,194	29,744
	-	(-52.61)	(-2.86)	(-5.79)	(-5.34)	(-13.57)	(-2.39)	(-12.79)	(-2.85)	(-1.49)

주1) 자료는 2003년도를 기준으로 함.
주2) 1995년 춘천시, 춘천군(1990년 이전의 춘성군)을 폐지, 도농복합형태의 춘천시 설치.
주3) 1995년 원주시, 원주군(1988년 이전의 원성군)을 폐지, 도농복합형태의 원주시 설치.
주4) 1995년 강릉시, 명주군을 폐지하고 도농복합형태의 강릉시 설치.
주5) 1995년 삼척시, 삼척군을 폐지하고 도농복합형태의 삼척시 설치.
주6) 1963년 김화군은 철원군에 편입됨.

종합해 보면, 강원도의 경우 강원도 도청 소재지인 춘천시와 원주시를 제외한 모든 시·군 자치단체들은 지속적으로 뚜렷한 인구감소현상이 나타나고 있음을 알 수 있다.

<표 3-4>에서는 2개 이상의 자치단체의 통·폐합에 따라 행정구역변동이 있었던 강원도 10개 시·군 기초자치단체의 총인구 및 인구변동률이 제시되어 있다.

다음으로 강원도의 총인구 추이를 그림으로 나타내면, <그림 3-3>과 같다. 이를 살펴보면, 1960년 이후 1975년까지는 총인구가 증가하고 있으나, 1975년 이후 2003년까지 인구가 계속 감소하고 있는 것으로 확인해 볼 수 있다.

<표 3-4> 행정구역변동(강원도) 자치단체의 총인구 및 인구변동률

(단위: 명, %)

강원도		총 인구/인구변동률									
		1960	1965	1970	1975	1980	1985	1990	1995	2000	2003
		-	(65/60)	(70/65)	(75/70)	(80/75)	(85/80)	(90/85)	(95/90)	(00/95)	(03/00)
춘천시	춘천시	83,008	101,323	122,672	140,521	155,247	163,227	174,153	233,016	251,991	254,366
		-	(22.06)	(21.07)	(14.55)	(10.48)	(5.14)	(6.69)			
	춘천군	77,043	90,253	87,149	63,725	55,738	49,981	43,629	(7.00)	(8.14)	(.94)
		-	(17.15)	(-3.44)	(-26.88)	(-12.53)	(-10.33)	(-12.71)			
원주시	원주시	77,001	94,545	111,972	120,335	136,961	151,372	173,013	238,027	270,891	282,025
		-	(22.78)	(18.43)	(7.47)	(13.82)	(10.52)	(14.30)			
	원주군	83,559	93,758	90,482	74,151	61,754	54,271	52,161	(5.71)	(13.81)	(4.11)
		-	(12.21)	(-3.49)	(-18.05)	(-16.72)	(-12.12)	(-3.89)			
강릉시	강릉시	58,703	64,720	74,489	85,040	116,903	132,995	152,605	223,775	233,812	230,080
		-	(10.25)	(15.09)	(14.16)	(37.47)	(13.77)	(14.74)			
	명주군	145,227	151,267	155,414	149,068	86,628	84,369	76,356	(-2.27)	(4.49)	(-1.60)
		-	(4.16)	(2.74)	(-4.08)	(-41.89)	(-2.61)	(-9.50)			
삼척시	삼척시	-	-	-	-	-	51,240	41,673	90,043	82,255	75,941
							-	(-18.67)			
	삼척군	209,517	239,457	277,171	294,302	251,507	81,818	70,415	(-19.67)	(-8.65)	(-7.68)
		-	(14.29)	(15.75)	(6.18)	(-14.54)	(-67.47)	(-13.94)			
철원군	철원군	39,871	65,507	59,757	65,647	64,376	59,587	52,603	54,310	53,329	50,450
		-									
	김화군	15,670	(17.94)	(-8.78)	(9.86)	(-1.94)	(-7.44)	(-11.72)	(3.25)	(-1.81)	(-5.40)
		-									

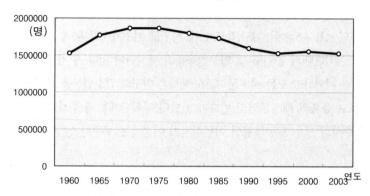

<그림 3-3> 강원도의 총인구 추이

한편 강원도의 인구변동률 추이를 아래의 <그림 3-4>에서 살펴보면, 1960
년 대비 1965년의 인구변동률이 15% 이상 증가했다가 이후 계속 감소하고
있는 것으로 나타나고 있다. 그리고 1975년 이후 1995년까지는 인구변동률이
「-」의 형태로 나타나 인구가 감소하다가, 2000년도에는 인구가 다소 늘었
으나 2003년도에는 다시 인구가 줄어들고 있음을 알 수 있다.

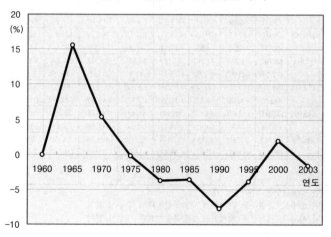

<그림 3-4> 강원도의 인구변동률 추이

3) 충청북도 기초자치단체의 인구변동

아래의 <표 3-5>에는 충청북도 12개 시·군 기초자치단체(3개 시자치단체와 9개의 군자치단체)의 총인구 및 인구변동률이 제시되어 있다. 충청북도의 경우 청주시만 제외하고 모든 시·군 자치단체들은 인구의 감소현상을 보이고 있다.

그리고 충북의 행정구역의 변화가 있었던 자치단체는 충주시와 제천시인데, 충주시의 경우 도농통합이 이루어지기 이전에는 꾸준한 인구증가현상이

<표 3-5> 충청북도의 총인구 및 인구변동률

(단위: 명, %)

충 북	총 인 구/인 구 변 동 률									
	1960 -	1965 (65/60)	1970 (70/65)	1975 (75/70)	1980 (80/75)	1985 (85/80)	1990 (90/85)	1995 (95/90)	2000 (00/95)	2003 (03/00)
청주시	92,342 -	120,900 (30.93)	143,944 (19.06)	192,734 (33.90)	252,985 (31.26)	350,279 (38.46)	497,429 (42.01)	520,046 (4.55)	582,758 (12.06)	617,254 (5.92)
충주시	191,826 -	229,575 (19.68)	221,491 (-3.52)	233,024 (5.21)	217,194 (-6.79)	198,922 (-8.41)	195,147 (-1.90)	213,353 (9.33)	218,098 (2.22)	210,169 (-3.64)
제천시	127,631 -	152,202 (19.25)	162,392 (6.70)	169,925 (4.64)	162,376 (-4.44)	151,761 (-6.54)	139,924 (-7.80)	146,324 (4.57)	148,308 (1.36)	141,215 (-4.78)
청원군	224,236 -	226,151 (.85)	204,215 (-9.70)	199,315 (-2.40)	173,398 (-13.00)	141,824 (-18.21)	114,689 (-19.13)	117,772 (2.69)	124,958 (6.10)	122,562 (-1.92)
보은군	101,441 -	113,825 (12.21)	102,431 (-10.01)	97,679 (-4.64)	80,916 (-17.16)	68,161 (-15.76)	52,280 (-23.30)	48,479 (-7.27)	43,326 (-10.63)	39,186 (-9.56)
옥천군	102,337 -	111,663 (9.11)	104,634 (-6.29)	103,066 (-1.50)	91,250 (-11.46)	83,503 (-8.49)	70,700 (-15.33)	64,789 (-8.36)	61,081 (-5.72)	57,893 (-5.22)
영동군	114,961 -	124,075 (7.93)	112,956 (-8.96)	108,966 (-3.53)	95,081 (-12.74)	84,768 (-10.85)	76,816 (-9.38)	63,014 (-17.97)	58,758 (-6.75)	54,284 (-7.61)
진천군	79,811 -	88,782 (11.24)	78,244 (-11.87)	75,717 (-3.23)	64,115 (-15.32)	56,785 (-11.43)	49,242 (-13.28)	57,004 (15.76)	61,131 (7.24)	61,667 (.88)
괴산군	152,415 -	159,515 (4.66)	145,514 (-8.78)	140,689 (-3.32)	117,633 (-16.39)	108,723 (-7.57)	93,723 (-13.80)	49,643 (-47.03)	44,461 (-10.44)	40,722 (-8.41)
음성군	116,049 -	127,007 (9.44)	112,810 (-11.18)	111,195 (-1.43)	96,349 (-13.35)	88,409 (-8.24)	74,717 (-15.49)	84,109 (12.57)	89,305 (6.18)	88,259 (-1.17)
단양군	66,253 -	83,555 (26.12)	92,924 (11.21)	89,754 (-3.41)	72,946 (-18.73)	62,965 (-13.68)	49,628 (-21.18)	44,358 (-10.62)	40,074 (-9.66)	35,827 (-10.60)
증평군	-	-	-	-	-	-	-	-	-	31,520

주1) 자료는 2003년도를 기준으로 함.
주2) 1995년 충주시, 중원군을 폐지하고 도농복합형태의 충주시 설치.
주3) 1995년 제천시, 제천군을 폐지하고 도농복합형태의 제천시 설치.
주4) 1990년 충청북도에 증평출장소가 설치되었고 2003년 증평군으로 승격됨.

나타났으나 통합 이후 최근(2003년)에는 인구감소가 나타나고 있다. 제천시는 도농통합 이후에 인구증가현상이 나타나고 있으나, 최근 감소현상이 나타나고 있다.

아래의 <표 3-6>에서는 2개 이상의 자치단체의 통·폐합에 따라 행정구역변동이 있었던 충청북도 4개 시·군 기초자치단체의 총인구 및 인구변동률이 제시되어 있다.

<표 3-6> 행정구역변동(충북) 자치단체의 총인구 및 인구변동률

(단위: 명, %)

충 북		총인구/인구변동률									
		1960	1965	1970	1975	1980	1985	1990	1995	2000	2003
		-	(65/60)	(70/65)	(75/70)	(80/75)	(85/80)	(90/85)	(95/90)	(00/95)	(03/00)
충주 시	충주 시	68,624	78,712	87,727	105,143	113,138	113,345	129,994	213,353	218,098	210,169
		-	(14.70)	(11.45)	(19.85)	(7.60)	(.18)	(14.69)	(9.33)	(2.22)	(-3.64)
	중원 군	123,202	150,863	133,764	127,881	104,056	85,577	65,153			
		-	(22.45)	(-11.33)	(-4.40)	(-18.63)	(-17.76)	(-23.87)			
제천 시	제천 시	-	-	-	-	85,557	102,309	102,037	146,324	148,308	141,215
						-	(19.58)	(-.27)	(4.57)	(1.36)	(-4.78)
	제천 군	127,631	152,202	162,392	169,925	76,819	49,452	37,887			
		-	(19.25)	(6.70)	(4.64)	(-54.79)	(-35.63)	(-23.39)			

다음으로 충청북도의 총인구 추이를 그림으로 나타내면, <그림 3-5>와 같이 나타낼 수 있다. 충청북도의 인구는 1960년부터 1975년까지 증감을 반복하다 1975년부터 1995년까지 인구가 감소하고 있는 것으로 나타나고 있다. 그러다가 2000년도 이후 인구의 급격한 증가현상이 나타나고 있음을 알 수 있다.

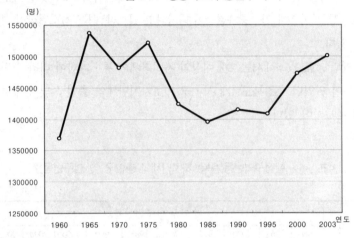

<그림 3-5> 충청북도의 총인구 추이

한편 충청북도의 인구변동률은 <그림 3-6>으로 나타낼 수 있다. 이를 살펴보면 1960년대에는 인구가 급격히 증가하고 있는 반면, 1970-1980년대 까지는 인구변동률이 「-」변동률을 나타내다가 1990년대 이후에는 「+」 변동률을 나타내고 있음을 알 수 있다.

<그림 3-6> 충청북도의 인구변동률 추이

4) 충청남도 기초자치단체의 인구변동

<표 3-7>에서는 충청남도 16개 시·군 기초자치단체(7개 시자치단체와 9개의 군자치단체)의 총인구 및 인구변동률이 제시되어 있다.

충청남도의 경우 행정구역상의 변화가 있었던 자치단체는 천안시, 공주시, 보령시, 아산시, 서산시 등 5개 시자치단체이다. 이 중에서 지속적인 인구 증가현상이 나타나는 자치단체로는 천안시인데, 1995년 천안군과 도농통합한 이후로는 그 증가율이 완화됨을 볼 수 있다. 아산시와 서산시의 경우 1995년 도농통합 이전에는 꾸준한 인구감소현상이 나타났으나, 통합 이후에는 인구의 증가현상이 나타나고 있다. 반면에 공주시와 보령시는 도농통합 이전이나 이후에 꾸준한 인구감소현상이 나타나고 있다.

종합해 보면 천안시와 아산시, 그리고 서산시를 제외한 모든 시·군 자치단체들은 지속적인 인구감소현상이 나타나고 있다.

<표 3-7> 충청남도의 총인구 및 인구변동률

(단위: 명, %)

충남	총인구/인구변동률									
	1960	1965	1970	1975	1980	1985	1990	1995	2000	2003
	-	(65/60)	(70/65)	(75/70)	(80/75)	(85/80)	(90/85)	(95/90)	(00/95)	(03/00)
천안시	186,181	202,911	195,211	215,772	231,337	273,052	314,255	334,800	425,135	462,714
	-	(8.99)	(-3.79)	(10.53)	(7.21)	(18.03)	(15.09)	(6.54)	(26.98)	(8.84)
공주시	192,019	204,207	181,271	183,065	167,406	152,252	158,075	138,202	135,931	131,769
	-	(6.35)	(-11.23)	(.99)	(-8.55)	(-9.05)	(3.82)	(-12.57)	(-1.64)	(-3.06)
보령시	133,668	147,437	146,187	157,918	151,254	144,764	146,452	123,023	118,721	110,880
	-	(10.30)	(-.85)	(8.02)	(-4.22)	(-4.29)	(1.17)	(-16.00)	(-3.50)	(-6.60)
아산시	175,051	173,744	158,104	162,274	157,572	158,352	170,399	158,737	185,847	196,860
	-	(-.75)	(-9.00)	(2.64)	(-2.90)	(.50)	(7.61)	(-6.84)	(17.08)	(5.93)
서산시	243,692	272,831	259,339	265,659	249,242	235,756	148,522	142,331	150,329	152,494
	-	(11.96)	(-4.95)	(2.44)	(-6.18)	(-5.41)	(-37.00)	(-4.17)	(5.62)	(1.44)
논산시	230,721	259,071	238,488	226,437	207,312	191,983	175,765	150,190	142,828	136,541
	-	(12.29)	(-7.94)	(-5.05)	(-8.45)	(-7.39)	(-8.45)	(-14.55)	(-4.90)	(-4.40)
계룡시	-	-	-	-	-	-	-	-	-	31,137
										-
금산군	111,929	122,780	120,492	122,709	104,001	95,206	84,078	70,897	64,785	61,256
	-	(9.69)	(-1.86)	(1.84)	(-15.25)	(-8.46)	(-11.69)	(-15.68)	(-8.62)	(-5.45)
연기군	102,914	110,172	101,061	105,271	97,371	92,736	90,386	80,931	80,851	83,815
	-	(7.05)	(-8.27)	(4.17)	(-7.50)	(-4.76)	(-2.53)	(-10.46)	(-.10)	(3.67)
부여군	182,090	195,733	175,060	174,132	153,817	134,614	116,888	103,605	92,842	85,682
	-	(7.49)	(-10.56)	(-.53)	(-11.67)	(-12.48)	(-13.17)	(-11.36)	(-10.39)	(-7.71)
서천군	149,573	162,221	146,212	140,677	129,498	109,796	100,533	85,241	75,400	67,651
	-	(8.46)	(-9.87)	(-3.79)	(-7.95)	(-15.21)	(-8.44)	(-15.21)	(-11.54)	(-10.28)
청양군	101,204	106,796	90,983	85,759	72,692	61,406	53,622	45,736	41,093	37,194
	-	(5.53)	(-14.81)	(-5.74)	(-15.24)	(-15.53)	(-12.68)	(-14.71)	(-10.15)	(-9.49)
홍성군	144,741	154,383	141,207	144,086	132,059	120,361	105,469	101,549	95,600	95,117
	-	(6.66)	(-8.53)	(2.04)	(-8.35)	(-8.86)	(-12.37)	(-3.72)	(-5.86)	(-.51)
예산군	167,908	180,045	158,213	157,293	147,768	139,950	132,503	110,045	101,692	95,568
	-	(7.23)	(-12.13)	(-.58)	(-6.06)	(-5.29)	(-5.32)	(-16.95)	(-7.59)	(-6.02)
당진군	162,229	186,736	169,646	167,786	150,837	147,828	135,638	122,182	122,818	117,409
	-	(15.11)	(-9.15)	(-1.10)	(-10.10)	(-1.99)	(-8.25)	(-9.92)	(.52)	(-4.40)
태안군	-	-	-	-	-	-	83,500	72,206	68,784	64,045
							-	(-13.53)	(-4.74)	(-6.89)

주1) 자료는 2003년도를 기준으로 함.
주2) 1995년 천안시, 천안군(천원군)을 폐지하고 도농복합형태의 천안시 설치.
주3) 1995년 공주시, 공주군을 폐지하고 도농복합형태의 공주시 설치.
주4) 1995년 대천시, 보령군을 폐지하고 도농복합형태의 보령시 설치.
주5) 1995년 온양시, 아산군을 폐지하고 도농복합형태의 아산시 설치.
주6) 1995년 서산시, 서산군을 폐지하고 도농복합형태의 서산시 설치.
주7) 1996년 논산군이 논산시로 승격.
주8) 1990년 계룡출장소가 설치되었고, 2003년 계룡시로 승격됨.

<표 3-8>에서는 2개 이상의 자치단체의 통·폐합에 따라 행정구역변동이 있었던 충청남도 10개 시·군 기초자치단체의 총인구 및 인구변동률이 제시되어 있다.

<표 3-8> 행정구역변동(충남) 자치단체의 총인구 및 인구변동률

(단위: 명, %)

충남		총인구/인구변동률									
		1960	1965	1970	1975	1980	1985	1990	1995	2000	2003
		-	(65/60)	(70/65)	(75/70)	(80/75)	(85/80)	(90/85)	(95/90)	(00/95)	(03/00)
천안시	천안시	-	68,564	76,543	96,789	120,618	170,088	211,382	334,800	425,135	462,714
			-	(11.64)	(26.45)	(24.62)	(41.01)	(24.28)			
	천안군	186,181	134,347	118,668	118,983	110,719	102,964	102,873	(6.54)	(26.98)	(8.84)
		-	(-27.84)	(-11.67)	(.27)	(-6.95)	(-7.00)	(-.09)			
공주시	공주시	-	-	-	-	-	-	65,195	138,202	135,931	131,769
								-			
	공주군	192,019	204,207	181,271	183,065	167,406	152,252	92,880	(-12.57)	(-1.64)	(-3.06)
		-	(6.35)	(-11.23)	(.99)	(-8.55)	(-9.05)	(-39.00)			
보령시	대천시	-	-	-	-	-	-	56,922	123,023	118,721	110,880
								-			
	보령군	133,668	147,437	146,187	157,918	151,254	144,764	89,530	(-16.00)	(-3.50)	(-6.60)
		-	(10.30)	(-.85)	(8.02)	(-4.22)	(-4.29)	(-38.15)			
아산시	온양시	-	-	-	-	-	-	66,379	158,737	185,847	196,860
								-			
	아산군	175,051	173,744	158,104	162,274	157,572	158,352	104,020	(-6.84)	(17.08)	(5.93)
		-	(-.75)	(-9.00)	(2.64)	(-2.90)	(.50)	(-34.31)			
서산시	서산시	-	-	-	-	-	-	55,930	142,331	150,329	152,494
								-			
	서산군	243,692	272,831	259,339	265,659	249,242	235,756	92,592	(-4.17)	(5.62)	(1.44)
		-	(11.96)	(-4.95)	(2.44)	(-6.18)	(-5.41)	(-60.73)			

충청남도의 총인구 추이를 나타낸 것이 <그림 3-7>이다. 이를 살펴보면, 1960년 대비 1965년도에 약 20만 명이 증가한 이후, 1965년부터 1995년까지는 인구가 계속 감소하고 있음을 볼 수 있다. 그러다가 1995년 이후부터는 완만한 추세이지만, 2000년과 2003년에는 약간의 증가현상을 보이고 있다.

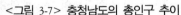

<그림 3-7> 충청남도의 총인구 추이

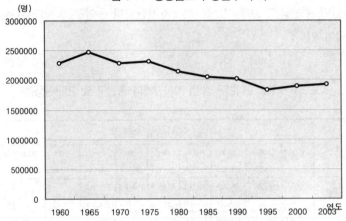

한편 충청남도의 인구변동률 추이를 나타내는 <그림 3-8>을 보면, 대체적으로 1960년대와 1970년대에는 큰 폭의 「+」 변동률과 「-」 변동률이 교차하고 있음을 볼 수 있다. 1980년대와 1995년까지는 계속 인구가 감소하는 것으로 나타나다가, 1995년 이후부터는 증가추세로 들어서서 2000년도에는 상당한 수준의 「+」 변동률로 인구가 크게 증가하는 추세를 보이고 있다.

<그림 3-8> 충청남도의 인구변동률

5) 전라북도 기초자치단체의 인구변동

아래의 <표 3-9>에서는 전라북도 14개 시·군 기초자치단체(6개 시자치단체와 8개의 군자치단체)의 총인구 및 인구변동률이 제시되어 있다.

전라북도의 경우 행정구역상의 변화가 있었던 자치단체는 전주시, 군산시, 익산시, 정읍시, 남원시, 김제시 등 5개의 자치단체이다. 이 중에서 전주시의 경우 1960년 이후 지속적인 인구증가현상이 나타났으나 최근 2003년에는 조금의 인구감소현상이 나타나고 있다. 그리고 군산시와 익산시(통합이전의 이리시)의 경우 도농통합 이전에는 꾸준한 인구증가현상이 나타났으나, 도농통합 이후에는 인구의 증감현상이 교차하고 있는 것으로 나타나고 있다. 정읍시의 경우는 1995년 도농통합 이후 인구증가현상이 나타나고 있고 그 외 남원시와 김제시는 지속적인 인구감소현상이 나타나고 있다.

행정구역상의 변화가 없었던 나머지 군자치단체인 완주군, 진안군, 무주군, 장수군, 임실군, 순창군, 고창군, 그리고 부안군 등의 8개 군자치단체의 경우 1979년대 이후 꾸준하고도 지속적인 인구감소현상이 나타나고 있다.

종합해 보면 전주시, 익산시, 정읍시 등의 일부 시자치단체를 제외한 모든 시·군 자치단체는 지속적인 인구감소현상이 뚜렷하게 나타나고 있음을 알 수 있다.

<표 3-9> 전라북도의 총인구 및 인구변동률

(단위: 명, %)

전 북	총인구/인구변동률									
	1960	1965	1970	1975	1980	1985	1990	1995	2000	2003
	-	(65/60)	(70/65)	(75/70)	(80/75)	(85/80)	(90/85)	(95/90)	(00/95)	(03/00)
전주시	188,216	216,908	262,816	311,393	366,997	426,498	517,104	570,570	622,238	620,374
	-	(15.24)	(21.16)	(18.48)	(17.86)	(16.21)	(21.24)	(10.34)	(9.06)	(-.30)
군산시	229,377	251,170	252,697	271,806	271,201	280,920	287,066	276,263	278,577	269,865
	-	(9.50)	(.61)	(7.56)	(-.22)	(3.58)	(2.19)	(-3.76)	(.84)	(-3.13)
익산시	284,480	291,266	274,027	292,656	301,489	320,204	309,404	329,212	336,651	327,536
	-	(2.39)	(-5.92)	(6.80)	(3.02)	(6.21)	(-3.37)	(6.40)	(2.26)	(-2.71)
정읍시	252,190	278,616	259,570	248,193	220,964	199,808	185,284	151,353	152,574	156,043
	-	(10.48)	(-6.84)	(-4.38)	(-10.97)	(-9.57)	(-7.27)	(-18.31)	(.81)	(2.27)
남원시	170,059	187,965	179,702	175,203	154,984	140,243	124,483	109,224	103,783	102,279
	-	(10.53)	(-4.40)	(-2.50)	(-11.54)	(-9.51)	(-11.24)	(-12.26)	(-4.98)	(-1.45)
김제시	234,181	256,194	233,564	221,414	193,263	171,009	149,787	128,490	116,211	111,339
	-	(9.40)	(-8.83)	(-5.20)	(-12.71)	(-11.51)	(-12.41)	(-14.22)	(-9.56)	(-4.19)
완주군	168,013	187,396	173,987	168,651	152,192	136,974	88,338	86,570	84,327	84,224
	-	(11.54)	(-7.16)	(-3.07)	(-9.76)	(-10.00)	(-35.51)	(-2.00)	(-2.59)	(-.12)
진안군	90,334	100,169	96,159	95,753	78,502	63,235	44,759	40,125	31,359	30,673
	-	(10.89)	(-4.00)	(-.42)	(-18.02)	(-19.45)	(-29.22)	(-10.35)	(-21.85)	(-2.19)
무주군	65,737	74,708	72,615	71,177	56,682	47,341	37,183	32,320	29,254	26,785
	-	(13.65)	(-2.80)	(-1.98)	(-20.36)	(-16.48)	(-21.46)	(-13.08)	(-9.49)	(-8.44)
장수군	72,148	80,025	75,717	73,138	57,819	47,388	34,165	31,502	30,126	29,579
	-	(10.92)	(-5.38)	(-3.41)	(-20.95)	(-18.04)	(-27.90)	(-7.79)	(-4.37)	(-1.82)
임실군	106,874	118,121	107,898	104,294	83,955	68,486	48,339	44,637	37,605	34,443
	-	(10.52)	(-8.65)	(-3.34)	(-19.50)	(-18.43)	(-29.42)	(-7.66)	(-15.75)	(-8.41)
순창군	94,700	105,521	96,551	91,698	73,580	60,586	45,451	39,763	34,691	31,593
	-	(11.43)	(-8.50)	(-5.03)	(-19.76)	(-17.66)	(-24.98)	(-12.51)	(-12.76)	(-8.93)
고창군	176,988	195,603	181,946	175,197	144,990	125,245	95,698	85,239	74,227	69,878
	-	(10.52)	(-6.98)	(-3.71)	(-17.24)	(-13.62)	(-23.59)	(-10.93)	(-12.92)	(-5.86)
부안군	149,901	172,866	161,273	155,805	130,894	114,306	102,787	84,383	74,877	68,256
	-	(15.32)	(-6.71)	(-3.39)	(-15.99)	(-12.67)	(-10.08)	(-17.90)	(-11.27)	(-8.84)

주1) 자료는 2003년도를 기준으로 함.
주2) 1995년 군산시, 옥구군을 폐지하고 도농복합형태의 군산시 설치.
주3) 1995년 이리시, 익산군을 폐지하고 도농복합형태의 익산시 설치.
주4) 1995년 정주시, 정읍군을 폐지하고 도농복합형태의 정읍시 설치.
주5) 1995년 남원시, 남원군을 폐지하고 도농복합형태의 남원시 설치.
주6) 1995년 김제시, 김제군을 폐지하고 도농복합형태의 김제시 설치.

아래의 <표 3-10>에서는 2개 이상의 자치단체의 통·폐합에 따라 행정구역변동이 있었던 전라북도 10개 시·군 기초자치단체의 총인구 및 인구변동률이 제시되어 있다.

<표 3-10> 행정구역변동(전북) 자치단체의 총인구 및 인구변동률

(단위: 명, %)

전 북		총인구/인구변동률									
		1960	1965	1970	1975	1980	1985	1990	1995	2000	2003
		-	(65/60)	(70/65)	(75/70)	(80/75)	(85/80)	(90/85)	(95/90)	(00/95)	(03/00)
군산시	군산시	90,437	100,448	112,453	154,780	165,318	185,661	218,216	276,263	278,577	269,865
		-	(11.07)	(11.95)	(37.64)	(6.81)	(12.31)	(17.53)	(-3.76)	(.84)	(-3.13)
	옥구군	138,940	150,722	140,244	117,026	105,883	95,259	68,850			
		-	(8.48)	(-6.95)	(-16.56)	(-9.52)	(-10.03)	(-27.72)			
익산시	이리시	65,774	77,149	80,770	117,155	145,358	192,275	203,401	329,212	336,651	327,536
		-	(17.29)	(4.69)	(45.05)	(24.07)	(32.28)	(5.79)	(6.40)	(2.26)	(-2.71)
	익산군	218,706	214,117	193,257	175,501	156,131	127,929	106,003			
		-	(-2.10)	(-9.74)	(-9.19)	(-11.04)	(-18.06)	(-17.14)			
정읍시	정주시	-	-	-	-	-	79,332	86,850	151,353	152,574	156,043
							-	(9.48)	(-18.31)	(.81)	(2.27)
	정읍군	252,190	278,616	259,570	248,193	220,964	120,476	98,434			
		-	(10.48)	(-6.84)	(-4.38)	(-10.97)	(-45.48)	(-18.30)			
남원시	남원시	-	-	-	-	-	61,447	63,121	109,224	103,783	102,279
							-	(2.72)	(-12.26)	(-4.98)	(-1.45)
	남원군	170,059	187,965	179,702	175,203	154,984	78,796	61,362			
		-	(10.53)	(-4.40)	(-2.50)	(-11.54)	(-49.16)	(-22.13)			
김제시	김제시	-	-	-	-	-	-	55,136	128,490	116,211	111,339
								-	(-14.22)	(-9.56)	(-4.19)
	김제군	234,181	256,194	233,564	221,414	193,263	171,009	94,651			
		-	(9.40)	(-8.83)	(-5.20)	(-12.71)	(-11.51)	(-44.65)			

다음으로 전라북도의 총인구 추이를 보면 <그림 3-9>와 같다. 이를 살펴보면, 전라북도의 인구는 1960년에 약 230만 명에서 출발하여 1965년도에 약간 증가한 250만 명에 이르렀으나, 다시 점점 감소하여 2003년에는 약 200만 명에 미치지 못하는 것으로 나타나고 있음을 알 수 있다.

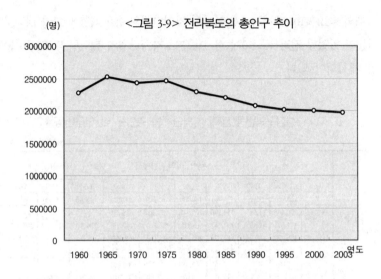

(명)   <그림 3-9> 전라북도의 총인구 추이

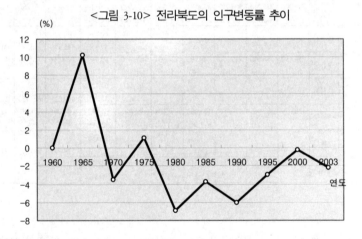

<그림 3-10> 전라북도의 인구변동률 추이

　한편 전라북도의 인구변동률 추이를 <그림 3-10>에서 살펴보면, 1960년
대비 1965년에는 약 10%를 넘는 아주 높은 폭의 인구변동률이 있었지만,
1970년부터는 인구가 감소하기 시작하여 1975년을 제외하고는 2003년까지
계속해서 인구가 감소하고 있는 것으로 나타나고 있다.

6) 전라남도 기초자치단체의 인구변동

아래의 <표 3-11>에서는 전라남도 22개 시·군 기초자치단체(5개 시자치단체와 17개의 군자치단체)의 총인구 및 인구변동률이 제시되어 있다.

전라남도의 경우 행정구역상의 변화가 있었던 자치단체로는 여수시, 순천시, 나주시, 광양시 등 4개의 시자치단체이다. 이 중에서 여수시와 순천시의 경우 1995년 도농통합 이전에는 꾸준한 인구증가현상이 나타났으나, 도농통합 이후 여수시의 경우는 인구감소현상이, 순천시의 경우는 인구증감이 교차형태로 나타나고 있다. 나주시의 경우는 도농통합 이전이나 이후에 지속적인 인구감소현상이 나타나고 있다. 그리고 광양시의 경우는 2000년도에 이르러 인구의 증가현상이 나타났으나 2003년에는 또다시 인구감소현상이 나타나고 있다.

행정구역상의 변화가 없었던 자치단체는 목포시와 17개의 군자치단체이다. 이 중에서 목포시의 경우 1990년대 까지 지속적인 인구증가현상이 나타났으나, 1995년도 이후 인구감소현상을 찾아볼 수 있다. 그 외의 나머지 17개 군자치단체는 지속적인 인구감소현상이 나타나고 있음을 알 수 있다.

<표 3-11> 전라남도의 총인구 및 인구변동률

(단위: 명, %)

전 남	총인구 / 인구변동률									
	1960	1965	1970	1975	1980	1985	1990	1995	2000	2003
	-	(65/60)	(70/65)	(75/70)	(80/75)	(85/80)	(90/85)	(95/90)	(00/95)	(03/00)
목포시	129,667	157,382	177,801	192,927	221,856	236,078	253,423	239,571	245,831	241,988
	-	(21.37)	(12.97)	(8.51)	(14.99)	(6.41)	(7.35)	(-5.47)	(2.61)	(-1.56)
여수시	228,113	254,619	270,458	282,057	262,536	312,806	305,512	329,367	324,217	311,051
	-	(11.62)	(6.22)	(4.29)	(-6.92)	(19.15)	(-2.33)	(7.81)	(-1.56)	(-4.06)
순천시	208,085	233,804	236,789	246,539	238,001	245,159	271,597	251,316	270,698	270,574
	-	(12.36)	(1.28)	(4.12)	(-3.46)	(3.01)	(10.78)	(-7.47)	(7.71)	(-.05)
나주시	222,823	248,939	227,261	212,096	185,827	166,945	158,457	116,322	108,962	102,377
	-	(11.72)	(-8.71)	(-6.67)	(-12.39)	(-10.16)	(-5.08)	(-26.59)	(-6.33)	(-6.04)
광양시	87,016	97,423	94,451	88,662	78,696	90,797	155,558	129,177	138,097	136,753
	-	(11.96)	(-3.05)	(-6.13)	(-11.24)	(15.38)	(71.33)	(-16.96)	(6.91)	(-.97)

지역									
담양군	117,120	129,508	112,661	108,270	91,174	84,785	73,842	61,260	55,459	51,417
	-	(10.58)	(-13.01)	(-3.90)	(-15.79)	(-7.01)	(-12.91)	(-17.04)	(-9.47)	(-7.29)
곡성군	100,655	112,104	99,774	93,118	75,186	63,824	49,672	41,780	41,276	35,459
	-	(11.37)	(-11.00)	(-6.67)	(-19.26)	(-15.11)	(-22.17)	(-15.89)	(-1.21)	(-14.09)
구례군	71,063	78,385	75,108	68,712	57,975	49,476	41,423	36,454	33,663	30,600
	-	(10.30)	(-4.18)	(-8.52)	(-15.63)	(-14.66)	(-16.28)	(-12.00)	(-7.66)	(-9.10)
고흥군	209,191	232,523	228,879	217,583	191,607	160,864	134,280	112,399	101,071	91,649
	-	(11.15)	(-1.57)	(-4.94)	(-11.94)	(-16.04)	(-16.53)	(-16.30)	(-10.08)	(-9.32)
보성군	162,793	181,037	166,865	152,928	127,460	121,544	106,671	70,061	61,423	56,101
	-	(11.21)	(-7.83)	(-8.35)	(-16.65)	(-4.64)	(-12.24)	(-34.32)	(-12.33)	(-8.66)
화순군	134,508	149,854	140,921	130,411	107,397	92,015	86,693	70,788	78,850	76,486
	-	(11.41)	(-5.96)	(-7.46)	(-17.65)	(-14.32)	(-5.78)	(-18.35)	(11.39)	(-3.00)
장흥군	126,701	142,808	136,138	123,913	112,975	89,641	68,288	60,135	53,487	48,002
	-	(12.71)	(-4.67)	(-8.98)	(-8.83)	(-20.65)	(-23.82)	(-11.94)	(-11.06)	(-10.25)
강진군	115,560	127,878	117,818	107,575	91,770	79,130	70,579	55,052	49,313	44,862
	-	(10.66)	(-7.87)	(-8.69)	(-14.69)	(-13.77)	(-10.81)	(-22.00)	(-10.42)	(-9.03)
해남군	204,115	229,940	214,459	199,030	168,546	150,788	124,295	104,660	99,358	90,197
	-	(12.65)	(-6.73)	(-7.19)	(-15.32)	(-10.54)	(-17.57)	(-15.80)	(-5.07)	(-9.22)
영암군	123,712	141,489	127,888	118,606	99,980	86,289	68,815	62,400	65,495	63,946
	-	(14.37)	(-9.61)	(-7.26)	(-15.70)	(-13.69)	(-20.25)	(-9.32)	(4.96)	(-2.37)
무안군	293,221	318,087	131,788	128,045	115,238	102,637	90,579	75,049	70,467	63,965
	-	(8.48)	(-58.57)	(-2.84)	(-10.00)	(-10.93)	(-11.75)	(-17.15)	(-6.11)	(-9.23)
함평군	127,039	141,845	127,240	119,237	96,344	78,173	63,081	51,703	45,369	42,338
	-	(11.65)	(-10.30)	(-6.29)	(-19.20)	(-18.86)	(-19.31)	(-18.04)	(-12.25)	(-6.68)
영광군	142,505	160,774	147,689	142,693	119,516	114,059	85,281	76,199	72,910	64,299
	-	(12.82)	(-8.14)	(-3.38)	(-16.24)	(-4.57)	(-25.23)	(-10.65)	(-4.32)	(-11.81)
장성군	118,406	132,133	120,007	115,882	94,918	81,626	61,819	58,964	56,223	51,877
	-	(11.59)	(-9.18)	(-3.44)	(-18.09)	(-14.00)	(-24.27)	(-4.62)	(-4.65)	(-7.73)
완도군	126,148	138,942	145,339	141,074	126,732	111,200	85,793	74,033	67,033	61,258
	-	(10.14)	(4.60)	(-2.93)	(-10.17)	(-12.26)	(-22.85)	(-13.71)	(-9.46)	(-8.62)
진도군	94,980	105,213	105,195	100,376	83,335	72,827	54,616	47,262	42,263	38,454
	-	(10.77)	(-.02)	(-4.58)	(-16.98)	(-12.61)	(-25.01)	(-13.46)	(-10.58)	(-9.01)
신안군	-	-	166,532	157,529	130,973	115,026	102,241	62,856	53,164	50,769
			-	(-5.41)	(-16.86)	(-12.18)	(-11.11)	(-38.52)	(-15.42)	(-4.50)

주1) 자료는 2003년도를 기준으로 함.
주2) 1998년 여천군, 여천시를 통합하여 여수시로 설치.
주3) 1995년 순천시, 승주군을 통합하여 도농복합형태의 순천시 설치.
주4) 1995년 나주시, 나주군을 통합하여 도농복합형태의 나주시 설치.
주5) 1995년 동광양시, 광양군을 통합하여 도농복합형태의 광양시 설치.

아래의 <표 3-12>에서는 2개 이상의 자치단체의 통·폐합에 따라 행정구역변동이 있었던 전라남도 9개 시·군 기초자치단체의 총인구 및 인구변동률이 제시되어 있다.

<표 3-12> 행정구역변동(전남) 자치단체의 총인구 및 인구변동률

(단위: 명, %)

전 남		총인구/인구변동률									
		1960	1965	1970	1975	1980	1985	1990	1995	2000	2003
		-	(65/60)	(70/65)	(75/70)	(80/75)	(85/80)	(90/85)	(95/90)	(00/95)	(03/00)
여수시	여수시	87,280	97,533	113,651	130,641	161,009	171,929	173,164	185,696	324,217	311,051
		-	(11.75)	(16.53)	(14.95)	(23.25)	(6.78)	(.72)	(7.24)	(-1.56)	(-4.06)
	여천시	-	-	-	-	-	53,659	63,802	77,942		
							-	(18.90)	(22.16)		
	여천군	140,833	157,086	156,807	151,416	101,527	87,218	68,546	65,729		
		-	(11.54)	(-.18)	(-3.44)	(-32.95)	(-14.09)	(-21.41)	(-4.11)		
순천시	순천시	69,469	77,749	90,910	108,034	114,223	121,938	167,209	251,316	270,698	270,574
		-	(11.92)	(16.93)	(18.84)	(5.73)	(6.75)	(37.13)	(-7.47)	(7.71)	(-.05)
	승주군	138,616	156,055	145,879	138,505	123,778	123,221	104,388			
		-	(12.58)	(-6.52)	(-5.05)	(-10.63)	(-.45)	(-15.28)			
나주시	나주시	-	-	-	-	-	58,893	55,306	116,322	108,962	102,377
							-	(-6.09)	(-26.59)	(-6.33)	(-6.04)
	나주군	222,823	248,939	227,261	212,096	185,827	108,052	103,151			
		-	(11.72)	(-8.71)	(-6.67)	(-12.39)	(-41.85)	(-4.54)			
광양시	동광양시	-	-	-	-	-	-	70,118	129,177	138,097	136,753
								-	(-16.96)	(6.91)	(-.97)
	광양군	87,016	97,423	94,451	88,662	78,696	90,797	85,440			
		-	(11.96)	(-3.05)	(-6.13)	(-11.24)	(15.38)	(-5.90)			

전라남도의 총인구 추이를 나타낸 <그림 3-11>을 살펴보면 1960년에 전라남도의 인구가 약 280만 명이었던 것이 1965년도에 300만 명으로 증가한 이후, 1970년부터는 계속해서 감소하여 2003년에는 200만 명에 미치지 못한 것으로 나타나고 있음을 알 수 있다. 즉 인구의 지속적인 감소현상을 확인해 볼 수 있다.

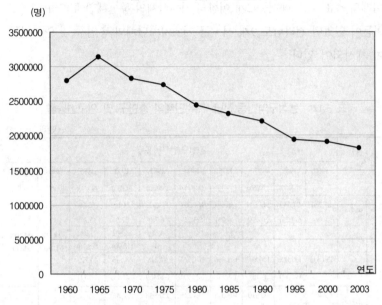

<그림 3-11> 전라남도의 총인구 추이

(명)

연도

<그림 3-12> 전라남도의 인구변동률 추이

(%)

연도

한편 전라남도의 인구변동률을 다음 <그림 3-12>와 같이 타낼 수 있다. 이를 살펴보면, 앞의 <그림 3-11>에서 확인한 바와 같이, 1965년 이후 전라남도의 인구는 계속해서 감소하고 있는 것으로 나타나고 있다.

7) 경상북도 기초자치단체의 인구변동

<표 3-13>에는 경상북도 23개 시·군 기초자치단체(10개 시자치단체와 13개의 군자치단체)의 총인구 및 인구변동률이 제시되어 있다.

경상북도의 경우 행정구역의 변동이 있었던 자치단체는 포항시를 비롯한 10개의 시자치단체이다. 이 중에서 포항시의 경우 1960년 이후 지속적인 인구증가현상이 있었는데, 2003년도에 이르러 약간의 감소추세를 보이고 있다. 구미시와 경산시의 경우는 다른 자치단체와는 다르게 꾸준한 인구증가현상이 돋보이고 있다. 경주시의 경우 도농통합 이전의 경우와 도농통합 이후에 지속적인 인구증가현상이 나타나고 있으나, 최근 2003년에 이르러 약간의 감소현상을 보이고 있다. 안동시의 경우는 도농통합 이전에는 지속적인 인구증가현상이 나타났으나, 도농통합 이후에는 인구감소현상으로 나타나고 있다. 이외의 김천시, 영주시, 영천시, 상주시, 문경시의 경우에는 도농통합 이전이나 이후 지속적인 인구감소현상이 나타나고 있다.

그리고 행정구역의 변화가 없었던 13개의 군자치단체는 1970년대 이후 지속적인 인구감소현상이 나타나고 있으나, 예외적으로 칠곡군의 경우에는 1990년대 이후 인구의 증가현상이 돋보이고 있다. 그 외에 울릉군의 경우에는 다른 자치단체와는 다르게 1980년대 이르러 인구의 감소현상이 나타나기 시작한 것으로 확인할 수 있다.

<표 3-13> 경상북도의 총인구 및 인구변동률

(단위: 명, %)

경 북	총구 / 인구변동률									
	1960 -	1965 (65/60)	1970 (70/65)	1975 (75/70)	1980 (80/75)	1985 (85/80)	1990 (90/85)	1995 (95/90)	2000 (00/95)	2003 (03/00)
포항시	253,649 -	275,803 (8.73)	278,144 (.85)	328,433 (18.08)	396,997 (20.88)	360,309 (-9.24)	483,662 (34.24)	510,867 (5.62)	517,250 (1.25)	510,414 (-1.32)
경주시	271,715 -	296,054 (8.96)	280,215 (-5.35)	287,833 (2.72)	289,209 (.48)	248,436 (-14.10)	267,494 (7.67)	284,230 (6.26)	291,409 (2.53)	282,955 (-2.90)
김천시	196,655 -	213,648 (8.64)	195,910 (-8.30)	194,524 (-.71)	177,967 (-8.51)	147,726 (-16.99)	151,989 (2.89)	151,807 (-.12)	150,684 (-.74)	151,336 (.43)
안동시	232,446 -	259,908 (11.81)	256,439 (-1.33)	267,442 (4.29)	237,988 (-11.01)	200,874 (-15.59)	197,209 (-1.82)	192,684 (-2.29)	184,108 (-4.45)	176,094 (-4.35)
구미시	111,282 -	119,857 (7.71)	108,025 (-9.87)	123,421 (14.25)	177,500 (43.82)	182,371 (2.74)	268,525 (47.24)	304,217 (13.29)	341,034 (12.10)	360,221 (5.63)
영주시	131,625 -	154,999 (17.76)	160,085 (3.28)	173,977 (8.68)	163,485 (-6.03)	142,192 (-13.02)	140,903 (-.91)	138,727 (-1.54)	131,351 (-5.32)	124,084 (-5.53)
영천시	183,685 -	199,701 (8.72)	190,413 (-4.65)	184,497 (-3.11)	157,857 (-14.44)	126,787 (-19.68)	120,974 (-4.58)	123,406 (2.01)	120,758 (-2.15)	113,807 (-5.76)
상주시	239,680 -	265,670 (10.84)	234,166 (-11.86)	226,278 (-3.37)	191,829 (-15.22)	164,835 (-14.07)	148,588 (-9.86)	133,944 (-9.86)	124,884 (-6.76)	115,693 (-7.36)
문경시	143,176 -	161,116 (12.53)	158,015 (-1.92)	161,095 (1.95)	147,460 (-8.46)	124,324 (-15.69)	119,877 (-3.58)	95,815 (-20.07)	90,000 (-6.07)	81,525 -9.42
경산시	148,236 -	160,574 (8.32)	163,159 (1.61)	175,930 (7.83)	190,962 (8.54)	126,163 (-33.93)	145,105 (15.01)	165,571 (14.10)	216,399 (30.70)	219,591 (1.48)
군위군	73,763 -	80,243 (8.78)	69,532 (-13.35)	67,286 (-3.23)	53,495 (-20.50)	40,786 (-23.76)	37,898 (-7.08)	33,612 (-11.31)	32,842 (-2.29)	30,067 (-8.45)
의성군	190,667 -	210,045 (10.16)	186,700 (-11.11)	179,570 (-3.82)	146,196 (-18.59)	111,842 (-23.50)	97,269 (-13.03)	86,212 (-11.37)	76,648 (-11.09)	68,771 (-10.28)
청송군	74,153 -	85,388 (15.15)	83,067 (-2.72)	81,539 (-1.84)	64,783 (-20.55)	50,536 (-21.99)	43,772 (-13.38)	37,887 (-13.44)	34,297 (-9.48)	31,391 (-8.47)
영양군	56,627 -	65,203 (15.14)	68,263 (4.69)	67,851 (-.60)	52,903 (-22.03)	39,160 (-25.98)	31,171 (-20.40)	26,041 (-16.46)	22,894 (-12.08)	20,874 (-8.82)

영덕군	106,198	117,497	114,163	108,941	91,325	70,734	66,079	57,553	51,177	47,082
	-	(10.64)	(-2.84)	(-4.57)	(-16.17)	(-22.55)	(-6.58)	(-12.90)	(-11.08)	(-8.00)
청도군	114,525	124,174	111,199	103,964	85,550	66,481	60,509	56,019	52,655	50,495
	-	(8.43)	(-10.45)	(-6.51)	(-17.71)	(-22.29)	(-8.98)	(-7.42)	(-6.01)	(-4.10)
고령군	72,167	78,288	67,542	63,005	48,961	37,324	35,298	36,350	38,221	35,798
	-	(8.48)	(-13.73)	(-6.72)	(-22.29)	(-23.77)	(-5.43)	(2.98)	(5.15)	(-6.34)
성주군	111,879	124,165	107,263	99,981	77,383	58,345	53,074	54,033	51,617	49,355
	-	(10.98)	(-13.61)	(-6.79)	(-22.60)	(-24.60)	(-9.03)	(1.81)	(-4.47)	(-4.38)
칠곡군	104,684	118,236	115,623	119,444	111,183	71,814	79,137	86,651	105,730	108,708
	-	(12.95)	(-2.21)	(3.30)	(-6.92)	(-35.41)	(10.20)	(9.49)	(22.02)	(2.82)
예천군	150,016	165,886	147,285	143,529	120,196	89,306	79,167	68,314	59,981	53,816
	-	(10.58)	(-11.21)	(-2.55)	(-16.26)	(-25.70)	(-11.35)	(-13.71)	(-12.20)	(-10.28)
봉화군	106,861	117,132	113,342	114,606	97,555	70,440	58,177	49,974	42,938	39,559
	-	(9.61)	(-3.24)	(1.12)	(-14.88)	(-27.79)	(-17.41)	(-14.10)	(-14.08)	(-7.87)
울진군	104,103	116,861	111,410	105,096	90,782	78,460	69,839	70,764	66,428	61,235
	-	(12.26)	(-4.66)	(-5.67)	(-13.62)	(-13.57)	(-10.99)	(1.32)	(-6.13)	(-7.82)
울릉군	17,910	21,696	23,248	29,479	19,059	15,494	16,172	11,244	10,246	9,252
	-	(21.14)	(7.15)	(26.80)	(-35.35)	(-18.71)	(4.38)	(-30.47)	(-8.88)	(-9.70)

주1) 자료는 2003년도를 기준으로 함.
주2) 1995년 포항시, 영일군을 통합하여 도농복합형태의 포항시 설치.
주3) 1995년 경주시, 경주군(1989년 월성군이 경주군으로 개칭)을 통합하여 도농복합형태의 경주시 설치.
주4) 1995년 김천시, 금릉군을 통합하여 도농복합형태의 김천시 설치.
주5) 1995년 안동시, 안동군을 통합하여 도농복합형태의 안동시 설치.
주6) 1995년 구미시, 선산군을 통합하여 도농복합형태의 구미시 설치.
주7) 1995년 영주시, 영풍군(1980년 영주읍이 시로 승격·분리되고 영주군이 영풍군으로 개칭)을 통합하여 도농복합형태의 경주시 설치.
주8) 1995년 영천시, 영천군을 통합하여 도농복합형태의 영천시 설치.
주9) 1995년 상주시, 상주군을 통합하여 도농복합형태의 상주시 설치.
주10) 1995년 점촌시, 문경군을 통합하여 도농복합형태의 문경시 설치.
주11) 1995년 경산시, 경산군을 통합하여 도농복합형태의 경산시 설치.
주12) 울진군은 1963년도에 강원도에서 경상북도에 편입됨.

다음 <표 3-14>에서는 2개 이상의 자치단체의 통·폐합에 따라 행정구역변동이 있었던 경상북도 20개 시·군 기초자치단체의 총인구 및 인구변동률이 제시되어 있다.

<표 3-14> 행정구역변동(경북) 자치단체의 총인구 및 인구변동률

(단위: 명, %)

경 북		총 인 구/인 구 변 동 률									
		1960	1965 (65/60)	1970 (70/65)	1975 (75/70)	1980 (80/75)	1985 (85/80)	1990 (90/85)	1995 (95/90)	2000 (00/95)	2003 (03/00)
포항시	포항시	59,536	65,525	79,451	134,418	201,355	218,588	318,595	510,867	517,250	510,414
		-	(10.06)	(21.25)	(69.18)	(49.80)	(8.56)	(45.75)	(5.62)	(1.25)	(-1.32)
	영일군	194,113	210,278	198,693	194,015	195,642	141,721	165,067			
		-	(8.33)	(-5.51)	(-2.35)	(.84)	(-27.56)	(16.47)			
경주시	경주시	75,953	85,883	92,093	108,431	122,038	113,936	141,895	284,230	291,409	282,955
		-	(13.07)	(7.23)	(17.74)	(12.55)	(-6.64)	(24.54)	(6.26)	(2.53)	(-2.90)
	경주군	195,762	210,171	188,122	179,402	167,171	134,500	125,599			
		-	(7.36)	(-10.49)	(-4.64)	(-6.82)	(-19.54)	(-6.62)			
김천시	김천시	51,164	57,162	62,157	67,078	72,229	68,874	81,349	151,807	150,684	151,336
		-	(11.72)	(8.74)	(7.92)	(7.68)	(-4.64)	(18.11)	(-.12)	(-.74)	(.43)
	금릉군	145,491	156,486	133,753	127,446	105,738	78,852	70,640			
		-	(7.56)	(-14.53)	(-4.72)	(-17.03)	(-25.43)	(-10.41)			
안동시	안동시	-	61,640	76,434	95,364	102,024	102,485	116,932	192,684	184,108	176,094
			-	(24.00)	(24.77)	(6.98)	(.45)	(14.10)	(-2.29)	(-4.45)	(-4.35)
	안동군	232,446	198,268	180,005	172,078	135,964	98,389	80,277			
			(-14.70)	(-9.21)	(-4.40)	(-20.99)	(-27.64)	(-18.41)			
구미시	구미시	-	-	-	-	105,449	121,629	206,101	304,217	341,034	360,221
						-	(15.34)	(69.45)	(13.29)	(12.10)	(5.63)
	선산군	111,282	119,857	108,025	123,421	72,051	60,742	62,424			
		-	(7.71)	(-9.87)	(14.25)	(-41.62)	(-15.70)	(2.77)			
영주시	영주시	-	-	-	-	77,890	75,899	84,355	138,727	131,351	124,084
						-	(-2.56)	(11.14)	(-1.54)	(-5.32)	(-5.53)
	영풍군	131,625	154,999	160,085	173,977	85,595	66,293	56,548			
		-	(17.76)	(3.28)	(8.68)	(-50.80)	(-22.55)	(-14.70)			
영천시	영천시	-	-	-	-	-	46,723	48,890	123,406	120,758	113,807
							-	(4.64)	(2.01)	(-2.15)	(-5.76)
	영천군	183,685	199,701	190,413	184,497	157,857	80,064	72,084			
		-	(8.72)	(-4.65)	(-3.11)	(-14.44)	(-49.28)	(-9.97)			

상주시	상주시	-	-	-	-	-	-	51,875	133,944 (-9.86)	124,884 (-6.76)	115,693 (-7.36)
								-			
	상주군	239,680	265,670	234,166	226,278	191,829	164,835	96,713			
		-	(10.84)	(-11.86)	(-3.37)	(-15.22)	(-14.07)	-41.33			
문경시	점촌시	-	-	-	-	-	-	47,802	95,815 (-20.07)	90,000 (-6.07)	81,525 (-9.42)
								-			
	문경군	143,176	161,116	158,015	161,095	147,460	124,324	72,075			
		-	(12.53)	(-1.92)	(1.95)	(-8.46)	(-15.69)	(-42.03)			
경산시	경산시	-	-	-	-	-	-	60,524	165,571 (14.10)	216,399 (30.70)	219,591 (1.48)
								-			
	경산군	148,236	160,574	163,159	175,930	190,962	126,163	84,581			
		-	(8.32)	(1.61)	(7.83)	(8.54)	(-33.93)	(-32.96)			

경상북도의 총인구 추이를 나타낸 <그림 3-13>을 보면 1960년 이후 인구가 점점 증가하다가 1975년부터 계속해서 인구가 감소하고 있는 것으로 나타나고 있다. 특히 1985년부터는 일정한 형태의 인구양상을 보이고 있음을 알 수 있다.

<그림 3-13> 경상북도의 총인구 추이

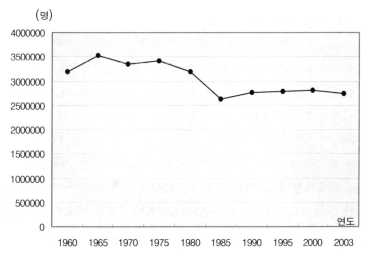

한편 경상북도의 인구변동률을 다음 <그림 3-14>와 같이 나타낼 수 있다. 이를 살펴보면, 1965년 이후 큰 폭으로 인구가 감소하다가 1990년에 증가국 면을 맞이한 이후 2003년도에 다시 인구가 감소하는 현상을 살펴볼 수 있다.

<그림 3-14> 경상북도의 인구변동률 추이

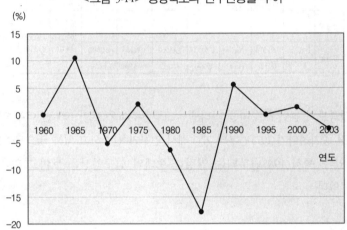

8) 경상남도 기초자치단체의 인구변동

다음의 <표 3-15>에서는 경상남도 21개 시·군 기초자치단체(11개 시자치단체와 10개의 군자치단체)의 총인구 및 인구변동률이 제시되어 있다.

경상남도의 경우 행정구역의 변동이 있었던 자치단체로는 마산시, 창원시, 진주시, 통영시, 사천시, 김해시, 밀양시, 거제시 등 8개의 시자치단체이다. 이들 중 도농통합 이후에 인구가 지속적으로 증가하는 자치단체로는 김해시와 거제시 뿐이다. 마산시의 경우 1960년대 이후 일시 인구감소현상이 있었지만 지속적으로 인구가 증가하였고, 1990년대 중반 이후로는 인구감소현상이 나타나고 있다. 창원시의 경우는 최근 2003년도의 경우 일시적으로 인구감소현상이 있지만, 지금까지 지속적인 인구증가현상이 뚜렷하였다.

<표 3-15> 경상남도의 총인구 및 인구변동률

(단위: 명, %)

경 남	총 인 구/인 구 변 동 률									
	1960	1965	1970	1975	1980	1985	1990	1995	2000	2003
	-	(65/60)	(70/65)	(75/70)	(80/75)	(85/80)	(90/85)	(95/90)	(00/95)	(03/00)
마산시	157,547	158,629	190,992	371,937	386,773	449,247	496,639	431,984	434,085	431,248
	-	(.69)	(20.40)	(94.74)	(3.99)	(16.15)	(10.55)	(-13.02)	(.49)	(-.65)
창원시	-	-	-	-	111,691	173,543	323,138	480,099	523,142	514,463
					-	(55.38)	(86.20)	(48.57)	(8.97)	(-1.66)
진주시	226,007	254,334	253,662	271,094	303,552	310,952	331,351	334,649	342,536	338,364
	-	(12.53)	(-.26)	(6.87)	(11.97)	(2.44)	(6.56)	(1.00)	(2.36)	(-1.22)
진해시	67,412	76,790	91,947	103,657	112,098	121,406	120,207	130,201	134,549	151,348
	-	(13.91)	(19.74)	(12.74)	(8.14)	(8.30)	(-.99)	(8.31)	(3.34)	(12.49)
통영시	126,741	136,844	134,821	144,033	141,167	145,871	138,339	142,759	137,115	133,939
	-	(7.97)	(-1.48)	(6.83)	(-1.99)	(3.33)	(-5.16)	(3.20)	(-3.95)	(-2.32)
사천시	140,662	151,386	144,362	143,721	135,605	125,157	115,915	122,894	119,543	115,060
	-	(7.62)	(-4.64)	(-.44)	(-5.65)	(-7.70)	(-7.38)	(6.02)	(-2.73)	(-3.75)
김해시	196,297	205,721	196,644	103,502	166,426	173,204	185,090	264,965	347,070	412,894
	-	(4.80)	(-4.41)	(-47.37)	(60.79)	(4.07)	(6.86)	(43.15)	(30.99)	(18.97)
밀양시	200,172	215,173	195,429	179,296	161,444	151,805	132,953	131,390	124,936	118,431
	-	(7.49)	(-9.17)	(-8.26)	(-9.96)	(-5.97)	(-12.42)	(-1.18)	(-4.91)	(-5.21)
거제시	113,054	121,295	112,241	112,995	109,634	173,777	144,233	155,590	176,028	188,850
	-	(7.29)	(-7.46)	(.67)	(-2.97)	(58.51)	(-17.00)	(7.87)	(13.14)	(7.28)
양산시	55,756	59,859	58,864	127,432	143,036	142,507	159,848	161,953	194,442	213,271
	-	(7.36)	(-1.66)	(116.49)	(12.24)	(-.37)	(12.17)	(1.32)	(20.06)	(9.68)
의령군	98,623	107,208	93,314	84,224	64,145	55,763	48,985	39,112	34,664	33,010
	-	(8.70)	(-12.96)	(-9.74)	(-23.84)	(-13.07)	(-12.16)	(-20.16)	(-11.37)	(-4.77)
함안군	118,331	125,636	109,694	98,965	80,466	71,347	59,820	68,022	65,361	64,284
	-	(6.17)	(-12.69)	(-9.78)	(-18.69)	(-11.33)	(-16.16)	(13.71)	(-3.91)	(-1.65)
창녕군	148,091	159,865	146,776	137,805	115,850	99,598	84,166	79,933	73,177	67,638
	-	(7.95)	(-8.19)	(-6.11)	(-15.93)	(-14.03)	(-15.49)	(-5.03)	(-8.45)	(-7.57)
고성군	126,650	135,107	120,468	111,771	92,923	82,635	67,647	70,007	63,670	58,974
	-	(6.68)	(-10.84)	(-7.22)	(-16.86)	(-11.07)	(-18.14)	(3.49)	(-9.05)	(-7.38)
남해군	125,906	136,433	126,855	120,864	103,118	90,086	71,498	68,442	59,875	54,591
	-	(8.36)	(-7.02)	(-4.72)	(-14.68)	(-12.64)	(-20.63)	(-4.27)	(-12.52)	(-8.83)
하동군	120,151	143,894	130,911	121,201	97,632	83,334	65,863	65,766	59,607	58,110
	-	(19.76)	(-9.02)	(-7.42)	(-19.45)	(-14.64)	(-20.97)	(-.15)	(-9.37)	(-2.51)
산청군	105,849	116,762	102,863	95,927	72,896	62,985	50,179	46,333	41,034	37,880
	-	(10.31)	(-11.90)	(-6.74)	(-24.01)	(-13.60)	(-20.33)	(-7.66)	(-11.44)	(-7.69)
함양군	112,960	124,178	112,308	106,431	82,785	70,378	55,009	51,186	46,543	42,920
	-	(9.93)	(-9.56)	(-5.23)	(-22.22)	(-14.99)	(-21.84)	(-6.95)	(-9.07)	(-7.78)
거창군	125,285	140,844	125,906	123,831	102,378	91,606	77,584	73,844	69,855	66,518
	-	(12.42)	(-10.61)	(-1.65)	(-17.32)	(-10.52)	(-15.31)	(-4.82)	(-5.40)	(-4.78)

합천군	174,637	197,943	170,376	156,797	115,714	98,707	72,661	70,215	61,442	60,397
	-	(13.35)	(-13.93)	(-7.97)	(-26.20)	(-14.70)	(-26.39)	(-3.37)	(-12.49)	(-1.70)

주1) 자료는 2003년도를 기준으로 함.
주2) 1995년 마산시와 창원시 인구변동률의 경우는 다른 도농통합형 자치단체의 인구변동률과
는 다르게 계산되었다. 즉 다른 통합형 자치단체의 경우에는 인구변동률 계산시 통합이전
의 2개의 자치단체의 인구를 합산한 인구수를 전년도 인구수로 하였으나, 마산시와 창원시
의 경우는 통합된 자치단체인 창원군이 분할하여 각각 마산시와 창원시로 통합됨으로써
인구합산에 어려움이 있기 때문에(창원군의 행정구역변화에 따른 1990년도와 1995년도의
행정구역의 불일치), 통합계산하지 않는 기존의 마산시와 창원시만의 인구수(창원군의 인
구를 합산하지 않는)를 전년도 인구수로 하였다.
주3) 1995년 마산시, 창원군(내서읍, 진북면, 진전면, 진동면, 구산면)이 통합하여 도농복합형태
의 마산시 설치.
주4) 1995년 창원시, 창원군(동면, 북면, 대산면)이 통합하여 도농복합형태의 창원시 설치.
주5) 1995년 진주시, 진양군이 통합하여 도농복합형태의 진주시 설치.
주6) 1995년 충무시, 통영군이 통합하여 도농복합형태의 통영시 설치.
주7) 1995년 삼천포시, 사천군이 통합하여 도농복합형태의 사천시 설치.
주8) 1995년 김해시, 김해군이 통합하여 도농복합형태의 김해시 설치.
주9) 1995년 밀양시, 밀양군이 통합하여 도농복합형태의 밀양시 설치.
주10) 1995년 장승포시, 거제군이 통합하여 도농복합형태의 거제시설치.
주11) 1996년 양산군이 양산시로 승격.

진주시의 경우는 도농통합 이전뿐만 아니라 통합 이후에도 지속적으로
인구가 증가하였으나 최근 들어(2003년) 인구가 감소하는 경향에 있다. 통영
시의 경우 도농통합 이전의 충무시는 인구가 꾸준하게 증가하였으나, 통합
이후에는 인구의 감소현상이 나타나고 있다. 사천시의 경우는 도농통합 이전
의 삼천포시의 경우 지속적인 인구증가현상이 나타났으나, 사천군과 통합함
으로써 인구의 감소현상이 나타나고 있다. 그 외 밀양시의 경우는 1970년대
이후 지속적인 인구감소현상이 나타나고 있다.

행정구역의 변동이 없었던 자치단체로는 진해시, 양산시를 비롯하여 10개
의 군자치단체이다. 이들 중 진해시는 약간의 인구감소현상도 있었지만 대체
적으로 인구가 증가하고 있는 것으로 나타났고, 양산시의 경우는 1960년대
이후 지속적으로 인구가 증가하고 있음을 볼 수 있다. 그 외 10개의 군자치단
체는 1970년대 이후 지속적으로 인구감소현상이 나타나고 있다.

다음의 <표 3-16>에서는 2개 이상의 자치단체의 통·폐합에 따라 행정구역변동이 있었던 경상남도 15개 시·군 기초자치단체의 총인구 및 인구변동률이 제시되어 있다.

<표 3-16> 행정구역변동(경남) 자치단체의 총인구 및 인구변동률

(단위: 명, %)

경 남		총 인 구/인 구 변 동 률									
		1960	1965	1970	1975	1980	1985	1990	1995	2000	2003
		-	(65/60)	(70/65)	(75/70)	(80/75)	(85/80)	(90/85)	(95/90)	(00/95)	(03/00)
마산시	마산시	157,547	158,629	190,992	371,937	386,773	449,247	496,639	431,984	434,085	431,248
		-	(.69)	(20.40)	(94.74)	(3.99)	(16.15)	(10.55)	(-13.02)	(.49)	(-.65)
	창원군	174,541	180,818	168,102	95,799	87,877	74,894	72,367			
		-	(3.60)	(-7.03)	(-43.01)	(-8.27)	(-14.77)	(-3.37)			
창원시	창원시	-	-	-	-	111,691	173,543	323,138	480,099	523,142	514,463
						-	(55.38)	(86.20)	(48.57)	(8.97)	(-1.66)
	창원군	174,541	180,818	168,102	95,799	87,877	74,894	72,367			
		-	(3.60)	(-7.03)	(-43.01)	(-8.27)	(-14.77)	(-3.37)			
진주시	진주시	86,867	104,202	121,622	154,676	202,753	227,441	258,365	334,649	342,536	338,364
		-	(19.96)	(16.72)	(27.18)	(31.08)	(12.18)	(13.60)	(1.00)	(2.36)	(-1.22)
	진양군	139,140	150,132	132,040	116,418	100,799	83,511	72,986			
		-	(7.90)	(-12.05)	(-11.83)	(-13.42)	(-17.15)	(-12.60)			
통영시	충무시	47,757	52,081	54,974	66,817	75,531	87,485	92,159	142,759	137,115	133,939
		-	(9.05)	(5.55)	(21.54)	(13.04)	(15.83)	(5.34)	(3.20)	(-3.95)	(-2.32)
	통영군	78,984	84,763	79,847	77,216	65,636	58,386	46,180			
		-	(7.32)	(-5.80)	(-3.30)	(-15.00)	(-11.05)	(-20.91)			
사천시	삼천포시	50,351	53,969	54,945	59,721	64,723	62,506	62,824	122,894	119,543	115,060
		-	(7.19)	(1.81)	(8.69)	(8.38)	(-3.43)	(.51)	(6.02)	(-2.73)	(-3.75)
	사천군	90,311	97,417	89,417	84,000	70,882	62,651	53,091			
		-	(7.87)	(-8.21)	(-6.06)	(-15.62)	(-11.61)	(-15.26)			
김해시	김해시	-	-	-	-	-	77,925	106,166	264,965	347,070	412,894
								(36.24)	(43.15)	(30.99)	(18.97)
	김해군	196,297	205,721	196,644	103,502	166,426	95,279	78,924			
		-	(4.80)	(-4.41)	(-47.37)	(60.79)	(-42.75)	(-17.17)			
밀양시	밀양시	-	-	-	-	-	-	52,995	131,390	124,936	118,431
								-	(-1.18)	(-4.91)	(-5.21)
	밀양군	200,172	215,173	195,429	179,296	161,444	151,805	79,958			
		-	(7.49)	(-9.18)	(-8.26)	(-9.96)	(-5.97)	(-47.33)			
거제시	장승포시	-	-	-	-	-	-	48,614	155,590	176,028	188,850
								-	(7.87)	(13.14)	(7.28)
	거제군	113,054	121,295	112,241	112,995	109,634	173,777	95,619			
		-	(7.29)	(-7.46)	(.67)	(-2.97)	(58.51)	(-44.98)			

경상남도의 총인구 추이는 다음의 <그림 3-15>으로, 1965년도에 급격히 인구가 증가했다가 1970년에 다시 대폭적인 감소이후 1975년부터는 점점 인구가 증가하고 있는 것으로 나타나고 있다. 이러한 경상남도의 총인구 추이는 경기도의 급격한 인구추이와는 조금의 차이가 있지만 비교적 완만한 증가를 보이고 있음을 알 수 있다.

<그림 3-15> 경상남도의 총인구 추이

한편 경상남도의 인구변동률은 <그림 3-16>과 같다. 이를 살펴보면, 1960년 이후 1975년까지는 큰 폭의 변동률을 보이다가, 1980년 이후에는 비교적 완만한 증가추세의 비율을 보이고 있다.

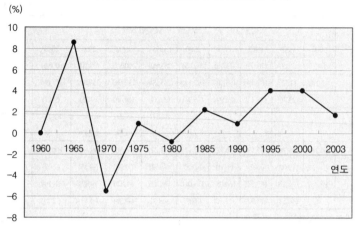

<그림 3-16> 경상남도의 인구변동률 추이

9) 제주도 기초자치단체의 인구변동

아래의 <표 3-17>에서는 제주도 4개 시·군 기초자치단체(2개 시자치단체
와 2개의 군자치단체)의 총인구 및 인구변동률이 제시되어 있다.

제주도의 경우는 2개의 시자치단체와 2개의 군자치단체가 있는데, 1981년
서귀포시가 신설되는 것 이외에는 행정구역상의 큰 변동은 없었다. 이 중에
서 제주시는 1960년대 이후 지금까지 꾸준한 인구증가현상을 보이고 있으며,
남제주군은 1980년대 중반이후 지속적인 인구감소현상이 나타나고 있다.
그 외 북제주군은 1980년대 이후 인구감소현상이 나타났으나 2000년대 이후
인구가 증가하는 추세에 있음을 알 수 있다.

<표 3-17> 제주도의 총인구 및 인구변동률

(단위: 명, %)

제주도	총인구 / 인구변동률									
	1960	1965	1970	1975	1980	1985	1990	1995	2000	2003
	-	(65/60)	(70/65)	(75/70)	(80/75)	(85/80)	(90/85)	(95/90)	(00/95)	(03/00)
제주시	68,090	84,267	106,456	135,189	167,546	203,298	232,687	255,602	279,087	292,908
	-	(23.76)	(26.33)	(26.99)	(23.93)	(21.34)	(14.46)	(9.85)	(9.19)	(4.95)
서귀포시	-	-	-	-	-	82,677	88,292	85,489	85,737	83,525
						-	(6.79)	(-3.17)	(.29)	(-2.58)
북제주군	105,180	115,718	115,176	116,725	122,193	114,223	108,805	98,409	100,395	102,189
	-	(10.02)	(-.47)	(1.34)	(4.68)	(-6.52)	(-4.74)	(-9.55)	(2.02)	(1.79)
남제주군	108,442	126,420	143,885	160,083	173,016	89,266	84,824	79,894	78,104	75,242
	-	(16.58)	(13.82)	(11.26)	(8.08)	(-48.41)	(-4.98)	(-5.81)	(-2.24)	(-3.66)

주1) 자료는 2003년도를 기준으로 함.

다음으로 제주도의 총인구 추이를 보면 <그림 3-17>과 같다. 그림에서
나타난 바와 같이 1960년 이후 지속적으로 완만한 증가추세를 보이고 있다.

<그림 3-17> 제주도의 총인구 추이

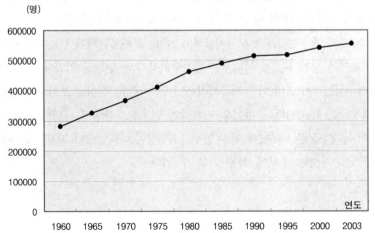

한편 제주도의 인구변동률을 다음의 <그림 3-18>로 나타낼 수 있다. 이를 살펴보면, 1965년에는 아주 큰 폭의 인구변동률을 보여주고 있으나, 이후에는 인구변동률이 조금씩 감소하고 있음을 알 수 있다. 하지만 인구의 감소현상은 나타나지 않고 계속 증가하고 있음을 알 수 있다.

<그림 3-18> 제주도의 인구변동률 추이

이상과 같이 살펴본 인구변동에 대해 1970년 대비 2002년의 인구증감을 그림으로 나타내면 다음의 <그림 3-19>로 나타낼 수 있다. 그림을 살펴보면 수도권 지역과 일부 광역시 지역, 그리고 제주시의 경우 15만 명 이상의 많은 인구가 증가하고 있는 것으로 나타나고 있다.

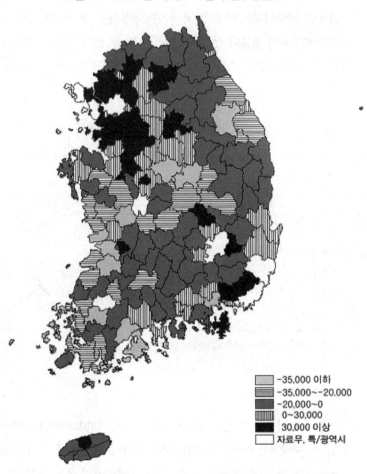

<그림 3-19> 1970년 대비 2002년의 인구증감

-35,000 이하
-35,000~-20,000
-20,000~0
0~30,000
30,000 이상
자료무, 특/광역시

2. 인구변동의 세부적인 실태분석: 1991년~2002년

본 절에서는 우리나라 시·군 기초자치단체와 광역자치단체에 대한 인구 변동의 세부적인 실태를 분석하고자 한다. 이러한 분석에는 인구변동에 대한 세부적인 주민수 증감실태를 먼저 살펴보고, 이러한 주민수 증감에 영향을 미친 자연적 증감과 사회적 증감에 대해서도 보다 자세히 살펴보기로 한다.

1) 시·군 기초자치단체의 주민수 증감실태

우리나라 기초자치단체인 시와 군의 세부적인 주민수 증감실태를 먼저 살펴보고자 하며, 아울러 이러한 총체적인 인구변동과는 별도로 주민수에 영향을 미친 자연적 증감과 사회적 증감에 대해서 살펴보기로 한다.

(1) 전체 주민수 증감실태: 1990년-2002년

1991년부터 2002년 사이의 우리나라 기초자치단체인 시와 군의 주민수 변화 및 증감 자치단체수 현황을 살펴보면 다음의 <표 3-18>과 같다. 표에서 나타난 전반적인 특징으로는, 총량적인 측면에서 시의 주민수는 늘어나고 있는 반면에, 군의 주민수는 지속적인 감소 추세에 있다는 것이다. 그러나 시의 경우도 감소추세를 보이고 있는 비율이 상당히 많음을 알 수 있다.

이를 구체적으로 살펴보면 보면 다음과 같다.

우선 시의 주민수 변화를 살펴보면, 1990년 대비 1991년도는 주민수가 감소한 반면, 1992년도 이후 1995년까지는 전반적으로 높은 증가를 보이고 있으며, 특히 1994년 대비 1995년도 주민수는 평균 15,961명의 높은 증가를 보이고 있다. 1996년 이후에는 일정한 형태로 증가한 이후 IMF때인 1998년도에 잠시 주춤하였으나 1999년 이후에는 주민수의 증가폭이 조금 커지고 있음을 알 수 있다. 그리고 증감 자치단체수 현황을 살펴보면, 1990년 대비 1991년도의 경우 총 66개 시 중 무려 40개의 자치단체가 감소로 나타나고 있는

<표 3-18> 시·군의 전년도에 대비한 주민수의 년평균 증감현황(1991-2002)

구 분			1991	1992	1993	1994	1995	1996	1997	1998	1999	2000	2001	2002
시	평균 주민수 변화		-2,475	+7,788	+7,570	+8,369	+15,961	+7,209	+6,296	+4,198	+4,653	+4,749	+4,783	+5,038
	증감자치 단체수	감소	40	4	7	8	4	20	22	25	26	31	30	37
		증가	26	63	60	59	23	53	51	48	48	43	44	37
군	평균 주민수 변화		-1,273	-1,253	-1,083	-1,245	-1,021	-653	-633	-165	-638	-756	-486	-1320
	증감자치 단체수	감소	63	105	106	109	71	66	64	58	69	74	64	74
		증가	70	27	26	23	23	18	20	26	15	10	20	10

주1) 1995년도의 경우 도농통합된 시군은 분석대상에서 제외시킴(도농통합된 시군은 40개 시
* 38개군 = 39개 통합시)으로써, 시의 분석단위는 27개이고 군의 분석단위는 94개임.

반면, 1992년 이후 1995년까지는 대체로 증가된 자치단체의 수가 감소된 자치단체에 비해 압도적으로 높은 것으로 볼 수 있다.

1996년 이후부터는 전체 인구수에서는 증가하고 있으나 감소하는 시 지방 자치단체가 점점 늘어나고 있어 대체로 감소추세이며, 2002년의 경우 시자치 단체 전체 중 절반이 증가하고 절반이 감소하고 있는 것으로 나타나고 있다. 즉, 시 지방자치단체의 주민수는 1996년도의 경우 평균 7,209명 증가한 이후 IMF때인 1998년도에 잠시 주춤하였으나, 1999년 이후에는 주민수의 증가폭 이 조금 커졌다. 그러나 감소 경향을 보이는 지방자치단체 수가 1996년 이후 조금씩 증가하고 있다. 따라서 일부 시 지방자치단체들을 제외하고는 주민수 의 감소 추세 하에 있음을 알 수 있다.

군의 경우, 우선 주민수변화의 경우는 전체적으로 지속적으로 감소되는 현상을 살펴볼 수 있는데, 특히 1996년 이후 대체로 지속적인 감소 추세를 보이며, 군자치단체의 경우 시자치단체에 비해 상대적으로 주민수가 감소하 는 자치단체가 많다. 그리고 증감 자치단체수의 경우 1990년 대비 1991년도 는 감소된 자치단체보다 증가된 자치단체가 많은 것으로 나타났으나, 1992년

이후 1995년까지는 감소된 자치단체가 증가된 자치단체에 비해 압도적으로 높은 것으로 나타나고 있다.

이상과 같은 전체 주민수 실태를 요약해 보면 다음과 같다. 첫째, 시의 경우 전체적으로 살펴보면 수도권 소재 대부분의 시와 그 외 지방의 중대도시들은 약간의 변동사항 및 몇몇의 도시를 제외하고는 전반적으로 많은 인구가 꾸준하게 증가되고 있는 사실을 알 수 있다. 그리고 이 중에서 특이한 사항도 발견할 수 있는데, 태백시는 1990년 이후 1995년까지, 마산시는 1990년 이후 1994년까지 꾸준하게 굉장히 많은 인구가 감소되었고(1995년도 마산시의 경우 도농통합이 이루어짐에 따라 분석에서 제외됨), 점촌시의 경우 1991년도 이후 1995년까지 꾸준하게 인구가 감소된 사실을 발견할 수 있었다. 반면에 비수도권 도시에 해당되지만 창원시와 김해시, 전주시의 경우는 굉장히 많은 인구가 증가된 사실도 발견할 수 있다.

그리고 1996년 이후 시자치단체의 주민수는 전체 인구수에서는 증가하고 있으나 감소하는 지방자치단체가 점차 늘어나고 있음을 확인할 수 있는데, 대체로 여수시, 김제시, 상주시, 안동시, 삼척시, 나주시, 영주시, 논산시, 태백시 등에서 감소가 많았다.

둘째, 군의 경우 전반적으로 살펴보면, 우선 수도권 지역은 약간의 변동사항은 있지만 대체로 인구가 증가하고 있는 것으로 나타났고, 비수도권 지역의 경우 몇 개의 자치단체를 제외하고는 거의 대부분의 자치단체가 감소하고 있는 것으로 나타나고 있다. 비수도권 자치단체이면서 예외적으로 진천군, 음성군, 양산군, 창원군은 인구가 증가하고 있는 것으로 나타났다.

1991년도 이후 1995년도까지 아주 많은 인구가 감소된 자치단체는 괴산군, 보성군, 승주군, 신안군, 정선군, 해남군, 삼척군, 해남군 등으로 나타나고 있고, 1996년도 이후 2002년까지 많은 인구가 감소된 자치단체는 고흥군이 가장 많은 감소세를 보이며, 그 다음으로는 부여군, 서천군, 정선군, 의성군, 신안군, 고창군, 보성군 등의 순이다.

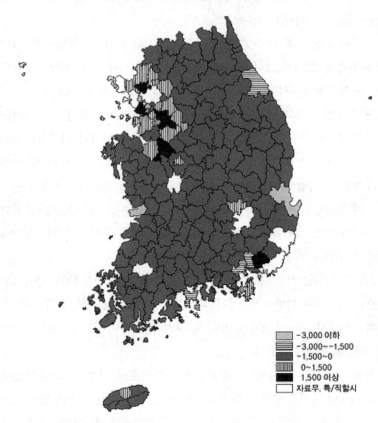

<그림 3-20> 1990년 대비 2002년 인구증감

- -3,000 이하
- -3,000~-1,500
- -1,500~0
- 0~1,500
- 1,500 이상
- 자료무, 특/직할시

　이상과 같은 인구변동에 대한 세부적인 실태분석을 정리하면 <그림 3-20>으로 나타낼 수 있는데, <그림 3-20>에는 1990년 대비 2002년의 인구 증감현황을 살펴볼 수 있다. 그림을 살펴보면 앞에서 살펴본 바와 같이, 경기도를 비롯한 수도권 지역과 일부 광역시의 인근도시, 그리고 제주시의 경우는 3만명 이상의 인구증가가 나타나고 있는 반면, 비수도권 지역의 경우는 상대적으로 인구의 급격한 감소상태를 엿볼 수 있다.

(2) **자연적 증감 실태**: 1990년-2002년

1990년부터 2002년 사이의 우리나라 기초자치단체인 시와 군의 연평균 자연적 증감의 현황을 전반적으로 살펴보면 <표 3-19>와 같다.

우선 시의 경우 자연적 증감에 의한 평균 주민수는, 1990년부터 1995년까지는 약간 증가하는 추세를 보이고 있으나, 1996년 이후에는 평균 주민수가 점점 감소하고 있음을 보여주고 있다. 자치단체수의 경우, 1994년까지는 자연적 감소로 인한 자치단체가 단 한곳도 없으나, 1995년 이후에는 감소하는 자치단체수가 점점 증가하고 있음도 보여주고 있다. 이는 총량적인 의미의 시 전체 주민수는 증가하고 있으나, 개별적인 각 자치단체수준에서는 자연적 감소가 나타나고 있음을 보여주고 있는 것이다. 이는 출산율이 점점 감소하고 있는 있음을 보여주고 있는 것이다.

군의 경우, 전체 군의 평균 주민수에서는 1990년 이후 점점 감소하고 있으며, 심지어 2002년에는 출생자수보다 사망자수가 더 많음을 보여주고 있다. 자치단체수의 경우에는 자연적 감소가 나타나는 자치단체가 점점 많아지고

<표 3-19> 시 · 군 주민수의 년평균 자연적 증감 현황

구 분		1990	1991	1992	1993	1994	1995	1996	1997	1998	1999	2000	2001	2002
시	평균 주민수(명)	+2,074	+2,355	+2,589	+2,552	+2,601	+2,760	+2,588	+2,479	+2,336	+2,235	+2,359	+1,936	+1,676
	자치 단체수 감소	0	0	0	0	0	3	2	3	3	3	4	6	11
	자치 단체수 증가	66	66	67	67	67	63	71	70	70	71	70	68	62
군	평균 주민수(명)	+152	+134	+154	+196	+153	+152	+100	+99	+100	+111	+145	+84	-96
	자치 단체수 감소	66	71	67	63	69	52	53	47	45	49	48	58	64
	자치 단체수 증가	67	62	65	69	63	42	30	37	39	35	36	26	20

주1) 자연적인 증감 : 출생자수 - 사망자수
주2) 1995년도의 분석치의 경우 도농통합된 시군은 분석대상에서 제외시킴(도농통합된 시군은 40개 시 * 38개군 = 39개 통합시)으로써 시의 분석단위는 27개이고 군의 분석단위는 94개임.

있음을 알 수 있는데, 이는 시의 경우와 대비해 볼 때 출산의 감소가 심각하게 나타나고 있음을 반영할 수 있는 것이다.

이를 구체적으로 살펴보면 다음과 같다.

우선 시자치단체의 경우, 1990년도부터 1995년도까지 부천시, 수원시, 성남시, 안산시, 안양시, 광명시 등의 수도권(경기도) 지역의 시자치단체가 집중적으로 많은 자연적 증가가 있었다. 이는 각주 7의 표에도 나와 있지만 1990년도부터 1995년도까지 경기도(수도권) 지역의 경우 총출생자 수가 총사망자 수보다 월등히 많음으로써 큰 폭의 자연적 증가가 있음을 보여준다. 그리고 경기도 이외의 시자치단체에서도 수도권 지역에 비해 미미하지만 모두 자연적인 증가로 나타나고 있다. 이러한 시자치단체로는 1990년부터 1995년까지의 사회적 이동을 살펴보면, 창원시, 청주시, 전주시, 구미시, 마산시, 포항시, 제주시 등으로 나타나고 있다.

1996년 이후에는 대체로 증가폭이 줄어들고 있으나, 상주시, 문경시, 나주시 등을 제외하고는 감소한 지방자치단체는 드물다. 그와 반대로 시·군 158개 중 자연적인 증가가 년평균 5,000명 이상 되는 곳은 모두 시자치단체로써, 가장 많은 자연적인 증가가 나타난 자치단체는 수원시이며, 그 다음으로 성남시, 부천시, 과천시, 구리시, 마산시, 청주시, 안양시, 전주시, 구미시 순이다.

다음은 군자치단체의 자연적 증감상태를 살펴보고자 한다. 우선 1990년부터 1995년까지는 앞서 살펴보았던 시자치단체와 마찬가지로 총량적인 측면에서 약간의 편차는 있지만 지속적으로 평균 주민수가 증가하고 있음을 보여주고 있다. 이는 1990년도부터 1995년도까지의 군자치단체는 매년 출생자수와 사망자수가 일정한 형태로 나타나고 있음을 알 수 있다. 그리고 각 군자치단체수의 증감상태를 살펴보면, 군자치단체들은 일정한 수의 형태로 증가 및 감소의 현상을 하고 있음도 알 수 있다. 1996년 이후에는 총량적인 측면에서 자연적인 증가 추세가 유지되고 있으나, 1996년 이후 자연적인 감소 추세에 있는 군자치단체의 수가 늘어나고 있음을 보여주고 있다.

(3) 사회적 증감 실태: 1990년-2002년

1990년부터 2002년 사이의 우리나라 기초자치단체인 시와 군의 연평균 사회적 증감의 현황을 전반적으로 살펴보면 다음의 <표 3-20>과 같다.

시 자치단체의 사회적 증감을 살펴보면, 사회적 이동, 즉 해당 시자치단체의 총전입자 수가 총전출자 수에 비해 1991년도부터 1995년도까지 증가하고 있는 것으로 나타났다. 각 년도의 사회적 이동으로 인한 주민수는 다수의 변동은 있지만, ― 즉 1991년도부터 1993년도까지 평균 주민수가 감소하는 경향을 보이지만, 1994년도 이후 다시 대체로 증가하는 추세― 평균 주민수 이상으로 증가하는 것으로 나타나고 있다. 그리고 이러한 사회적 이동에 의해 우리나라 전체 시의 평균적인 주민수가 증가하고 있음에도 불구하고, 전체주민수가 감소되고 있는 시자치단체가 점차적으로 많아지고 있는 사실도 <표 3-21>을 통해서 알 수 있다. 하지만 이를 통해서(즉 사회적 이동에 의해 시 전체의 주민수 평균이 증가함에도 불구하고, 개별 자치단체의 수준에서 주민수가 감소하는 자치단체가 증가한다는 것) 중요한 사실을 유추해 낼 수 있다. 즉 사회적 이동의 증가로 인해 총량적인 측면의 주민수가 증가하지만 주민수가 감소하는 시자치단체가 많아진다는 사실은, 많은 주민들이 사회적 이동을

<표 3-20> 시 · 군 주민수의 년평균 사회적 증감 현황

구 분			1990	1991	1992	1993	1994	1995	1996	1997	1998	1999	2000	2001	2002
시	평균 주민수(명)		+6,080	+4,290	+3,404	+3,960	+5,932	+5,509	+4,172	+3,465	+2,317	+2,273	+1,939	+2,707	+3,431
	자치 단체수	감소	13	13	20	32	23	29	28	28	35	40	44	45	43
		증가	53	53	47	35	44	37	45	45	38	34	30	29	31
군	평균 주민수(명)		-2,465	-2,967	-1,782	-1,394	-1,050	-182	-758	-763	-173	-705	-886	-533	-1240
	자치 단체수	감소	120	119	111	119	109	71	68	70	62	73	77	67	74
		증가	13	14	21	13	23	23	16	14	22	11	7	17	10

주) 사회적인 증감(순이동) : 전입자수 - 전출자수

많이 하되 주로 일부 시자치단체로 대량의 집중현상이 나타난다고 볼 수 있다. 이러한 집중현상은 주로 경기도(수도권) 및 일부 시(광역시 인근지역의 중대도시) 자치단체로 집중된다는 사실을 추론해 볼 수 있다.[8]

1996년 이후에는 년평균 주민수가 점점 감소하고 있는 것으로 나타나고 있고, 자치단체수의 경우 사회적인 이동에 의해 주민수의 감소가 나타나는 지방자치단체 수 역시 증가하고 있다.

이를 구체적으로 살펴보면 다음과 같다.

1990년부터 1995년도까지의 사회적 이동에 관한 시자치단체를 살펴보면, 우선 경기도(수도권) 지역에서는 성남시, 안산시, 군포시, 수원시, 부천시[9], 의정부시, 시흥시 등의 자치단체에서는 꾸준한 증한 증가가 있었던 반면, 과천시, 광명시에서는 1992년도부터 1995년도까지, 안양시는 1994년 이후

---

8) 경기도 지역의 년도별 자연적·사회적 증감상태를 살펴보면 다음의 표와 같다.

경기도			1990	1991	1992	1993	1994	1995	1996	1997	1998	1999	2000	2001	2002
시	자연적 증감	평균 주민수	+3734	+4361	+4613	+4565	+4637	+5121	+3726	+3579	+3431	+3312	+3528	+2977	+2791
		자치단체수 감소	0	0	0	0	0	0	0	0	0	0	1	1	0
		자치단체수 증가	18	18	19	19	19	18	27	27	27	27	26	26	27
	사회적 증감	평균 주민수	+14379	+9064	+9828	+13732	+16986	+16906	+9146	+7896	+4582	+6468	+6783	+9243	+11764
		자치단체수 감소	0	0	6	6	6	3	4	5	11	9	8	8	6
		자치단체수 증가	18	18	13	13	13	15	23	22	26	18	19	19	21
군	자연적 증감	평균 주민수	+981	+1122	+1112	+1126	+1043	+1007	+1349	+1379	+1177	+1383	+1638	+1474	+10
		자치단체수 감소	0	0	0	0	0	0	0	0	0	0	0	0	2
		자치단체수 증가	16	16	15	15	15	13	4	4	4	4	4	4	4
	사회적 증감	평균 주민수	+2124	+1430	+1724	+659	+1779	+5247	1435	+141	-308	-126	218	-152	-459
		자치단체수 감소	7	6	5	8	4	1	0	2	3	2	2	2	3
		자치단체수 증가	9	10	10	7	11	12	4	2	1	2	2	2	1

9) 부천시의 경우 1992년도에는 -11,711명의 사회적 이동에 의한 감소가 있었으나, 그 외 년도에는 모두 사회적 이동에 의한 증가현상이 있었다.

사회적 이동의 감소현상, 즉 총전입자 수보다 총전출자 수가 많이 나타나고 있다.

1996년 이후에는 사회적인 이동에 따른 인구수는 전체적으로 양(+)의 상태에 있으나 대체로 감소하고 있으며, 또한 사회적 이동에 의해 주민수가 감소하는 시자치단체가 늘어나고 있다[10]. 따라서 시 지방자치단체에서도 사회적 이동에 의한 주민수 감소는 중요한 문제로 나타나고 있다. 사회적 이동에 의한 감소는 부천시, 안양시, 광명시, 여수시, 포항시, 마산시, 김제시, 안동시 등에서 나타나고 있다. 그밖에 남원시 · 군산시 · 익산시 · 목포시 · 나주시 · 태백시 · 삼척시 · 보령시 · 경주시 · 안동시 · 영주시 · 영천시 · 상주시 · 진주시 · 밀양시 · 사천시 등에서는 1,000명에서 2,000명사이의 년 평균 감소가 나타나고 있다.

다음으로 군자치단체의 사회적 증감상태를 살펴보면, 우선 1990년부터 1995년까지는 경우 전체 주민수의 입장에서는 총전입자 수보다 총전출자 수가 많지만, 총전출자 수는 총전입자의 수에 비해서 매년 점점 줄어지는 형태를 보여주고 있다. 즉 사회적 이동으로 인하여 군자치단체의 주민수가 감소의 형태를 취하고 있지만, 감소비율은 점점 감소하고 있는 것으로 나타나고 있다. 그리고 사회적 이동으로 인하여 주민수가 감소하는 군자치단체가 절대적으로 많지만, 1990년 이후 그 숫자가 점점 줄어들고 있음을 알 수가 있다.

1996년부터 2002년까지의 경우에는 사회적 이동에 의한 주민수 감소 추세는 급격히 확대되고 있어서 1996년 이후 사회적 이동에 의해 주민수가 감소하는 군자치단체의 수가 급격히 늘어나고 있다. 이는 군자치단체의 경우 사회적인 이동에 따른 주민수 감소가 심각하다는 것으로 이해할 수 있으며, 감소추세에 있는 자치단체수는 2002년 74개의 자치단체에 달한다. 군 지역 중 사회적 이동에 따른 감소가 가장 큰 곳은 고흥군이며, 그 다음으로는

---

10) 그런데 순이동(전입-전출)에 의한 주민 수의 증가가 가장 많은 곳은 용인시이며, 그 다음으로는 고양시, 시흥시, 수원시, 남양주시, 천안시, 김해시, 의정부시, 김포시 등이다.

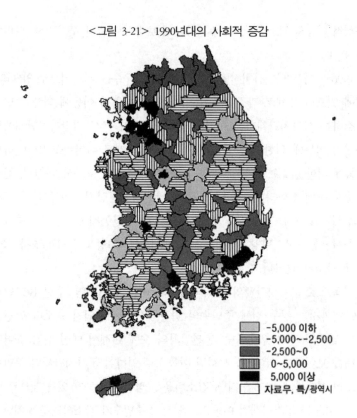

<그림 3-21> 1990년대의 사회적 증감

-5,000 이하
-5,000~-2,500
-2,500~0
0~5,000
5,000 이상
자료무, 특/광역시

정선군, 부여군, 서천군 등이다.

　지금까지 시·군 지방자치단체의 사회적 증감현황을 종합해 볼 때, 중요한 사실을 확인해 볼 수 있다. 즉 지방자치단체의 주민수의 감소는 제2장의 <표 2-1>에서 확인한 바와 같이 주로 자연적인 감소에 의해서라기보다는 사회적인 감소에 의해 나타나고 있다는 사실을 확인해 볼 수 있다.

　이상과 같은 1990년부터 2002년의 사회적 증감에 대해 그림으로 나타내면, 다음의 <그림 3-21>과 <그림 3-22>로 대비하여 나타낼 수 있다.

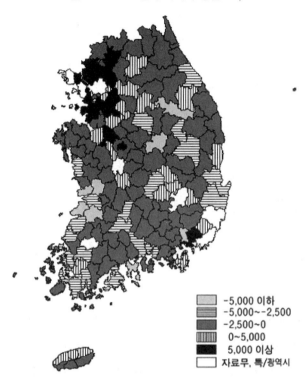

<그림 3-22> 2002년의 사회적 증감

-5,000 이하
-5,000~-2,500
-2,500~0
0~5,000
5,000 이상
자료무, 특/광역시

　이들을 살펴보면 1990년대과 2000년대에서 공통적으로 확인 해 볼 수 있는 것은 수도권에 대한 높은 사회적 이동을 확인해 볼 수 있다. 그밖에 경상남도의 일부지역에서도 높은 사회적 이동을 확인해 볼 수 있다. 따라서 수도권 지역에 대해 지속적으로 사회적 증가로 인한 인구유입이 이루어지고 있음을 확인해 볼 수 있다.

2) 도 광역자치단체별 시·군자치단체의 주민수 증감 실태

앞에서는 시·군별로 단순 범주화하여 주민수의 증감을 고찰함으로써 도 단위별 시·군의 차이를 알 수 없었다. 따라서 도광역자치단체별 시·군의 주민수 증감 실태를 살펴보았다.

(1) 전년도에 대비한 전체 주민수 증감실태

<표 3-21>에 나타난 바와 같이 전년도에 대비한 주민수 증감 실태는 도의 시·군별로 다소 차이를 보이고 있다. 경기도의 시·군을 제외하면, 다른 도의 시자치단체들은 전년도에 대비하여 주민수가 감소하는 자치단체가 수가 점차 많아지고 있으며, 대부분의 도의 군지역에서는 1992년 이후 전년도에 대비하여 지속적인 감소가 나타나고 있다. 이를 구체적으로 살펴보면 다음과 같다.

첫째, 경기도의 경우 1991년 이후 각 시·군들은 총 주민수에서 지속적인 증가를 보여왔다. 그러나 그 증가세는 점차 감소하는 추세라고 볼 수 있다. <표 3-21>에 나타난 바와 같이 전체적으로는 전년도에 비해 주민수가 증가한 자치단체가 상대적으로 전년도에 비해 감소하는 자치단체보다 많다. 그러나 일부 시·군의 경우 1998년도 이후 전년대비 주민수의 증가세가 감소하는 자치단체가 나타나고 있어, 1998년도에 18개시 중 5곳의 자치단체에서 전년대비 주민수의 감소가 나타나고 있다. 둘째, 강원도·경상남도·제주도의 경우 시·군간 전년대비 주민수의 증감에 뚜렷한 차이를 나타내고 있다. 이들 도의 시들은 전년대비 주민수가 증가하는 자치단체 수가 많으나, 군은 전년대비 감소하는 자치단체수가 많은 것으로 나타나고 있다. 즉, 시의 경우 전년도에 비해 주민수가 증가하는 경향이나, 군의 경우 전년도에 비해 감소하는 경향을 알 수 있다. 셋째, 충청북도·충청남도·전라북도·전라남도·경상북도의 시·군들은 전반적으로 전년대비 주민수가 감소하는 자치단체가 증가하는 추세이다. 따라서 이들 도의 경우 지속적인 주민수의 감소가

<표 3-21> 전년대비 주민수 증감의 실태

(단위 : 개)

구 분			1992	1993	1994	1995	1996	1997	1998	1999	2000	2001	2002
경기도	시	증가 자치단체	18	17	17	15	18	15	13	13	15	14	15
		감소 자치단체	0	2	2	2	0	3	5	5	3	4	2
	군	증가 자치단체	14	13	11	11	13	13	10	12	11	10	10
		감소 자치단체	1	2	4	2	0	0	3	1	2	3	3
강원도	시	증가 자치단체	6	6	6	6	5	5	5	5	5	3	2
		감소 자치단체	1	1	1	1	2	2	2	2	2	4	5
	군	증가 자치단체	1	1	2	2	1	1	7	0	0	2	1
		감소 자치단체	14	14	13	9	10	10	4	11	11	9	10
충청북도	시	증가 자치단체	3	3	3	3	3	3	2	2	1	1	1
		감소 자치단체	0	0	0	0	0	0	1	1	2	2	2
	군	증가 자치단체	2	2	2	2	3	3	2	1	3	2	0
		감소 자치단체	8	8	8	6	5	5	6	7	5	6	8
충청남도	시	증가 자치단체	5	5	5	3	3	3	5	3	2	3	2
		감소 자치단체	0	0	0	0	3	3	1	3	4	3	4
	군	증가 자치단체	1	1	1	3	3	1	3	1	0	1	1
		감소 자치단체	14	14	14	7	6	8	6	8	9	8	8
전라북도	시	증가 자치단체	6	5	6	4	3	4	3	3	2	3	1
		감소 자치단체	0	1	0	0	3	2	3	3	4	3	5
	군	증가 자치단체	0	0	0	1	0	1	2	1	0	6	0
		감소 자치단체	13	13	13	7	8	7	6	7	8	2	8
전라남도	시	증가 자치단체	5	6	5	4	3	3	2	2	1	2	0
		감소 자치단체	1	0	1	1	1	1	2	3	4	3	5
	군	증가 자치단체	0	0	0	2	2	3	5	3	1	2	1
		감소 자치단체	21	21	21	16	15	14	12	14	16	15	16
경상북도	시	증가 자치단체	9	9	9	9	4	4	4	5	3	3	2
		감소 자치단체	1	1	1	0	6	6	6	5	7	7	8
	군	증가 자치단체	4	5	3	2	3	3	3	2	2	2	3
		감소 자치단체	19	18	20	11	10	10	10	11	11	11	10
경상남도	시	증가 자치단체	8	7	7	6	6	6	5	6	6	7	6
		감소 자치단체	1	2	2	0	4	4	5	4	4	3	4
	군	증가 자치단체	4	4	4	0	0	1	0	0	0	2	0
		감소 자치단체	14	14	14	11	10	9	10	10	10	8	10
제주도	시	증가 자치단체	2	2	1	2	1	1	2	2	1	1	1
		감소 자치단체	0	0	1	0	1	1	0	0	1	1	1
	군	증가 자치단체	1	0	0	0	0	0	1	2	0	0	1
		감소 자치단체	1	2	2	2	2	1	1	0	2	2	1

주) 이 표는 전년도 대비 주민수의 증감을 나타내는 것으로, 당해연도 주민수는 아님

이루어짐을 알 수 있다. 충청북도의 시는 2000년부터, 충청남도의 시는 199년부터, 전라북도·전라남도·경상북도는 1996년부터 전년대비 주민수가 증가하는 자치단체수 보다 전년대비 주민수가 감소하는 자치단체 수가 많아지고 있다. 그리고 군의 경우 이들 도간에 큰 차이 없이 1992년 이후부터 전년대비 감소하는 자치단체수가 많음을 알 수 있어, 군의 주민수감소가 심각해짐을 알 수 있다.

(2) 자연적 증감의 실태

<표 3-22>는 도별 시·군들의 자연적인 증감을 나타낸 것으로, 자연적인 증감에서 도별·시군별로 차이를 보임을 알 수 있다. 대체로 시의 경우 도에 상관없이 대체로 증가경향을 나타내는 자치단체수가 많으나, 군의 경우 경기도·제주도·강원도를 제외하곤 자연적인 감소를 나타내는 자치단체가 많은 것으로 나타나고 있다.

이러한 경향은 <그림 3-23>을 통해 보다 분명히 알 수 있다. <그림 3-23>은 1990년 대비 2002년의 출생자수의 변화를 나타낸 것이다.

따라서 자연적인 감소에 따른 주민수 감소가 군자치단체에서는 점차 심각해지고 있는데 반해, 시자치단체의 경우 일부 도의 시자치단체를 제외하곤 아직까지 심각한 문제는 아니라고 할 수 있다. 이를 구체적으로 살펴보면 다음과 같다.

첫째, 시자치단체의 경우 도별 시자치단체에 상관없이 대체로 증가하는 자치단체가 감소하는 자치단체보다 많은 것으로 나타나고 있다. 다만 전라남도와 경상북도는 1995년 도농통합이후 나주시·상주시·문경시 등, 2000년 이후에는 전라북도 김제시·경상남도 밀양시에서 자연적인 감소가 나타나고 있다.

둘째, 군자치단체의 경우 주민수의 자연적인 증가는 도별로 다소 차이를 나타낸다. 경기도와 제주도 경우 경기도의 가평군과 양평군을 제외하면 자연적인 증가세를 보이는 자치단체수가 월등히 많다. 그리고 강원도의 충청남도

<표 3-22> 자연적 증감의 실태

(단위 : 개)

구 분			1991	1992	1993	1994	1995	1996	1997	1998	1999	2000	2001	2002
경기도	시	증가 자치단체	19	19	19	19	18	18	18	18	18	18	18	18
		감소 자치단체	0	0	0	0	0	0	0	0	0	0	0	0
	군	증가 자치단체	15	15	15	15	13	13	13	13	13	13	13	11
		감소 자치단체	0	0	0	0	0	0	0	0	0	0	0	2
강원도	시	증가 자치단체	7	7	7	7	7	7	7	7	7	7	7	6
		감소 자치단체	0	0	0	0	0	0	0	0	0	0	0	1
	군	증가 자치단체	13	12	14	14	8	8	10	10	10	8	6	5
		감소 자치단체	2	3	1	1	3	3	1	1	1	3	5	6
충청 북도	시	증가 자치단체	3	3	3	3	3	3	3	3	3	3	3	3
		감소 자치단체	0	0	0	0	0	0	0	0	0	0	0	0
	군	증가 자치단체	3	5	6	6	4	4	4	4	3	4	3	3
		감소 자치단체	7	5	4	4	4	4	4	4	4	4	5	5
충청 남도	시	증가 자치단체	5	5	5	5	5	6	6	6	6	6	6	4
		감소 자치단체	0	0	0	0	0	0	0	0	0	0	0	2
	군	증가 자치단체	10	10	11	11	6	5	5	6	5	5	4	2
		감소 자치단체	5	5	4	4	4	4	4	3	4	4	5	7
전라 북도	시	증가 자치단체	6	6	6	6	6	6	6	6	6	5	5	4
		감소 자치단체	0	0	0	0	0	0	0	0	0	1	1	1
	군	증가 자치단체	3	3	3	3	1	1	1	1	1	1	1	1
		감소 자치단체	10	10	10	10	7	7	7	7	7	7	7	7
전라 남도	시	증가 자치단체	6	6	6	6	5	4	3	4	4	5	4	4
		감소 자치단체	0	0	0	0	1	0	1	1	1	0	1	1
	군	증가 자치단체	2	1	3	3	1	1	4	5	4	5	3	2
		감소 자치단체	19	20	18	18	17	16	13	12	13	12	14	15
경상 북도	시	증가 자치단체	10	10	10	10	8	8	7	8	8	8	8	5
		감소 자치단체	0	0	0	0	2	2	3	2	2	12	2	5
	군	증가 자치단체	6	8	7	7	4	4	4	4	4	3	1	1
		감소 자치단체	17	15	16	16	9	9	9	9	9	10	12	12
경상 남도	시	증가 자치단체	9	9	9	9	9	10	10	10	10	10	9	9
		감소 자치단체	0	0	0	0	0	0	0	0	0	0	1	1
	군	증가 자치단체	7	9	8	8	3	2	1	1	1	0	0	0
		감소 자치단체	11	9	10	10	8	8	9	9	9	10	10	10
제주도	시	증가 자치단체	2	2	2	2	2	-	2	2	2	2	2	2
		감소 자치단체	0	0	0	0	0	-	0	0	0	0	0	0
	군	증가 자치단체	2	2	2	2	2	-	2	2	2	2	2	2
		감소 자치단체	0	0	0	0	0	-	0	0	0	0	0	0

주) 당해연도 자연적인 증감을 의미함

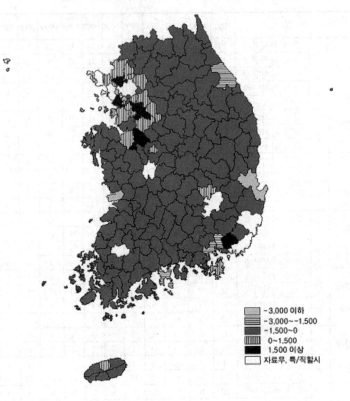

<그림 3-23> 1990년 대비 2002년의 출생자수 변화

legend:
- -3,000 이하
- -3,000~-1,500
- -1,500~0
- 0~1,500
- 1,500 이상
- 자료무, 특/직할시

의 경우 역시 일부자치단체(강원도의 횡성군 · 영월군 · 정선군 · 양양군 등, 충청남도의 부여군 · 서천군 · 청양군 · 예산군 · 기타 등)를 제외하면 자연적인 증가를 보이는 자치단체수가 많다. 그에 반해 충청북도 · 전라북도 · 경상북도 · 경상남도의 경우 자연적인 감소세를 보이는 자치단체수가 증가세를 보이는 자치단체수보다 월등히 많은 것으로 나타나고 있다. 따라서 이들의 군자치단체들에서 자연적인 주민감소가 심각해지고 있음을 알 수 있다.

(3) 사회적 증감의 실태

다음의 <표 3-23>에 나타난 바와 같이 경기도의 시·군들은 다른 도의 시군들에 비해 사회적 감소로 줄어드는 자치단체 수가 대체로 적은 반면에, 다른 도의 시·군들의 경우 사회적인 이동에 따라 감소하는 자치단체의 수

<표 3-23> 사회적증감의 실태

(단위: 개)

구 분			1991	1992	1993	1994	1995	1996	1997	1998	1999	2000	2001	2002
경기도	시	증가 자치단체	19	13	13	13	15	14	13	8	9	11	11	12
		감소 자치단체	0	6	6	6	3	4	5	10	9	7	7	6
	군	증가 자치단체	9	10	7	11	12	13	11	9	11	10	10	10
		감소 자치단체	6	5	8	4	1	0	2	4	2	3	3	3
강원도	시	증가 자치단체	6	6	5	5	4	4	5	4	4	3	1	2
		감소 자치단체	1	1	2	2	3	3	2	3	3	4	6	5
	군	증가 자치단체	0	0	1	1	0	0	0	5	0	0	2	1
		감소 자치단체	15	15	14	14	11	11	11	6	11	11	9	10
충청북도	시	증가 자치단체	3	3	2	2	2	3	2	2	1	1	1	1
		감소 자치단체	0	0	1	1	1	0	1	1	2	2	2	2
	군	증가 자치단체	0	2	1	1	2	3	3	1	1	2	0	0
		감소 자치단체	10	8	9	9	6	5	5	7	7	6	8	8
충청남도	시	증가 자치단체	4	4	3	4	3	4	4	5	2	2	2	2
		감소 자치단체	1	1	2	1	2	2	2	1	4	4	4	4
	군	증가 자치단체	0	1	1	1	3	2	1	2	1	0	1	2
		감소 자치단체	15	14	14	14	7	7	8	7	8	9	8	7
전라북도	시	증가 자치단체	4	2	1	1	3	2	2	2	2	2	1	0
		감소 자치단체	2	4	5	5	3	4	4	4	4	4	5	6
	군	증가 자치단체	0	0	0	0	1	0	1	1	1	0	7	0
		감소 자치단체	13	13	13	13	7	8	7	7	7	8	1	8
전라남도	시	증가 자치단체	4	3	1	3	3	2	2	2	0	1	0	0
		감소 자치단체	2	3	5	3	3	2	2	3	5	4	5	5
	군	증가 자치단체	0	0	0	1	2	2	2	5	2	0	2	1
		감소 자치단체	21	21	21	20	16	15	15	12	15	17	15	16
경상북도	시	증가 자치단체	7	8	5	9	3	3	3	3	3	0	3	2
		감소 자치단체	3	2	5	1	7	7	7	7	7	10	7	8
	군	증가 자치단체	1	4	1	3	2	3	3	3	2	2	1	3
		감소 자치단체	22	19	22	20	11	10	10	10	11	11	12	10
경상남도	시	증가 자치단체	5	7	5	7	3	5	6	5	4	2	3	4
		감소 자치단체	4	2	4	2	6	5	4	5	6	8	7	6
	군	증가 자치단체	3	4	2	4	1	0	0	2	0	0	2	0
		감소 자치단체	15	14	16	14	10	10	10	8	10	10	8	10
제주도	시	증가 자치단체	2	1	0	0	1	1	1	1	2	1	1	1
		감소 자치단체	0	1	2	2	1	1	1	1	0	1	1	1
	군	증가 자치단체	0	0	0	1	0	0	0	1	0	0	0	1
		감소 자치단체	2	2	2	1	2	2	2	1	2	2	2	1

가 증가하고 있다. 특히 군자치단체의 경우 경기도의 군자치단체중 사회적 이동에 의해 감소하는 자치단체가 줄어드는 반면에, 경기도를 제외한 다른 도의 군자치단체에서는 사회적 이동에 따라 감소경향을 보이는 자치단체의 수가 증가하는 자치단체에 비해 압도적으로 높게 나타나고 있다. 이를 구체적으로 살펴보면 다음과 같다.

첫째, 시자치단체의 경우 사회적 이동에 의해 감소하는 자치단체의 수는 도별로 차이가 있다. 경기도의 경우 1992년 6개시에서 그리고 2002년도에도 6개시에 사회적 이동에 의해 감소하는 자치단체가 나타나고 있다. 하지만, 경기도의 사회적 감소는 급격한 사회적 증감의 변화에 의한 영향일 뿐, 지속적으로 감소하는 자치단체는 드물다. 지속적인 감소가 나타나는 자치단체로는 과천시나 군포시 등이다. 그리고 강원도 · 충청북도 · 충청남도 등은 1991년 초기에는 사회적 증가를 보이는 지만, 2000년을 점후하여 감소추세를 보이며, 경상북도 · 경상남도는 1995년을 전후하여 감소추세를 보인다. 그에 반해 전라북도와 전라남도의 시자치단체들은 1993년에 증가하는 자치단체가 1곳인 반면에 감소하는 자치단체는 5곳으로 타 도의 시자치단체에 비해 사회적 감소가 심각한 실정이다.

둘째, 군자치단체의 경우 경기도의 군자치단체를 제외하고는 감소하는 자치단체의 수가 증가하는 자치단체의 수보다 많은 실정이다. 경기도의 경우 1991년도에 6개 자치단체에서 전출이 전입보다 많은 사회적 감소를 보였으나, 오히려 2002년에는 감소하는 자치단체수가 3곳으로 줄었다. 그에 반해 경제위기에 의해 사회적인 감소가 줄어든 1998년을 제외하곤 경기도를 제외한 기타 다른 도의 군자치단체들에게서 사회적 감소가 나타난 자치단체의 수가 월등히 높았다.

4 인구이동의 실태[11]

오늘날 인구의 사회적 이동으로 말미암아 어떤 시·군은 인구의 많은 유입으로 과밀현상이 일어나고 있는 반면, 어떤 시·군은 인구의 과다한 유출로 인한 과소현상으로 자치단체의 존립에 까지 영향을 미치고 있는 실정이다. 이러한 사회적 이동에 의한 자치단체의 불균형 현상과 인구의 과소현상은 심각한 외부불경제 현상을 일으키고 있는 것이다.

원래 지역간 인구이동은 경제적인 요인, 삶의 질에 관한 요인, 그리고 지방재정요인 등에 의하여 영향을 받는 것으로 알려지고 있다. 특히 Tiebout(1956)는 "주민은 자신에게 가장 적합한 공공서비스를 제공하는 자치단체에서 살고 싶어 한다"고 한다. 하지만 이러한 개인의 자유로운 이동에 따른 인구의

---

11) 본 장에서 연구의 시간적 범위는 1991년도부터 2002년까지이고, 자료는 통계청에서 제공받은 원자료(raw data)와 인구이동통계연보 및 각 시·도별 통계연보를 기초로 분석하였다. 인구이동에 대한 일반적인 제반특성을 파악하는 데는 인구 및 주택센세스 보고(인구이동편) 자료를 이용하는 방법이 좋고, 인구이동량을 정확히 계산하는 데는 생잔율을 이용하는 방법이 좋다. 하지만 본 연구의 분석에 사용되는 자료는 통계청에서 제공받은 원자료로써 자료의 원천은 각 시군의 주민등록 신고자료를 이용하는 방법이다. 현재 우리나라에서는 주민등록법에 의해 전입 및 전출하는 경우 신고를 하도록 하고 있는데, 이 자료를 이용하면 각 지역별 인구이동량을 파악할 수 있다. 하지만 이 자료에 의해 인구이동량을 파악하는 경우 전출입의 신고누락, 지연신고, 행정단위에서의 집계과정에서 오차가 발생할 수 있는 문제점이 있을 수 있다.

불균형 현상은 그 정도가 너무 심각한 지경에 이르고 있다는 것이다. 즉 여러 가지 원인에 의해서 일정한 지역으로의 사회적 이동은 계속되고 있으며, 이러한 사회적 이동은 심각한 경제 · 사회적인 문제를 창출 · 유인하고 있는 것이다.

따라서 본 장에서는 우선 전국의 인구이동추이를 살펴보고, 시 · 도별 인구이동현황과 시 · 도별 전입지 · 전출지별 인구이동경로를 파악 · 분석해보고자 한다. 이와 함께 오늘날 인구이동과 더불어 심각하게 제기되고 있는 수도권 지역(서울 · 인천 · 경기지방)에로의 인구유입을 각 권역별로 비교함으로써 수도권지역의 인구집중화 현황을 검토해보고자 한다.

1. 전국 인구이동의 추이

우리나라 국민의 주민등록 전출 · 입 신고를 기초로 작성한 인구이동 집계 결과, 각 년도 동안 동 · 읍 · 면 경계를 넘어 이동한 사람은 다음의 <표 4-1>에 제시되어 있다. 제시된 <표 4-1>을 살펴보면, 1991년도의 총이동자 수는 8,981천명으로 인구 100명당 20.6명이 이동하였다(이것을 총이동률12) 로 표시하면 20.6%로 표시할 수 있다). 이러한 이동률은 1991년도 이후 계속 감소추세를 나타내다가 1998년도에 가장 최저인 8,156천명이 이동한 17.4% 의 이동률을 보이고 있다. 그러다가 1999년도에는 20.0%로 다시 크게 증가했으나 2001년 이후 계속 19%를 유지하다, 가장 최근인 2003년도에는 19.6%의 이동률을 나타내고 있다. 이러한 총이동률을 분석해보면 우선 1998년도에는 IMF 외환위기에 따른 부동산 경기침체 등으로 이동률이 큰 폭으로 떨어지다가, 1999년도에 총이동자가 1998년보다 큰 폭으로 증가한 것은 외환위기 극복에 따른 경기회복의 영향으로 판단된다. 이러한 경기회복으로 인구이동이 급격히 증가했던 1999년 이후 3년 연속 9백만 명 이상의 이동량을 보이며

---

12) 총이동률(Rate of migration)은 인구 100명당 이동한 사람의 수이다.

활발한 인구이동성향이 지속되고 있는 것으로 나타나고 있다. 다만, 2000년 총이동자가 다소 감소한 것은 1999년 경기회복의 영향으로 활발했던 이동성향이 2000년 경기상승 속도의 둔화로 인구이동도 진정국면에 접어든 결과로 보여지고 있다.

<표 4-1> 연도별 인구이동 추이

(단위: 천명, %)

연도	총인구	총이동				시도내 이동				시도간 이동			
		이동자수 (이동률)	증감 (증감율)	성비	구성비	이동자수 (이동률)	증 감 (증감율)	성비	구성비	이동자수 (이동률)	증 감 (증감율)	성비	구성비
1991	43,865	8,981 (20.6)	-478 (-5.1)	102.3	100.0	6,023 (13.8)	-205 (-3.3)	100.7	67.1	2,958 (6.8)	-273 (-8.5)	105.7	32.9
1992	44,569	9,032 (20.5)	51 (0.6)	101.2	100.0	6,172 (14.0)	149 (2.5)	100.0	68.3	2,860 (6.5)	-98 (-3.3)	103.8	31.7
1993	45,077	8,807 (19.7)	-225 (-2.5)	101.2	100.0	5,943 (13.3)	-229 (-3.7)	99.8	67.5	2,864 (6.4)	4 (0.1)	104.1	32.5
1994	45,512	8,792 (19.4)	-15 (-0.2)	100.5	100.0	6,052 (13.4)	109 (1.8)	99.7	68.8	2,740 (6.0)	-124 (-4.3)	102.2	31.2
1995	45,982	9,073 (19.9)	281 (3.2)	100.1	100.0	6,208 (13.6)	156 (2.6)	99.8	68.4	2,865 (6.3)	125 (4.6)	100.8	31.6
1996	46,434	8,855 (19.2)	-218 (-2.4)	100.1	100.0	6,019 (13.1)	-189 (-3.0)	99.7	68.0	2,836 (6.2)	-29 (-1.0)	101.0	32.0
1997	46,885	8,820 (19.0)	-35 (-0.4)	100.0	100.0	5,981 (12.9)	-38 (-0.6)	99.6	67.8	2,838 (6.1)	2 (0.1)	100.7	32.2
1998	47,174	8,156 (17.4)	-664 (-7.5)	98.8	100.0	5,478 (11.7)	-503 (-8.4)	98.2	67.2	2,679 (5.7)	-160 (-5.6)	100.1	32.8
1999	47,543	9,435 (20.0)	1279 (15.7)	96.8	100.0	6,411 (13.6)	933 (17.0)	96.9	67.9	3,025 (6.4)	346 (12.9)	96.5	32.1
2000	47,977	9,009 (19.0)	-426 (-4.5)	98.7	100.0	6,164 (13.0)	-247 (-3.9)	97.8	68.4	2,846 (6.0)	-179 (-5.9)	100.7	31.6
2001	48,289	9,290 (19.4)	281 (3.1)	98.8	100.0	6,358 (13.3)	194 (3.2)	98.1	68.4	2,932 (6.1)	86 (3.0)	100.5	31.6
2002	48,518	9,584 (19.9)	295 (3.2)	98.5	100.0	6,590 (13.7)	232 (3.6)	97.9	68.8	2,995 (6.2)	63 (2.1)	99.7	31.3
2003	48,824	9,517 (19.6)	-67 (-0.7)	97.8	100.0	6,509 (13.5)	-81 (-1.2)	98.0	68.4	3,008 (6.2)	13 (0.4)	97.3	31.6

자료: 통계청 원자료(raw data), 인구이동통계연보(1991-2003), 통계청 http://www.nso.go.kr

주1) 이동률(Rate of migration) $m = \dfrac{M}{P} \times 100$

　　m: 특정기간의 이동률,　　M: 특정기간내의 이동자수

　　P: (기간초 주민등록인구 +기간말 주민등록인구) ÷ 2

주2) 총이동자(률) = 시도내 이동자수(율) + 시도간 이동자수(율)

주3) 성비는 여자 이동자 100명당 남자 이동자수를 의미함.

주4) 증감률 = (현재년도 이동자수 - 전년도 이동자수) ÷ 전년도 이동자수 × 100

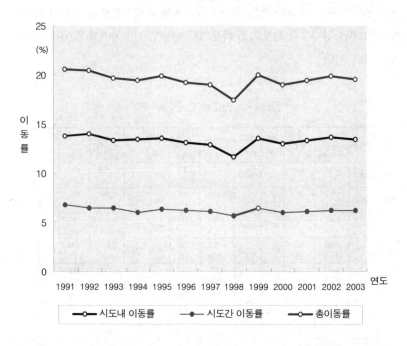

<그림 4-1> 연도별 이동률 추이

연도별 이동률 추이는 다음의 <그림 4-1>로 나타낼 수 있다. <그림 4-1>을 살펴보면, 총이동률은 대체로 19~20%의 이동률을 유지하고 있으나, 1998년에는 총이동률이 급격히 떨어졌음을 알 수 있다. 이러한 1998년의 총이동률 감소는 특히 시도간 이동률보다 시도내 이동률이 더 많이 감소하는 것으로 확인해 볼 수 있는데, 앞서 설명한 바와 같이 외환위기에 따른 경기침체의 결과로 볼 수 있을 것이다.

시도내 이동은 1991년 이동자수가 6,023천 명으로 13.8%의 이동률을 나타내면서 전체 총이동의 67.1%의 구성비를 보이고 있다. 1991년 이후 1995년도까지 일정한 이동률을 나타내고 있으나, 1995년부터 2000년까지는 점차 감소하고 있는 것으로 나타내고 있다. 1995년 이후 2000년까지 총이동자가 감소한 것은 비교적 장거리 이동인 시도간 이동에 비해 근거리 이동인 시도내 이동이 크게 줄었기 때문이며, 이는 특히 경남 울산시가 행정구역개편으로 울산광역시로 변경됨에 따라 시도내 이동자가 시도간 이동자로 바뀐 데에 따른 원인도 있을 수 있을 것이다. 이러한 시도내 이동은 2001년부터 점차 다시 증가하여 2003년에는 6,509천명으로 13.5%의 이동률을 나타내고 있으며, 총이동의 68.0%의 구성비를 이루고 있는 것으로 나타나고 있다.

시도간 이동은 시도내 이동과는 반대로 비교적 장거리 인구이동을 말하는 것으로 1991년 이동자수가 2,958천명으로 6.8%의 이동률을 보이고 있는 것으로 나타나고 있다. 그러다가 점차 감소하여 1998년도에는 이동자수가 2,679천명으로 5.7%의 이동률을 나타내고 있다. 1999년도에는 다시 크게 증가하였으나 2000년에 다시 감소하다 2001년부터 2003년까지 이동률이 점점 증가하고 있다. 그리고 총이동에서 차지하는 구성비는 1994년 이후 1999년까지 점점 증가하다가 2000년부터 2003년까지 31.6%로 비교적 큰 변화 없는 완만한 구성비를 나타내고 있다.

이동자의 성비(여자 이동자 100명당 남자 이동자수)는 총이동의 경우 1998년 외환위기 이후 꾸준하게 남자보다 여자의 이동이 많은 것으로 나타나고 있다. 이는 여성들의 교육 및 고용기회의 확대 등에 따른 이동이 상대적으로 남성보다 점차 많아지고 있기 때문인 것으로 판단된다. 하지만 근거리 이동인 시도내 이동은 1993년부터 여자가 남자보다 더 활발하게 이동한 것으로 나타나고 있으며, 원거리 이동인 시도간 이동은 최근 10년간 1999년을 제외하고 2001년까지 여자보다 남자의 이동이 활발한 것으로 나타나고 있다. 하지만 2002년부터는 남자보다 여자가 더 많은 시도간 이동을 보이고 있다. 이는 여성들이 비교적 근거리인 시도내 이동부터 시작하여 보다 장거리 이동인 시도간 이동으로 확대되어가고 있음을 알 수 있다.

2. 시도별 인구이동

다음은 시도별 인구이동에 대해 살펴보고자 한다. 시도별 인구이동은 우리나라의 특별시, 광역시, 그리고 각 도에 해당되나, 본 연구에서는 기초자치 담체인 시·군을 포괄하고 있는 도(道)를 중심으로 살펴보고자 한다. 이러한 시도별 인구이동에서 살펴볼 통계치는 지역인구를 비롯하여 총전입(전입률), 총전출(전출률), 시도내 이동(시도내 이동률), 시도간 이동에서의 전입(전입률), 전출(전출률), 총이동률, 순이동, 그리고 순이동률을 살펴볼 수 있다.

1) 경기도 인구이동

다음의 <표 4-2>에 나타난 바와 같이 경기도 인구이동 현황을 살펴보면,

<표 4-2> 경기도 총인구이동 추이

(단위: 천명, %)

시 도	연 도	1991	1992	1993	1994	1995	1996	1997	1998	1999	2000	2001	2002
경 기 도	지역인구	6,243	6,620	7,016	7,438	7,811	8,191	8,515	8,712	8,982	9,280	9,612	10,000
	총전입	1,472	1,564	1,712	1,808	1,952	1,905	1,951	1,707	2,079	2,042	2,256	2,449
	(전입률)	(24.1)	(24.4)	(25.3)	(25.3)	(25.8)	(23.9)	(23.5)	(19.9)	(23.6)	(22.5)	(24.0)	(25.2)
	총전출	1,295	1,349	1,417	1,486	1,580	1,653	1,737	1,585	1,905	1,858	2,007	2,134
	(전출률)	(21.2)	(21.1)	(21.0)	(20.8)	(20.9)	(20.7)	(20.9)	(18.5)	(21.6)	(20.5)	(21.4)	(21.9)
	시도내이동	809	866	932	1,010	1,083	1,111	1,176	1,043	1,287	1,284	1,422	1,554
	(이동률)	(13.2)	(13.5)	(13.8)	(14.1)	(14.3)	(13.9)	(14.2)	(12.2)	(14.6)	(14.1)	(15.2)	(16.0)
	시도간이동 전입	663	698	780	798	870	794	774	664	792	758	834	895
	(전입률)	(10.8)	(10.9)	(11.5)	(11.2)	(11.5)	(10.0)	(9.3)	(7.7)	(9.0)	(8.4)	(8.9)	(9.2)
	전출	486	483	485	476	497	541	561	542	618	574	585	579
	(전출률)	(7.9)	(7.5)	(7.2)	(6.7)	(6.6)	(6.8)	(6.7)	(6.3)	(7.0)	(6.3)	(6.2)	(5.9)
	총이동률	45.3	45.5	46.3	46.1	46.7	44.6	44.4	38.4	45.2	43.0	45.4	47.1
	순이동	177	215	294	322	373	253	214	122	174	184	249	316
	순이동률	2.9	3.4	4.4	4.5	4.9	3.2	2.6	1.4	2.0	2.0	2.7	3.2

우선 총이동률은 1991년의 45.3% 이후 1995년까지는 점점 증가하다가 1996년부터 점점 감소하기 시작하고 있는 것으로 나타나고 있다. 그러다가 1998년에는 가장 최저의 이동률인 38.4%의 이동률을 나타내고 있으며, 1999년부터는 이동률이 다시 증가하기 시작하여 2002년에는 47.1%의 이동률을 나타내고 있다. 이러한 상황은 1998년의 외환위기에 따라 나타난 경제적인 침체현상 때문에 1998년까지 이동률이 감소하다가 1999년 경기회복에 따른 이동률의 증가현상에 따른 것으로 볼 수 있다.

경기도의 순이동률을 살펴보면, 총이동률과 마찬가지로 1995년까지는 점점 증가하는 추세이지만 1996년부터는 점점 감소하기 시작하여 외한위기의 회복에 따라 1999년부터 다시 증가하는 양상을 나타내고 있음을 알 수 있다. 하지만 경기도의 경우 전출률보다 전입률이 높게 나타난 현상은 수도권 지역(경기지역)으로의 인구유입현상을 잘 설명하고 있음을 알 수 있다.

이상의 내용을 다음의 <그림 4-2>로 나타낼 수 있는데, 여기에는 총이동

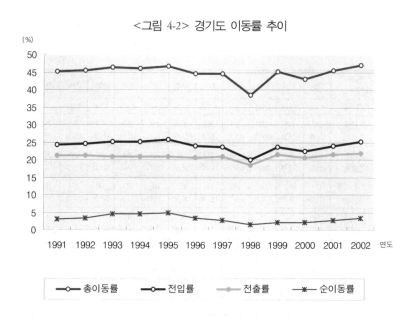

<그림 4-2> 경기도 이동률 추이

률, 전입률, 전출률 그리고 순이동률이 제시되어 있다. 이를 살펴보면, 우선 총이동률은 대체적으로 45%의 이동률을 나타내고 있으나 1998년에는 이동률의 급격한 하락을 확인해 볼 수 있다. 전출률은 20%내외에서 안정적인 추세를 보이고 있다. 전입률은 1998년도에 하락한 것을 제외하고는 대체로 25%선을 유지하고 있다. 마지막으로 순이동률은 대체적으로 2-4%선에서 초과전입을 나타나고 있다.

2) 강원도 인구이동

강원도의 경우 다음의 <표 4-3>에서 나타난 바와 같이 총이동률은 1991년 34.5%에서 1994년까지 점점 감소하는 것으로 나타나고 있다. 1995년에는 4.2% 증가하였다가 1996년에는 급격히 감소하였고 1997년부터는 다시 점점 증가하는 것으로 나타나고 있다. 1995년도에 인구이동이 급격히 많아진 사실은 1995년 1월 1일 강원도의 4개시(춘천시, 원주시, 강릉시, 삼척시)와 4개군(춘천

<표 4-3> 강원도 총인구이동 추이

(단위: 천명, %)

연 도 / 시 도			1991	1992	1993	1994	1995	1996	1997	1998	1999	2000	2001	2002
	지역인구		1,564	1,555	1,541	1,531	1,530	1,531	1,540	1,555	1,560	1,559	1,557	1,544
	총전입 (전입률)		252 (16.0)	241 (15.5)	235 (15.2)	234 (15.3)	263 (17.2)	241 (15.8)	254 (16.6)	263 (17.0)	277 (17.8)	255 (16.4)	257 (16.5)	267 (17.3)
	총전출 (전출률)		290 (18.5)	266 (17.1)	259 (16.8)	253 (16.5)	273 (17.8)	249 (16.3)	255 (16.6)	254 (16.4)	281 (18.1)	267 (17.1)	265 (17.1)	284 (18.4)
강 원 도	시도내 이동 (이동률)		173 (11.0)	162 (10.4)	159 (10.3)	163 (10.7)	184 (12.0)	159 (10.4)	168 (11.0)	171 (11.1)	184 (11.8)	171 (11.0)	169 (10.9)	182 (11.8)
	시도간 이동	전입 (전입률)	79 (5.0)	79 (5.1)	75 (4.9)	71 (4.6)	79 (5.2)	82 (5.4)	86 (5.6)	92 (5.9)	93 (6.0)	84 (5.4)	87 (5.6)	85 (5.5)
		전출 (전출률)	117 (7.4)	104 (6.7)	100 (6.5)	89 (5.8)	88 (5.8)	90 (5.9)	87 (5.7)	83 (5.3)	97 (6.3)	95 (6.1)	95 (6.1)	102 (6.6)
	총이동률		34.5	32.6	32.0	31.8	35.0	32.1	33.2	33.4	35.9	33.5	33.6	35.7
	순이동		-38	-25	-25	-18	-9	-8	-9	9	-4	-11	-8	-17
	순이동률		-2.4	-1.6	-1.6	-1.2	-0.6	-0.5	-0.1	0.6	-0.2	-0.7	-0.5	-1.1

군, 원주군, 명주군, 삼척군)의 통합에 따른 결과로 추정될 수 있다.

강원도의 순이동률을 살펴보면, 1998년만 제외하고 1991년부터 2002년까지 11년간 계속해서 「-」이동률을 보임으로써, 강원도의 경우 전입률보다 전출률이 높다는 것을 확인할 수 있다. 1998년의 경우 순이동률이 「+」이동률인 것은, 역시 IMF 외환위기의 상황에 따른 전입률에 대해 전출률의 감소현상으로 이해할 수 있을 것이다.

이상의 내용을 다음의 <그림 4-3>으로 나타낼 수 있는데, 여기에는 총이동률, 전입률, 전출률 그리고 순이동률이 제시되어 있다. 이를 살펴보면, 우선 총이동률은 대체로 32.0-35.9%의 범위를 가지고 있는데, 다른 년도에 비해 1995년과 1999년도에 총이동률이 높은 것으로 나타나고 있다. 이는 1995년도의 시군통합과 1999년도의 외환위기의 해소차원이라고 이해할 수 있을 것이다. 전입률과 전출률은 대체로 비슷한 양상을 띠고 있으며, 순이동률은 1998년도에만 「+」이동률을 나타나고, 나머지 모든 해에는 「-」이동률을 띠고 있음을 알 수 있다.

<그림 4-3> 강원도의 이동률 추이

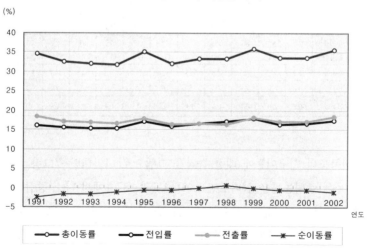

3) 충청북도 인구이동

충청북도의 경우 다음의 <표 4-4>를 살펴보면, 우선 총이동률은 1991년 38.4%에서 1994년 32.3%로 점점 감소하다가, 1995년 34.5%에서 2002년 33.1%까지 증감현상이 반복되는 것을 살펴볼 수 있다.

순이동률을 살펴보면, 1991년과 1994년 그리고 1999년부터 2002년까지는 「-」이동률을 보이고 있으나, 이외의 모든 년도에는 「+」이동률이 나타나고 있다.

<표 4-4> 충청북도 총인구이동 추이

(단위: 천명, %)

시 도 \ 연 도			1991	1992	1993	1994	1995	1996	1997	1998	1999	2000	2001	2002
충북		지역인구	1,383	1,405	1,420	1,427	1,442	1,458	1,475	1,489	1,497	1,505	1,505	1,501
		총전입 (전입률)	259 (18.8)	245 (17.6)	242 (17.2)	228 (16.0)	249 (17.4)	235 (16.2)	252 (17.2)	232 (15.7)	255 (17.1)	235 (15.7)	231 (15.4)	244 (16.3)
		총전출 (전출률)	270 (19.6)	245 (17.6)	240 (17.1)	231 (16.3)	245 (17.1)	229 (15.8)	247 (16.9)	227 (15.4)	257 (17.2)	240 (16.0)	239 (16.0)	252 (16.8)
		시도내 이동 (이동률)	173 (12.5)	160 (11.5)	160 (11.4)	156 (11.0)	171 (11.9)	154 (10.6)	171 (11.7)	152 (10.3)	171 (11.5)	157 (10.5)	154 (10.3)	166 (11.1)
	시도간이동	전입 (전입률)	86 (6.2)	85 (6.1)	82 (5.8)	71 (5.0)	78 (5.4)	81 (5.6)	81 (5.6)	80 (5.4)	84 (5.6)	78 (5.2)	76 (5.1)	78 (5.2)
		전출 (전출률)	97 (7.0)	85 (6.1)	80 (5.7)	75 (5.3)	74 (5.2)	75 (5.2)	77 (5.2)	75 (5.1)	85 (5.7)	83 (5.5)	85 (5.7)	86 (5.8)
		총이동률	38.4	35.2	34.3	32.3	34.5	32.0	34.1	31.1	34.3	31.7	31.4	33.1
		순이동	-11	.3	2	-4	4	6	5	6	-1	-4	-9	-8
		순이동률	-0.8	0.0	0.1	-0.3	0.3	0.4	0.3	0.4	-0.1	-0.3	-0.6	-0.5

충청북도의 인구이동에 대한 특징을 그림으로 나타내면 <그림 4-4>과 같다. 우선 총이동률을 살펴보면, 1991년도의 38.4%에서 다소 증감현상이 있지만 점차로 이동률이 감소하고 있음을 알 수 있다. 그리고 전입률 및 전출률은 대체로 비슷한 양상을 띠고 있으며, 순이동률은 1991년도에 0.8%

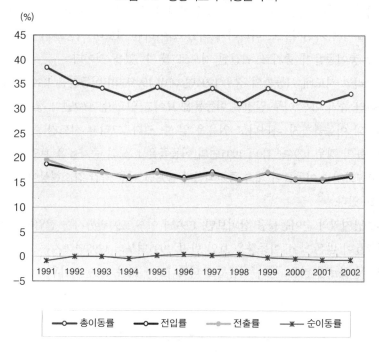

<그림 4-4> 충청북도의 이동률 추이

(%)

범례: ──○── 총이동률   ──●── 전입률   ──●── 전출률   ──✱── 순이동률

의 「-」이동률로 시작하여 1992년도부터는 「+」이동률과 「-」이동률이
교차하다가 1999년도부터 2002년까지는 「-」이동률을 보이고 있다.

4) 충청남도 인구이동

충청남도의 경우 아래의 <표 4-5>에 나타난 바와 같이, 총이동률은 1991
년 25.8%에서 1994년 24.3%까지 점점 감소하다가, 다소 유동적이지만 1995
년 시군통합 이후로 1994년 이전에 비해 많은 이동률을 나타내고 있다. 여기
서 특징적인 것은 다른 도의 경우는 1998년의 외환위기에 보다 적은 이동률

을 나타내고 있는 반면, 충남지역의 경우 1995년 이후 더 많은 총이동량을 보이고 있다는 사실이다. 이는 시군통합에 따른 행정구역변경으로 시도내 이동률이 증가현상으로 나타나게 되었고, 이러한 시도내 이동률의 증가는 결국 총이동률이 증가로 귀결된 것으로 볼 수 있을 것이다.

그리고 시도내 이동률의 경우 1994년 대비 1995년의 이동률은 1.0%의 대폭적인 증가 이후 아주 일정한 이동률을 보이고 있으며, 2002년의 경우에는 8.1%의 이동률까지 나타나고 있음을 알 수 있다. 그리고 시도간 이동 중 전입률의 경우 1994년 대비 1995년의 이동률은 1.2%의 증가율을 보인 이후 1997년까지는 이동률이 계속 증가되다가 1998년 이후 약간 감소현상이 나타나고 있다.

충남지역의 순이동률을 살펴보면, 1991년 이후 1994년까지는 전입률보다 전출률이 많은 「-」이동률을 보인 반면, 1995년부터 1998년까지는 전입률이 전출률보다 많은 「+」이동률로 나타나고 있으나, 1999년 이후 2002년까

<표 4-5> 충청남도 총인구이동 추이

(단위: 천명, %)

연도 시도		1991	1992	1993	1994	1995	1996	1997	1998	1999	2000	2001	2002
지역인구		1,882	1,872	1,858	1,845	1,855	1,878	1,903	1,919	1,926	1,930	1,928	1,919
총전입 (전입률)		221 (11.7)	205 (11.0)	221 (11.9)	214 (11.6)	254 (13.7)	258 (13.9)	283 (15.0)	263 (13.8)	280 (14.6)	266 (13.8)	267 (13.9)	275 (14.4)
총전출 (전출률)		267 (14.1)	234 (12.5)	246 (13.2)	235 (12.7)	252 (13.6)	246 (13.2)	269 (14.3)	254 (13.3)	283 (14.8)	273 (14.2)	278 (14.5)	288 (15.1)
충남	시도내 이동 (이동률)	114 (6.0)	101 (5.4)	117 (6.3)	118 (6.4)	136 (7.4)	129 (6.9)	145 (7.7)	138 (7.2)	151 (7.9)	146 (7.6)	149 (7.7)	155 (8.1)
	시도간 이동 / 전입 (전입률)	108 (5.7)	104 (5.6)	104 (5.6)	96 (5.2)	118 (6.4)	129 (6.9)	138 (7.3)	125 (6.6)	129 (6.7)	119 (6.2)	118 (6.1)	120 (6.3)
	전출 (전출률)	153 (8.1)	133 (7.1)	129 (6.9)	116 (6.3)	116 (6.3)	117 (6.3)	124 (6.6)	116 (6.1)	132 (6.9)	127 (6.6)	129 (6.7)	133 (7.0)
총이동률		25.8	23.5	25.1	24.3	27.3	27.1	29.3	27.1	29.4	28.0	28.4	29.5
순이동		-45	-28	-24	-21	2	12	14	9	-3	-8	-12	-14
순이동률		-2.4	-1.5	-1.3	-1.1	0.1	0.7	0.7	0.5	-0.2	-0.4	-0.6	-0.7

지는 전입률보다 전출률이 많은 「-」 이동률로 나타나고 있다.

이상에서 살펴본 충청남도의 인구이동현황을 그림으로 나타내면, 아래의 <그림 45>와 같다. 이를 살펴보면, 총이동률은 1991년도의 25.8%에서 시작하여 1994년까지는 감소현상이 돗보이나, 1995년부터는 증가하기 시작하여 2002년도에는 29.5%라는 최근 10년간 최고의 이동률을 나타내고 있다.

전입률 및 전출률은 대체로 비슷한 양상을 보이고 있으며, 순이동률은 1991년부터 1994년까지는 「-」 이동률, 1995년부터 1998년까지는 「+」 이동률, 그리고 1999년 이후부터는 다시 「-」 이동률을 보이고 있음을 알 수 있다.

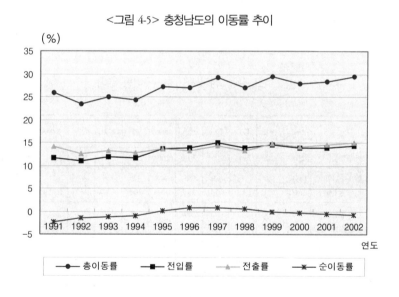

<그림 4-5> 충청남도의 이동률 추이

5) 전라북도 인구이동

전라북도의 경우 다음의 <표 4-6>에서 나타난 바와 같이, 총이동률은 1991년 이후 1994년까지 점점 감소하다가 1995년 도농통합에 따른 행정구역의 변경으로 대폭적인 총이동률의 증가(5.2%의 증가)로 나타나다, 1996년부터는 대폭감소(3.9% 감소)현상이 나타나고 있다. 그러나 1996년 이후 지속적인 총이동률의 증가현상이 돋보이고 있다.

다음으로 시도내 시도간 이동률을 살펴보면, 1994년 이전에 비해 1995년 이후 시도내 이동률이 증가한 것으로 나타나고 있다. 그리고 시도간 이동률의 경우 전입률은 1995년 이후 대체로 증가한 것으로 나타나고 있으나, 전출률의 경우 1991년 이후 1998년까지는 점점 감소하다가 1999년 이후에는 점점 증가하고 있는 것으로 나타나고 있다.

<표 4-6> 전라북도 총인구이동 추이

(단위: 천명, %)

시 도 \ 연 도			1991	1992	1993	1994	1995	1996	1997	1998	1999	2000	2001	2002
전북		지역인구	2,040	2,029	2,018	2,005	2,010	2,009	2,007	2,015	2,016	2,007	2,014	1,962
		총전입 (전입률)	335 (16.3)	348 (17.1)	316 (15.7)	303 (15.1)	361 (18.0)	320 (15.9)	326 (16.3)	346 (17.2)	367 (18.2)	351 (17.5)	371 (18.5)	339 (17.1)
		총전출 (전출률)	378 (18.4)	379 (18.6)	342 (17.0)	325 (16.2)	371 (18.5)	334 (16.7)	341 (17.0)	348 (17.4)	377 (18.8)	372 (18.6)	373 (18.6)	395 (20.0)
		시도내 이동 (이동률)	255 (12.4)	269 (13.2)	239 (11.9)	233 (11.6)	280 (13.9)	241 (12.0)	248 (12.4)	262 (13.1)	276 (13.7)	268 (13.4)	266 (13.3)	266 (13.5)
	시도간 이동	전입 (전입률)	80 (3.9)	79 (3.9)	77 (3.8)	69 (3.5)	82 (4.1)	79 (3.9)	78 (3.9)	84 (4.2)	91 (4.5)	83 (4.1)	105 (5.3)	72 (3.6)
		전출 (전출률)	122 (5.9)	109 (5.4)	103 (5.1)	92 (4.6)	92 (4.6)	93 (4.7)	93 (4.6)	86 (4.3)	101 (5.0)	104 (5.2)	107 (5.4)	129 (6.5)
		총이동률	34.7	35.7	32.7	31.3	36.5	32.6	33.3	34.6	37.0	36.1	37.1	37.1
		순이동	-42	-31	-26	-23	-10	-14	-15	-2	-10	-22	-2	-57
		순이동률	-2.1	-1.5	-1.3	-1.1	-0.5	-0.7	-0.7	-0.1	-0.5	-1.1	-0.1	-2.9

마지막으로 전북지역의 순이동률을 살펴보면, 1991년부터 2002년까지 12년간 「-」 이동률, 즉 전입률보다 전출률이 많이 나타나고 있음을 볼 수 있다. 다만 1995년 이후 1999년까지는 「-」 이동률의 폭이 다소 적은 것을 알 수 있는데, 이 역시 외환위기에 다른 경기후퇴의 결과로 이해할 수 있을 것이다.

전라북도의 인구이동의 추이를 나타낸 <그림 4-6>를 살펴보면, 우선 총이동률은 1991년도의 34.7%에서 1994년 31.3%로 감소하다가 1995년에는 36.5%로 아주 급격한 증가률을 보이고 있다. 그러다가 1996년에는 32.6%로 총이동률의 급격한 감소현상이 나타나다가 1997년부터는 점점 증가하는 양상을 띠고 있다.

전입률 및 전출률은 다소 비슷한 양상을 띠고 있으며, 순이동률은 「-」 이동률, 즉 전입률보다 전출률이 많이 나타나고 있음을 알 수 있다.

<그림 4-6> 전라북도의 이동률 추이

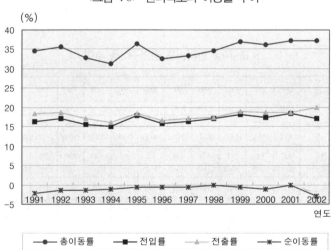

6) 전라남도 인구이동

전라남도의 경우 다음의 <표 4-7>에 나타난 바와 같이 총이동률은 1991
년 31.0%에서 점점 감소하여 1994년에는 25.9%로 나타나고 있다. 그리고
1995년 시군통합에 따라 31.1%의 이동률을 보인 이후 점점 감소하다가 1998
년부터 다시 증가하는 것으로 나타나고 있다. 전라남도의 경우도 충남처럼
외환위기의 시기인 1998년 경우 총이동률이 대폭 증가하였는데, 이 경우
1998년부터 충남의 시도내 이동뿐만 아니라 시도간 이동의 전입률의 경우에
대폭 증가한 때문인 것으로 볼 수 있다.

다음으로 전남의 순이동률을 살펴보면, 1998년의 경우만 제외하고 1991
년부터 2002년까지 전체적으로 「-」이동률, 즉 전입률보다 전출률이 많은
것으로 나타나고 있음을 볼 수 있다. 1998년에는 역시 경기침체에 따라서
「+」이동률, 즉 전출률보다 전입률이 많은 것으로 나타나고 있음을 알
수 있다. 이러한 「+」이동률을 나타내고 있는 1998년을 기준으로 그 이전
에는 「-」이동률이 점점 감소하고 있으며, 1999년 이후에는 전출률이 점점

<표 4-7> 전라남도 총인구이동 추이

(단위: 천명, %)

연도 시도			1991	1992	1993	1994	1995	1996	1997	1998	1999	2000	2001	2002
	지역인구		2,348	2,284	2,236	2,198	2,187	2,177	2,166	2,174	2,158	2,135	2,104	2,060
	총전입 (전입률)		320 (13.4)	313 (13.5)	296 (13.1)	264 (11.9)	331 (15.1)	303 (13.9)	294 (13.5)	331 (15.3)	355 (16.4)	326 (15.2)	321 (15.2)	317 (15.2)
	총전출 (전출률)		421 (17.6)	390 (16.8)	355 (15.8)	310 (14.0)	350 (16.0)	322 (14.8)	315 (14.5)	330 (15.2)	380 (17.5)	359 (16.8)	357 (16.9)	363 (17.5)
전 남	시도내 이동 (이동률)		196 (8.2)	196 (8.5)	183 (8.1)	162 (7.3)	204 (9.3)	181 (8.3)	175 (8.1)	195 (9.0)	205 (9.5)	195 (9.1)	194 (9.2)	206 (9.9)
	시 도 간 이 동	전입 (전입률)	124 (5.2)	117 (5.1)	113 (5.0)	102 (4.6)	128 (5.8)	121 (5.6)	119 (5.5)	136 (6.3)	150 (6.9)	131 (6.1)	127 (6.0)	110 (5.3)
		전출 (전출률)	225 (9.4)	194 (8.4)	172 (7.6)	148 (6.7)	147 (6.7)	141 (6.5)	140 (6.5)	135 (6.2)	174 (8.1)	164 (7.7)	164 (7.7)	157 (7.5)
	총이동률		31.0	30.3	28.9	25.9	31.1	28.7	28.0	30.5	33.9	32.0	32.1	32.7
	순이동		-101	-77	-59	-46	-19	-20	-22	1	-24	-34	-36	-46
	순이동률		-4.2	-3.3	-2.6	-2.1	-0.9	-0.9	-1.0	0.1	-1.1	-1.6	-1.7	-2.2

증가하는, 즉 「-」 이동률이 점점 증가하고 있는 것으로 나타나고 있다.

이상의 전라남도의 인구이동현황을 나타낸 <그림 4-7>을 보면, 우선 총이동률은 1991년도의 31.0%에서 점점 감소하다 1994년도에 이동률의 급격한 감소현상이 돋보이고 있다. 1995년도에는 다시 급격한 이동률의 증가현상을 발견할 수 있는데, 1996년과 1997년에는 다시 감소현상을 보이고 있다. 이러한 총이동률은 1998년도부터는 점점 증가하고 있는 것으로 나타나고 있다. 전입률과 전출률을 비교해 보면, 전출률이 전입률보다 훨씬 많은 것으로 나타나 「-」 이동률을 나타내는 초과전출현상이 돋보이고 있음을 알 수 있다. 이러한 내용을 순이동률로 살펴보면, 1998년도에만 「+」 이동률을 보이고 있으며, 나머지 모든 해에는 「-」 이동률이 확연히 많음을 알 수 있다.

<그림 4-7> 전라남도의 이동률 추이

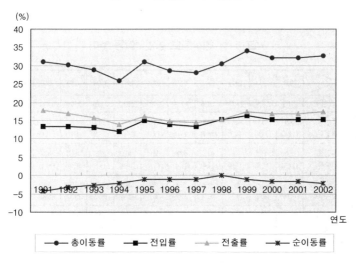

7) 경상북도 인구이동

경상북도의 인구이동은 다음의 <표 4-8>에 제시된 바와 같이, 총이동률은 1991년의 32.9%에서 대체적으로 감소하고 있으나 일정한 주기로 증감현상이 나타나고 있음을 알 수 있다. 즉 증가한 시기는 1995년과 1999년인데, 이 경우 1995년은 시군통합에 따른 결과이고 1999년은 외환위기의 감소로 인한 경기활성화의 결과로 볼 수 있을 것이다.

시도간 이동 중 전입률의 경우 1991년 5.7%인 것이 꾸준하게 감소하고 있으며, 전출률의 경우 1991년 이후 점점 감소하다가 1999년 이후 증가하는 것을 확인해 볼 수 있다.

그리고 순이동률의 경우, 1996년과 1998년을 제외하고는 전체적으로 1991년 이후 2002년까지 10년간 「-」이동률을 보이고 있음을 알 수 있다. 다만 1991년 이후 1995년까지는 전출률의 폭이 점점 감소하다가, 1999년 이후 「-」이동률, 즉 전출률의 폭이 점점 증가하고 있음을 볼 수 있다(1998년 외환

<표 4-8> 경상북도 총인구이동 추이

(단위: 천명, %)

시도	연도	1991	1992	1993	1994	1995	1996	1997	1998	1999	2000	2001	2002
	지역인구	2,872	2,873	2,878	2,876	2,776	2,799	2,812	2,820	2,820	2,814	2,803	2,776
	총전입 (전입률)	449 (15.6)	413 (14.4)	421 (14.7)	393 (13.7)	420 (15.2)	416 (15.0)	396 (14.2)	388 (13.8)	424 (15.1)	381 (13.6)	381 (13.6)	385 (13.9)
	총전출 (전출률)	496 (17.3)	442 (15.4)	437 (15.3)	411 (14.4)	425 (15.4)	411 (14.8)	402 (14.4)	388 (13.8)	437 (15.6)	406 (14.5)	402 (14.4)	416 (15.0)
경북	시도내 이동 (이동률)	284 (9.9)	255 (8.9)	264 (9.2)	249 (8.7)	275 (9.9)	260 (9.3)	249 (8.9)	241 (8.6)	273 (9.7)	248 (8.8)	246 (8.8)	252 (9.1)
	시도간이동 전입 (전입률)	165 (5.7)	158 (5.5)	157 (5.5)	144 (5.0)	145 (5.3)	156 (5.6)	147 (5.3)	147 (5.2)	151 (5.4)	133 (4.7)	135 (4.8)	133 (4.8)
	전출 (전출률)	212 (7.4)	188 (6.6)	173 (6.0)	162 (5.7)	150 (5.4)	151 (5.4)	153 (5.5)	147 (5.2)	165 (5.9)	159 (5.7)	156 (5.6)	164 (5.9)
	총이동률	32.9	29.8	30.0	28.1	30.6	29.8	28.6	27.6	30.7	28.1	28.0	28.9
	순이동	-47	-30	-16	-18	-5	6	-6	.6	-13	-26	-21	-31
	순이동률	-1.6	-1.0	-0.5	-0.6	-0.2	0.2	-0.2	0.0	-0.5	-0.9	-0.8	-1.1

위기 때에는 순이동률이 수치상으로는 0.0%를 나타나고 있으나, 실제로는 순이동(전입인구-전출인구)이 약 600명으로 나타나고 있다).

경상북도의 인구이동현황을 그림으로 나타내면, 다음의 <그림 4-8>로 나타낼 수 있다. 이를 살펴보면, 우선 총이동률은 다소 증감이 있으나 1991년도의 32.9%에서 대체로 감소하고 있는 것으로 나타나고 있다. 이 중에서 총이동률이 30%를 넘는 해는 1991년 이후 1995년과 1999년도 뿐인 것으로 나타나, 전체적으로 총이동률이 감소하고 있음을 확인해 볼 수 있다. 전입률과 전출률을 비교해 보면, 대체로 비슷한 양상을 보이나 전입률보다 전출률이 높은 「-」이동률을 나타내고 있다. 순이동률을 살펴보면, 1996년과 1998년도를 제외하고는 전체적으로 초과전출현상이 돋보이고 있음을 알 수 있다.

<그림 4-8> 경상북도의 이동률 추이

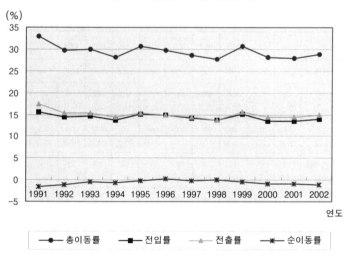

8) 경상남도 인구이동

경상남도의 인구이동은 다음의 <표 4-9>에 제시된 바와 같이, 총이동률은 1993년부터 1997년까지 점점 감소하다 2001년만 제외하고는 1998년 이후 2002년까지 계속 증가하고 있는 것으로 나타나고 있다. 시도내 이동률은 1992년 이후 1997년까지는 점점 감소하다가, 1998년에는 다시 대폭 증가한 이후 다시 감소하는 것으로 나타나고 있다.

경상남도의 순이동률은 1991년 이후 1998년까지는 「+」이동률, 즉 전출률보다 전입률이 많았지만, 그 폭은 점점 감소한 것으로 나타나고 있고, 1999년 이후에는 전입률보다 전출률이 더 많은, 즉 「-」이동률의 형태로 나타나고 있다.

<표 4-9> 경상남도 총인구이동 추이

(단위: 천명, %)

시 도 \ 연 도		1991	1992	1993	1994	1995	1996	1997	1998	1999	2000	2001	2002
지역인구		3,767	3,849	3,906	3,968	3,959	4,022	3,058	3,081	3,093	3,109	3,124	3,143
경남	총전입 (전입률)	723 (19.3)	747 (19.7)	656 (17.0)	684 (17.5)	680 (17.3)	684 (17.2)	460 (15.2)	489 (16.0)	491 (16.0)	464 (15.0)	458 (14.8)	514 (16.5)
	총전출 (전출률)	701 (18.8)	722 (19.0)	646 (16.8)	664 (17.0)	666 (17.0)	664 (16.7)	459 (15.2)	480 (15.7)	500 (16.3)	472 (15.3)	464 (15.0)	507 (16.3)
	시도내 이동 (이동률)	508 (13.6)	537 (14.1)	462 (12.0)	500 (12.8)	494 (12.6)	496 (12.5)	323 (10.6)	348 (11.4)	349 (11.4)	330 (10.7)	324 (10.4)	361 (11.6)
	시도간 이동 전입 (전입률)	215 (5.7)	210 (5.5)	194 (5.0)	184 (4.7)	186 (4.7)	188 (4.7)	137 (4.5)	141 (4.6)	142 (4.6)	134 (4.3)	135 (4.3)	154 (4.9)
	시도간 이동 전출 (전출률)	193 (5.2)	185 (4.9)	184 (4.8)	164 (4.2)	172 (4.4)	168 (4.2)	137 (4.5)	132 (4.3)	151 (4.9)	143 (4.6)	140 (4.5)	147 (4.7)
총이동률		38.1	38.7	33.8	34.5	34.3	33.9	30.4	31.7	32.3	30.3	29.8	32.8
순이동		22	25	11	20	14	20	.5	9	-9	-9	-5	7
순이동률		0.6	0.7	0.3	0.5	0.3	0.5	0.0	0.3	-0.3	-0.3	-0.2	0.2

주1) 울산시는 1997년 7월 15일 울산광역시로 승격함으로써, 1997년 이전자료는 경남에 포함됨.

경상남도의 인구이동현황을 그림으로 나타내면, 다음의 <그림 4-9>로 그려볼 수 있다. 이를 살펴보면, 우선 총이동률은 1991년도의 38.1%에서 점점 감소하여 전체적으로 볼 때 하향하고 있음을 알 수 있다. 전입률과 전출률은 대체적으로 비슷한 양상을 띠고 있는 것으로 볼 수 있으며, 순이동률은 1991년부터 1998년까지는 「+」이동률을 보이고 있으나, 1999년부터 2001년까지는 「-」이동률을 보이고 있음을 알 수 있다.

<그림 4-9> 경상남도의 이동률 추이

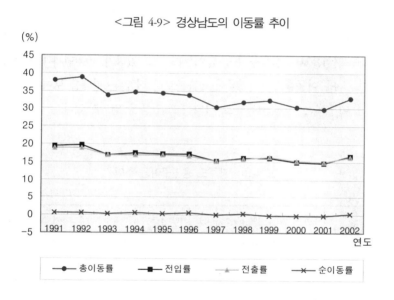

9) 제주도 인구이동

제주도의 인구이동은 다음의 <표 4-10>에 제시된 바와 같이, 총이동률은 1991년 29.8%이후 1997년까지는 뚜렷한 특징 없이 증감현상을 보이다가, 1997년 대비 1998년에는 4.6%라는 대폭적인 이동률의 증가가 있었다. 제주도의 총이동률의 특징은 앞서 충남과 전남처럼 외환위기의 시기에 더 많은 인구가 이동하고 있는 것으로 나타나고 있다는 점이다. 이는 제주도의 경우 외환위기라는 외부적인 자극과는 상관없이 인구이동이 이루어지고 있음을 알 수 있다.

다음으로 순이동률을 살펴보면, 1994년부터 1997년까지는 「-」이동률의 형태, 즉 전입률보다 전출률이 더 많이 나타나고 있다가, 1998년과 1999년의 경우는 「+」이동률, 즉 전입률이 전출률보다 더 많은 형태를 보이고 있고 2000년 이후에는 「-」이동률로 나타나고 있음을 알 수 있다.

<표 4-10> 제주도 총인구이동 추이

(단위: 천명, %)

	연도 / 시도	1991	1992	1993	1994	1995	1996	1997	1998	1999	2000	2001	2002
	지역인구	496	506	511	514	519	524	528	535	539	543	548	552
	총전입 (전입률)	75 (15.2)	77 (15.4)	74 (14.5)	76 (14.8)	83 (16.1)	78 (15.0)	79 (15.1)	94 (17.7)	91 (16.9)	85 (15.8)	96 (17.7)	96 (17.4)
	총전출 (전출률)	72 (14.6)	76 (15.1)	75 (14.9)	78 (15.2)	84 (16.3)	79 (15.2)	80 (15.2)	91 (17.2)	90 (16.9)	88 (16.2)	97 (17.7)	95 (17.4)
제 주 시 도 간 이 동	시도내 이동 (이동률)	53 (10.8)	57 (11.4)	55 (10.9)	59 (11.6)	65 (12.6)	59 (11.3)	59 (11.2)	71 (13.3)	66 (12.4)	64 (11.9)	75 (13.7)	73 (13.2)
	전입 (전입률)	21 (4.3)	20 (4.1)	19 (3.7)	17 (3.2)	18 (3.6)	19 (3.7)	20 (3.9)	23 (4.4)	24 (4.5)	21 (3.9)	22 (4.0)	23 (4.2)
	전출 (전출률)	19 (3.8)	19 (3.7)	20 (4.0)	19 (3.7)	19 (3.7)	20 (3.9)	21 (4.0)	21 (3.9)	24 (4.5)	23 (4.3)	22 (4.0)	23 (4.2)
	총이동률	29.8	30.5	29.4	30.0	32.4	30.2	30.3	34.9	33.8	32.0	35.4	34.8
	순이동	3	2	-2	-2	-.8	-1	-.6	3	.2	-2	-.3	.2
	순이동률	0.6	0.3	-0.3	-0.4	-0.2	-0.2	-0.1	0.5	0.0	-0.4	-0.1	0.0

이상의 제주도 인구이동현황을 그림으로 나타내면, 다음의 <그림 4-10>
으로 나타낼 수 있다. 이를 살펴보면, 우선 총이동률은 다소 증감현상이 있으
나 1991년의 29.8%에서 점점 증가하여 2002년도에는 34.8%의 이동률을 보여
주고 있다. 이는 제주도의 총이동률은 해를 거듭할수록 증가하고 있음을
알 수 있다. 전입률 및 전출률은 대체로 비슷한 양상을 보이고 있으며, 순이동
률은 「+」 이동률과 「-」 이동률이 교차하고 있는 것으로 나타나고 있다.
즉 제주도의 경우 전입초과 및 전출초과가 교차하면서 총이동률은 점점 증가
하고 있는 것으로 확인해볼 수 있다.

<그림 4-10> 제주도의 이동률 추이

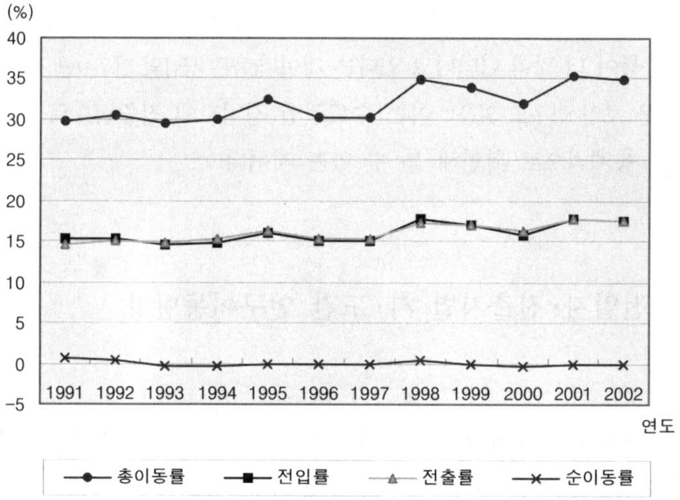

10) 종합적 검토

이상과 같이 9개 도(경기, 강원, 충북, 충남, 전북, 전남, 경북, 경남, 제주)의 인구이동에 대한 실태를 살펴보았다. 이들 도의 인구이동에서 나타난 가장 큰 특징은 두 가지로 요약해 볼 수 있다.

첫째, 총이동률에서는 1995년의 행정구역변동과 1998년 IMF 외환위기에 주목해 볼 필요가 있다. 물론 충남이나 전남, 그리고 제주도의 경우에는 이러한 영향이 별로 나타나지 않았으나, 나머지 대부분의 도의 경우에는 이 두 가지가 미치는 영향이 매우 큰 것으로 추론된다.

둘째, 순이동률에서 살펴볼 수 있는 사항인데, 경기도의 경우만 1991년부터 2002년까지 12년간 「+」이동률, 즉 전입률이 전출률보다 더 많은 형태를 보이고 있는 반면, 여타 대부분 도의 경우에는 「-」이동률, 즉 전입률보다 전출률이 더 많이 나타나고 있다는 것이다(물론 경남의 경우 9년 정도 「+」이동률을 보인 경우도 있음). 이는 수도권인 경기도에 집중적으로 유입되고 있음을 통계적으로 확인해 볼 수 있는 것이다.

3. 전입지·전출지별 시·도간 인구이동방향

지금까지는 각 도의 입장에서 나타난 인구이동에 관한 총이동률 및 순이동율 등의 기본적인 통계량이었지만, 여기에서는 각 도에 따른 전입지 및 전출지별 구체적인 시·도간 인구이동방향에 대해서 살펴보고자 한다. 여기서 특정 시·도의 전입지별 인구이동이란 특정 시·도에서 전출하여 전국의 각 시·도로 전입하는 인구이동을 뜻하고, 특정 시·도의 전출지별 인구이동이란 전국의 각 시·도에서 전출하여 특정 시·도로 전입하는 인구이동을 의미한다.

1) 경기도의 전입지 · 전출지별 시 · 도간 인구이동

(1) 전입지별 이동현황

<표 4-11>에 나타난 바와 같이, 경기도로 가장 많이 전입하는 자치단체는 서울시로써 1991년부터 2002년까지 꾸준히 경기도로 전입하고 있다. 경기도에 유입되는 총유입자수의 57.5%-68.9%에 해당하는 비율이다. 하지만 서울시의 경우 1991년부터 1995년까지는 이동률이 점점 증가하고 있으나, 1996년부터 2002년까지는 점점 감소하는 현상이 두드러진다. 서울시 다음으로는 인천광역시와 충남이 높은 전입률이 이루어지고 있음을 알 수 있다.

(2) 전출지별 이동현황

경기도에서의 전출지로는 <표 4-12>에서 보는 바와 같이 전체 전출 중 가장 많은 규모인 51.1%~55.1%가 서울로 이동하고 있는 것으로 나타나고 있다. 특히 1998년 이전에 대비해 볼 때 1999년 이후에 서울로 전출하는 비율이 아주 높게 나타나고 있는 것이 특징이다. 이는 외환위기를 극복하면서 많은 경기도민이 서울로 전출하는 기회가 많은 것으로 여겨진다. 그리고 <표 4-11>의 경기도로의 전입과 비교해 볼 때, 서울로 전출하는 이동자수보다 경기도로 전입하는 이동자수가 훨씬 많은 것으로 나타나 서울시 인구의 경기도로의 유입현상이 매우 높은 것을 확인할 수 있다.

그리고 전체이동자수를 비교해 보면, 1991년 기준의 순이동이 177,062명에서 2002년 순이동이 315,782명으로 실로 엄청난 초과전입임을 확인해 볼 수 있다. 이는 1969년까지만 하더라도 경기도 인구의 서울로의 전출초과현상이 지속되어 왔으나, 인구이동패턴은 1970년을 기점으로 역전되어 경기도의 전입초과현상이 두드러지게 나타나고 있는 바 이를 "수도권의 교외화 현상"으로 설명할 수 있을 것이다.[13]

---

[13] 권용우 · 이자원, 2000, "우리나라 인구이동의 공간적 패턴에 관한 연구", 지리학 연구 34(3).

<표 4-11> 경기도로의 전입지별 시·도간 인구이동현황

(단위: 명, %)

	1991		1992		1993		1994		1995		1996	
	이동자수	비율	이동자수	비율	이동자수	비율	이동자수	비율	이동자수	비율	이동자수	비율
서울	384,714	58.0	428,344	61.4	502,584	64.5	542,204	67.9	599,411	68.9	520,566	65.6
부산	16,648	2.5	15,955	2.3	17,273	2.2	16,396	2.1	17,014	2.0	16,897	2.1
대구	9,109	1.4	8,964	1.3	8,952	1.1	8,552	1.1	10,032	1.2	10,261	1.3
인천	46,791	7.1	49,119	7.0	59,301	7.6	56,323	7.1	61,931	7.1	60,340	7.6
광주	8,708	1.3	8,807	1.3	9,383	1.2	8,474	1.1	9,399	1.1	9,793	1.2
대전	9,205	1.4	10,080	1.4	10,015	1.3	10,204	1.3	12,720	1.5	14,065	1.8
강원	32,034	4.8	29,275	4.2	28,986	3.7	26,566	3.3	26,241	3.0	27,449	3.5
충북	21,684	3.3	20,342	2.9	20,037	2.6	18,414	2.3	18,286	2.1	19,116	2.4
충남	35,567	5.4	32,597	4.7	32,604	4.2	29,658	3.7	29,663	3.4	29,913	3.8
전북	25,104	3.8	24,530	3.5	22,907	2.9	20,982	2.6	21,458	2.5	22,829	2.9
전남	32,026	4.8	29,130	4.2	26,858	3.4	22,779	2.9	23,081	2.7	23,358	2.9
경북	21,168	3.2	20,067	2.9	18,613	2.4	17,457	2.2	17,452	2.0	17,797	2.2
경남	17,642	2.7	18,047	2.6	19,014	2.4	17,375	2.2	19,656	2.3	17,969	2.3
제주	2,611	0.4	2,741	0.4	3,028	0.4	3,033	0.4	3,308	0.4	3,517	0.4
계	663,011	100.0	697,998	100.0	779,555	100.0	798,417	100.0	869,652	100.0	793,870	100.0

	1997		1998		1999		2000		2001		2002	
	이동자수	비율	이동자수	비율	이동자수	비율	이동자수	비율	이동자수	비율	이동자수	비율
서울	495,454	64.0	407,050	61.3	471,841	59.5	435,573	57.5	499,575	59.9	516,765	57.7
부산	17,298	2.2	16,630	2.5	20,332	2.6	20,758	2.7	20,771	2.5	21,729	2.4
대구	10,655	1.4	10,459	1.6	11,978	1.5	13,071	1.7	13,948	1.7	14,262	1.6
인천	60,913	7.9	54,556	8.2	70,792	8.9	67,498	8.9	74,456	8.9	90,856	10.2
광주	9,989	1.3	9,400	1.4	11,506	1.5	12,520	1.7	12,713	1.5	14,999	1.7
대전	14,867	1.9	14,293	2.2	17,471	2.2	18,360	2.4	18,375	2.2	19,518	2.2
울산	4,976	0.6	4,784	0.7	5,350	0.7	5,194	0.7	5,123	0.6	5,498	0.6
강원	26,549	3.4	25,291	3.8	30,092	3.8	31,013	4.1	31,758	3.8	35,161	3.9
충북	19,429	2.5	18,393	2.8	22,144	2.8	22,065	2.9	22,828	2.7	25,217	2.8
충남	31,658	4.1	28,972	4.4	34,752	4.4	34,994	4.6	36,400	4.4	39,866	4.5
전북	22,706	2.9	19,953	3.0	24,897	3.1	26,700	3.5	27,541	3.3	36,525	4.1
전남	23,139	3.0	20,390	3.1	29,090	3.7	26,998	3.6	27,773	3.3	28,458	3.2
경북	18,624	2.4	17,108	2.6	20,095	2.5	21,345	2.8	21,680	2.6	23,595	2.6
경남	14,143	1.8	13,191	2.0	17,551	2.2	17,565	2.3	16,841	2.0	17,962	2
제주	3,856	0.5	3,687	0.6	4,533	0.6	4,517	0.6	4,367	0.5	4,640	0.5
계	774,256	100.0	664,157	100.0	792,424	100.0	758,171	100.0	834,149	100.0	895,051	100.0

<표 4-12> 경기도에서의 전출지별 시·도간 인구이동현황

(단위: 명, %)

	1991		1992		1993		1994		1995		1996	
	이동자수	비율	이동자수	비율	이동자수	비율	이동자수	비율	이동자수	비율	이동자수	비율
서울	256,270	52.7	253,605	52.5	256,049	52.8	258,897	54.4	262,893	52.9	290,660	53.7
부산	11,281	2.3	11,067	2.3	10,511	2.2	10,289	2.2	11,534	2.3	12,943	2.4
대구	6,890	1.4	6,944	1.4	7,506	1.5	7,338	1.5	8,372	1.7	8,812	1.6
인천	66,622	13.7	66,023	13.7	62,487	12.9	60,817	12.8	56,281	11.3	57,879	10.7
광주	7,166	1.5	7,554	1.6	7,586	1.6	7,903	1.7	8,544	1.7	9,101	1.7
대전	11,591	2.4	11,743	2.4	13,563	2.8	13,407	2.8	14,881	3.0	17,226	3.2
강원	20,225	4.2	20,465	4.2	20,070	4.1	19,223	4.0	22,531	4.5	24,271	4.5
충북	18,980	3.9	19,985	4.1	20,896	4.3	17,166	3.6	19,147	3.9	20,627	3.8
충남	25,355	5.2	25,594	5.3	27,626	5.7	24,878	5.2	29,241	5.9	31,377	5.8
전북	15,121	3.1	15,423	3.2	15,537	3.2	14,336	3	16,786	3.4	17,085	3.2
전남	15,221	3.1	14,732	3.0	14,197	2.9	13,154	2.8	15,373	3.1	16,815	3.1
경북	13,195	2.7	12,911	2.7	13,003	2.7	12,647	2.7	13,978	2.8	14,741	2.7
경남	15,213	3.1	14,265	3.0	13,372	2.8	13,735	2.9	14,741	3.0	16,344	3
제주	2,819	0.6	2,816	0.6	2,654	0.5	2,550	0.5	2,836	0.6	3,320	0.6
계	485,949	100.0	483,127	100.0	485,057	100.0	476,340	100.0	497,138	100.0	541,201	100.0

	1997		1998		1999		2000		2001		2002	
	이동자수	비율	이동자수	비율	이동자수	비율	이동자수	비율	이동자수	비율	이동자수	비율
서울	298,306	53.2	276,685	51.1	340,653	55.1	312,616	54.4	319,738	54.6	321,390	55.5
부산	12,374	2.2	12,647	2.3	13,143	2.1	12,073	2.1	12,721	2.2	13,282	2.3
대구	8,352	1.5	8,286	1.5	8,909	1.4	8,595	1.5	8,454	1.4	8,410	1.5
인천	66,514	11.9	63,176	11.7	64,569	10.4	67,516	11.8	63,017	10.8	66,332	11.5
광주	11,122	2.0	9,308	1.7	10,306	1.7	8,949	1.6	8,831	1.5	9,065	1.6
대전	15,660	2.8	16,927	3.1	16,542	2.7	16,514	2.9	16,244	2.8	16,423	2.8
울산	3,892	0.7	3,583	0.7	3,979	0.6	3,637	0.6	4,001	0.7	3,805	0.7
강원	25,690	4.6	27,673	5.1	28,366	4.6	26,514	4.6	27,034	4.6	27,175	4.7
충북	20,695	3.7	20,011	3.7	21,991	3.6	19,900	3.5	19,187	3.3	19,554	3.4
충남	34,942	6.2	32,622	6.0	34,233	5.5	31,988	5.6	32,431	5.5	31,388	5.4
전북	17,495	3.1	19,197	3.5	20,773	3.4	18,854	3.3	25,287	4.3	16,578	2.9
전남	16,327	2.9	20,155	3.7	22,419	3.6	18,535	3.2	18,712	3.2	15,745	2.7
경북	14,218	2.5	15,471	2.9	15,604	2.5	13,654	2.4	14,442	2.5	13,841	2.4
경남	11,153	2.0	11,759	2.2	12,241	2.0	10,948	1.9	11,208	1.9	12,106	2.1
제주	3,768	0.7	4,169	0.8	4,562	0.7	3,852	0.7	3,895	0.7	4,175	0.7
계	560,508	100.0	541,669	100.0	618,290	100.0	574,145	100.0	585,202	100.0	579,269	100.0

서울 다음으로 많은 전출지는 전입과 마찬가지로 인천광역시와 충남 등으로, 경기도 전체 전출지 중 인천은 10.4%-13.7%, 충남은 5.2%-6.2%의 비율을 차지하고 있는 것으로 나타나고 있다.

2) 강원도의 전입지 · 전출지별 시 · 도간 인구이동

(1) 전입지별 이동현황

강원도로의 전입지별 이동현황을 살펴보면 <표 4-13>과 같다. 이를 살펴보면, 강원도로 전입하는 각 시도 중 가장 많은 비율을 차지하는 자치단체는 1996년까지는 서울시이지만, 1997년부터 2002년까지는 경기도가 가장 많은 비율을 차지하고 있는 것으로 나타나고 있다.

즉 서울시는 1991년부터 2002년까지 강원도로의 전체 이동자수 및 비율이 점점 감소하고 있는데 반해, 경기도는 강원도로의 전출이 점점 증가하고 있는 것으로 나타나고 있다는 것이다. 그 다음으로 높은 비중을 차지하는 지역은 1991년부터 1994년까지는 경북이나, 1995년부터는 인천광역시에서 많은 전입을 하고 있는 것으로 나타나고 있다. 그밖에 충북과 경남의 경우에도 강원도로 많은 전입하고 있는 것으로 나타나고 있다.

(2) 전출지별 이동현황

강원도에서의 전출지별 이동현황을 살펴보면 <표 4-14>와 같이 강원도에서 가장 많이 전출하는 지역은 1994년까지는 서울시이고, 1995년부터 2002년까지는 경기도로 나타나고 있다. 이는 <표 4-13>의 전입지별 이동과 비교해보면, 강원도와의 인구이동이 가장 많은 지역이 과거에는 서울이었지만 1995년 이후 최근에는 경기도로 바뀌었음을 알 수 있다. 그리고 이동량을 비교해보면, 강원도에서 경기도로 전출하는 이동자수가 훨씬 많은 것을 알 수 있다. 그 다음으로 강원도에서 많은 전출을 하는 지역은 인천광역시이고, 다음으로 충북과 경북의 순으로 나타나고 있음을 알 수 있다.

<표 4-13> 강원도로의 전입지별 시·도간 인구이동현황

(단위: 명, %)

	1991		1992		1993		1994		1995		1996	
	이동자수	비율	이동자수	비율	이동자수	비율	이동자수	비율	이동자수	비율	이동자수	비율
서울	25,208	32.0	25,215	31.9	23,244	30.8	21,384	30.2	24,987	31.6	25,221	30.6
부산	3,732	4.7	3,664	4.6	3,626	4.8	3,155	4.5	3,135	4.0	3,223	3.9
대구	2,127	2.7	2,157	2.7	2,104	2.8	1,953	2.8	2,030	2.6	2,024	2.5
인천	4,336	5.5	4,795	6.1	4,745	6.3	4,444	6.3	5,129	6.5	5,474	6.6
광주	976	1.2	957	1.2	961	1.3	915	1.3	873	1.1	897	1.1
대전	1,453	1.8	1,495	1.9	1,365	1.8	1,564	2.2	1,711	2.2	2,058	2.5
경기	20,225	25.7	20,465	25.9	20,070	26.6	19,223	27.1	22,531	28.5	24,271	29.5
충북	4,616	5.9	4,791	6.1	4,473	5.9	4,453	6.3	4,341	5.5	4,468	5.4
충남	2,513	3.2	2,105	2.7	2,133	2.8	2,125	3.0	2,337	3.0	2,400	2.9
전북	1,390	1.8	1,302	1.6	1,307	1.7	1,360	1.9	1,373	1.7	1,688	2.0
전남	1,572	2.0	1,634	2.1	1,472	2.0	1,298	1.8	1,549	2.0	1,748	2.1
경북	5,708	7.3	5,321	6.7	4,823	6.4	4,550	6.4	4,642	5.9	4,639	5.6
경남	4,507	5.7	4,691	5.9	4,719	6.3	4,069	5.7	4,134	5.2	3,873	4.7
제주	311	0.4	424	0.5	441	0.6	368	0.5	375	0.5	375	0.5
계	78,674	100.0	79,016	100.0	75,483	100.0	70,861	100.0	79,147	100.0	82,359	100.0

	1997		1998		1999		2000		2001		2002	
	이동자수	비율	이동자수	비율	이동자수	비율	이동자수	비율	이동자수	비율	이동자수	비율
서울	25,178	29.3	25,840	28.2	25,741	27.5	22,832	27.1	22,941	26.3	21,582	25.5
부산	3,258	3.8	3,447	3.8	3,255	3.5	2,812	3.3	2,882	3.3	2,639	3.1
대구	2,171	2.5	2,189	2.4	2,275	2.4	1,889	2.2	1,980	2.3	1,927	2.3
인천	5,737	6.7	6,572	7.2	6,661	7.1	5,512	6.5	5,898	6.8	5,834	6.9
광주	849	1.0	895	1.0	952	1.0	964	1.1	929	1.1	864	1.0
대전	2,455	2.9	2,542	2.8	3,049	3.3	2,700	3.2	2,791	3.2	2,981	3.5
울산	1,415	1.6	1,857	2	1,526	1.6	1,254	1.5	1,197	1.4	1,161	1.4
경기	25,690	29.9	27,673	30.2	28,366	30.4	26,514	31.4	27,034	31	27,175	32.1
충북	4,731	5.5	5,362	5.9	5,390	5.8	5,220	6.2	6,479	7.4	5,265	6.2
충남	2,850	3.3	2,861	3.1	3,078	3.3	2,867	3.4	3,173	3.6	3,082	3.6
전북	1,581	1.8	1,705	1.9	1,727	1.8	1,640	1.9	1,693	1.9	1,972	2.3
전남	1,879	2.2	2,010	2.2	2,403	2.6	2,130	2.5	2,195	2.5	2,032	2.4
경북	4,999	5.8	4,927	5.4	5,314	5.7	4,556	5.4	4,695	5.4	4,770	5.6
경남	2,690	3.1	3,039	3.3	3,172	3.4	2,730	3.2	2,804	3.2	2,847	3.4
제주	524	0.6	593	0.6	525	0.6	733	0.9	585	0.7	520	0.6
계	86,007	100.0	91,512	100.0	93,434	100.0	84,353	100.0	87,276	100.0	84,651	100.0

<표 4-14> 강원도에서의 전출지별 시·도간 인구이동현황

(단위: 명, %)

	1991		1992		1993		1994		1995		1996	
	이동자수	비율	이동자수	비율	이동자수	비율	이동자수	비율	이동자수	비율	이동자수	비율
서울	36,056	30.9	31,842	30.7	31,278	31.3	26,647	29.8	25,677	29.0	26,588	29.5
부산	5,096	4.4	3,957	3.8	3,532	3.5	3,098	3.5	2,846	3.2	2,995	3.3
대구	3,545	3.0	3,280	3.2	3,020	3.0	2,523	2.8	2,490	2.8	2,255	2.5
인천	8,523	7.3	7,431	7.2	7,171	7.2	6,347	7.1	6,101	6.9	5,790	6.4
광주	1,135	1.0	959	0.9	960	1.0	840	0.9	715	0.8	820	0.9
대전	2,561	2.2	2,281	2.2	2,366	2.4	2,318	2.6	2,245	2.5	2,763	3.1
경기	32,034	27.4	29,275	28.2	28,986	29	26,566	29.7	26,241	29.7	27,449	30.4
충북	7,444	6.4	6,695	6.4	6,283	6.3	5,637	6.3	5,539	6.3	5,597	6.2
충남	3,018	2.6	2,456	2.4	2,507	2.5	2,390	2.7	2,779	3.1	3,128	3.5
전북	1,608	1.4	1,393	1.3	1,284	1.3	1,202	1.3	1,387	1.6	1,405	1.6
전남	1,548	1.3	1,457	1.4	1,155	1.2	1,175	1.3	1,546	1.7	1,512	1.7
경북	7,186	6.2	6,333	6.1	6,047	6.0	5,487	6.1	5,589	6.3	4,835	5.4
경남	6,466	5.5	6,071	5.8	5,061	5.1	4,752	5.3	4,924	5.6	4,690	5.2
제주	484	0.4	431	0.4	419	0.4	350	0.4	418	0.5	402	0.4
계	116,704	100.0	103,861	100.0	100,069	100.0	89,332	100.0	88,497	100.0	90,229	100.0

	1997		1998		1999		2000		2001		2002	
	이동자수	비율	이동자수	비율	이동자수	비율	이동자수	비율	이동자수	비율	이동자수	비율
서울	25,443	29.3	24,182	29.3	28,384	29.2	27,874	29.2	27,310	28.6	27,914	27.4
부산	2,722	3.1	2,510	3.0	2,945	3.0	2,733	2.9	2,609	2.7	2,590	2.5
대구	1,945	2.2	1,931	2.3	2,143	2.2	2,082	2.2	1,820	1.9	2,015	2.0
인천	5,926	6.8	5,259	6.4	6,176	6.4	5,956	6.2	6,072	6.4	6,948	6.8
광주	842	1.0	864	1.0	1,061	1.1	974	1.0	897	0.9	837	0.8
대전	2,609	3.0	2,809	3.4	3,208	3.3	3,329	3.5	3,520	3.7	3,621	3.6
울산	1,536	1.8	1,142	1.4	1,289	1.3	1,370	1.4	1,395	1.5	1,336	1.3
경기	26,549	30.5	25,291	30.6	30,092	30.9	31,013	32.5	31,758	33.3	35,161	34.5
충북	5,406	6.2	4,923	6.0	5,593	5.8	5,512	5.8	5,185	5.4	6,288	6.2
충남	3,156	3.6	3,026	3.7	3,646	3.7	3,450	3.6	3,396	3.6	3,855	3.8
전북	1,452	1.7	1,413	1.7	1,930	2.0	1,618	1.7	1,759	1.8	1,474	1.4
전남	1,587	1.8	1,713	2.1	2,179	2.2	1,867	2.0	1,908	2.0	1,727	1.7
경북	4,756	5.5	4,624	5.6	5,004	5.1	4,539	4.8	4,516	4.7	4,513	4.4
경남	2,515	2.9	2,378	2.9	2,971	3.1	2,636	2.8	2,710	2.8	2,946	2.9
제주	485	0.6	557	0.7	611	0.6	534	0.6	534	0.6	607	0.6
계	86,929	100.0	82,622	100.0	97,232	100.0	95,487	100.0	95,389	100.0	101,832	100.0

3) 충청북도의 전입지 · 전출지별 시 · 도간 인구이동

(1) 전입지별 이동현황

충청북도로의 전입지별 이동현황은 <표 4-15>와 같다. 이를 살펴보면 충북으로 가장 많이 전입하는 시도는 1991-1992년과 1994년에는 서울시의 인구이고, 1993년과 1995년 이후 2002년까지는 경기도에서 가장 많은 인구가 충북으로 유입되고 있음을 알 수 있다.

그리고 이동자수의 입장에서 보면 서울의 경우 1991년에 21,021명이 충북으로 이동했으나 이후 계속 감소하여 2002년에는 13,838명이 이동한 것으로 나타나고 있다. 1995년 이후 가장 많이 충북으로 이동하는 경기도의 경우에는 이동자수가 약간 줄어드는 현상을 살펴 볼 수 있다. 경기도와 서울 다음으로는 대전광역시, 충남, 그리고 강원도의 순으로 나타나고 있음을 알 수 있다.

(2) 전출지별 이동현황

충청북도에서의 전출지별 이동현황을 살펴보면 <표 4-16>과 같다. 이를 살펴보면, 충북에서 가장 많이 전출하는 시도는 1991년부터 1994년까지는 서울시였으나, 1995년부터 2002년까지는 경기도로 가장 많이 이동하고 있는 것으로 나타나고 있음을 알 수 있다. 이동자수의 입장에서도 경기도의 경우는 이동자수가 계속 증가하고 있는 반면, 서울시로의 이동은 1995년 이후 큰 변화없이 지속적으로 이동하고 있는 것으로 나타나고 있다. 그 다음으로 많이 전출하는 지역은 대전광역시, 충남, 강원 그리고 인천 등의 순으로 나타나고 있다.

<표 4-15> 충청북도로의 전입지별 시·도간 인구이동현황

(단위: 명, %)

	1991		1992		1993		1994		1995		1996	
	이동자수	비율	이동자수	비율	이동자수	비율	이동자수	비율	이동자수	비율	이동자수	비율
서울	21,021	24.5	20,238	23.7	18,695	22.8	17,270	18.1	18,710	24.0	18,231	22.5
부산	3,212	3.7	2,948	3.5	2,938	3.6	2,326	2.4	2,444	3.1	2,386	2.9
대구	1,898	2.2	2,349	2.8	1,733	2.1	1,538	1.6	1,728	2.2	2,023	2.5
인천	3,997	4.7	4,475	5.2	4,685	5.7	3,489	3.6	4,055	5.2	4,514	5.6
광주	702	0.8	706	0.8	633	0.8	662	0.7	682	0.9	667	0.8
대전	7,870	9.2	8,501	10.0	7,587	9.2	7,031	7.4	8,558	11.0	8,861	10.9
경기	18,980	22.1	19,985	23.4	20,896	25.5	17,166	17.9	19,147	24.5	20,627	25.4
강원	7,444	8.7	6,695	7.8	6,283	7.7	5,637	5.9	5,539	7.1	5,597	6.9
충남	7,529	8.8	6,872	8.1	6,723	8.2	6,017	6.3	6,575	8.4	7,097	8.8
전북	1,934	2.3	1,924	2.3	1,846	2.2	1,643	1.7	1,671	2.1	1,854	2.3
전남	1,805	2.1	1,812	2.1	1,488	1.8	1,378	1.4	1,261	1.6	1,433	1.8
경북	5,466	6.4	5,124	6.0	4,703	5.7	3,919	4.1	4,070	5.2	4,247	5.2
경남	3,676	4.3	3,578	4.2	3,469	4.2	3,095	3.2	3,209	4.1	3,198	3.9
제주	314	0.4	280	0.3	387	0.5	323	0.3	348	0.4	318	0.4
계	85,848	100.0	85,287	100.0	82,066	100.0	95,649	100.0	77,997	100.0	81,053	100.0

	1997		1998		1999		2000		2001		2002	
	이동자수	비율	이동자수	비율	이동자수	비율	이동자수	비율	이동자수	비율	이동자수	비율
서울	17,998	22.1	16,948	21.1	17,334	20.6	14,934	19.1	14,518	19.0	13,838	17.7
부산	2,496	3.1	2,533	3.1	2,398	2.9	2,191	2.8	2,024	2.7	2,126	2.7
대구	2,093	2.6	2,063	2.6	1,939	2.3	1,824	2.3	1,852	2.4	1,744	2.2
인천	4,411	5.4	4,110	5.1	4,420	5.3	4,074	5.2	4,137	5.4	3,748	4.8
광주	679	0.8	743	0.9	711	0.8	742	0.9	766	1.0	812	1.0
대전	9,399	11.5	9,756	12.1	9,891	11.8	9,361	12	8,941	11.7	9,215	11.8
울산	1,032	1.3	1,251	1.6	1,153	1.4	971	1.2	907	1.2	974	1.2
경기	20,695	25.4	20,011	24.9	21,991	26.2	19,900	25.5	19,187	25.1	19,544	25.1
강원	5,406	6.6	4,923	6.1	5,593	6.7	5,512	7.1	5,185	6.8	6,288	8.1
충남	6,998	8.6	7,540	9.4	7,448	8.9	7,685	9.8	7,873	10.3	8,238	10.6
전북	1,842	2.3	1,999	2.5	2,001	2.4	1,990	2.5	2,295	3.0	2,660	3.4
전남	1,490	1.8	1,535	1.9	1,713	2.0	1,945	2.5	1,634	2.1	1,591	2.0
경북	4,515	5.5	4,535	5.6	4,668	5.6	4,511	5.8	4,495	5.9	4,587	5.9
경남	2,032	2.5	2,164	2.7	2,266	2.7	2,165	2.8	2,150	2.8	2,192	2.8
제주	371	0.5	358	0.4	424	0.5	366	0.5	402	0.5	407	0.5
계	81,457	100.0	80,469	100.0	83,950	100.0	78,171	100.0	76,366	100.0	77,974	100.0

<표 4-16> 충청북도에서의 전출지별 시·도간 인구이동현황

(단위: 명, %)

	1991		1992		1993		1994		1995		1996	
	이동자수	비율	이동자수	비율	이동자수	비율	이동자수	비율	이동자수	비율	이동자수	비율
서울	28,461	29.3	24,072	28.2	20,440	25.4	18,776	25.0	17,155	23.1	16,900	22.4
부산	2,850	2.9	2,439	2.9	2,123	2.6	1,769	2.4	1,837	2.5	1,762	2.3
대구	1,974	2.0	1,851	2.2	1,657	2.1	1,724	2.3	1,777	2.4	1,689	2.2
인천	5,356	5.5	4,620	5.4	4,355	5.4	4,222	5.6	3,839	5.2	3,709	4.9
광주	683	0.7	554	0.6	644	0.8	561	0.7	596	0.8	617	0.8
대전	12,373	12.8	10,124	11.9	11,275	14.0	10,634	14.2	10,399	14.0	9,966	13.2
경기	21,684	22.4	20,342	23.9	20,037	24.9	18,414	24.5	18,286	24.6	19,116	25.3
강원	4,616	4.8	4,791	5.6	4,473	5.6	4,453	5.9	4,341	5.8	4,468	5.9
충남	6,094	6.3	5,927	7.0	5,711	7.1	5,467	7.3	6,260	8.4	7,582	10.1
전북	1,630	1.7	1,637	1.9	1,690	2.1	1,513	2.0	1,450	2.0	1,633	2.2
전남	1,507	1.6	1,166	1.4	1,021	1.3	937	1.2	1,083	1.5	1,203	1.6
경북	4,379	4.5	3,924	4.6	3,855	4.8	3,642	4.9	4,190	5.6	3,763	5.0
경남	4,985	5.1	3,489	4.1	2,795	3.5	2,677	3.6	2,757	3.7	2,743	3.6
제주	387	0.4	323	0.4	306	0.4	274	0.4	256	0.3	278	0.4
계	96,979	100.0	85,259	100.0	80,382	100.0	75,063	100.0	74,226	100.0	75,429	100.0

	1997		1998		1999		2000		2001		2002	
	이동자수	비율	이동자수	비율	이동자수	비율	이동자수	비율	이동자수	비율	이동자수	비율
서울	17,095	22.3	16,073	21.5	18,923	22.2	18,321	22.2	17,606	20.7	17,878	20.7
부산	1,828	2.4	1,927	2.6	1,986	2.3	1,807	2.2	1,716	2.0	1,651	1.9
대구	1,549	2.0	1,566	2.1	1,797	2.1	1,799	2.2	1,695	2.0	1,684	2.0
인천	3,834	5.0	3,777	5.0	4,293	5.0	3,879	4.7	4,231	5.0	4,283	5.0
광주	604	0.8	679	0.9	773	0.9	676	0.8	744	0.9	808	0.9
대전	10,070	13.2	9,636	12.9	11,257	13.2	10,937	13.2	10,932	12.9	10,956	12.7
울산	998	1.3	814	1.1	886	1.0	901	1.1	948	1.1	959	1.1
경기	19,429	25.4	18,393	24.5	22,144	25.9	22,065	26.7	22,828	26.9	25,217	29.3
강원	4,731	6.2	5,362	7.2	5,390	6.3	5,220	6.3	6,479	7.6	5,265	6.1
충남	7,853	10.3	6,827	9.1	7,828	9.2	7,550	9.1	7,509	8.8	8,223	9.5
전북	1,635	2.1	1,857	2.5	1,918	2.2	1,838	2.2	2,216	2.6	1,711	2.0
전남	1,327	1.7	1,902	2.5	1,501	1.8	1,336	1.6	1,712	2.0	1,239	1.4
경북	3,569	4.7	3,888	5.2	4,403	5.2	4,052	4.9	3,907	4.6	3,856	4.5
경남	1,694	2.2	1,835	2.4	1,902	2.2	1,834	2.2	1,902	2.2	1,967	2.3
제주	317	0.4	391	0.5	395	0.5	360	0.4	469	0.6	479	0.6
계	76,533	100.0	74,927	100.0	85,396	100.0	82,575	100.0	84,894	100.0	86,176	100.0

충청북도의 전입지별 이동현황과 전출지별 인구이동과 비교해 보면, 가장 많은 이동을 하는 지역으로는 모두 경기도, 서울, 대전, 충남, 강원도 순으로 거의 동일하나, 이동자수의 측면에서는 충북으로의 전입자수보다 전출자수가 훨씬 많은 것으로 나타나고 있다.

4) 충청남도의 전입지 · 전출지별 시 · 도간 인구이동

(1) 전입지별 이동현황
충청남도로의 전입지별 이동현황을 살펴보면 <표 4-17>과 같다. 이를 살펴보면, 충남으로 가장 많이 전입하는 시도는 1991년과 1992년의 경우 서울시이고, 1993년 이후 2002년까지는 경기도임을 알 수 있다. 여기서 이동자수를 살펴보면, 경기도의 경우는 1999년까지는 대체로 증가하는 추세이나 2000년 이후에는 조금 줄어든 것으로 확인할 수 있고, 서울시의 경우는 1991년 이후 이동자수가 점점 줄어들고 있음을 알 수 있다.

다음으로 충남으로 많은 이동을 하는 시도는 대전광역시이고, 그 다음으로 인천광역시, 충북, 그리고 전북 등으로 확인해 볼 수 있다.

(2) 전출지별 이동현황
충청남도에서의 전출지별 이동현황을 살펴보면 <표 4-18>과 같다. 이를 살펴보면 충남에서 가장 많이 전출하는 시도는 1991년부터 1993년까지는 서울시이고, 1994년부터 2002년까지는 경기도이다. 충남의 전입지별 이동과 비교해 보면, 충남에서 경기도 및 서울로 이동하는 전출자가 충남으로의 전입자보다 훨씬 많은 것을 살펴볼 수 있다.

<표 4-17> 충청남도로의 전입지별 시·도간 인구이동현황

(단위: 명, %)

	1991		1992		1993		1994		1995		1996	
	이동자수	비율	이동자수	비율	이동자수	비율	이동자수	비율	이동자수	비율	이동자수	비율
서울	28,211	26.1	26,600	25.5	25,958	24.9	22,293	23.3	26,501	22.5	27,159	21.0
부산	2,826	2.6	2,480	2.4	2,582	2.5	2,508	2.6	2,982	2.5	3,850	3.0
대구	1,404	1.3	1,302	1.2	1,312	1.3	1,272	1.3	1,520	1.3	1,924	1.5
인천	6,909	6.4	7,627	7.3	8,215	7.9	6,740	7.0	8,700	7.4	9,257	7.2
광주	791	0.7	780	0.7	837	0.8	888	0.9	976	0.8	1,297	1.0
대전	17,721	16.4	17,668	16.9	15,906	15.2	17,157	17.9	23,668	20.1	24,745	19.1
경기	25,355	23.5	25,594	24.6	27,626	26.5	24,878	26	29,241	24.9	31,377	24.3
강원	3,018	2.8	2,456	2.4	2,507	2.4	2,390	2.5	2,779	2.4	3,128	2.4
충북	6,094	5.6	5,927	5.7	5,711	5.5	5,467	5.7	6,260	5.3	7,582	5.9
전북	5,218	4.8	4,789	4.6	4,677	4.5	4,282	4.5	5,376	4.6	5,497	4.3
전남	3,147	2.9	2,480	2.4	2,354	2.3	2,029	2.1	2,532	2.2	2,792	2.2
경북	3,062	2.8	2,673	2.6	2,580	2.5	2,286	2.4	2,744	2.3	3,292	2.5
경남	3,814	3.5	3,516	3.4	3,728	3.6	3,055	3.2	3,911	3.3	6,806	5.3
제주	343	0.3	359	0.3	386	0.4	404	0.4	448	0.4	551	0.4
계	107,913	100.0	104,251	100.0	104,379	100.0	95,649	100.0	117,638	100.0	129,257	100.0

	1997		1998		1999		2000		2001		2002	
	이동자수	비율	이동자수	비율	이동자수	비율	이동자수	비율	이동자수	비율	이동자수	비율
서울	27,395	19.8	25,928	20.8	26,726	20.7	23,083	19.4	22,056	18.7	21,155	17.7
부산	3,757	2.7	3,450	2.8	3,508	2.7	3,110	2.6	2,997	2.5	3,337	2.8
대구	2,074	1.5	2,047	1.6	1,987	1.5	2,087	1.8	2,046	1.7	2,014	1.7
인천	9,911	7.2	9,281	7.4	9,150	7.1	8,386	7.0	8,200	7.0	8,132	6.8
광주	1,275	0.9	1,213	1.0	1,135	0.9	1,252	1.1	1,183	1.0	1,378	1.2
대전	26,623	19.2	23,839	19.1	22,559	17.5	21,068	17.7	20,512	17.4	21,349	17.8
울산	5,263	3.8	1,893	1.5	1,955	1.5	1,364	1.1	1,319	1.1	1,206	1.0
경기	34,942	25.2	32,622	26.1	34,233	26.5	31,988	26.8	32,431	27.5	31,388	26.2
강원	3,156	2.3	3,026	2.4	3,646	2.8	3,450	2.9	3,396	2.9	3,855	3.2
충북	7,853	5.7	6,827	5.5	7,828	6.1	7,550	6.3	7,509	6.4	8,223	6.9
전북	5,742	4.1	5,446	4.4	5,659	4.4	5,990	5.0	6,031	5.1	6,954	5.8
전남	2,761	2	2,500	2.0	2,973	2.3	2,883	2.4	3,027	2.6	3,225	2.7
경북	3,597	2.6	2,948	2.4	3,584	2.8	3,186	2.7	3,433	2.7	3,734	3.1
경남	3,565	2.6	3,370	2.7	3,601	2.8	3,221	2.7	3,068	2.6	3,213	2.7
제주	556	0.4	533	0.4	654	0.5	588	0.5	574	0.5	566	0.5
계	138,470	100.0	124,923	100.0	129,198	100.0	119,206	100.0	117,782	100.0	119,729	100.0

<표 4-18> 충청남도에서의 전출지별 시·도간 인구이동현황

(단위: 명, %)

	1991		1992		1993		1994		1995		1996	
	이동자수	비율	이동자수	비율	이동자수	비율	이동자수	비율	이동자수	비율	이동자수	비율
서울	42,842	27.9	36,934	27.9	33,383	26.0	28,352	24.4	26,635	23.0	26,741	22.8
부산	2,569	1.7	2,422	1.8	2,087	1.6	1,884	1.6	1,847	1.6	1,915	1.6
대구	1,432	0.9	1,341	1.0	1,318	1.0	1,196	1.0	1,393	1.2	1,392	1.2
인천	11,859	7.7	10,527	7.9	9,571	7.4	8,812	7.6	8,292	7.2	8,204	7.0
광주	976	0.6	1,005	0.8	864	0.7	775	0.7	868	0.8	946	0.8
대전	32,568	21.2	25,886	19.5	28,190	21.9	26,376	22.7	25,953	22.4	25,779	22.0
경기	35,567	23.2	32,597	24.6	32,604	25.3	29,658	25.5	29,663	25.6	29,913	25.6
강원	2,513	1.6	2,105	1.6	2,133	1.7	2,125	1.8	2,337	2.0	2,400	2.1
충북	7,529	4.9	6,872	5.2	6,723	5.2	6,017	5.2	6,575	5.7	7,097	6.1
전북	4,933	3.2	4,411	3.3	4,469	3.5	3,945	3.4	4,395	3.8	4,605	3.9
전남	2,387	1.6	1,928	1.5	1,571	1.2	1,591	1.4	1,863	1.6	1,936	1.7
경북	2,624	1.7	2,364	1.8	2,333	1.8	2,256	1.9	2,498	2.2	2,447	2.1
경남	5,059	3.3	3,755	2.8	3,012	2.3	2,970	2.6	3,020	2.6	3,311	2.8
제주	499	0.3	394	0.3	380	0.3	319	0.3	384	0.3	384	0.3
계	153,357	100.0	132,541	100.0	128,638	100.0	116,276	100.0	115,723	100.0	117,070	100.0

	1997		1998		1999		2000		2001		2002	
	이동자수	비율	이동자수	비율	이동자수	비율	이동자수	비율	이동자수	비율	이동자수	비율
서울	26,488	21.3	24,143	20.9	28,912	21.9	27,407	21.6	26,604	20.6	26,741	20.1
부산	2,398	1.9	2,466	2.1	2,615	2.0	2,315	1.8	2,463	1.9	2,273	1.7
대구	1,479	1.2	1,584	1.4	1,619	1.2	1,676	1.3	1,570	1.2	1,679	1.3
인천	8,471	6.8	7,598	6.6	8,860	6.7	8,449	6.7	8,136	6.3	9,284	7.0
광주	1,397	1.1	1,171	1.0	1,149	0.9	1,134	0.9	1,115	0.9	1,206	0.9
대전	28,966	23.3	24,948	21.6	28,084	21.3	25,750	20.3	25,347	19.6	26,185	19.6
울산	943	0.8	987	0.9	1,052	0.8	1,058	0.8	1,017	0.8	1,013	0.8
경기	31,658	25.5	28,972	25.1	34,752	26.3	34,994	27.6	36,400	28.1	39,866	29.9
강원	2,850	2.3	2,861	2.5	3,078	2.3	2,867	2.3	3,173	2.5	3,082	2.3
충북	6,998	5.6	7,540	6.5	7,448	5.6	7,685	6.1	7,873	6.1	8,238	6.2
전북	5,067	4.1	5,143	4.5	5,708	4.3	5,482	4.3	6,295	4.9	5,253	3.9
전남	2,222	1.8	2,533	2.2	2,549	1.9	2,269	1.8	2,511	1.9	2,261	1.7
경북	2,548	2.0	2,512	2.2	3,030	2.3	2,647	2.1	3,036	2.3	2,837	2.1
경남	2,366	1.9	2,596	2.2	2,611	2.0	2,719	2.1	3,317	2.6	2,835	2.1
제주	519	0.4	504	0.4	646	0.5	496	0.4	553	0.4	601	0.5
계	124,370	100.0	115,558	100.0	132,113	100.0	126,948	100.0	129,410	100.0	133,354	100.0

다음으로 충남에서 많이 전출하는 지역으로써 대전광역시가 많은 비중을 차지하고 있으며, 그밖에 인천광역시, 충남의 순으로 이동하고 있음을 알 수 있다.

5) 전라북도의 전입지·전출지별 시·도간 인구이동

(1) 전입지별 이동현황

전라북도로의 전입지별 이동현황을 살펴보면 <표 4-19>에 나타난 바와 같이, 전북으로 가장 많이 전입하는 시도는 서울시이고 그 다음으로 경기도에서 많이 전입하고 있음을 알 수 있다. 여기서 전북의 경우 다른 지역과 차이점을 볼 수 있다.

즉, 전북 이외의 지역에서는 주로 1990년대 초기에는 서울에서 많이 전입하였지만, 1990년대 중반이후에는 경기도에서 전입하는 인구가 더 많았다는 것이다. 하지만 전북의 경우 전체적인 총이동수의 측면에서는 서울시에서 전입하는 인구가 경기도에서 전입하는 인구보다 더 많다는 사실을 알 수 있다. 그 다음으로 전북으로 많이 전입하는 시도로는 전남, 광주, 충남 등을 들 수 있다.

(2) 전출지별 이동현황

전라북도에서의 전출지별 이동현황을 살펴보면 <표 4-20>과 같다. 이를 살펴보면 전북에서 가장 많이 전출하는 시도는 일관되게 1991년부터 2002년까지 서울이 가장 많고, 다음으로 경기도이다. 여기에서도 전북의 전입지별 이동현황과 마찬가지로 경기도보다는 서울시로 많이 이동한다는 사실을 알 수 있다. 다음으로 많이 전출하는 지역으로는 전남과 광주, 그리고 대전, 인천으로 많이 이동하고 있음을 알 수 있다.

<表 4-19> 전라북도로의 전입지별 시·도간 인구이동현황

(단위: 명, %)

	1991		1992		1993		1994		1995		1996	
	이동자수	비율	이동자수	비율	이동자수	비율	이동자수	비율	이동자수	비율	이동자수	비율
서울	26,421	33.1	26,220	33.4	24,661	32.2	21,939	31.6	23,837	29.1	23,078	29.2
부산	3,588	4.5	3,157	4.0	2,968	3.9	2,589	3.7	2,531	3.1	2,562	3.2
대구	983	1.2	941	1.2	876	1.1	786	1.1	922	1.1	951	1.2
인천	3,936	4.9	4,371	5.6	4,257	5.6	3,918	5.7	4,902	6.0	4,565	5.8
광주	4,599	5.8	4,589	5.8	4,795	6.3	4,618	6.7	5,428	6.6	5,518	7.0
대전	3,713	4.6	3,459	4.4	3,606	4.7	3,471	5.0	4,220	5.2	4,306	5.4
경기	15,121	18.9	15,423	19.6	15,537	20.3	14,336	20.7	16,786	20.5	17,085	21.6
강원	1,608	2.0	1,393	1.8	1,284	1.7	1,202	1.7	1,387	1.7	1,405	1.8
충북	1,630	2.0	1,637	2.1	1,690	2.2	1,513	2.2	1,450	1.8	1,633	2.1
충남	4,933	6.2	4,411	5.6	4,469	5.8	3,945	5.7	4,395	5.4	4,605	5.8
전남	7,780	9.7	7,335	9.3	7,146	9.3	5,976	8.6	6,215	7.6	6,377	8.1
경북	1,862	2.3	1,593	2.0	1,528	2.0	1,428	2.1	1,442	1.8	1,535	1.9
경남	3,188	4.0	3,482	4.4	3,211	4.2	3,079	4.4	7,753	9.5	4,860	6.1
제주	547	0.7	593	0.8	517	0.7	532	0.8	562	0.7	593	0.7
계	79,909	100.0	78,604	100.0	76,545	100.0	69,332	100.0	81,830	100.0	79,073	100.0

	1997		1998		1999		2000		2001		2002	
	이동자수	비율	이동자수	비율	이동자수	비율	이동자수	비율	이동자수	비율	이동자수	비율
서울	22,032	28.2	24,307	29.0	25,007	27.6	22,390	27.1	29,470	28.0	17,619	24.4
부산	2,442	3.1	2,502	3.0	2,822	3.1	2,275	2.8	2,783	2.6	1,876	2.6
대구	1,026	1.3	1,061	1.3	1,119	1.2	1,016	1.2	1,344	1.3	946	1.3
인천	5,143	6.6	5,002	6.0	5,437	6.0	4,658	5.6	5,982	5.7	4,304	6.0
광주	5,657	7.2	5,968	7.1	6,694	7.4	6,382	7.7	7,892	7.5	5,995	8.3
대전	4,312	5.5	4,780	5.7	5,438	6.0	4,776	5.8	6,687	6.3	4,572	6.3
울산	1,226	1.6	1,151	1.4	1,085	1.2	846	1.0	1,012	1.0	694	1.0
경기	17,495	22.4	19,197	22.9	20,773	22.9	18,854	22.8	25,287	24.0	16,578	23.0
강원	1,452	1.9	1,413	1.7	1,930	2.1	1,618	2.0	1,759	1.7	1,474	2.0
충북	1,635	2.1	1,857	2.2	1,918	2.1	1,838	2.2	2,216	2.1	1,711	2.4
충남	5,067	6.5	5,143	6.1	5,708	6.3	5,482	6.6	6,295	6.0	5,253	7.3
전남	6,324	8.1	6,810	8.1	7,763	8.6	8,207	9.9	9,345	8.9	7,112	9.9
경북	1,488	1.9	1,785	2.1	1,720	1.9	1,325	1.6	1,806	1.7	1,368	1.9
경남	2,239	2.9	2,206	2.6	2,416	2.7	2,164	2.6	2,799	2.7	1,983	2.8
제주	648	0.8	615	0.7	781	0.9	743	0.9	701	0.7	622	0.9
계	78,186	100.0	83,797	100.0	90,611	100.0	82,574	100.0	105,378	100.0	72,107	100.0

<표 4-20> 전라북도에서의 전출지별 시·도간 인구이동현황

(단위: 명, %)

	1991		1992		1993		1994		1995		1996	
	이동자수	비율	이동자수	비율	이동자수	비율	이동자수	비율	이동자수	비율	이동자수	비율
서울	49,325	40.4	42,451	38.8	39,156	38.2	33,414	36.2	31,316	34.1	30,612	32.8
부산	3,828	3.1	3,287	3.0	2,689	2.6	2,129	2.3	2,182	2.4	2,100	2.2
대구	1,277	1.0	1,127	1.0	1,093	1.1	1,045	1.1	1,090	1.2	974	1.0
인천	6,965	5.7	6,221	5.7	5,854	5.7	5,372	5.8	5,031	5.5	5,066	5.4
광주	6,525	5.3	5,833	5.3	5,861	5.7	5,506	6.0	5,526	6.0	5,913	6.3
대전	6,488	5.3	5,669	5.2	6,208	6.1	5,761	6.2	5,849	6.4	5,808	6.2
경기	25,104	20.5	24,530	22.4	22,907	22.3	20,982	22.7	21,458	23.3	22,829	24.4
강원	1,390	1.1	1,302	1.2	1,307	1.3	1,360	1.5	1,373	1.5	1,688	1.8
충북	1,934	1.6	1,924	1.8	1,846	1.8	1,643	1.8	1,671	1.8	1,854	2.0
충남	5,218	4.3	4,789	4.4	4,677	4.6	4,282	4.6	5,376	5.8	5,497	5.9
전남	6,881	5.6	6,033	5.5	5,698	5.6	5,604	6.1	5,621	6.1	6,040	6.5
경북	1,718	1.4	1,690	1.5	1,665	1.6	1,497	1.6	1,773	1.9	1,603	1.7
경남	4,892	4.0	3,851	3.5	3,060	3.0	3,125	3.4	3,062	3.3	2,876	3.1
제주	662	0.5	658	0.6	514	0.5	541	0.6	617	.7	584	0.6
계	122,207	100.0	109,365	100.0	102,535	100.0	92,261	100.0	91,945	100.0	93,444	100.0

	1997		1998		1999		2000		2001		2002	
	이동자수	비율	이동자수	비율	이동자수	비율	이동자수	비율	이동자수	비율	이동자수	비율
서울	29,462	31.8	26,167	30.4	31,789	31.5	32,637	31.3	32,590	30.4	37,966	29.5
부산	1,847	2.0	2,048	2.4	2,086	2.1	2,285	2.2	2,159	2.0	2,490	1.9
대구	947	1.0	962	1.1	1,037	1.0	1,074	1.0	1,153	1.1	1,233	1.0
인천	5,185	5.6	4,661	5.4	5,719	5.7	5,587	5.4	6,073	5.7	7,858	6.1
광주	6,276	6.8	6,517	7.6	7,213	7.1	7,143	6.9	7,691	7.2	9,273	7.2
대전	5,684	6.1	5,118	5.9	5,914	5.9	6,427	6.2	6,699	6.2	7,734	6.0
울산	840	0.9	752	0.9	838	0.8	838	0.8	913	0.9	1,079	0.8
경기	22,706	24.5	19,953	23.2	24,897	24.6	26,700	25.6	27,541	25.7	36,525	28.3
강원	1,581	1.7	1,705	2.0	1,727	1.7	1,640	1.6	1,693	1.6	1,972	1.5
충북	1,842	2.0	1,999	2.3	2,001	2.0	1,990	1.9	2,295	2.1	2,660	2.1
충남	5,742	6.2	5,446	6.3	5,659	5.6	5,990	5.8	6,031	5.6	6,954	5.4
전남	6,551	7.1	6,632	7.7	7,547	7.5	7,317	7.0	7,764	7.2	7,987	6.2
경북	1,499	1.6	1,487	1.7	1,631	1.6	1,630	1.6	1,588	1.5	1,817	1.4
경남	1,934	2.1	1,977	2.3	2,191	2.2	2,142	2.1	2,345	2.2	2,482	1.9
제주	687	0.7	642	0.7	811	0.8	764	0.7	754	0.7	812	0.6
계	92,783	100.0	86,066	100.0	101,060	100.0	104,164	100.0	107,289	100.0	128,842	100.0

6) 전라남도의 전입지·전출지별 시·도간 인구이동

(1) 전입지별 이동현황

전라남도로의 전입지별 이동현황을 살펴보면 <표 4-21>과 같다. 이를 살펴보면 전남으로 가장 많이 전입하는 시도는 광주광역시로써 전남으로의 전체전입자 중 31.1%-40.9%에 해당되는 이동률을 나타내고 있으며 비율도 점점 증가하고 있음을 보여주고 있다. 다음으로는 서울시로써 전체 중 16.5%-24.1%로 나타나고 있으나, 그 비율은 점점 감소하고 있음을 알 수 있다. 세 번째로 전남으로 가장 많이 이동하는 시도는 경기도이고, 그밖에 부산광역시, 전북, 경남 등으로 나타나고 있다.

(2) 전출지별 이동현황

전라남도에서의 전출지별 이동현황을 살펴보면 <표 4-22>와 같다. 이를 살펴보면, 전남에서 가장 많이 전출하는 시도는 광주광역시로써 1991년 전남의 전체전출자 중 33.9%인 것이 2002년에는 37.5%로써 점점 증가하고 있음을 보여주고 있으며, 가장 많이 이동한 시기는 2000년으로 38.1%의 이동률을 나타내고 있다. 광주 다음으로 가장 많이 전출한 시도는 서울시로써 1991년에 28.0%이던 것이 2002년에는 19.6%로 점점 감소하고 있음을 알 수 있다. 그 다음으로는 전북, 인천광역시 등으로 나타나고 있다. 전남의 전입지별 이동현황과 비교해 보면, 전남은 광주광역시와 서울위주로 인구이동이 많은 것으로 나타나고 있으나, 전남에서의 전출률이 전입률보다 훨씬 많은 것으로 나타나고 있음을 알 수 있다.

<표 4-21> 전라남도로의 전입지별 시 · 도간 인구이동현황

(단위: 명, %)

	1991		1992		1993		1994		1995		1996	
	이동자수	비율	이동자수	비율	이동자수	비율	이동자수	비율	이동자수	비율	이동자수	비율
서울	29,925	24.1	27,258	23.3	25,554	22.7	21,737	21.4	24,100	18.9	23,790	19.6
부산	9,872	8.0	8,754	7.5	8,156	7.2	6,559	6.5	6,469	5.1	6,192	5.1
대구	1,048	0.8	960	0.8	822	0.7	736	0.7	937	0.7	1,030	0.8
인천	4,705	3.8	4,880	4.2	4,830	4.3	4,243	4.2	5,356	4.2	6,360	5.2
광주	38,521	31.1	38,516	32.9	39,538	35.1	36,454	35.9	52,238	40.9	44,787	36.9
대전	1,272	1.0	1,259	1.1	1,281	1.1	1,360	1.3	1,549	1.2	1,644	1.4
경기	15,221	12.3	14,732	12.6	14,197	12.6	13,154	12.9	15,373	12.1	16,815	13.8
강원	1,548	1.2	1,457	1.2	1,155	1.0	1,175	1.2	1,546	1.2	1,512	1.2
충북	1,507	1.2	1,166	1.0	1,021	0.9	937	0.9	1,083	0.8	1,203	1.0
충남	2,887	2.3	1,928	1.6	1,571	1.4	1,591	1.6	1,863	1.5	1,936	1.6
전북	6,881	5.5	6,033	5.2	5,698	5.1	5,604	5.5	5,621	4.4	6,040	5.0
경북	3,761	3.0	2,878	2.5	1,869	1.7	1,826	1.8	2,294	1.8	2,398	2.0
경남	5,931	4.8	5,697	4.9	5,016	4.5	4,804	4.7	7,724	6.1	6,282	5.2
제주	1,474	1.2	1,565	1.3	1,801	1.6	1,415	1.4	1,413	1.1	1,487	1.2
계	124,053	100.0	117,083	100.0	112,509	100.0	101,595	100.0	127,566	100.0	121,476	100.0

	1997		1998		1999		2000		2001		2002	
	이동자수	비율	이동자수	비율	이동자수	비율	이동자수	비율	이동자수	비율	이동자수	비율
서울	22,773	19.2	26,176	19.2	29,161	19.4	22,969	17.5	22,457	17.7	18,179	16.5
부산	6,059	5.1	7,106	5.2	7,334	4.9	5,600	4.3	5,465	4.3	4,406	4.0
대구	990	0.8	1,056	0.8	1,246	0.8	971	0.7	1,069	0.8	920	0.8
인천	5,117	4.3	5,954	4.4	6,516	4.3	5,034	3.8	5,050	4.0	4,137	3.7
광주	43,187	36.4	49,963	36.7	56,532	37.7	53,374	40.8	49,540	38.9	43,660	39.5
대전	1,838	1.5	2,050	1.5	2,310	1.5	2,163	1.7	2,160	1.7	1,752	1.6
울산	1,909	1.6	1,584	1.2	1,508	1.0	1,376	1.1	1,208	0.9	1,051	1.0
경기	16,327	13.7	20,155	14.8	22,419	14.9	18,535	14.2	18,712	14.7	15,745	14.3
강원	1,587	1.3	1,713	1.3	2,179	1.5	1,867	1.4	1,908	1.5	1,727	1.6
충북	1,327	1.1	1,902	1.4	1,501	1.0	1,336	1.0	1,712	1.3	1,239	1.1
충남	2,222	1.9	2,533	1.9	2,549	1.7	2,269	1.7	2,511	2.0	2,261	2.0
전북	6,551	5.5	6,632	4.9	7,547	5.0	7,317	5.6	7,764	6.1	7,987	7.2
경북	3,001	2.5	2,877	2.1	2,614	1.7	2,027	1.5	1,954	1.5	1,768	1.6
경남	4,444	3.7	4,799	3.5	4,981	3.3	4,543	3.5	4,421	3.5	4,293	3.9
제주	1,439	1.2	1,492	1.1	1,637	1.1	1,564	1.2	1,304	1.0	1,293	1.2
계	118,771	100.0	135,992	100.0	150,034	100.0	130,945	100.0	127,235	100.0	110,418	100.0

<표 4-22> 전라남도에서의 전출지별 시·도간 인구이동현황

(단위: 명, %)

	1991		1992		1993		1994		1995		1996	
	이동자수	비율	이동자수	비율	이동자수	비율	이동자수	비율	이동자수	비율	이동자수	비율
서울	62,796	28.0	53,855	27.8	48,984	28.5	39,337	26.6	36,069	24.6	33,520	23.8
부산	11,981	5.3	10,162	5.2	8,636	5.0	6,486	4.4	5,772	3.9	5,423	3.8
대구	1,179	0.5	1,285	0.7	1,108	0.6	970	0.7	989	0.7	959	0.7
인천	10,685	4.8	9,610	5.0	8,313	4.8	7,260	4.9	6,777	4.6	6,301	4.5
광주	76,199	33.9	61,699	31.9	52,110	30.3	48,919	33.0	50,905	34.7	47,696	33.8
대전	2,912	1.3	2,333	1.2	2,460	1.4	2,159	1.5	2,028	1.4	2,227	1.6
경기	32,026	14.3	29,130	15.0	26,858	15.6	22,779	15.4	23,081	15.7	23,358	16.6
강원	1,572	0.7	1,634	0.8	1,472	0.9	1,298	0.9	1,549	1.1	1,748	1.2
충북	1,805	0.8	1,812	0.9	1,488	0.9	1,378	0.9	1,261	0.9	1,433	1.0
충남	3,147	1.4	2,480	1.3	2,354	1.4	2,029	1.4	2,532	1.7	2,792	2.0
전북	7,780	3.5	7,335	3.8	7,146	4.2	5,976	4.0	6,215	4.2	6,377	4.5
경북	2,640	1.2	3,478	1.8	3,282	1.9	2,960	2.0	2,656	1.8	2,166	1.5
경남	7,862	3.5	6,853	3.5	5,874	3.4	5,132	3.5	5,543	3.8	5,644	4.0
제주	2,039	0.9	1,950	1.0	1,679	1.0	1,354	0.9	1,353	0.9	1,354	1.0
계	224,623	100.0	193,616	100.0	171,764	100.0	148,037	100.0	146,730	100.0	140,998	100.0

	1997		1998		1999		2000		2001		2002	
	이동자수	비율	이동자수	비율	이동자수	비율	이동자수	비율	이동자수	비율	이동자수	비율
서울	31,291	22.3	27,762	20.6	37,648	21.6	33,517	20.4	33,062	20.2	30,672	19.6
부산	5,155	3.7	4,814	3.6	6,688	3.8	5,466	3.3	5,399	3.3	4,862	3.1
대구	1,047	0.7	883	0.7	1,155	0.7	1,063	0.6	1,104	0.7	997	0.6
인천	6,010	4.3	5,291	3.9	7,903	4.5	6,859	4.2	6,976	4.3	6,673	4.3
광주	50,135	35.7	51,559	38.3	63,049	36.2	62,634	38.1	59,905	36.6	58,716	37.5
대전	2,244	1.6	2,092	1.6	2,793	1.6	2,785	1.7	2,717	1.7	2,679	1.7
울산	1,297	0.9	1,285	1.0	1,464	0.8	1,349	0.8	1,492	0.9	1,379	0.9
경기	23,139	16.5	20,390	15.1	29,090	16.7	26,998	16.4	27,773	17.0	28,458	18.2
강원	1,879	1.3	2,010	1.5	2,403	1.4	2,130	1.3	2,195	1.3	2,032	1.3
충북	1,490	1.1	1,535	1.1	1,713	1.0	1,945	1.2	1,634	1.0	1,591	1.0
충남	2,761	2.0	2,500	1.9	2,973	1.7	2,883	1.8	3,027	1.8	3,225	2.1
전북	6,324	4.5	6,810	5.1	7,763	4.5	8,207	5.0	9,345	5.7	7,112	4.5
경북	2,085	1.5	1,987	1.5	2,692	1.5	2,634	1.6	2,813	1.7	2,143	1.4
경남	21,135	15.1	4,370	3.2	5,073	2.9	4,533	2.8	4,724	2.9	4,171	2.7
제주	1,369	1.0	1,467	1.1	1,780	1.0	1,480	0.9	1,493	0.9	1,560	1.0
계	140,361	100.0	134,755	100.0	174,187	100.0	164,483	100.0	163,659	100.0	156,570	100.0

7) 경상북도의 전입지·전출지별 시·도간 인구이동

(1) 전입지별 이동현황

경상북도로의 전입지별 이동현황을 살펴보면, <표 4-23>에 나타난 바와 같이 경북으로 가장 많이 전입하는 시도는 대구광역시로써 경북으로의 전체 전입자 중 39.5%-46.8%의 비중을 차지하고 있고, 대구 다음으로는 역시 서울시로써 2002년 기준 10.3%의 비중을 차지하고 있다. 그 다음으로 많은 비중을 차지하고 있는 시도는 1991년부터 1996년까지는 경남이었으나 1997년 이후 부터는 경기도에서 많은 이동이 있었음을 알 수 있다.

(2) 전출지별 이동현황

경상북도에서의 전출지별 이동현황을 살펴보면, <표 4-24>에 나타난 바와 같이 경북에서 가장 많이 전출하는 시도는 대구광역시로써 경북의 전체전 출자 중 1991년에 38.2%에서 1994년 42.3%로 조금씩 증가하였으나, 1995년의 38.9%에서 2002년 36.3%까지는 점점 감소하고 있는 것으로 나타나고 있다. 그 다음으로 많이 전출하는 시도는 역시 서울시로써 1991년 16.4%에서 2002년 14.8%로 점점 감소하고 있음을 알 수 있다. 다음으로 1991년부터 1996년까지는 경남으로 많이 전출을 하였고, 그 다음으로 경기도였으나, 1997년 이후 2002년까지는 오히려 경기도로 많은 전출을 하였고 그 다음으로 경남이었다. 이는 1997년 울산시과 울산광역시로 승격함으로써 경남과 분리되어 전출지의 비율이 반전된 것으로 판단될 수 있다.

경북의 전입지별 이동현황과 비교해 보면, 전입이나 전출이나 경북의 입장에서는 동일한 이동경로, 즉 많이 전입하는 시도가 많이 전출도 하게 된다는 결과로 나타나고 있음을 알 수 있다. 다만 경북으로의 전입인구보다 경북에서 다른 시도로 전출인구가 더 많은, 즉 초과전출로 나타나고 있음을 알 수 있다.

<표 4-23> 경상북도로의 전입지별 시·도간 인구이동현황

(단위: 명, %)

	1991 이동자수	비율	1992 이동자수	비율	1993 이동자수	비율	1994 이동자수	비율	1995 이동자수	비율	1996 이동자수	비율
서울	19,054	11.6	19,342	12.2	17,604	11.2	16,067	11.2	17,064	11.8	16,899	10.8
부산	15,997	9.7	15,601	9.9	15,191	9.7	13,516	9.4	13,355	9.2	13,235	8.5
대구	72,816	44.2	66,905	42.3	67,587	43.0	61,811	43.0	59,398	40.9	73,160	46.8
인천	3,071	1.9	3,384	2.1	3,421	2.2	3,392	2.4	3,542	2.4	3,357	2.1
광주	617	0.4	799	0.5	733	0.5	678	0.5	673	0.5	722	0.5
대전	2,201	1.3	2,297	1.5	2,137	1.4	2,274	1.6	2,601	1.8	2,600	1.7
경기	13,195	8.0	1,291	0.8	13,003	8.3	12,647	8.8	13,978	9.6	14,741	9.4
강원	7,186	4.4	6,333	4.0	6,047	3.8	5,487	3.8	5,589	3.8	4,835	3.1
충북	4,379	2.7	3,924	2.5	3,855	2.5	3,642	2.5	4,190	2.9	3,763	2.4
충남	2,624	1.6	2,364	1.5	2,333	1.5	2,256	1.6	2,498	1.7	2,447	1.6
전북	1,718	1.0	1,690	1.1	1,665	1.1	1,497	1.0	1,773	1.2	1,603	1.0
전남	2,640	1.6	3,478	2.2	3,282	2.1	2,960	2.1	2,656	1.8	2,166	1.4
경남	18,680	11.3	18,264	11.6	19,551	12.4	16,745	11.7	17,152	11.8	16,159	10.3
제주	683	0.4	692	0.4	712	0.5	675	0.5	718	0.5	698	0.4
계	164,861	100.0	157,984	100.0	157,121	100.0	143,647	100.0	145,187	100.0	156,385	100.0

	1997 이동자수	비율	1998 이동자수	비율	1999 이동자수	비율	2000 이동자수	비율	2001 이동자수	비율	2002 이동자수	비율
서울	15,271	10.4	16,103	10.9	16,604	11.0	14,576	11.0	14,303	10.6	13,762	10.3
부산	12,942	8.8	13,184	9.0	13,274	8.8	11,629	8.7	11,231	8.3	10,807	8.1
대구	65,314	44.5	61,948	42.1	61,647	40.7	52,556	39.5	54,057	40.1	54,952	41.3
인천	3,422	2.3	3,666	2.5	3,804	2.5	3,545	2.7	3,420	2.5	3,196	2.4
광주	636	0.4	653	0.4	797	0.5	670	0.5	776	0.6	737	0.6
대전	2,546	1.7	2,758	1.9	3,402	2.2	2,869	2.2	2,878	2.1	2,929	2.2
울산	7,867	5.4	8,601	5.8	8,245	5.4	7,254	5.5	7,290	5.4	7,469	5.6
경기	14,218	9.7	15,471	10.5	15,604	10.3	13,658	10.3	14,442	10.7	13,841	10.4
강원	4,756	3.2	4,624	3.1	5,004	3.3	4,539	3.4	4,516	3.3	4,513	3.4
충북	3,569	2.4	3,888	2.6	4,403	2.9	4,052	3.0	3,907	2.9	3,856	2.9
충남	2,548	1.7	2,512	1.7	3,030	2.0	2,647	2.0	3,036	2.3	2,837	2.1
전북	1,499	1.0	1,487	1.0	1,631	1.1	1,630	1.2	1,588	1.2	1,817	1.4
전남	2,085	1.4	1,987	1.4	2,692	1.8	2,634	2.0	2,813	2.1	2,143	1.6
경남	9,313	6.3	9,551	6.5	10,380	6.9	10,045	7.5	9,757	7.2	9,394	7.1
제주	781	0.5	730	0.5	886	0.6	704	0.5	815	0.6	793	0.6
계	146,767	100.0	147,163	100.0	151,403	100.0	133,094	100.0	134,829	100.0	133,046	100.0

<표 4-24> 경상북도에서의 전출지별 시·도간 인구이동현황

(단위: 명, %)

	1991 이동자수	비율	1992 이동자수	비율	1993 이동자수	비율	1994 이동자수	비율	1995 이동자수	비율	1996 이동자수	비율
서울	34,900	16.4	30,531	16.3	27,311	15.8	23,377	14.4	21,871	14.6	21,493	14.2
부산	17,909	8.4	15,457	8.2	13,306	7.7	11,448	7.1	10,820	7.2	11,123	7.4
대구	81,064	38.2	72,784	38.8	69,064	40.0	68,560	42.3	58,337	38.9	57,427	38.1
인천	5,897	2.8	5,206	2.8	4,655	2.7	4,489	2.8	4,094	2.7	3,912	2.6
광주	1,058	0.5	830	0.4	867	0.5	814	0.5	647	0.4	729	0.5
대전	3,903	1.8	3,407	1.8	3,684	2.1	3,170	2.0	3,227	2.2	3,247	2.2
경기	21,168	10.0	20,067	10.7	18,613	10.8	17,457	10.8	17,452	11.7	17,797	11.8
강원	5,708	2.7	5,321	2.8	4,823	2.8	4,550	2.8	4,652	3.1	4,639	3.1
충북	5,466	2.6	5,124	2.7	4,703	2.7	3,919	2.4	4,070	2.7	4,247	2.8
충남	3,062	1.4	2,673	1.4	2,580	1.5	2,286	1.4	2,744	1.8	3,292	2.2
전북	1,862	0.9	1,593	0.8	1,528	0.9	1,428	0.9	1,442	1.0	1,535	1.0
전남	3,761	1.8	2,878	1.5	1,869	1.1	1,826	1.1	2,294	1.5	2,398	1.6
경남	25,592	12.1	21,177	11.3	18,934	11.0	18,054	11.1	17,513	11.7	18,290	12.1
제주	819	0.4	768	0.4	693	0.4	652	0.4	642	0.4	708	0.5
계	212,169	100.0	187,816	100.0	172,630	100.0	162,030	100.0	149,795	100.0	150,837	100.0

	1997 이동자수	비율	1998 이동자수	비율	1999 이동자수	비율	2000 이동자수	비율	2001 이동자수	비율	2002 이동자수	비율
서울	20,966	13.7	19,243	13.1	23,112	14.0	23,599	14.9	22,542	14.4	24,290	14.8
부산	11,011	7.2	10,658	7.3	11,959	7.3	10,732	6.8	10,492	6.7	10,638	6.5
대구	57,653	37.7	57,026	38.9	63,246	38.4	59,687	37.6	55,853	35.8	59,657	36.3
인천	4,359	2.8	3,938	2.7	4,310	2.6	4,370	2.8	4,522	2.9	4,752	2.9
광주	775	0.5	874	0.6	848	0.5	944	0.6	738	0.5	967	0.6
대전	3,443	2.3	3,201	2.2	3,729	2.3	3,949	2.5	4,030	2.6	4,163	2.5
울산	9,373	6.1	7,866	5.4	8,830	5.4	8,846	5.6	9,545	6.1	9,562	5.8
경기	18,624	12.2	17,108	11.7	20,095	12.2	21,345	13.4	21,680	13.9	23,595	14.4
강원	4,999	3.3	4,927	3.4	5,314	3.2	4,556	2.9	4,695	3.0	4,770	2.9
충북	4,515	3.0	4,535	3.1	4,668	2.8	4,511	2.8	4,495	2.9	4,587	2.8
충남	3,597	2.4	2,948	2.0	3,584	2.2	3,186	2.0	3,433	2.2	3,734	2.3
전북	1,488	1.0	1,785	1.2	1,720	1.0	1,325	0.8	1,806	1.2	1,368	0.8
전남	3,001	2.0	2,877	2.0	2,614	1.6	2,027	1.3	1,954	1.3	1,768	1.1
경남	8,444	5.5	8,614	5.9	9,600	5.8	8,869	5.6	9,461	6.1	9,674	5.9
제주	724	0.5	957	0.7	979	0.6	854	0.5	888	0.6	799	0.5
계	152,982	100.0	146,590	100.0	164,608	100.0	158,800	100.0	156,134	100.0	164,324	100.0

8) 경상남도의 전입지 · 전출지별 시 · 도간 인구이동

(1) 전입지별 이동현황

경상남도로의 전입지별 이동현황을 살펴보면 <표 4-25>와 같다. 이를 살펴보면, 경남으로 가장 많이 전입하는 시도는 부산광역시로써 전체전입자 중 1991년 46.0%에서 2002년 52.2%로 경남의 전입인구 중 과반수 이상이 부산광역시로부터 전입하고 있음을 알 수 있다. 그 다음으로는 서울시로써 1991년의 10.2%에서 2002년의 8.0%로 점점 감소하고 있음을 알 수 있다. 다음으로는 경기도이고 그밖에 대구광역시와 경북 등으로 나타나고 있다.

(2) 전출지별 이동현황

경상남도에서의 전출지별 이동현황을 살펴보면 <표 4-26>과 같다. 이를 살펴보면, 경남에서 가장 많이 전출하는 시도는 부산광역시로 전체전출자 중 1991년 40.4%에서 2002년 38.8%로 그 비율이 조금씩 감소하고 있는 것으로 나타나고 있다. 그 다음으로는 서울시로 1991년 15.7%에서 2002년 13.4%로 역시 감소하고 있는 것으로 나타나고 있다. 다음으로는 1991년부터 1993년까지는 경남이 많은 비율을 차지하고 있으나, 1994년부터는 경기도가 가장 많은 비율을 차지하고 있다. 그밖에 대구광역시 및 경북으로 많은 전출을 하고 있는 것으로 나타나고 있다.

경남의 전입지별 이동과 비교해 보면, 주로 이동하는 시도는 거의 동일한 성향을 보여주고 있으나, 다른 시도와 구별되는 특징적인 사항이 있다. 즉 경남은 경기도를 제외한 다른 시도의 전출입 이동현황과는 달리 특이하게도, 1991년부터 1998년까지와 2002년에는 경남으로의 전입인구가 전출인구보다 많다는 사실이다. 즉 1999년-2001년까지는 전입인구보다 전출인구가 많고 나머지 9년도의 경우 전입인구가 전출인구보다 많음을 알 수 있다. 이는 경기도 이외의 모든 시도는 항상 초과전출을 하고 있는데 반해, 경기도와 경남의 대부분 동안 초과전입임을 확인해 볼 수 있다.

<표 4-25> 경상남도로의 전입지별 시·도간 인구이동현황

(단위: 명, %)

	1991		1992		1993		1994		1995		1996	
	이동자수	비율	이동자수	비율	이동자수	비율	이동자수	비율	이동자수	비율	이동자수	비율
서울	21,999	10.2	21,546	10.3	19,398	10.0	17,887	9.7	19,306	10.4	19,061	10.2
부산	98,775	46.0	105,648	50.4	100,739	51.8	94,491	51.4	92,245	49.6	90,375	48.2
대구	13,585	6.3	13,357	6.4	12,768	6.6	11,350	6.2	13,068	7.0	13,238	7.1
인천	4,164	1.9	4,296	2.0	3,734	1.9	3,911	2.1	4,129	2.2	4,789	2.6
광주	2,059	1.0	1,659	0.8	1,708	0.9	1,696	0.9	1,666	0.9	1,680	0.9
대전	2,868	1.3	2,262	1.1	2,301	1.2	2,442	1.3	2,552	1.4	2,826	1.5
경기	15,213	7.1	14,265	6.8	13,372	6.9	13,735	7.5	14,741	7.9	16,344	8.7
강원	6,466	3.0	6,071	2.9	5,061	2.6	4,752	2.6	4,924	2.6	4,690	2.5
충북	4,985	2.3	3,489	1.7	2,795	1.4	2,677	1.5	2,757	1.5	2,743	1.5
충남	5,059	2.4	3,755	1.8	3,012	1.5	2,970	1.6	3,020	1.6	3,311	1.8
전북	4,892	2.3	3,851	1.8	3,060	1.6	3,125	1.7	3,062	1.6	2,876	1.5
전남	7,862	3.7	6,853	3.3	5,834	3.0	5,132	2.8	5,543	3.0	5,644	3.0
경북	25,592	11.9	21,177	10.1	18,934	9.7	18,054	9.8	17,513	9.4	18,290	9.7
제주	1,385	0.6	1,470	0.7	1,569	0.8	1,609	0.9	1,547	0.8	1,760	0.9
계	214,904	100.0	209,699	100.0	194,334	100.0	183,831	100.0	186,073	100.0	187,627	100.0

	1997		1998		1999		2000		2001		2002	
	이동자수	비율	이동자수	비율	이동자수	비율	이동자수	비율	이동자수	비율	이동자수	비율
서울	12,855	9.4	13,340	9.5	13,690	9.7	11,741	8.8	12,100	9.0	12,290	8.0
부산	68,287	49.8	68,758	48.9	66,261	46.8	65,707	49.0	63,222	47.0	80,103	52.2
대구	8,674	6.3	9,150	6.5	8,853	6.2	7,977	5.9	8,373	6.2	8,300	5.4
인천	2,932	2.1	2,993	2.1	3,161	2.2	2,888	2.2	3,474	2.6	3,005	2.0
광주	1,116	0.8	992	0.7	1,263	0.9	1,325	1.0	1,254	0.9	1,287	0.8
대전	2,382	1.7	2,404	1.7	2,255	1.6	2,008	1.5	1,950	1.4	2,079	1.4
울산	7,389	5.4	8,255	5.9	8,137	5.7	7,396	5.5	7,202	5.4	8,419	5.5
경기	11,153	8.1	11,759	8.4	12,241	8.6	10,948	8.2	11,208	8.3	12,106	7.9
강원	2,515	1.8	2,378	1.7	2,971	2.1	2,636	2.0	2,710	2.0	2,946	1.9
충북	1,694	1.2	1,835	1.3	1,902	1.3	1,834	1.4	1,902	1.4	1,967	1.3
충남	2,366	1.7	2,596	1.8	2,611	1.8	2,719	2.0	3,317	2.5	2,835	1.8
전북	1,934	1.4	1,977	1.4	2,191	1.5	2,142	1.6	2,345	1.7	2,482	1.6
전남	4,135	3.0	4,370	3.1	5,073	3.6	4,533	3.4	4,724	3.5	4,471	2.9
경북	8,444	6.2	8,614	6.1	9,600	6.8	8,869	6.6	9,461	7.0	9,674	6.3
제주	1,293	0.9	1,185	0.8	1,466	1.0	1,360	1.0	1,326	1.0	1,587	1.0
계	137,169	100.0	140,606	100.0	141,675	100.0	134,083	100.0	134,568	100.0	153,551	100.0

주1) 울산시는 1997년 7월 15일 울산광역시로 승격함으로써, 1997년 이전 자료는 경남에 포함됨.

<표 4-26> 경상남도에서의 전출지별 시·도간 인구이동현황

(단위: 명, %)

	1991		1992		1993		1994		1995		1996	
	이동자수	비율	이동자수	비율	이동자수	비율	이동자수	비율	이동자수	비율	이동자수	비율
서울	30,350	15.7	28,314	15.3	27,233	14.8	23,661	14.4	22,504	13.1	22,748	13.5
부산	78,080	40.4	73,458	39.7	69,577	37.9	63,036	38.5	60,895	35.3	62,358	37.1
대구	14,887	7.7	13,820	7.5	14,793	8.1	13,276	8.1	13,637	7.9	12,937	7.7
인천	5,283	2.7	4,921	2.7	5,439	3.0	4,554	2.8	4,475	2.6	4,063	2.4
광주	2,093	1.1	2,150	1.2	2,111	1.2	1,886	1.2	1,857	1.1	1,593	0.9
대전	3,277	1.7	3,248	1.8	4,100	2.2	3,781	2.3	4,001	2.3	3,495	2.1
경기	17,642	9.1	18,047	9.8	19,014	10.4	17,375	10.6	19,656	11.4	17,969	10.7
강원	4,507	2.3	4,691	2.5	4,719	2.6	4,069	2.5	4,134	2.4	3,873	2.3
충북	3,676	1.9	3,578	1.9	3,469	1.9	3,095	1.9	3,209	1.9	3,198	1.9
충남	3,814	2.0	3,516	1.9	3,728	2.0	3,055	1.9	3,911	2.3	6,806	4.1
전북	3,188	1.7	3,482	1.9	3,211	1.7	3,079	1.9	7,753	4.5	4,860	2.9
전남	5,931	3.1	5,697	3.1	5,016	2.7	4,804	2.9	7,724	4.5	6,282	3.7
경북	18,680	9.7	18,264	9.9	19,551	10.7	16,745	10.2	17,152	9.9	16,159	9.6
제주	1,640	0.8	1,701	0.9	1,567	0.9	1,398	0.9	1,501	0.9	1,582	0.9
계	193,048	100.0	184,887	100.0	183,528	100.0	163,814	100.0	172,409	100.0	167,923	100.0

	1997		1998		1999		2000		2001		2002	
	이동자수	비율	이동자수	비율	이동자수	비율	이동자수	비율	이동자수	비율	이동자수	비율
서울	17,468	12.8	16,292	12.3	19,641	13.0	20,015	14.0	19,282	13.8	19,592	13.4
부산	51,212	37.5	51,101	38.7	58,311	38.6	52,156	36.6	51,069	36.5	56,964	38.8
대구	10,410	7.6	9,522	7.2	10,154	6.7	9,712	6.8	9,187	6.6	9,375	6.4
인천	3,322	2.4	3,179	2.4	3,547	2.3	3,526	2.5	3,327	2.4	3,729	2.5
광주	1,375	1.0	1,279	1.0	1,438	1.0	1,350	0.9	1,363	1.0	1,314	0.9
대전	2,586	1.9	2,684	2.0	2,886	1.9	2,849	2.0	2,649	1.9	2,849	1.9
울산	10,564	7.7	8,083	6.1	8,996	6.0	9,008	6.3	9,304	6.7	9,311	6.3
경기	14,143	10.4	13,191	10.0	17,551	11.6	17,565	12.3	16,841	12.1	17,962	12.2
강원	2,690	2.0	3,039	2.3	3,172	2.1	2,730	1.9	2,804	2.0	2,847	1.9
충북	2,032	1.5	2,164	1.6	2,266	1.5	2,165	1.5	2,150	1.5	2,192	1.5
충남	3,565	2.6	3,370	2.6	3,601	2.4	3,221	2.3	3,068	2.2	3,213	2.2
전북	2,239	1.6	2,206	1.7	2,416	1.6	2,164	1.5	2,799	2.0	1,983	1.4
전남	4,444	3.3	4,799	3.6	4,981	3.3	4,543	3.2	4,421	3.2	4,293	2.9
경북	9,313	6.8	9,551	7.2	10,380	6.9	10,045	7.0	9,757	7.0	9,394	6.4
제주	1,274	0.9	1,579	1.2	1,710	1.1	1,546	1.1	1,713	1.2	1,637	1.1
계	136,637	100.0	132,039	100.0	151,050	100.0	142,595	100.0	139,734	100.0	146,655	100.0

주1) 울산시는 1997년 7월 15일 울산광역시로 승격함으로써, 1997년 이전 자료는 경남에 포함됨.

9) 제주도의 전입지 · 전출지별 시 · 도간 인구이동

(1) 전입지별 이동현황

제주도로의 전입지별 이동현황을 살펴보면 <표 4-27>과 같다. 이를 살펴보면, 제주도로 가장 많이 전입하는 시도는 서울시로써 전체 전입자 중 1991년 29.6%에서 2002년 24.2%로 변동은 있지만 다소 감소하고 있는 것으로 나타나고 있다. 다음으로 많이 전입하는 시도는 1991년부터 1993년까지는 부산광역시에서 많이 전입하였고, 1992년부터 2002년까지는 경기도에서 가장 많이 전입하는 것으로 나타나고 있다. 그밖에 경남과 전남 등의 순으로 제주도로 전입하고 있는 것으로 나타나고 있다.

(2) 전출지별 이동현황

제주도에서의 전출지별 이동현황을 살펴보면 <표 4-28>과 같다. 이를 살펴보면, 제주도에서 가장 많이 전출하는 시도는 서울시로써 전체 전출자 중 1991년 33.8%에서 2002년 28.5%로 그 비율이 감소하고 있는 것으로 나타나고 있다(단, 총이동자수는 늘었음). 그 다음으로는 경기도인데, 경기도의 경우는 그 비율이 점점 증가하고 있음을 알 수 있다. 이는 서울로의 전출인구비율이 줄어든 반면 경기도의 전출비율이 대신 증가하고 있는 것으로 판단될 수 있다. 그 다음으로는 부산광역시로 많이 전출하고 있으며, 그밖에 전남과 경남 등지로 많이 전출하고 있는 것으로 나타나고 있다.

<표 4-27> 제주도로의 전입지별 시·도간 인구이동현황

(단위: 명, %)

	1991		1992		1993		1994		1995		1996	
	이동자수	비율	이동자수	비율	이동자수	비율	이동자수	비율	이동자수	비율	이동자수	비율
서울	6,319	29.6	5,829	28.5	5,014	27.1	4,536	27.5	5,256	28.7	5,413	28.1
부산	3,173	14.8	3,142	15.4	2,929	15.8	2,473	15.0	2,469	13.5	2,476	12.9
대구	637	3.0	637	3.1	551	3.0	440	2.7	543	3.0	631	3.3
인천	924	4.3	821	4.0	814	4.4	745	4.5	963	5.3	1,031	5.4
광주	713	3.3	718	3.5	701	3.8	626	3.8	760	4.1	700	3.6
대전	259	1.2	261	1.3	284	1.5	257	1.6	337	1.8	393	2.0
경기	2,819	13.2	2,816	13.8	2,654	14.3	2,550	15.4	2,836	15.5	3,320	17.2
강원	484	2.3	431	2.1	419	2.3	350	2.1	418	2.3	402	2.1
충북	387	1.8	323	1.6	306	1.7	274	1.7	256	1.4	278	1.4
충남	499	2.3	394	1.9	380	2.1	319	1.9	384	2.1	384	2.0
전북	662	3.1	658	3.2	514	2.8	541	3.3	617	3.4	584	3.0
전남	2,039	9.5	1,950	9.5	1,679	9.1	1,354	8.2	1,353	7.4	1,354	7.0
경북	819	3.8	768	3.8	693	3.7	652	3.9	642	3.5	708	3.7
경남	1,640	7.7	1,701	8.3	1,569	8.5	1,398	8.5	1,501	8.2	1,582	8.2
계	21,374	100.0	20,449	100.0	18,505	100.0	16,515	100.0	18,335	100.0	19,256	100.0

	1997		1998		1999		2000		2001		2002	
	이동자수	비율	이동자수	비율	이동자수	비율	이동자수	비율	이동자수	비율	이동자수	비율
서울	5,500	26.9	6,045	29.4	6,171	25.5	5,198	24.9	5,186	23.9	5,567	24.2
부산	2,542	12.4	2,181	10.6	2,751	11.4	2,475	11.9	2,614	12.1	2,803	12.2
대구	703	3.4	631	3.1	801	3.3	701	3.4	794	3.7	822	3.6
인천	1,054	5.2	1,028	5.0	1,122	4.6	1,019	4.9	952	4.4	1,202	5.2
광주	752	3.7	757	3.7	902	3.7	771	3.7	906	4.2	1,024	4.4
대전	405	2.0	362	1.8	475	2.0	464	2.2	517	2.4	501	2.2
울산	334	1.6	377	1.8	477	2.0	367	1.8	414	1.9	441	1.9
경기	3,768	18.4	3,687	17.9	4,562	18.9	3,852	18.4	3,895	18.0	4,175	18.1
강원	485	2.4	593	2.9	611	2.5	534	2.6	534	2.5	607	2.6
충북	317	1.6	358	1.7	395	1.6	360	1.7	469	2.2	479	2.1
충남	519	2.5	533	2.6	646	2.7	496	2.4	553	2.6	601	2.6
전북	687	3.4	615	3.0	811	3.4	764	3.7	754	3.5	812	3.5
전남	1,369	6.7	1,492	7.3	1,780	7.4	1,480	7.1	1,493	6.9	1,560	6.8
경북	734	3.6	730	3.5	979	4.0	854	4.1	888	4.1	799	3.5
경남	1,274	6.2	1,185	5.8	1,710	7.1	1,546	7.4	1,713	7.9	1,637	7.1
계	20,443	100.0	20,574	100.0	24,193	100.0	20,881	100.0	21,682	100.0	23,030	100.0

<표 4-28> 제주도에서의 전출지별 시·도간 인구이동현황

(단위: 명, %)

	1991		1992		1993		1994		1995		1996	
	이동자수	비율	이동자수	비율	이동자수	비율	이동자수	비율	이동자수	비율	이동자수	비율
서울	6,290	33.8	5,788	30.9	6,210	30.7	5,635	30.2	5,776	30.1	6,070	29.8
부산	2,460	13.2	2,398	12.8	2,589	12.8	2,081	11.2	2,065	10.8	2,286	11.2
대구	458	2.5	557	3.0	591	2.9	528	2.8	591	3.1	640	3.1
인천	763	4.1	812	4.3	876	4.3	879	4.7	918	4.8	887	4.4
광주	696	3.7	728	3.9	742	3.7	775·	4.2	711	3.7	790	3.9
대전	263	1.4	337	1.8	385	1.9	403	2.2	381	2.0	377	1.9
경기	2,611	14.0	2,741	14.6	3,028	15.0	3,033	16.3	3,308	17.3	3,517	17.3
강원	311	1.7	424	2.3	441	2.2	368	2.0	375	2.0	375	1.8
충북	314	1.7	280	1.5	387	1.9	323	1.7	348	1.8	318	1.6
충남	343	1.8	359	1.9	386	1.9	404	2.2	448	2.3	551	2.7
전북	547	2.9	593	3.2	517	2.6	532	2.9	562	2.9	593	2.9
전남	1,474	7.9	1,565	8.3	1,801	8.9	1,415	7.6	1,413	7.4	1,487	7.3
경북	683	3.7	692	3.7	712	3.5	675	3.6	718	3.7	698	3.4
경남	1,385	7.4	1,470	7.8	1,569	7.8	1,609	8.6	1,547	8.1	1,760	8.6
계	18,598	100.0	18,744	100.0	20,234	100.0	18,660	100.0	19,161	100.0	20,349	100.0

	1997		1998		1999		2000		2001		2002	
	이동자수	비율	이동자수	비율	이동자수	비율	이동자수	비율	이동자수	비율	이동자수	비율
서울	6,174	29.3	6,045	29.4	6,989	29.1	6,767	29.1	6,271	28.5	6,492	28.5
부산	2,139	10.2	2,181	10.6	2,451	10.2	2,221	9.6	2,175	9.9	2,065	9.1
대구	637	3.0	631	3.1	763	3.2	730	3.1	709	3.2	762	3.3
인천	1,027	4.9	1,028	5.0	1,123	4.7	1,051	4.5	1,030	4.7	1,236	5.4
광주	740	3.5	737	3.6	886	3.7	860	3.7	852	3.9	862	3.8
대전	449	2.1	362	1.8	504	2.1	522	2.2	457	2.1	482	2.1
울산	403	1.9	377	1.8	390	1.6	423	1.8	440	2.0	469	2.1
경기	3,856	18.3	3,687	17.9	4,533	18.9	4,517	19.4	4,367	19.8	4,640	20.4
강원	524	2.5	593	2.9	525	2.2	733	3.2	585	2.7	520	2.3
충북	371	1.8	358	1.7	424	1.8	366	1.6	402	1.8	407	1.8
충남	556	2.6	533	2.6	654	2.7	588	2.5	574	2.6	566	2.5
전북	648	3.1	615	3.0	781	3.3	743	3.2	701	3.2	622	2.7
전남	1,439	6.8	1,492	7.3	1,637	6.8	1,564	6.7	1,304	5.9	1,293	5.7
경북	781	3.7	1,185	5.8	886	3.7	794	3.4	815	3.7	793	3.5
경남	1,293	6.1	10,689	52.0	1,466	6.1	1,360	5.9	1,326	6.0	1,587	7.0
계	21,037	100.0	20,574	100.0	24,012	100.0	23,239	100.0	22,008	100.0	22,796	100.0

10) 종합적 검토

지금까지 9개 시도의 전입지·전출지별 시·도간 인구이동현황에 대해 살펴보았다. 여기서 특징적인 사항을 네 가지로 요약할 수 있다.

첫째, 모든 시도에 있어 전입지·전출지별 시·도간 인구이동에서 가장 많은 이동을 하는 시도는 서울시와 경기도가 항상 많은 비중을 차지하고 있다는 것인데, 대체로 1990년대 중반이전에는 서울시와 1990년대 후반에는 경기도와 많은 인구이동이 있다는 것을 알 수 있다.

둘째, 각 시도의 인근에 특별시나 광역시가 있을 경우에는 이들 지역과 전입지·전출지별 시·도간 인구이동이 많은 것으로 확인해 볼 수 있다.

셋째, 도의 경우에 있어 인근지역에 있는 도 자치단체와 많은 인구이동이 있으며, 특히 같은 권역끼리(충북과 충남, 전북과 전남, 경북과 경남 등)는 더 많은 인구이동이 나타나고 있음을 알 수 있다.

마지막으로 경기도와 경남의 일부년도(1999-2001년)를 제외한 모든 도 자치단체에서는 전입인구보다는 전출인구가 많아 항상 초과전출을 이루고 있는 반면, 경기도와 경남의 대부분 년도(1991-1998년, 2002년)에 있어서는 전출인구보다 전입인구가 많으며, 특히 경기도의 경우에는 전입인구가 전출인구의 약 1.5배에 달하여 엄청난 초과전입이 이루어지고 있음을 알 수 있는데, 이는 수도권의 일부로서의 경기도로의 집중현상을 보여주는 것이다.

4. 수도권으로의 인구이동

지금까지 시도별 인구이동에 대한 통계량과 전입지·전출지별 시·도간 인구이동방향에 대해 살펴 보았을 때, 인구이동에 대해 한 가지 중요한 사항을 확인해 볼 수 있다. 즉 우리나라 광역자치단체간의 인구이동은 서울·인천·경기를 포함하는 수도권 지역을 중심으로 이루어지고 있다는 점이다.

따라서 여기에서는 수도권을 중심으로 각 권역별(강원권, 충청권, 전라권, 경상권, 제주권)로 수도권으로의 전입(유입)과 수도권에서의 전출(유출), 그리고 순이동(전입인구-전출인구)을 비교해 보고자 한다.

1) 수도권(서울·인천·경기) 지역의 인구동향

수도권의 인구는 <표 4-29>에 제시된 바와 같이, 1991년에 19,111,881명으로 우리나라 전체인구 중 43.6%를 차지하고 난 이후 꾸준히 증가하고 있다. 이러한 수도권 인구는 2002년에 22,876,672명으로 전체인구의 47.2%를 차지함으로써, 우리나라 전체인구 중 거의 절반에 가까운 비중을 차지하고 있는 실정에 있다.

이러한 수도권 인구의 꾸준한 증가는 자연적인 증가보다는 앞에서 살펴본 바와 같이 사회적 이동, 즉 인구이동으로 인한 결과로써 수도권 인구의 집중화를 확인해 볼 수 있다.

<표 4-29> 수도권 對 비수도권 인구추이

(단위: 명, %)

	1991		1992		1993		1994		1995		1996	
	인구	비율	인구	비율	인구	비율	인구	비율	인구	비율	인구	비율
수도권	19,111,881	43.6	19,660,107	44.1	20,085,468	44.6	20,445,231	44.9	20,769,543	45.2	21,065,143	45.4
비수도권	24,753,327	56.4	24,908,766	55.9	24,992,019	55.4	25,066,886	55.1	25,212,367	54.8	25,368,777	54.6
계	43,865,208	100.0	44,568,873	100.0	45,077,487	100.0	45,512,117	100.0	45,981,910	100.0	46,433,920	100.0

	1997		1998		1999		2000		2001		2002	
	인구	비율	인구	비율	인구	비율	인구	비율	인구	비율	인구	비율
수도권	21,364,679	45.6	21,532,217	45.6	21,827,998	45.9	22,215,568	46.3	22,524,837	46.6	22,876,672	47.2
비수도권	25,520,576	54.4	25,641,742	54.4	25,714,575	54.1	25,761,162	53.7	25,764,336	53.4	25,641,199	52.8
계	46,885,255	100.0	47,173,959	100.0	47,542,573	100.0	47,976,730	100.0	48,289,173	100.0	48,517,871	100.0

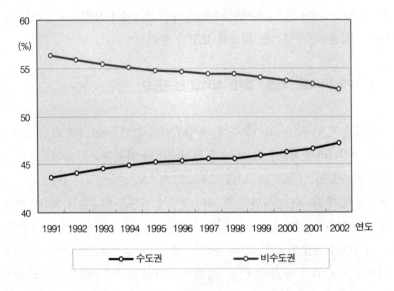

<그림 4-11> 수도권 對 비수도권 인구추이

다음으로 수도권 對 비수도권의 인구추이를 그림으로 나타내면 다음의 <그림 4-11>로 나타낼 수 있다. 이를 살펴보면 우리나라 전체인구의 50%선을 기준으로 수도권과 비수도권이 서로 수렴하는 경향을 보이고 있음을 알 수 있다. 즉 비수도권의 인구가 전체인구의 50%선으로 점점 하락하고 있는 반면, 수도권의 인구가 전체인구의 50%선으로 증가하고 있는 것으로 나타나고 있으며 양자는 어느 정도 평행으로 이루어지고 있음을 알 수 있다.

2) 수도권 인구(서울·인천·경기)의 권역별 인구이동현황

여기에서는 <표 4-30>에 제시된 바와 같이 수도권 대비 각 권역별 인구이동현황이 제시되어 있다. 이를 살펴보면 각 권역 중 수도권으로 가장 많은 인구가 유입되는 권역은 전라권으로 1991년 186,901명에서 2002년 148,152명에 이르고 있는 것으로 나타나고 있다. 전입자수는 1991년부터 1998년까지는

<표 4-30> 수도권 對 각 권역별 인구이동현황

(단위: %)

	1991 전입(유입)	1991 전출(유출)	1991 순이동	1992 전입(유입)	1992 전출(유출)	1992 순이동	1993 전입(유입)	1993 전출(유출)	1993 순이동	1994 전입(유입)	1994 전출(유출)	1994 순이동
강원권	76,613	49,769	26,844	68,548	50,475	18,073	67,435	48,059	19,376	59,560	45,051	14,509
충청권	145,769	104,473	41,296	129,092	104,319	24,773	120,390	106,075	14,315	108,234	91,836	16,398
전라권	186,901	95,329	91,572	165,797	92,884	72,913	152,072	89,036	63,036	129,144	79,327	49,817
경상권	115,240	76,696	38,544	107,086	75,744	31,342	102,265	70,541	31,724	90,913	67,639	23,274
제주권	9,664	10,062	-398	9,341	9,466	-125	10,114	8,482	1,632	9,547	7,831	1,716
계	534,187	336,329	197,858	479,864	332,888	146,976	452,276	322,193	130,083	397,398	291,684	105,714

	1995 전입(유입)	1995 전출(유출)	1995 순이동	1996 전입(유입)	1996 전출(유출)	1996 순이동	1997 전입(유입)	1997 전출(유출)	1997 순이동	1998 전입(유입)	1998 전출(유출)	1998 순이동
강원권	58,019	52,647	5,372	59,827	54,966	4,861	57,918	56,605	1,313	54,732	60,085	-5,353
충청권	103,870	106,354	-2,484	104,583	111,165	-6,582	106,975	115,352	-8,377	98,956	108,900	-9,944
전라권	123,732	90,354	33,378	121,686	91,693	29,993	117,793	88,887	28,906	104,224	100,791	3,433
경상권	90,052	72,760	17,292	87,982	75,191	12,791	78,882	59,851	19,031	72,951	63,332	9,619
제주권	10,002	9,055	947	10,474	9,764	710	11,057	10,322	735	10,760	11,553	-793
계	385,675	331,170	54,505	384,552	342,779	41,773	372,625	331,017	41,608	341,623	344,661	-3,038

	1999 전입(유입)	1999 전출(유출)	1999 순이동	2000 전입(유입)	2000 전출(유출)	2000 순이동	2001 전입(유입)	2001 전출(유출)	2001 순이동	2002 전입(유입)	2002 전출(유출)	2002 순이동
강원권	64,652	60,768	3,884	64,843	54,858	9,985	65,140	55,873	9,267	70,023	54,591	15,432
충청권	117,884	113,854	4,030	115,115	102,365	12,750	115,805	100,529	15,276	123,269	97,815	25,454
전라권	137,046	109,313	27,733	132,298	92,440	39,858	134,015	106,958	27,057	148,152	76,562	71,590
경상권	88,256	65,104	23,152	90,420	57,352	33,068	88,194	58,947	29,247	93,920	58,200	35,720
제주권	12,645	11,855	790	12,335	10,069	2,266	11,668	10,033	1,635	12,368	10,944	1,424
계	420,483	360,894	59,589	415,011	317,084	97,927	414,822	332,340	82,482	447,732	298,112	149,620

주1) 여기서 수도권에는 서울특별시·인천광역시·경기도를 포함한 수치이나, 나머지 각 권역에서는 각 광역시를 뺀 일반 시·군을 합산한 수치임.
주2) 경남 울산시는 1997년 7월 울산광역시로 승격함으로써, 1997년 이전 자료는 경남에 포함된 수치임.
주3) 순이동은 전입인구와 전출인구의 차이를 말하며, 표에서 「+」는 전입초과를 의미하고 「-」는 전출초과를 의미함.

점점 감소하였으나, 1999년 이후부터는 점점 증가하고 있음을 알 수 있다.

반대로 수도권에서 가장 많은 전출을 하는 권역은 충청권이다. 충청권은 2001년(2001년의 경우는 전라권으로 많이 유출함)을 제외한 모든 년도(1991년부터 2002년까지)에 수도권으로부터 유출되는 인구 중 가장 많은 인구가 충청권으로 이동하고 있음을 알 수 있다. 마지막으로 수도권과 각 권역별 사이에 전입인구와 전출인구의 차이인 순이동이 가장 많은 권역은 1998년과 2001년을 제외하고는 역시 수도권으로의 유입이 많았던 전남권임을 확인해 볼 수 있다.

다음으로 각 권역별로 수도권으로의 전입(유입)현황을 그림으로 나타내면, 다음의 <그림 4-12>로 나타낼 수 있다. 우선 전체적으로 살펴보면, 1991년에

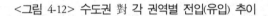

<그림 4-12> 수도권 對 각 권역별 전입(유입) 추이

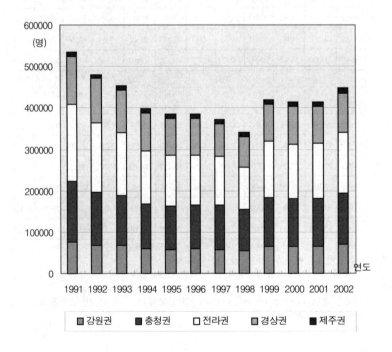

534,187명이 수도권으로 유입된 이후 점점 감소추세를 보이고 있다가, 1999년도의 420,483명이 수도권으로 유입된 이후 약 40만 명 선을 지속적으로 유지하고 있는 것으로 나타나고 있음을 알 수 있다.

각 권역별로 수도권으로의 유입현황을 비교해 보면, 전라권이 다른 권역에 비해 상대적으로 높은 수도권 유입현황을 확인해 볼 수 있다. 전라권 다음으로 수도권에 많은 인구가 유입되고 있는 권역은 충청권으로 나타나고 있다.

다음으로 수도권에서 각 권역별로 전출(유출)현황을 그림으로 나타내면, 다음의 <그림 4-13>으로 나타낼 수 있다. 우선 전체적으로 살펴보면, 1991년도에 336,329명이 수도권에서 다른 권역으로 유출된 이후 다소의 증감도 있지만, 전체적으로는 약간의 감소현상이 나타나고 있음을 알 수 있다. 수도권에서 유출되는 권역으로는 2001년도를 제외한 모든 해에 있어서 충청권이

<그림 4-13> 수도권 對 각 권역별 전출(유출) 추이

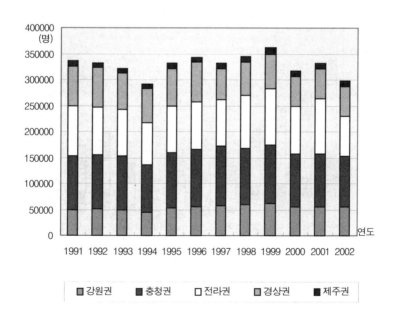

가장 높게 나타나고 있는데, 전체 수도권 유출인구의 약 3분의 1 수준으로 유입되고 있음을 알 수 있다. 다음으로는 전라권으로 나타나고 있으나, 2001년도에는 충청권보다 높게 전입되고 있음을 알 수 있다.

이상과 같은 수도권에 대한 각 권역별 전입(유입)과 전출(유출)을 비교한 순이동 추이를 그림으로 나타내면, 다음의 <그림 4-14>로 나타낼 수 있다.

우선 전체적으로 살펴볼 때 특징적인 것은, 1991년부터 2002년까지 각 권역별에 대한 수도권의 인구이동현황은 「+」이동률, 즉 전입초과현상이 뚜렷하게 나타나고 있다는 점이다. 다만, 전체적으로 1998년도에만 「-」이동률, 즉 전출초과현상이 나타나고 있으나, 이는 외환위기에 따른 우리 경제의 침체현상에 따른 일시적인 현상으로 파악될 수 있다. 그리고 순이동의

<그림 4-14> 수도권 對 각 권역별 순이동 추이

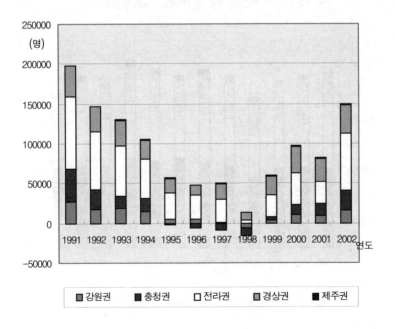

그래프를 살펴보면 대략 「V」자 형태를 하고 있는데, 이는 1998년의 외환위기를 기준으로 수도권에 대한 다소 감소형태가 있지만, 1990년대 초나 2000년대 초나 여전히 수도권에로의 높은 전입초과현상을 확인해 볼 수 있다. 다만, 1990년대 초와 2000년대 초에 순이동의 수치에 차이가 있다면, 2000년대 초에 이르러 수도권으로의 전입률이 다소 감소되고 있다는 것뿐이다.

그리고 수도권의 입장에서 볼 때 3개의 각 권역, 즉 1991년과 1992년의 제주권, 1995년부터 1998년까지의 충청권, 그리고 1998년도의 강원권에서, 일시적인 전출초과현상도 엿볼 수 있는 것으로 나타나고 있다.

5 시·군 기초자치단체의 자연적 감소 요인

여기서는 시·군 기초자치단체의 출산감소를 유발하는 요인을 탐색, 분석하고자 한다. 이를 위해 1절에서는 출산과 혼인에 대한 통계청의 개인별 전수자료를 지방자치단체별로 총합(aggregation)한 후 출산감소의 요인을 탐색적으로 고찰하였다. 그러나 통계청 전수자료는 본질적으로 개인별 전수자료이며, 영향요인 변수투입의 한계가 있으므로 이에 대한 보완적인 연구가 요구된다. 그러므로 2절에서는 <그림 1-1>의 전체 분석틀에서 제시한 바와 같이 다양한 요인들을 추가하여 사회적 감소의 요인에 대한 분석을 하고자 한다. 즉, 1절의 분석에서 유의미한 영향을 보이는 변수들과 지방자치단체 차원의 사회적요인·경제적요인·행정적요인 등의 변수들을 추가하여 출산감소의 요인을 구체적으로 분석하였다.

1. 자연적 감소의 요인에 대한 탐색

<그림 5-1>에 나타난 바와 같이 최근 들어 상당수의 지방자치단체들은 급격한 주민수의 감소를 겪고 있는데, 주민수의 지속적인 감소는 향후 지방자치단체들의 존립에 위협요소로 작용할 것이다. 지방자치단체의 주민수가

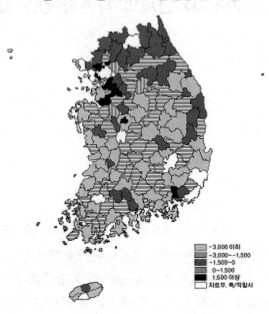

<그림 5-1> 80년 대비 2002년 출생자수의 변화

감소하는 원인은 크게 인구동태에서의 감소인 자연적인 감소와 인구이동에서의 감소인 사회적인 감소로 구분된다. 이중 본 연구는 자연적인 감소에 한정하는데, 자연적인 감소는 출산의 감소에 기인한다. 그러므로 본 연구는 시계열 자료를 활용하여 지방자치단체차원에서 출산 감소의 실태 및 출산 저하의 요인을 탐색한다.

1) 분석틀과 연구방법

(1) 분석틀과 측정지표

기존 연구들은 다양한 출산 요인들을 가정하고 있지만, 실제 큰 영향을 미치는 요인들로 나타난 것은 결혼연령, 출산연령, 경제적인 여건, 교육수준, 남아선호정도 등이다. 그러므로 본 연구는 <그림 5-2>와 같이 지방자치단체 출산의 영향요인으로 출산 및 혼인요인, 규범적요인, 사회적요인, 경제적요인 등으로 한정한다.

<그림 5-2> 자연적 감소 요인의 탐색을 위한 분석틀

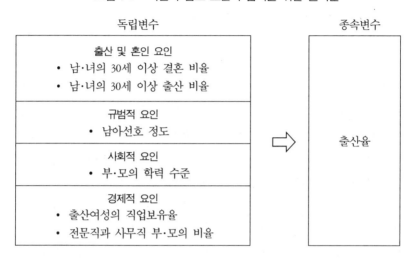

독립변수

출산 및 혼인 요인
• 남·녀의 30세 이상 결혼 비율
• 남·녀의 30세 이상 출산 비율

규범적 요인
• 남아선호 정도

사회적 요인
• 부·모의 학력 수준

경제적 요인
• 출산여성의 직업보유율
• 전문직과 사무직 부·모의 비율

종속변수

출산율

구체적으로 출산 및 혼인요인은 남녀의 30세 이상 결혼 비율·남녀의 30세 이상 출산 비율, 규범적요인은 남아선호 정도, 경제적요인은 출산여성 중 직업을 가진 여성비율·전문직과 사무직 부모의 비율, 사회적 요인으로 부모의 학력수준 등이다[14].

출산 및 혼인요인 중 30세 이상의 남녀 결혼 비율·30세 이상의 남녀 출산 비율을 가정한 이유는 최근 인구감소의 원인 중 하나로 크게 대두되는 것이 결혼이 늦어짐에 따라 자연히 출산이 늦어진다는 주장이 때문이다. 경제적 요인 중 출산여성 중 직업을 가진 여성비율은 여성취업과 육아의 관계에

---

14) 연구방법에서 제시한 바와 같이 본 연구의 자료는 1991년부터 2002년까지 주민들이 신고한 출생과 혼인의 데이터로, 우리나라의 출생과 혼인에 대한 전수자료라 할 수 있다. 따라서 자료의 특성상 출생신고서와 혼인신고서의 기재 내용에 한정하여 요인들을 사용한다.

따른 변수의 선정이며, 출산부모의 전문직 및 사무직비율은 사회엘리트들이 출산을 꺼리는 것을 반영한 변수선정으로 소득이나 지위가 높아짐에 따라 출산을 꺼리는 성향을 고려하였다. 분석을 위해 사용될 변수들의 측정지표는 다음과 같다.

첫째, 출산율을 측정하는 지표는 다양한데, 이중 본 연구는 조출생률과 연령별출생률을 혼합 변형한 지표를 사용하고자 한다. 출산율을 측정하는 가장 보편적인 지표는 조출생률(crude birth rate)이다(구성렬, 1996). 조출생률은 각 지방자치단체 주민수 1000명당 출생비율로서, 1년간 출산아수를 총주민수로 나눈 후 이를 1000을 곱한 값이다[15]. 하지만 출산은 모든 인구구성원들에 대해서 똑같지는 않다. 즉, 20내지 30대의 경우와 60대이상의 경우는 다르다. 이런 경우 지방자치단체의 출생률은 지방자치단체의 연령대별 구성비율에 따라 달라 질 수 있으므로 연령별 출산율을 고려하여야 한다.

연령별 출산율은 통상 15세-45세의 여성 연령 또는 연령대별로 출산수를 계산하며, 이러한 정의에 따르는 경우 20대의 연령별 출산율은 20대 여성 1,000명당 그 연령대의 여성들이 출산한 아기의 수이다. 그러나 본 연구는 분석단위를 한 국가에만 한정하는 연구와는 달리 분석단위가 한 국가내 158-200개의 많은 지방자치단체이기 때문에 결혼을 위한 남녀의 자유로운 지역이동이 가능하므로 이러한 특성상 출산에서 남성의 영향을 무시할 수 없다. 또한 최근 들어 미혼모에 의한 출산과 늦둥이 출산이 나타나고 있으나 10대에 의한 출산 비율과 40대이상의 출산비율은 여전히 낮다. 그러므로 본 연구는 출산율을 산출할 때 출산이 가장 많이 이루어지는 20대와 30대 남녀비율에 대한 가중치를 활용하고자 하며, 가중치는 각 지방자치단체 20대와 30대 비율을 지수화한 것이다[16]. 즉, 출산율은 조출생율과 가중치의 곱셈에 의해 산출한다.

둘째, 출산 및 혼인요인은 30세 이상의 남녀 결혼 비율 · 30세 이상의 남녀

---

15) 조출생률(인구 1000명당 출생비율)= (출생아수/총인구)*1000
16) 출생률= [(출생아수/총인구)*1000]*가중치(20대와 30대 인구비율을 지수화)

출산 비율 등은 각 변수에서 30세 이상인 사람들의 비율이다.

셋째, 남아선호는 기존의 출생성비를 구하는 지표를 원용한다. 즉, 여아 100명에 대비한 남아의 비율을 사용한다.

넷째, 사회적요인은 출산부모들의 학력수준으로 이중 대졸이상의 학력비율이다. 학력수준은 각 지방자치단체내 출산 부모들의 대졸이상 학력 비율이다.

다섯째, 경제적요인 출산여성 중 직업을 가진 여성비율로서 각 지방자치단체내 출산여성 중 직업을 가진 여성의 비율이며, 전문직 및 사무직 부모의 비율은 각 지방자치단체내의 출산부모 중 전문직과 사무직을 합계한 비율이다.

(2) 연구방법

여기서는 기본적으로 통계청의 혼인 및 출산에 관한 전수자료를 활용하여 양적인 분석을 하고자 한다. 출산에 관한 기존의 연구들은 일반적으로 분석단위를 개인으로 하며, 개인변수들이 출산에 미치는 영향에 초점이 주어졌다. 그에 반해 본 연구는 궁극적으로 지방자치단체 차원에서 출산을 높이는 방안을 모색하는데 초점을 두므로, 본 연구의 분석단위는 지방자치단체이다. 출산의 영향요인은 분석단위에 따라 달라지므로, 본 연구는 개인별 자료를 지방자치단체별 자료로 재가공하여 사용하였다.

첫째, 본 연구는 분석을 위해 시계열 자료를 활용하여 출산의 영향요인을 고찰한다. 즉, 1991년~2002년까지의 각 년도별로 시·군자치단체의 출산 및 관련 요인들의 자료로서 시계열의 횡단면자료에 해당한다. 그러므로 시계열 자료의 분석을 위해 시계열 분석을 위한 소프트웨어인 RATS프로그램을 활용하여 AR1 방식의 회귀분석을 하며, 그리고 기타 빈도분석 또는 분산분석 등은 SPSSWIN프로그램을 사용한다. RATS프로그램을 사용하는 이유는 본 연구의 데이터가 polling의 시계열데이타이므로 년도별 변화치를 반영하여 영향요인을 분별하고자하기 때문이다.

분석을 위한 지방자치단체별 각 년도의 출생률, 각 년도의 전체인구수, 각 년도별 출생자수, 20대와 30대의 연령 비율 등은 통계청의 자료를 활용한다.

둘째, 본 연구의 영향요인들은 통계청의 인구동태에 관한 1991년부터 2002년까지의 출생 및 혼인에 대한 전수조사 자료를 가공·응용하여 측정한다. 따라서 원시자료(raw data)는 통계청의 인구동태에 관한 출생 및 혼인의 자료로 1991년부터 2002년까지의 전수조사 자료이다. 즉, 1991년부터 2002년까지의 출생신고서와 혼인신고서의 내용을 데이터베이스화한 자료로서 <표 5-1>과 같은 각 개인의 출생 및 혼인에 대한 자료이다.

셋째, 분석대상 기간은 총 1991년부터 2002년까지 12년인데, 1991년-2002년까지의 12년 동안뿐만 아니라 1991년-1994년, 1995년-2002년의 시기별로 구분하며 살펴본다. 시기별로 구분하는 이유는 1995년의 도농통합에 의한 지방자치단체의 수 및 구역변동 때문이다. 따라서 본 연구에서 시기별 분석 대상 지방자치단체 수는 1991년-1994년에 200개, 1995년-2002년에 160개(시자치단체 75개, 군자치단체 85개)이다.

넷째, 분석대상 지방자치단체는 광역시에 속해 있는 일부 군자치단체를 제외한 모든 시·군자치단체이다. 부산광역시의 기장군과 같은 광역시 소속의 군자치단체와 자치구는 일반적인 시·군과 같은 독립성과 차별성을 가진다고 보기 힘들다. 이는 광역시에 속한 자치구나 군자치단체들은 지역적인 특색이나 경계의 구분이 불분명하며, 주민들의 인식 역시 자치구민 또는 자치군민으로서 보다는 광역시의 일원으로 여기는 경향이 강하기 때문이다.

<표 5-1> 년도별 출생 및 혼인건수

(단위 : 건)

년 도	출 생	혼 인	년 도	출 생	혼 인
1991	349,193	206,646	1997	331,663	191,026
1992	356,599	205,640	1998	337,308	187,527
1993	359,379	196,736	1999	341,362	180,080
1994	361,705	188,631	2000	339,758	165,155
1995	349,472	199,147	2001	299,918	157,610
1996	331,768	207,935	2002	267,138	152,618

2) 분석 및 결과 해석

(1) 개별 변수치에 대한 분석

① 출산율 관련

㉮ 조출산율

조출산율은 인구 1000명당 출산율을 나타내는 지표로 출생의 변화를 대표하는 지표이다.

종합해 볼 때, 우리나라 시·군 기초자치단체의 조출산율은 시기별로 그리고 해마다 떨어지고 있다고 할 수 있으며 2000년 이후 특히 크게 감소하고 있다. 시기별로 볼 때 1991-1994년에는 거의 비슷한 경향이었으나, 1995-1999년에는 -1.2의 감소를, 2000년-2002년에는 -2.6명의 감소를 보인다. 년도별로 보면 1991년도의 경우 우리나라 시군자치단체의 조출산율은 평균 14.2명이었으나 1995년에는 12.9명, 1999년에는 11.7명, 2002년도에는 9.1명이다.

첫째, 도별로 볼 때 대체로 조출산율은 떨어지고 있는 추세이다. 1991년에 대비하여 1994년에는 충청북도·전라북도·경상남도·제주도 등에서 증가하였으나, 1995년 대비 1999년도의 조출생률과 2000년도 대비 2002년도의 조출생률은 감소하고 있으며, 그중 경기도(각각 -2.9)와 제주도(각각 -1.9와 -3.1)의 감소가 더 크다.

둘째, 시·군의 유형별로 볼 때, 시·군에 상관없이 조출생률은 감소하는 추세이다. 시자치단체의 경우 1995년에 대비하여 1999년에 조출생률의 감소가 -2.2로 크게 증가하였다. 군자치단체의 경우 1991년에 대비하여 1994년에는 오히려 증가하였으나, 그 이후의 시기에서는 감소세가 증가하고 있다. 특히 2000년 대비 2002년에는 이전 시기의 -0.6에서 -2.6으로의 급격한 조출산율의 감소가 나타나고 있다.

구 분			1991	1992	1993	1994 율	1994 91대비	1995	1996	1997	1998	1999 율	1999 95대비	2000	2001	2002 율	2002 00대비
도별시·군	경기도	시	21.2	21.0	19.9	19.1	-2.1	18.8	17.5	17.0	15.6	14.8	-4	15.2	13.1	11.7	-3.1
		군	15.9	18.1	16.0	15.5	-0.4	14.8	13.6	13.7	13.1	12.6	-2.2	12.5	10.7	9.6	-3
		계	18.9	19.1	18.3	17.7	-1.2	17.1	16.4	16.0	15.0	14.2	-2.9	14.5	12.7	11.3	-2.9
	강원도	시	13.7	14.1	13.4	14.0	0.3	12.7	12.8	12.7	12.2	11.9	-0.8	12.3	10.6	9.8	-2.1
		군	12.3	12.1	10.9	12.0	-0.3	12.0	11.4	12.3	11.8	12.0	0	11.9	10.1	9.4	-2.6
		계	12.7	12.7	11.7	12.6	-0.1	12.8	12.0	12.4	12.0	11.9	-0.9	11.1	10.3	9.6	-2.3
	충청북도	시	15.5	16.8	16.8	16.0	0.5	14.7	14.6	14.3	13.3	12.6	-2.1	12.7	11.4	9.7	-2.9
		군	12.2	12.7	12.6	12.8	0.6	11.5	11.6	11.8	11.6	11.1	-0.4	10.8	9.7	8.6	-2.5
		계	12.9	13.6	13.5	13.6	0.7	12.4	12.4	12.5	12.1	11.5	-0.9	11.3	10.2	8.9	-2.6
	충청남도	시	16.3	17.2	16.6	16.5	0.2	13.5	13.2	13.3	13.2	12.8	-0.7	12.9	11.5	10.1	-2.7
		군	11.8	11.8	11.7	11.7	-0.1	10.2	9.8	10.4	10.2	10.0	-0.2	10.1	9.0	7.8	-2.2
		계	12.9	13.1	13.0	12.9	0	11.4	11.1	11.6	11.4	11.1	-0.3	11.2	10.8	8.7	-2.4
	전라북도	시	14.2	15.4	15.4	16.2	2	13.5	13.4	12.9	12.7	11.8	-1.7	12.2	10.8	9.6	-2.2
		군	11.1	10.9	10.9	11.1	0	9.4	9.2	9.5	9.5	9.1	-0.3	9.2	7.9	7.1	-2
		계	12.1	12.3	12.3	12.7	0.6	11.2	11.0	11.0	10.9	10.3	-0.9	10.5	9.2	8.2	-2.1
	전라남도	시	19.1	19.9	19.7	19.4	0.3	18.7	18.1	18.1	14.5	14.0	-4.7	13.8	11.9	10.3	-3.7
		군	11.8	11.6	11.4	11.5	-0.3	9.7	9.5	9.8	9.8	9.8	0.1	10.2	9.0	7.7	-2.1
		계	13.4	13.7	13.2	13.2	-0.2	11.8	11.5	11.7	10.9	10.8	-1	10.9	9.6	8.3	-2.5
	경상북도	시	15.9	16.4	15.4	16.0	0.1	13.2	12.8	12.9	12.1	12.0	-1.2	12.1	10.4	8.9	-3.1
		군	12.6	12.8	9.8	12.6	0	9.6	9.5	9.9	9.0	9.0	-0.6	9.0	8.0	7.0	-2
		계	13.6	13.8	11.4	13.6	0	11.1	10.9	11.2	10.4	10.3	-0.8	10.3	9.1	7.8	-2.5
	경상남도	시	17.2	17.9	16.9	17.1	-0.1	15.3	15.5	15.0	14.2	13.7	-1.6	13.9	12.1	10.6	-3.1
		군	11.7	12.0	13.7	13.1	1.4	8.8	9.4	9.1	9.1	8.9	0.1	8.6	7.6	6.7	-2.2
		계	13.6	14.0	14.8	14.5	0.9	11.9	12.4	12.0	11.6	11.3	-0.6	11.3	9.8	8.6	-2.7
	제주도	시	16.9	17.4	18.7	18.7	1.8	17.1	16.7	16.4	15.2	14.9	-2.2	16.0	13.5	12.0	-2.9
		군	17.3	18.5	22.6	23.6	6.3	15.0	14.5	14.6	13.6	13.4	-1.6	14.1	12.1	10.2	-3.2
		계	17.1	17.9	20.6	21.2	4.1	16.1	15.6	15.6	14.4	14.2	-1.9	15.0	12.8	11.1	-3.1
시·군		시	17.5	18.0	17.3	17.3	-0.2	15.6	15.2	15.0	14.0	13.4	-2.2	13.7	11.9	10.5	-2.9
		군	12.5	12.7	12.2	12.7	0.2	10.9	10.5	10.8	10.4	10.3	-0.6	10.3	9.0	7.9	-2.4
전체			14.2	14.5	13.9	14.2	0	12.9	12.6	12.6	12.0	11.7	-1.2	11.8	10.4	9.1	-2.6

㉯ 가중치에 따른 출산율 추이

출산은 모든 연령에서 나타나는 것이 아니라 일부 연령계층, 특히 20대와 30대에 집중된다. <표 5-3>과 같이 첫아이 출산시 남자의 평균연령은 경기도의 경우 1991년도에 28.3세였으나, 1996년도에는 29.5세이며, 2000년도에는 29.9세, 2002년도에는 30.4세이다. 또한 첫아이 출산시 여자의 평균연령역시 경기도의 경우 1991년도에 첫아이 출산시 25.1세였으나, 1996년도에는 26.2세이며, 2000년도에는 27.1세, 2002년도에는 27.7세였다. 따라서 대체로 20대와 30대에 첫아이를 출산한다.

그러므로 단순히 인구 1000명당 출산을 의미하는 조출산율의 한계를 보완하고자, 지방자치단체의 전체인구에서 20대와 30대가 차지하는 비율에 따른 가중치를 부여하였다.[17]

<표 5-3> 첫 출산시의 부모연령 평균추이

(단위 : %)

구 분			1991	1992	1993	1994	1995	1996	1997	1998	1999	2000	2001	2002
도별	경기도	부	28.3	28.8	28.7	28.9	29.0	29.5	29.4	29.6	29.6	29.9	30.2	30.4
		모	25.1	25.3	25.5	25.6	25.8	26.2	26.3	26.6	26.5	27.1	27.4	27.7
	강원도	부	28.1	28.3	28.4	28.6	28.6	28.7	29.0	29.0	29.2	29.4	29.9	30.0
		모	24.9	25.1	25.1	25.4	25.5	25.6	26.0	26.1	26.1	26.4	26.9	27.1
	충청북도	부	27.9	28.1	28.2	28.4	28.5	28.5	28.3	28.7	29.0	29.3	29.8	30.1
		모	24.7	24.8	25.0	25.0	25.3	25.3	25.6	25.8	25.9	26.2	26.8	26.9
	충청남도	부	28.0	28.1	28.2	28.4	28.4	28.5	28.7	28.5	29.1	29.3	29.5	29.8
		모	24.8	24.7	25.0	25.0	25.1	25.4	25.4	25.7	25.7	26.1	26.4	26.6
	전라북도	부	28.2	28.2	28.4	28.6	28.6	28.8	29.1	29.1	29.2	29.5	30.0	30.3
		모	24.5	24.7	25.0	24.9	25.1	25.2	25.6	25.8	25.8	26.1	26.5	26.8
	전라남도	부	28.0	28.1	28.3	28.4	28.5	28.5	28.9	28.9	29.2	29.4	29.9	30.0
		모	24.5	24.6	24.8	24.8	24.9	25.1	25.5	25.5	25.7	26.0	26.3	26.5
	경상북도	부	28.1	28.2	28.4	28.9	28.8	28.8	29.0	29.3	29.4	29.7	30.0	30.3
		모	24.8	25.0	25.1	25.3	25.6	25.6	25.9	26.1	26.2	26.6	26.9	27.2

---

17) 가중치는 각 지방자치단체의 20대와 30대의 비율을 지수화 하여, 이를 조출산율에 곱하였다.

즉, 가중치에 따른 출산율 = 조출산율*[(20대+30대인구수)/전체인구]

경상남도	부	28.2	28.2	29.0	28.6	28.9	29.2	29.0	29.1	29.3	29.7	29.9	30.2
	모	24.9	25.0	25.1	25.3	25.6	25.8	25.9	26.0	26.1	26.3	26.9	27.1
제주도	부	28.4	28.4	28.5	28.7	29.0	28.8	29.0	29.3	29.6	29.8	30.3	30.3
	모	25.4	25.5	25.6	25.8	26.3	26.0	26.3	26.6	26.9	27.1	27.5	27.6
시·군	부 시	28.4	28.5	28.7	28.8	28.9	29.2	29.1	29.3	29.4	29.7	30.0	30.2
	부 군	28.0	28.1	28.3	28.5	28.6	28.6	29.0	29.0	29.3	29.5	29.9	30.1
	모 시	25.3	25.3	25.5	25.6	25.7	26.0	26.0	26.3	26.3	26.8	27.1	27.4
	모 군	24.6	24.7	24.9	25.0	25.2	25.3	25.7	25.8	25.9	26.3	26.6	26.8

<표 5-4 >에서 보는 바와 같이 20대와 30대의 비율은 점차 감소하는 추세로서 1991년의 33.8%, 1999년의 33.7%, 2000년의 31.8%, 2002년에 30.4%이다.

<표 5-4> 시·군 지방자치단체 20대와 30대의 비율

(단위 : %)

구 분		1991	1992	1993	1994	1995	1996	1997	1998	1999	2000	2001	2002
도 별	경기도	41.2	40.8	40.8	40.5	40.5	39.8	38.8	37.9	37.2	36.3	35.7	35.1
	강원도	34.6	34.3	34.8	34.9	34.7	34.3	33.8	33.5	32.9	32.1	31.4	30.7
	충청북도	33.1	32.6	33.2	33.4	33.3	33.1	32.8	32.5	32.0	31.4	30.6	29.7
	충청남도	31.6	31.9	32.4	32.6	31.8	31.8	31.7	31.6	31.2	30.6	29.9	29.3
	전라북도	30.5	30.6	31.1	31.5	31.0	31.1	31.1	31.2	30.9	30.2	29.8	27.6
	전라남도	29.6	30.4	30.7	30.9	30.1	30.1	29.3	29.6	29.3	28.7	28.1	27.5
	경상북도	32.8	32.6	32.9	33.1	32.0	31.7	31.3	30.9	30.5	29.9	29.2	28.6
	경상남도	33.1	34.4	34.7	34.8	34.0	33.6	33.1	32.7	32.2	31.5	30.8	30.2
	제주도	36.6	36.6	37.2	37.3	37.1	36.7	36.3	35.9	35.5	34.9	34.3	33.8
시·군	시	39.1	39.4	39.5	39.3	37.6	37.4	37.0	36.4	35.9	35.2	34.5	33.8
	군	30.3	31.2	31.7	31.9	30.7	30.5	30.5	30.2	29.7	29.1	28.2	27.5
전체		33.8	33.9	34.3	34.4	33.7	33.6	33.3	33.0	32.5	31.8	31.1	30.4

종합해 볼 때, <표 5-5>에 나타난 바와 같이 우리나라 시·군기초자치단체의 20대와 30대 비율에 따라 가중치를 적용한 조출산율 역시 점차 감소하고 있다. 1995년 대비 1999년에는 -.5%를, 2000년 대비 2002년에는 -1.1의 감소를 보인다. 그러나 <표 5-2>의 전체인구에 따른 조출산율과 비교해 볼 때, 20대와 30대에 따른 조출산율의 감소는 다소 낮다고 할 수 있다.

첫째, 도별로 볼 때 대체로 조출산율은 떨어지고 있는 추세이다. 1991년에 대비하여 1994년에는 경기도·강원도·경상북도 등에서 감소가 나타났으나, 1995년 대비 1999년도와 2000년도 대비 2002년도의 가중치 조출생률은 모두 감소를 보이며, 특히 2000년 대비 2002년의 경우 경기도(-1.3)와 제주도(-1.5)의 감소가 더 크다.

둘째, 시·군의 유형별로 볼 때, <표 5-5>에서와 같이 시·군에 상관없이 조출생률은 감소하는 추세이다.

<표 5-5> 20대와 30대 연령별 비중에 따른 가중치를 부여한 조출산율

구 분			1991	1992	1993	1994 율	91대비	1995	1996	1997	1998	1999 율	95대비	2000	2001	2002 율	00대비
도별시·군	경기도	시	9.2	9.2	8.6	8.2	-1	7.9	7.2	6.9	6.1	5.7	-2.2	5.7	4.8	4.2	-1.5
		군	5.4	6.3	6.2	6.0	0.6	5.0	4.6	4.8	4.6	4.3	-0.7	4.2	3.4	3.0	-1.2
		계	8.2	7.9	7.5	7.2	-1	7.2	6.6	6.2	5.7	5.3	-1.9	5.3	4.5	4.0	-1.3
	강원도	시	5.0	5.2	5.0	5.2	0.2	4.6	4.6	4.5	4.3	4.1	-0.5	4.1	3.5	3.2	-0.9
		군	4.3	4.0	3.7	4.1	-0.2	4.1	3.8	4.0	3.9	3.8	-0.3	3.7	3.1	2.8	-0.9
		계	4.6	4.4	4.1	4.4	-0.2	4.3	4.1	4.2	4.0	3.9	-0.4	3.9	3.2	2.9	-1
	충청북도	시	5.9	6.4	6.5	6.2	0.3	5.5	5.4	5.2	4.8	4.5	-1	4.4	3.9	3.2	-1.2
		군	3.9	3.9	4.0	4.1	0.2	3.7	3.7	3.8	3.6	3.4	-0.3	3.3	2.9	2.5	-0.8
		계	4.4	4.5	4.6	4.6	0.2	4.2	4.1	4.1	4.0	3.7	-0.5	3.6	3.1	2.7	-0.9
	충청남도	시	6.2	6.3	6.2	6.2	0	4.7	4.6	4.6	4.6	4.4	-0.3	4.3	3.8	3.2	-1.1
		군	3.4	3.5	3.6	3.6	0.2	3.1	2.9	3.1	3.0	2.9	-0.2	2.9	2.5	2.1	-0.8
		계	4.1	4.2	4.2	4.3	0.2	3.6	3.6	3.7	3.7	3.5	-0.1	3.5	3.0	2.6	-0.9
	전라북도	시	4.9	5.4	5.5	5.8	0.9	4.5	4.8	4.7	4.6	4.2	-0.3	4.3	3.8	2.8	-1.5
		군	3.1	3.1	3.1	3.3	0.2	2.7	2.7	2.7	2.7	2.6	-0.1	2.5	2.2	1.9	-0.6
		계	3.7	3.8	3.9	4.1	0.4	3.3	3.4	3.4	3.4	3.1	-0.2	3.1	2.7	2.2	-0.9
	전라남도	시	6.5	7.7	7.7	7.5	1	6.7	6.5	6.4	5.1	4.8	-1.9	4.7	3.9	3.3	-1.4
		군	3.1	3.4	3.3	3.3	0.2	2.7	2.7	2.8	2.8	2.8	0.1	2.7	2.4	2.0	-0.7
		계	3.8	4.3	4.2	4.3	0.5	3.6	3.5	3.6	3.3	3.2	-0.4	3.2	2.7	2.3	-0.9
	경상북도	시	6.3	6.4	6.0	6.2	-0.1	4.7	4.5	4.5	4.2	4.1	-0.6	4.1	3.4	2.9	-1.2
		군	3.6	4.0	3.1	4.0	0.4	2.9	2.9	2.9	2.6	2.6	-0.3	2.6	2.2	1.9	-0.7
		계	4.7	4.7	4.0	4.6	-0.1	3.7	3.6	3.6	3.3	3.3	-0.4	3.2	2.8	2.3	-0.9
	경상남도	시	7.2	7.2	6.8	6.8	-0.4	5.8	5.9	5.6	5.2	5.0	-0.8	5.0	4,2	3.6	-1.4
		군	3.0	3.9	4.6	4.3	1.3	2.6	2.8	2.6	2.6	2.5	-0.1	2.4	2.0	1.7	-0.7
		계	4.6	5.0	5.3	5.2	0.6	4.1	4.3	4.1	3.9	3.7	-0.4	3.7	3.1	2.7	-1
	제주도	시	6.4	6.7	7.2	7.3	0.9	6.6	6.3	6.1	5.6	5.4	-1.2	5.7	4.7	4.2	-1.5
		군	6.0	6.4	8.0	8.4	2.4	5.3	5.1	5.1	4.7	4.6	-0.7	4.8	4.0	3.3	-1.5
		계	6.2	6.5	7.6	7.8	1.6	5.9	5.7	5.6	5.2	5.0	-0.9	5.2	4.4	3.7	-1.5
시·군		시	7.0	7.2	6.9	6.9	-0.1	6.0	5.8	5.6	5.2	4.9	-1.1	4.9	4.2	3.6	-1.3
		군	3.7	4.0	3.9	4.1	0.4	3.3	3.2	3.3	3.2	3.1	-0.2	3.0	2.6	2.2	-0.8
전체			5.0	5.1	4.9	5.0	0	4.4	4.4	4.3	4.1	3.9	-0.5	3.9	3.3	2.8	-1.1

② 출산 및 혼인 요인

㉮ 30세 이상의 남녀 결혼 비율

30세가 넘어서 결혼하는 남녀 비율은 지방자치단체의 유형에 상관없이 점차 증가하는 추세이다. 30세 이상의 남녀 결혼 비율은 대체로 남자 비율이 여자에 비해 높으며, 1990년대 후반 들어 크게 증가하고 있다. 그러나 그 비율은 광역자치단체간에 그리고 시·군자치단체간에 조금씩 차이가 있다.

첫째, 나이 30을 넘어서 결혼하는 남자의 비율은 도광역자치단체에 상관 없이 점차 증가하는 추세이다. 경기도의 경우 1991년에 42.3%였으나, 1995년 도에는 46.0%, 2000년도에는 56.9%, 2002년도에는 62.8%로 높아지고 있다. 특히 IMF가 시작된 이후인 1999년의 경우 나이 30을 넘어서 결혼하는 남자의 비율이 다소 높아지고 있다. 이러한 경향은 현재의 경제적인 여건을 고려할 때 지속될 것으로 여겨진다.

그러나 30세 이상 결혼 비율은 광역자치단체간에 다소 차이를 나타낸다. 경기도와 제주도의 비율이 다른 도에 비해 가장 높게 나타났으며, 상대적으로 충청남도와 충청북도의 비율이 낮은 것으로 나타났다. 남자의 30세 이상 결혼비율은 1991년에 경기도와 제주도가 각각 42.3%와 43.%인데 반해 충청 북도와 충청남도의 경우 각각 36.2%와 36.8%이며, 2002년의 경우 경기도와 제주도가 각각 62.8%와 62.9%인데 반해 충청북도와 충청남도의 경우 각각 56.5%와 56.1%로 약 6%의 차이를 보인다. 경기도와 제주도는 급격한 사회환 경적인 변화가 나타난 지역이다. 경기도의 수도권 개발과 제주도의 관광지 개발은 유동인구의 급격한 유입, 물질문화의 팽배, 결혼가치에 대한 변화를 초래하였다. 그에 반해 충청도의 경우 천안시 등의 일부 도시를 제외하곤 큰 인구유입이나 도시화가 없었으며, 전통적인 유교적 사상과 관습을 중시하는 지역정서가 남아있다.

둘째, 시·군자치단체간에 30세 이상 남녀의 결혼비율은 차이를 나타낸다. 시의 경우 군에 비해 30세 이상 남녀의 결혼비율이 높게 나타났다.

<표 5-6> 30세 이상의 남녀 결혼 비율 추이

(단위 : %)

구 분			1991	1992	1993	1994	1995	1996	1997	1998	1999	2000	2001	2002
도별	경기도	남	42.3	43.0	43.5	44.7	46.0	46.6	48.2	50.4	54.3	56.9	59.9	62.8
		여	11.0	11.9	12.0	12.3	13.4	15.1	16.3	18.0	20.9	23.8	27.3	29.3
	강원도	남	40.2	41.1	41.4	41.8	43.9	44.1	44.0	45.5	49.4	52.5	55.1	57.5
		여	10.9	11.7	11.2	12.3	13.8	15.1	15.4	16.6	20.0	21.7	24.1	26.2
	충청북도	남	36.2	35.2	35.6	36.4	39.1	39.7	41.6	43.7	46.7	50.4	51.7	56.5
		여	9.4	9.8	8.9	8.9	10.5	11.8	12.8	14.2	16.4	18.6	19.2	24.9
	충청남도	남	36.8	36.2	37.0	37.3	38.2	40.2	40.7	42.8	46.5	49.8	51.7	56.1
		여	10.0	10.4	9.3	10.1	11.3	13.2	12.0	14.1	16.1	17.8	19.3	22.0
	전라북도	남	41.3	41.3	40.3	41.8	44.1	45.3	44.5	46.3	50.7	53.5	55.7	58.9
		여	10.2	10.6	9.8	9.8	11.8	13.0	14.2	15.0	17.5	18.2	20.9	23.8
	전라남도	남	39.1	39.7	39.7	40.8	42.6	44.4	45.8	45.8	50.3	55.7	55.6	59.3
		여	9.1	9.3	9.4	9.1	10.6	13.0	12.6	14.7	16.8	19.2	20.4	23.2
	경상북도	남	35.0	38.4	37.8	38.7	41.4	42.1	44.0	45.5	50.3	52.5	55.5	59.9
		여	8.0	8.9	9.0	9.1	10.7	11.7	12.9	14.5	17.7	18.7	21.4	26.0
	경상남도	남	38.3	38.4	38.0	39.8	40.9	42.7	44.3	46.1	50.6	54.7	57.2	61.3
		여	8.3	8.8	8.8	9.5	10.0	12.3	13.6	14.1	17.8	20.3	22.1	25.6
	제주도	남	43.8	44.1	44.6	45.0	49.0	48.5	50.4	54.1	58.4	58.9	63.3	62.9
		여	13.2	13.7	15.4	14.1	16.5	18.1	18.9	22.7	25.0	27.8	32.7	33.7
시·군	남	시	41.6	41.9	42.2	42.7	43.8	44.3	46.0	48.1	51.6	54.9	58.0	61.2
		군	37.5	38.1	38.3	39.6	41.8	43.2	43.9	45.1	49.9	53.1	54.5	58.4
	여	시	10.7	11.3	11.0	11.1	11.9	13.2	14.7	15.9	18.5	21.2	24.1	26.8
		군	9.1	9.7	9.5	9.9	11.6	13.6	13.5	15.3	18.4	19.8	21.5	24.9

㉯ 남녀의 30세 이상 출산 비율

첫 출산시의 부모연령은 출산에 영향을 준다. 첫 아이를 늦게 출산하는 경우 다음 아이의 출산에 대한 의지가 약해지며, 이는 결국 출산율의 저하로 나타난다. 그런데 우리의 지방자치단체들의 경우 <표 5-7>에 나타난 바와 같이 30세가 넘어서 첫 아이를 출산하는 부모들의 비율이 크게 증가하고 있으며, 이러한 경향은 시·군자치단체간에, 광역자치단체간에 거의 차이가 없다. 이러한 원인으로는 결혼연령의 후퇴, 출산을 위한 신체적·생리적인 저해요인 증가, 선 경제안정과 후출산의 사고 등을 들 수 있다.

<표 5-7> 30세 이상의 남녀 출산비율 추이

(단위 : %)

구 분			1991	1992	1993	1994	1995	1996	1997	1998	1999	2000	2001	2002
도별	경기도	남	48.6	52.1	54.8	56.6	58.6	61.4	60.8	62.6	63.5	66.9	69.3	71.6
		여	17.2	19.7	22.0	40.0	25.1	27.5	28.1	30.4	37.4	36.4	39.5	42.4
	강원도	남	49.8	53.0	53.6	55.9	55.7	56.8	57.5	57.1	58.8	60.5	64.0	65.7
		여	19.9	21.6	23.1	38.5	25.5	26.1	27.8	28.3	32.9	31.9	36.7	38.3
	충청북도	남	46.1	50.4	51.3	50.7	52.3	53.8	55.0	57.2	57.6	62.6	64.2	61.1
		여	18.0	19.6	20.5	33.2	22.2	22.6	24.9	26.8	30.5	32.2	35.1	33.2
	충청남도	남	49.0	51.0	52.2	53.3	54.6	54.3	55.1	56.4	56.9	60.7	63.8	65.4
		여	19.0	20.3	22.2	35.7	24.2	24.5	24.5	26.4	30.6	30.4	33.1	36.2
	전라북도	남	52.7	52.9	55.0	55.9	57.8	58.3	60.4	59.5	61.4	63.7	67.3	68.2
		여	18.5	20.1	21.1	37.2	24.2	23.9	26.9	27.3	34.3	31.0	34.7	35.4
	전라남도	남	50.9	52.6	54.3	55.5	56.3	56.6	58.3	59.8	61.0	64.0	66.8	67.9
		여	18.0	19.6	21.0	35.2	23.7	24.5	25.8	27.9	32.4	32.6	34.6	36.0
	경상북도	남	48.9	50.9	53.8	54.7	56.4	57.0	58.4	60.8	60.8	65.7	67.6	69.3
		여	17.9	19.4	21.4	36.2	24.3	24.7	26.0	27.7	32.8	32.8	35.3	37.9
	경상남도	남	49.0	50.6	54.1	55.0	55.3	54.9	57.8	57.9	60.3	65.0	66.9	70.1
		여	16.9	18.7	21.2	36.3	22.8	23.4	25.0	26.4	33.0	33.1	34.9	38.5
	제주도	남	51.3	52.1	54.2	56.1	-	59.8	60.4	62.2	65.2	66.6	69.8	71.4
		여	22.7	23.9	26.8	38.1	-	31.4	31.9	34.6	38.0	40.0	43.7	46.5
시·군	남	시	50.5	53.3	55.3	56.8	57.0	58.2	59.0	60.4	61.6	65.3	67.6	70.2
		군	48.9	50.9	53.0	54.1	55.8	56.4	57.8	58.7	59.9	63.2	66.0	66.5
	여	시	18.9	20.8	22.8	38.8	24.3	26.0	26.5	28.5	34.8	33.9	36.9	39.9
		군	17.7	19.4	21.1	35.9	24.0	24.7	26.4	27.8	32.6	32.5	35.4	36.6

첫째, 도자치단체별로 볼 때, 나이 30을 넘어서 첫아이를 출산하는 남자의 비율은 년도별로 다소 차이를 나타낸다. 1991년에는 전라남북도와 제주도의 비율이 높았으나, 2002년도에는 경기도 · 경상남도 · 제주도의 비율이 높게 나타났다. 그러나 특이하게 제주도의 경우 30세 이상의 여성 출산비율이 다른 도에 비하여 상대적으로 높게 나타나고 있다.

둘째, 시 · 군자치단체의 경우 시자치단체가 군자치단체에 비해 남녀 모두 30세 이상 출산비율이 높게 나타나고 있다. 그리고 1991년도에 비해 2002년도에는 그 격차가 더욱 벌어지고 있다.

③ 규범적 요인

규범적인 요인으로 남아선호의 정도를 여아에 대비한 남아의 출생정도를 통해 측정하였다. 여성 아이에 대비한 남성아이의 비율은 1991년의 114에서 1995년에 115, 2000년과 2002년에 각각 110이었다. 따라서 여전히 여아에 비해 남아의 출생이 여전히 높지만, 1995년을 기점으로 여아에 대비한 남아의 출생이 낮아져 남아선호의 정도가 조금씩 낮아지고 있다.

<표 5-8> 남아선호도 추이

(단위 : 명)

구 분		1991	1992	1993	1994	1995	1996	1997	1998	1999	2000	2001	2002
도별	경기도	110	112	113	113	111	110	108	108	109	108	109	108
	강원도	110	111	116	115	114	111	106	109	111	110	113	107
	충청북도	115	118	116	116	116	116	108	108	110	111	111	99
	충청남도	113	117	115	116	112	111	108	108	108	110	110	111
	전라북도	105	108	114	112	112	108	108	113	107	109	112	112
	전라남도	110	110	113	112	112	112	108	111	109	109	107	108
	경상북도	123	124	123	123	120	114	114	115	109	113	109	113
	경상남도	120	117	119	120	121	114	113	115	111	112	112	113
	제주도	104	116	110	115	-	108	110	113	111	103	109	119
시 · 군별	시	112	115	115	115	113	110	109	110	110	110	109	111
	군	114	115	117	117	116	113	109	112	109	110	111	108
전 체		114	115	116	116	115	112	109	111	109	110	110	110

④ 사회적요인

지방자치단체 단위에서 대졸이상 학력수준을 가진 출산부모의 비율은 도 자치단체간 그리고 시·군자치단체간 구분 없이 대체로 점차 증가하는 경향 이다. 출생아이의 부모중 남자의 대학이상 학력비율은 경기도의 경우 1991년 28.9%에서 1995년 33.9%, 2000년 41.8%, 2002년 46.5%로 높아졌으며, 여성의 대학이상 비율은 1991년 15.6%에서 1995년 20.0%, 2000년 31.1%, 2002년 38.0%로 높아졌다.

<표 5-9> 부·모의 대학이상 학력 추이

(단위: %)

구 분			1991	1992	1993	1994	1995	1996	1997	1998	1999	2000	2001	2002
도별	경기	부	28.9	30.3	31.1	32.5	33.9	35.1	37.4	38.5	39.8	41.8	43.7	46.5
	도	모	15.6	16.7	17.5	18.6	20.0	22.0	24.0	26.5	28.4	31.1	34.1	38.0
	강원	부	25.5	27.0	28.8	31.5	31.2	33.0	34.9	35.1	36.0	37.9	40.3	43.0
	도	모	12.9	14.0	15.3	17.2	17.6	19.8	22.6	24.6	26.1	28.8	31.9	35.9
	충청	부	24.3	26.1	27.3	28.4	29.8	31.1	32.1	33.5	34.0	35.4	37.0	38.4
	북도	모	11.1	12.5	13.5	14.2	16.2	16.7	19.2	21.4	22.0	25.1	28.0	30.4
	충청	부	23.6	26.2	27.2	29.0	30.9	32.1	31.6	32.4	32.9	34.9	35.5	38.3
	남도	모	12.1	13.7	14.4	16.1	17.9	18.8	19.9	21.4	22.4	25.4	27.4	31.0
	전라	부	23.0	26.0	27.3	28.9	29.8	30.5	32.6	32.8	34.2	35.2	37.7	39.6
	북도	모	12.5	14.8	15.9	18.0	18.6	20.3	22.3	24.4	27.3	28.4	32.6	35.9
	전라	부	20.8	22.7	24.0	25.0	26.2	27.5	29.1	29.6	31.3	33.0	36.4	39.6
	남도	모	10.6	12.5	13.5	14.2	15.4	17.4	19.0	20.9	23.3	25.8	29.8	33.5
	경상	부	25.6	26.7	29.4	31.2	31.7	32.7	34.6	35.9	37.0	39.7	41.5	44.0
	북도	모	13.6	14.8	16.7	18.1	18.8	20.8	22.8	25.3	28.4	30.6	34.0	37.4
	경상	부	24.1	27.0	28.2	30.4	30.9	32.5	33.4	35.0	36.5	38.3	40.9	42.0
	남도	모	13.3	15.8	16.5	18.0	19.2	21.4	22.5	25.1	27.4	29.5	32.9	35.5
	제주	부	30.5	32.0	33.0	35.5	-	38.8	40.2	43.1	45.6	46.6	48.9	51.1
	도	모	15.7	17.6	18.3	20.0	-	24.7	27.8	31.0	35.0	38.1	41.7	44.1
시·군	부	시	37.2	36.0	37.2	39.0	36.7	37.9	39.7	40.7	42.5	43.9	45.8	48.6
		군	23.7	22.1	23.7	25.4	26.6	27.7	28.9	29.7	30.5	32.7	34.9	36.9
	모	시	21.4	20.3	21.4	22.8	22.0	24.2	26.0	28.4	30.8	33.4	36.6	40.1
		군	12.9	11.8	12.9	14.2	15.4	17.0	18.7	20.8	22.6	25.0	28.1	31.5

⑤ 경제적요인

㉮ 출산여성의 직업보유율

지방자치단체수준에서 전체적으로 출산여성의 직업보유율은 1991년의 17.5% 이후 대체로 증가하다가, IMF 시기인 1998년 이후부터 2001년까지 감소하였으나, 2002년부터 다시 증가하고 있다. IMF 시기인 1998년 이후에 직업보유여성의 출산율이 떨어지는 것은 직업을 소유한 여성들이 어려운 경제여건 등으로 인해 출산보다는 직장을 선택하여 출산을 억제하였기 때문이다. 그리고 2002년도에 직업을 보유한 여성의 출산이 증가하는 것은 정부에서 출산휴가나 양육을 위한 제도개선책의 발표와 더불어, 그 동안 출산을 미룬 여성들의 출산이 증가하였기 때문으로 보인다.

그런데 출산여성의 직업보유율은 최근 2001년까지 시지역보다는 군지역이 높게 나타나고 있다. 이는 부모의 직업 분류시 농어업 등이 포함되기 때문으로, 평야가 많은 전라남도와 전라북도의 경우 특히 군지역 출산여성의 직업보유율이 높다. 그러나 농업산업의 하락에 따라 최근 직업보유율이 줄어들고 있다.

<표 5-10> 출산여성의 직업보유율 추이

(단위: %)

구 분		1991	1992	1993	1994	1995	1996	1997	1998	1999	2000	2001	2002
경기도	계	8.3	9.9	9.7	10.6	10.5	11.1	11.6	12.0	10.6	11.0.	15.1	24.6
	시	7.1	8.0	8.5	10.0	10.2	11.1	11.4	12.2	10.6	12.3	15.2	24.6
	군	11.24	13.3	11.9	12.2	10.9	11.3	12.1	11.4	10.3	10.7	14.5	22.4
강원도	계	15.5	15.5	16.2	16.5	16.6	16.5	16.3	16.7	14.5	15.9	17.1	19.8
	시	12.6	13.7	14.7	15.0	15.5	16.0	16.9	16.1	14.9	16.2	17.5	18.6
	군	16.9	16.3	16.8	17.2	17.3	16.8	15.9	17.1	14.3	15.8	16.9	20.7
충청북도	계	16.6	17.5	15.9	16.6	15.1	16.2	16.6	15.1	14.0	14.0	15.4	15.0
	시	9.9	10.6	10.5	12.1	13.3	12.6	13.5	12.8	12.2	12.7	14.5	17.7
	군	18.7	19.5	17.5	17.9	15.8	17.5	17.7	15.9	14.8	14.5	15.8	14.0
충청남도	계	15.2	15.2	14.6	15.3	15.7	16.2	15.9	15.5	13.3	14.4	15.3	20.7
	시	11.7	11.3	12.6	13.1	13.5	13.9	13.8	13.6	12.1	13.2	13.7	23.5
	군	16.4	16.5	15.2	16.0	16.9	17.8	17.3	16.8	14.1	15.3	16.4	18.9
전라북도	계	26.8	26.7	26.1	25.2	24.3	23.0	22.0	22.1	19.5	20.2	21.6	27.6
	시	14.3	15.7	15.6	16.1	18.6	17.6	17.5	17.5	15.8	15.9	18.2	27.8
	군	31.6	31.8	30.9	29.4	28.6	27.1	25.4	25.6	22.2	23.5	24.3	27.4
전라남도	계	27.1	26.8	26.0	24.5	23.9	21.5	20.6	20.9	19.0	18.8	22.0	26.8
	시	10.1	10.8	12.5	11.8	14.4	12.8	13.6	13.9	13.2	13.6	16.7	21.5
	군	32.0	31.3	29.8	28.1	27.0	24.4	23.0	23.0	20.7	20.3	23.6	28.4
경상북도	계	17.2	19.5	19.3	19.5	19.2	18.2	18.1	18.2	15.4	16.8	19.6	24.5
	시	10.4	12.2	12.6	12.9	15.1	14.3	14.4	14.3	12.6	13.3	15.7	24.6
	군	20.1	22.5	22.1	22.3	22.4	21.2	21.0	21.2	17.7	19.4	22.7	24.5
경상남도	계	16.0	15.8	17.0	18.0	20.1	17.5	18.3	17.4	16.3	16.9	18.8	20.3
	시	8.4	10.0	11.3	12.7	13.8	13.3	12.9	13.0	11.3	12.7	15.1	20.1
	군	19.0	17.9	19.0	20.0	24.6	21.4	23.6	21.8	21.2	21.0	22.5	20.5
제주도	계	28.0	24.6	24.5	24.4	-	30.1	27.7	24.5	21.4	21.2	25.0	30.2
	시	21.0	19.9	19.2	20.1	-	21.2	22.4	22.8	19.9	20.9	24.7	27.2
	군	35.1	29.3	29.8	28.6	-	39.0	33.0	26.3	22.9	21.4	25.3	33.2
시·군별	시	10.1	11.2	11.8	12.7	13.6	13.6	13.9	14.0	12.5	13.6	15.9	23.2
	군	21.3	21.6	21.0	20.9	20.7	20.4	20.0	19.8	17.5	18.0	20.4	23.0
전 체		17.5	18.1	18.0	18.1	17.8	17.4	17.3	17.1	15.2	16.0	18.3	23.1

㉯ 전문직과 사무직 부모의 비율

직업의 유형에 따라 출산이 달라 질 수 있다. 따라서 특히 자신의 삶이나 향유를 선호하는 전문직과 사무직 종사 부모들의 증가를 살펴보았다.

지방자치단체 수준에서 출산을 한 부모들 중 전문직과 사무직에 종사하는 부모의 비율은 1991년부터 1998년까지는 대체로 완만하게 증가하였으나, 1999년 이후 다소 감소하고 있다. 경기도의 경우 1991년에 남자 4.8%와 여자 2.1%이던 비율이 1998년에 남자 10.9%와 여자 3.8%로 가장 높았으나, 그 후 2002년에 남자 6.1%와 여자 2.4%로 낮아졌다.

<표 5-11> 1991년~2002년의 부·모의 전문직과 사무직 추이

(단위 : %)

구 분			1991	1992	1993	1994	1995	1996	1997	1998	1999	2000	2001	2002
도별	경기도	부	4.8	5.4	5.1	5.4	4.7	5.4	7.5	10.9	8.3	7.4	6.0	6.1
		모	2.1	2.5	2.5	2.6	2.5	2.6	3.0	3.8	3.0	2.4	2.2	2.4
	강원도	부	4.8	5.0	4.7	5.1	4.6	4.9	8.2	9.0	6.2	5.2	4.2	4.5
		모	2.6	3.2	3.2	3.5	3.1	3.2	4.3	4.6	3.2	2.5	2.1	2.4
	충청북도	부	4.8	4.8	5.1	4.7	4.8	4.3	8.3	9.4	6.6	5.5	5.0	5.4
		모	2.0	2.2	2.1	2.6	2.5	2.4	3.2	3.5	2.5	2.0	2.1	1.7
	충청남도	부	6.2	6.3	5.8	6.1	5.2	5.2	8.1	10.6	7.0	5.1	4.3	4.1
		모	2.6	3.3	3.1	3.1	3.2	3.1	3.9	4.2	3.0	2.1	1.7	1.8
	전라북도	부	5.3	6.5	5.6	5.8	6.1	5.0	7.4	9.4	5.6	5.3	4.7	3.9
		모	2.5	3.2	3.0	3.2	3.3	3.0	3.6	4.2	3.1	2.2	1.8	2.1
	전라남도	부	4.8	5.3	5.1	4.4	4.1	4.3	6.0	8.6	6.8	5.0	4.6	3.6
		모	2.2	2.5	2.5	2.5	2.4	2.5	2.8	3.2	2.6	1.8	1.8	1.7
	경상북도	부	5.3	6.0	5.4	5.4	5.2	4.7	7.8	7.6	6.2	4.5	3.4	3.7
		모	2.3	3.1	3.0	3.0	3.1	3.0	3.5	3.8	2.7	1.7	1.5	1.9
	경상남도	부	5.0	5.3	5.1	5.2	4.8	4.3	6.3	8.1	6.3	5.5	4.8	4.5
		모	2.6	3.1	3.1	3.2	3.1	3.1	3.5	3.9	2.8	2.5	2.1	2.0
	제주도	부	4.6	5.0	4.9	5.3	-	3.6	6.1	7.6	6.0	4.8	4.3	3.7
		모	3.1	3.0	2.7	3.2	-	3.0	4.1	4.4	3.4	2.2	2.5	1.9
시·군	부	시	6.8	7.0	6.8	6.9	5.5	5.4	7.7	10.0	7.5	6.4	5.3	5.5
		군	4.3	4.8	4.4	4.4	4.4	4.3	7.0	8.5	6.1	4.8	4.1	5.0
	모	시	3.4	3.9	3.9	4.0	3.5	3.3	3.7	4.3	3.4	2.6	2.2	2.5
		군	1.9	2.3	2.2	2.4	2.5	2.5	3.1	3.5	2.5	1.8	1.7	1.6

(2) **출산의 영향요인에 대한 분석**[18]

① 시기별 출산의 영향요인에 대한 분석

<표 5-12>에 나타난 바와 같이 지방자치단체의 출산력에 영향을 미치는 요인들이 시대별로 차이를 보인다. 1991년-1994년의 시기에는 출산 및 혼인 요인이 영향요인이나, 1995년-2002년에는 결혼 및 혼인요인, 규범적인 요인, 부모의 직업유형에 따른 요인 등 다양한 요인들이 영향을 미치며, 1991년 -2002년의 전체에 대한 분석에서는 이런 요인들이 영향을 미치고 있음을 확인할 수 있다.

첫째, 1991년-1994년의 시기에는 결혼 및 혼인관련 요인들중 여자의 30세 이상 결혼비율·남자의 30세 이상 출산비율 등이 영향을 미친다. 즉, 여자의 30세 이상 결혼비율이 높은 지방자치단체의 출산율이 낮으며, 또한 남자의 30세 이상 출산비율이 높은 지방자치단체의 출산율이 낮다.

둘째, 1995년-2002년에는 여자의 30세 이상 출산비율·남아선호도·여성의 직업보유율·부의 전문사무직비율 등이 영향을 미치며, 이런 요인들이 지방자치단체의 출산율 감소에 영향을 미친다. 즉, 여자의 30세 이상 출산비율이 높은 자치단체의 출산율, 여성의 직업보유율이 높은 자치단체의 출산율이, 부의 전문사무직비율이 높은 자치단체들의 출산율이 낮다. 1991년-1994년의 시기와 비교할 때, 이 시기에는 국가경제 및 지역경제의 문제에 따라

---

18) 출산의 영향요인에 대한 분석은 RATS 프로그램을 활용하여 AR1방식의 회귀분석을 한다. 일반적으로 시계열 자료의 경우 자기상관이 존재하는 경향이 있다. 따라서 자기상 관에 따른 결과의 문제점을 해결하기 위해 AR1방식의 회귀분석을 실시한다.
회귀분석의 방법으로 크게 두가지를 제기할 수 있지만, 자료의 특성상 두 번째 방법에 따른다. 첫째는 변수들을 시계열 자료로 전제하지 않는 즉, 변수들의 연도별 변화치를 반영하지 않는 방법으로, 각 년도 각 자치단체의 자료를 하나의 횡단면적 자료로 전제하고서 분석하는 방법이다. 이 방법에 따르면 본 연구에서 사용한 변수들 대부분이 출산에 영향을 미치는 요인으로 나타난다. 둘째, 패널자료(panal data)의 특성을 반영하여, pooling 시계열 자료에 대한 분석을 실시하는 방법이다. 즉, 시계열자료의 특성상 인과관계 파악을 위해 각 변수들의 연도별 변화치를 반영하는 방법이다.

<표 5-12> 시기별 출산의 영향요인에 대한 회귀분석

구 분	1991-1994년		1995-2002년		1991-2002년	
	coeff	T	coeff	T	coeff	T
30세 이상 결혼비율(부)	0.46	1.28	0.19	0.94	0.35	1.18
30세 이상 결혼비율(모)	-1.35	-2.07**	-0.20	-0.66	-1.16	-2.22**
30세 이상 출산비율(부)	-0.71	-1.88*	0.07	0.61	-0.75	-2.33**
30세 이상 출산비율(모)	0.39	0.64	-0.63	-2.87***	0.41	0.83
남아선호도	-0.13	-1.46	-0.15	-2.14**	-0.16	-2.13**
학력수준(부)	-0.04	-0.10	-0.17	-1.07	-0.39	-1.38
학력수준(모)	-0.02	-0.03	0.16	0.74	0.56	1.28
출산여성의 직업보유율	-0.20	-1.51	-0.24	-2.19**	-0.20	-1.77*
전문·사무직(부)	-1.14	-1.22	0.73	3.39***	-0.69	-0.87
전문·사무직(모)	0.68	0.49	-0.06	-0.62	0.32	0.29
상수	60.0		33.6		67.1	
R2	14.5		23.8		14.3	
Durbin-Watson	1.86		2.09		1.96	

경제적인 요인이 출산에 작용한 것으로 보인다.

셋째, 1991년부터 2002년까지의 12년간 자료에 대한 통합분석의 결과 지방자치단체의 출산에는 여자의 30세 이상 결혼비율·남자의 30세 이상 출산비율·남아선호도·여성의 직업보유율 등이 출산율 감소에 영향을 미친다.

이상에서 언급한 내용을 중심으로 지방자치단체의 출산율에 미치는 영향을 보다 구체적으로 살펴보면 다음과 같다.

첫째, 여성의 30세 이상의 결혼비율 그리고 출산비율이 높은 자치단체, 남자의 30세 이상의 출산비율이 높은 지방자치단체의 출산율이 그렇지 않은 자치단체들에 비해 상대적으로 낮은 것으로 나타난다. 30세 이상의 여성 결혼비율 또는 출산비율이 상대적으로 높은 지방자치단체들[19]은 그 지역의

---

19) 여성의 경우 30세 이상의 결혼비율이 30% 이상에 달하는 자치단체들은 경기도의 17개 시·군(고양시·과천시·군포시·의왕시·안양시·광명시·구리시·남양주시·성남시 등)과 제주도의 4개 시·군들로서 수도권지역과 관광지역이다. 이런 지역들은 다른 지역에 비해 상대적으로 유동성이 강하며, 결혼에 얽매이기보다는 자기중심의 자유로운

출산율을 결정하는 출산여성들의 수가 적어짐을 의미한다. 또한 남자의 30세 이상의 출산비율이 높다는 것 역시 그렇지 않은 지역이 비해 지역의 출산을 위한 자원이 부족함을 의미한다. 개인적인 측면에서도 30세가 넘어 결혼하는 여성들은 대체로 전문직이나 사무직 등의 안정적인 직업을 가진 여성들이 대부분으로 자신의 미래와 생활을 중시하는 경향이 높을 것이며, 의학적으로도 30세 이상이면 출산에 대한 부담을 느낄 수 있다. 그리고 30세 이상이 되어 첫아이를 출산한 남자들의 경우 아이의 장래 교육이나 경제적인 지원 등을 고려할 때 두 자녀 이상을 갖기가 부담스러울 것이다. 따라서 이러한 비율이 상대적으로 높은 경우 지방자치단체의 출산율 감소가 나타날 수 있다.

둘째, 남아선호도가 높은 지방자치단체들의 출산율이 낮은 것으로 나타났다. 남아선호도가 140이 넘는 지역들은 모두 군지역[20]으로 전통적인 사고와 유교적인 사상이 남아있을 가능성이 높은데 반해 상대적으로 도시에 비해 경제적인 여건이 열악한 지역들이다.

셋째, 여성의 직업보유율이 높은 지방자치단체의 출산율이 그렇지 않은 지역에 비해 상대적으로 낮게 나타나서, 여성의 취업이 출산율을 감소시키는 요인으로 작용하고 있음을 알 수 있다. 과거에는 할머니 또는 할아버지들이 손자나 손녀를 돌보는 경향이 있었으나, 최근에는 노인들 역시 자신의 생활을 즐기려는 성향이 늘고 있어서 자녀 양육이 가장 큰 문제로 대두된다. 그럼에도 우리의 경우 취업여성들이 출산과 육아를 병행할 수 있도록 하는 정부의 제도적인 보장이 취약하여 취업한 여성들은 출산을 포기하는 경향이 높아지고 있다. 그러므로 여성들의 취업비율이 높은 지방자치단체의 출산이 떨어질 수 있다.

사고를 존중하는 경향이 높은 지역이라 할 수 있다.

20) 경상북도의 군위군·고령군·달성군·안동군·영덕군·영양군·영풍군·예천군·울릉군·청도군, 경상남도의 합천군·함안군·의령군, 기타 강원도 영월군·양구군, 충청북도 영동군, 전라남도 구례군 등이다.

② 시·군자치단체별 출산의 요인에 대한 분석

우리나라의 시·군들은 인구규모, 면적, 사회경제적 여건 등에서 큰 차이를 나타낸다. 따라서 출산의 요인 역시 시·군간에 차이가 나타날 것으로 인식된다. 그러므로 지방자치단체의 시·군별로 출산의 영향요인을 분석하였다.

㉮ 시자치단체의 출산영향요인에 대한 분석

시자치단체의 출산에 영향을 미치는 요인은 시기별[21]로 차이를 보여 일정한 유형을 밝히기 힘들다. 그러나 앞의 시기별 결과와 1991년-2002년까지의 전체 결과를 비교할 때, 시자치단체의 출산 영향요인으로는 남아선호도·남자의 학력수준·여자의 학력수준 등을 설정할 수 있다. 출산율과 이들 요인들과의 관계를 보면, 남아선호도가 높은 지방자치단체의 출산율이 떨어지며, 남자의 학력수준이 높은 지방자치단체의 출산율이 떨어진다. 그에 반해 여성의 학력수준은 남자와는 반대의 영향을 보인다.[22]

첫째, 남아선호도가 높은 지방자치단체의 출산율이 그렇지 않은 지역에 비해 상대적으로 낮은 것으로 나타났다. 출산과 자녀양육에 대한 우리들의

---

21) 시자치단체의 출산에 1991년-1994년에는 남자의 30세 이상 결혼비율·남아선호도·남자의 학력수준·여성의 학력수준이 영향을 보이며, 1999년-2002년의 시기에는 남자의 30세 이상 결혼비율만이 영향력을 가진다.

22) 여성의 학력수준이 높은 시자치단체일수록 출산율이 높은 것으로 나타난다. 따라서 학력수준은 지방의 출산율 증가와 연관성을 지니므로, 논의에서 제외하고자 한다. 그런데 여성의 학력수준이 높은 자치단체들로는 경기도의 수원·과천·성남·안양·광명·과천·군포·의왕·고양 등과 기타 시 등이며, 강원도의 춘천시·강릉시, 전라북도의 전주·군산·익산, 경상북도의 포항·경주·안동, 경상남도의 진주·사천·양산, 제주도의 제주·서귀포 등이다. 이러한 도시들은 다양한 특성을 가지지만, 일부 공통점을 보이기도 한다. 경기도의 경우 대부분 신도시 또는 신흥개발도시들로서 순수 토박이보다는 타 지역에서 전입한 여성들이 많다는 점, 기타 각 도의 도시들은 각 도에서 상대적으로 규모가 큰 도시들로서 교육·문화·생활여건이 좋은 편으로 도내 다른 시들에 비해 대졸여성들의 선호도가 높다는 점, 사천의 항공산업·포항의 포철·양산 등의 공업단지 등으로 핵가족화된 젊은 전입층이 많다.

<표 5-13> 시·군별 출산의 영향요인에 대한 회귀분석

구 분	1991-1994 시		1991-1994 군		1995-2002 시		1995-2002 군	
	coeff	T	coeff	T	coeff	T	coeff	T
30세 이상 결혼비율(부)	-1.37	-2.08*	0.58	1.20	0.62	1.68*	0.19	0.65
30세 이상 결혼비율(모)	0.67	0.51	-1.72	-1.93*	-0.67	-1.58	-0.41	-0.84
30세 이상 출산비율(부)	0.03	0.03	-0.47	-0.90	0.01	0.04	-0.28	-1.30
30세 이상 출산비율(모)	0.44	0.35	-0.14	-0.19	-0.54	-1.33	0.32	0.85
남아선호도	-0.47	-1.94*	0.05	0.36	-0.14	-1.07	-0.20	-3.08***
학력수준(부)	-1.33	-2.39**	-0.41	-0.56	0.20	0.68	-0.33	-0.85
학력수준(모)	1.81	2.54***	0.49	0.38	-0.08	-0.23	-0.12	-0.24
출산여성 직업보유율	-0.95	-1.28	-0.01	-0.08	-0.17	-0.82	-0.40	-2.96***
전문·사무직(부)	-0.98	-0.56	-1.68	-1.20	-0.54	-1.39	-0.79	-0.86
전문·사무직(모)	-0.86	-0.38	-2.49	-0.89	0.14	0.35	1.31	0.97
상 수	135.7		44.0		16.2		54.9	
R2	14.8		14.5		21.6		12.2	
Durbin-Watson	2.03		2.04		2.17		1.92	

구 분	1991-2002 시		1991-2002 군	
	coeff	T	coeff	T
30세 이상 결혼비율(부)	-0.46	-1.06	0.47	1.06
30세 이상 결혼비율(모)	-0.71	-0.87	-2.07	-2.59**
30세 이상 출산비율(부)	-0.44	-0.90	-0.42	-0.88
30세 이상 출산비율(모)	0.75	0.97	-0.20	-0.29
남아선호도	-0.44	-2.73***	0.04	0.37
학력수준(부)	-1.26	-3.26***	-0.62	-0.99
학력수준(모)	1.66	3.30***	0.43	0.38
출산여성 직업보유율	-0.41	-0.92	-0.15	-0.85
전문·사무직(부)	-0.59	-0.62	-1.64	-1.29
전문·사무직(모)	-0.74	-0.53	-1.08	-0.44
상 수	120.0		53.7	
R2	12.3		13.5	
Durbin-Watson	1.95		1.83	

의식이나 사고는 과거에 비해 1990년대 이후 큰 변화를 맞이하고 있다. 즉, 출산은 단지 출산의 문제로 끝나는 것이 아니라 양육의 문제와 연결된다. 이에 따라 도시지역의 젊은층들은 많은 자녀를 낳으려는 성향이 적으며,

하나를 낳더라도 남아를 선호한다. 그러므로 남아선호도가 높은 시지역에서는 자녀에 대한 선별적인 출산에 의해 여아인 경우 낙태하거나, 첫 아이가 남자인 경우 출산을 중단할 가능성이 높을 것으로 생각된다. 그에 따라 남아선호도는 지역의 출산율에 부정적인 영향을 주고 있다. 둘째, 남자의 학력수준이 높은 자치단체의 경우 그렇지 않은 자치단체에 비해 상대적으로 출산율이 낮게 나타나고 있다. 1990년대 이후 남자들의 대학졸업 이상의 비율은 크게 증가하나, 대학이상 졸업자들의 취업이나 경제 사정은 크게 나아지지 못하고 있다. 또한 자녀양육을 경제적인 능력과 연계지어 생각하는 경향이 높아지면서, 출산이전에 자녀의 교육이나 뒷받침을 먼저 고려하는 것으로 볼 수 있다. 이처럼 대졸이상 남자들은 여러 자녀의 출산을 기피하며, 이는 지역의 출산율에 부정적인 영향을 주고 있는 것이다.

㉯ 군자치단체의 출산영향요인에 대한 분석

군자치단체 출산율의 영향요인 역시 시기별로 차이를 보인다. 1991-1994년에는 30세 이상의 여 결혼비율이 군자치단체의 출산율을 떨어뜨리는 요인으로 작용하였으나, 1995-2002년에는 남아선호도·여성의 직업보유율 등이 자치단체의 출산율을 떨어뜨리는 요인으로 작용하였다. 그리고 1991년-2002년의 전체분석에서는 30세 이상의 여 결혼비율이 군자치단체의 출산율을 떨어뜨리는 요인으로 작용하였다. 따라서 이러한 결과를 두고 볼 때, 군자치단체의 출산율 감소의 요인으로는 30세 이상의 여 결혼비율, 남아선호도·여성의 직업보유율 등이다.

첫째, 30세 이상의 여 결혼비율이 높은 군자치단체의 출산율이 떨어지는 것으로 나타났다. <표 5-6>에서 언급한 바와 같이 1990년대 이후 군지역 여성들의 30세 이상 결혼비율이 역시 증가하고 있는데, 특히 그 비율이 높은 자치단체의 경우 이는 자연히 해당자치단체의 출산력을 감소시키는 요인으로 작용한다.

둘째, 남아선호도가 높은 군자치단체일수록 출산율이 떨어지는 것으로 나타났다. 군자치단체에서 남아선호가 대체로 높은 곳은 군위군·성주군·예천군 등과 통합이전의 안동군·영일군·경주군 등의 경상북도지역의 군자치단체와 경상남도지역의 남해군·합천군 등과 통합이전의 밀양군·진양군 등의 군자치단체들로 나타나고 있는데, 이들 지역은 역사적으로 유교적인 전통이 강한 지역들이라고 할 수 있다. 그에 반해 이들 지역의 경제적인 여건은 좋지 않은 편이다. 따라서 저출산하에서 1인의 남아를 두는 가정이 늘어난다고 할 수 있다.

셋째, 여성의 직업보유율이 높은 군자치단체일수록 출산율이 떨어지는 것으로 나타났다. 군지역중 여성의 직업보유율이 높은 자치단체들은 전라북도의 진안·무주·장수·순창·정읍·고창군 등과 전라남도의 고흥·보성·장흥·해남·무안·영암 등의 자치단체가 대부분인데, 이들 지역은 전통적으로 경작지가 많은 곳으로 여성들의 노동량이 높다고 할 수 있다. 또한 1990년대 이후 농업산업의 하락에 의해 김대중 정부이후 이들 지역은 관광산업으로의 전환, 타 직종으로의 전환 등에 의해 여전히 여성들의 노동력의 투입이 줄어들지 않고 있다. 그러나 도시에 비해 농촌의 어린이 교육시설, 영유아의 양육시설이나 위탁시설은 부족하며, 가정의 경제적 역시 떨어진다, 이에 따라 농촌거주 여성들의 출산기피현상이 늘어나고 있다고 할 수 있다.

3) 정책적인 함의

지방자치단체의 출산을 감소시키는 요인들은 시기별로·시군별로 다소 차이가 존재한다. 따라서 정책적인 차원에서 대응방안을 모색하기 위해서는 1991년부터 2002년까지의 12년간의 통합자료에 따른 분석결과와 시기별로 최근에 속하는 1995년-2002년까지의 분석결과를 중심으로 하여 대응방안을 모색할 필요성이 있다.

먼저 시기별로 지방자치단체의 출산을 감소시키는 요인에 대한 분석에서

1991년-1994년의 시기에는 30세 이상결혼비율이, 1995년-2002년에는 모의 30세 이상출산비율·남아선호도·출산여성의 직업보유율·부의 전문사무직비율 등이, 1991년-2002년까지의 12년간의 데이터에 대한 분석에서는 여자의 30세 이상 결혼비율·남자의 30세 이상 출산비율·남아선호도·여성의 직업보유율 등이 영향요인으로 나타났다. 그리고 시·군의 유형별 영향요인 분석에서 시자치단체의 출산감소의 요인으로는 남아선호도·남자의 학력수준 등이, 군자치단체의 출산감소의 요인으로는 30세 이상의 여 결혼비율, 남아선호도·여성의 직업보유율 등이 나타났다. 그러므로 이러한 결과를 바탕으로 다음과 같은 방안을 생각할 수 있다.

첫째, 여성과 남성들의 30세 이상 결혼연령 증가, 첫아이 출산이 30세 이상인 여성비율이 증가할 경우 이는 당연히 출산감소로 연결된다. 따라서 결혼연령 및 출산연령이 늦어지는 원인에 대한 파악과 더불어 이를 낮추는 방안의 모색이 시·군 모두의 자치단체에서 필요하다. 일반적으로 결혼과 출산이 늦어지는 원인중의 하나로 가장 많이 이야기되는 것이 결혼 및 육아에 대한 인식의 변화를 들 수 있다. 이러한 문제는 지방정부 차원의 감독이나 지시에 의해 해결될 문제가 아니다. 따라서 규범적·생물학적인 측면에서의 홍보 및 계도가 필요하다. 즉, 결혼과 가정형성의 필요성에 대한 홍보, 결혼연령이 높아지면서 나타나는 부부생활 및 출산에 관련된 생물학적인 위험, 자녀양육에서 남성과 여성의 공동책임 의식 등을 높일 필요가 있다.

둘째, 남아선호사상의 증가는 출산의 감소요인으로 작용한다. 우리의 남성위주의 문화와 사상은 결국 남아선호로 나타나 여전히 이러한 풍습이 잔존한다. 그러므로 자녀를 적게 낳아서 기르려는 심리와 아들에 대한 선호가 결합하여, 최근 첫째가 아들인 경우 더 이상 자녀 낳기를 포기하거나, 불법임에도 태아에 대한 감별이 공공연히 벌어짐에 따라 여 태아에 대한 낙태가 행하여지고 있다. 따라서 지방자치단체들은 지속적인 홍보를 통해 남아선호사상을 불식시키려는 노력이 필요하며, 또한 음성적·간접적인 태아 감별에 대한 단속을 강화할 필요성이 있다.

셋째, 아버지의 대졸이상 학력수준이 지방자치단체의 출산감소요인으로 작용한다. 특히 시자치단체의 경우 아버지의 대졸이상 학력수준이 높은 자치단체의 출산율이 낮은 것으로 나타난다. 서구적인 가치관 중심의 교육은 지역사회의 출산에도 영향을 준다. 일반적으로 학력수준이 높은 집단은 대체로 자녀를 낳아 기르려는 성향은 적은 반면에, 자신의 현재 생활을 중시하는 합리적인 자기중심주의로 흘러갈 가능성이 높다. 즉, 자신의 일을 존중하며 가정에 종속되기 보다는 자신의 문화생활을 우선적으로 고려하는 경향이 있다. 따라서 고학력자에 대한 지속적인 사회홍보와 더불어 대학에서의 출산과 양육에 대한 교육이 강화될 필요성이 있다.

넷째, 여성의 직업보유는 출산력 감소요인의 요인으로 작용한다. 우리의 근로조건 또는 아동복지의 수준상 여성이 어머니로서 그리고 근로자로서 두 가지 역할을 수행하기가 쉽지 않다. 따라서 지방정부는 중앙정부와의 연계를 통해 경제활동과 육아를 병행할 수 있는 제도적인 보완이 필요하다. 그리고 보다 중요한 것은 기존에 만들어진 제도나 향후 마련된 출산 및 육아 관련 제도들이 산업현장에서 제대로 시행되는지를 철저한 관리 감독할 필요성이 있다.

다섯째, 출산의 저해요인중의 하나로 교육에 따른 경제 문제를 들 수 있다. 최근 증가하는 사교육비의 부담과 조기유학 등의 풍조는 부모의 출산 의지를 약화시킬 것이다. 우리 사회에서 부모의 자녀양육은 권리보다는 의무에 속하는 것으로 인식되며, 또한 부모들은 자녀들에게 충분한 교육의 기회를 주고자 할 것이다. 그러나 자녀가 사회인으로서 자립하기 전까지 필요한 국내외 교육비·사교육비·양육비 등의 증가는 출산의 부담으로 작용한다. 따라서 공교육의 활성화, 정부의 장학금 지원, 양육에 따른 비용부담 등을 통해 부모들의 교육비를 줄이는 방안의 모색이 필요하다.

여섯째, 여러 자녀 출산 가정에 대한 세제감면 및 양육비 지원책을 마련하여야 한다. 최근 일부 지방자치단체를 중심으로 세 자녀 이상 갖는 가정에 대한 출산보조 또는 지원이 이루어지고 있으나, 일회에 한정되고 있다. 따라서 여러 자녀 출산 가정에 대한 각종 세제감면 및 정기적인 양육비의 지원에 대한 방안이 모색되어야 한다. 그러나 지방자치단체들의 재정적인 여건을 고려할 때 이는 쉽지 않을 것이다. 따라서 지방정부들은 중앙정부 차원의 대책마련을 적극적으로 촉구하여야 할 것이다.

일곱째, 아동복지에 대한 강화와 더불어 시·군지역의 영·유아시설을 확충하는 방안이 필요하다. 자녀 양육시 부모들이 겪는 주요 어려움중의 하나는 부모들의 경제활동을 할 동안 아이들을 신뢰하고 맡길 수 있는 영유아의 보육시설, 초등학교 졸업 때까지의 방과전후의 아동교육시설의 부족이다. 따라서 이러한 시설들의 확충과 저렴한 이용비용이 요구된다.

2. 시·군 기초자치단체 출산감소의 요인

1절에서는 통계청의 전수자료를 활용하여 출산감소의 요인을 분석하였는데, 2절에서는 통계청의 전수자료 요인뿐만 아니라 출산감소와 유의미한 영향을 보일 수 있는 다른 여러 요인들을 추가하였으며, 또한 1절은 RATS프로그램을 활용한 시계열분석인 반면에 2절에서는 SPSSWIN을 활용하며, 1절에서는 종속변수와 독립변수는 시계열 자료 그대로를 활용한 반면에, 2절에서는 종속변수와 독립변수 모두 년도별 변화치[T-(T-1)]를 사용한 것이다.

1) 분석틀과 연구방법

(1) 분석틀과 측정지표

본 연구는 출산감소에 어떤 요인이 영향을 미치는 지를 살펴보고자 한다. 이러한 변수들이 출산감소에 미치는 영향에 대해 분석하기 위한 분석틀은 <그림 5-3>과 같다.

<그림 5-3> 출산감소의 요인에 대한 분석틀

독립변수

경제적 요인
• 취업기회
• 월평균소득
• 모직업

사회적 요인
• 부와 모의 학력수준
• 남녀성비
• 이혼건수

출산 및 혼인 요인
• 첫출산시 부와 모의 연령
• 30세 이상 혼인한 남과 여의 비율

정부정책 요인
• 복지비 지출
• 가족계획사업실적
• 모자보건사업실적

종속변수

출
산
감
소

출산감소에 영향을 미치는 요인으로 각 지방자치단체의 경제적요인, 사회적요인, 출산 및 혼인요인, 정부요인 등으로 구분하였다. 경제적요인은 각 지방자치단체의 취업기회·월평균소득·모의 직업보유율, 사회적 요인으로는 부와 모의 교육수준·남녀성비·이혼건수, 출산 및 혼인요인은 첫출산시 부와 모의 연령·30세 이상이 되어 혼인하는 남자와 여자 비율, 정부요인으로는 복지비·가족계획사업·모자보건사업 등이다. 이러한 변수들 중 모의 직업보유율·부와 모의 교육수준·남녀성비·30세 이상이 되어 혼인하는 남자와 여자 비율 등은 3장의 통계청 데이터를 활용한 분석에서 대체로 유의미한 영향을 보이는 변수들이며, 기타 변수들은 전수자료인 통계청 데이터의 한계 때문에 활용하지 못했던 변수들인 지방자치단체의 취업기회·월평균소득 · 이혼건수 · 첫출산시 부와 모의 연령 등을 포함한다.

분석을 위해 사용될 변수들의 측정지표는 기본적으로 년도별 변화치 [T-(T-1)]이다. 이에 각 변수의 년도별 측정지표를 구한 후 전년도에 대비한 현재년도의 변화치를 분석에 활용한다. 첫째, 종속변수인 출산감소는 각 년도별 출생자수의 변화치이다. 둘째, 경제적요인인 취업기회는 (사업체종사자 수/15세 이상 인구)*100이며, 월평균소득은 〔(각 직종별 평균임금*각 직종별종사자수)/12개월〕/인구수이며, 이혼건수는 각 자치단체의 년도별 이혼건수이다. 정부정책요인 중 복지비 는 각 지방자치단체의 세출예산 일반회계 사회개발비(장)중 보건 및 생활환경개선(관) + 사회보장(관)의 합계로 구하며, 가족계획사업실적은 가족계획사업의 년도별 총건수이며, 모자보건사업실적은 모자보건 임산부등록관리 · 모자보건영유아등록관리 · 임산부건강진단사업 · 영유아건강진단사업 등의 총건수이다. 그리고 기타 모직업 · 부와 모의 학력수준 · 남녀성비 · 30세 이상 혼인한 남과 여의 비율 등은 3장의 변수지표와 동일하다.

(2) 연구범위와 방법

첫째, 본 연구의 분석단위는 지방자치단체이며, 시기적 연구범위는 1995년부터 2002년까지이다. 둘째, 분석대상 지방자치단체는 160개(2002년 기준 시자치단체 75개, 군자치단체 85개)로, 제 1절에서 언급한 바와 같이 광역시 소속의 일부 군자치단체를 제외한 모든 시 · 군자치단체들이다. 셋째, 시계열분석을 활용한 회귀분석은 독립변수의 투입에 한계가 따른다. 따라서 여러 요인을 투입하기 위해 SPSSWIN프로그램을 사용한다.

2) 개별 변수들의 추세

여기에선 5장 1절의 분석에서 다루지 않은 변수들만을 중심으로 설명하고자 한다.

(1) 출생자수

시기별로 다소 차이가 있지만, 종합적으로 볼 때 각 지방자치단체의 평균 출생자수는 현재 감소추세에 있다. 이를 시기별로 보면 1991년-1994년에는 증가(1991년 대비 1995년에 108% 증가)하였으나, 1995년-1999년(1995년 대비 1999년에 7%감소)과 2000년-2002년(2000년 대비 2002년에 12% 감소)의 시기에는 각각 감소하는 현상을 보이고 있다. 그리고 1997년 말 이후의 기업도산, 파산, 구조조정 등으로 인한 실업급증과 불투명한 장래 등은 젊은 층의 출산을 지연시켰을 것이다(김승권 외, 2002). 이와 같은 현상은 최근 들어 모든 지방자치단체에서 출산자 감소에 따른 우려가 현실로 나타나고 있음을 보여주는 것이다.

첫째, 각 도별[23]로 볼 때 도에 상관없이 출생자수는 감소하고 있는 추세이다. 시기별로 볼 때, 1991년-1994년에는 강원도·충청남도·전라남도 등을 제외하곤 증가경향을 보이나, 그 이후에는 감소가 이루어지고 있다. 특히 2000년 이후에 전라남도와 경상북도의 감소비율이 각각 73%로 다른 도에 비해 상대적으로 높으며, 경기도는 역시 감소추세이나 그 폭이 가장 적다.

둘째, 시·군의 유형별로 볼 때, 시와 군에 상관없이 모두 감소 경향을 보이며, 최근 들어 시자치단체와 군자치단체 간의 감소율 격차가 크지 않다. 1991년-1994년의 시기에는 시자치단체는 증가하는 데 반해 군자치단체들은 감소였으나, 1995년-1999년, 2000년 이후에는 시·군자치단체 모두에서 감소를 보이고 있다. 따라서 출산율의 감소는 시·군 모두의 문제이다.

(2) 취업기회

시·군자치단체 주민들이 취업할 수 있는 기회는 1997년 이후 점차 증가하고 있는 추세로, 1998년의 어려운 경제사정하에서도 줄어들지 않은 것으로

---

23) 2002년 기준으로 각 도별 시·군의 개수는 경기도 18시·13군, 강원도 7시·11군, 충청북도 3시·8군, 충청남도 6시·9군, 전라북도 6시·8군, 전라남도 5시·17군, 경상북도 10시·13군, 경상남도 10시·10군, 제주도 2시·2군 등이다.

<표 5-14> 1991년~2002년의 자치단체 출생자 평균 추이

(단위: 명, %)

구 분		1991	1992	1993	1994 수	1994 91대비	1995	1996	1997	1998	1999 수	1999 95대비	2000	2001	2002 수	2002 00대비
경기도	시	5211	5497	5496	5664	108	6515	5860	5861	5426	5296	81	5596	4747	4387	78
	군	1660	1851	1815	1770	106	1853	1428	1495	1423	1399	75	1469	1077	1001	68
	계	3710	3947	3947	4022	108	4560	4573	4593	4393	4290	94	4531	4037	3731	82
강원도	시	1564	1664	1577	1668	106	1953	1981	1984	1954	1896	97	1976	1728	1564	79
	군	630	608	533	570	90	526	497	529	509	511	97	495	420	383	77
	계	927	944	865	919	99	1081	1074	1095	1071	1050	97	1071	929	842	78
충청북도	시	3766	4194	4319	4243	112	4693	4683	4614	4360	4195	89	4360	3833	3378	77
	군	834	862	849	845	101	788	796	827	808	770	97	739	664	586	79
	계	1510	1631	1648	1629	107	1853	1856	1860	1777	1704	91	1726	1528	1347	78
충청남도	시	1358	1533	1522	1542	113	2421	2541	2643	2649	2605	107	2728	2452	2138	78
	군	1166	1149	1114	1093	93	911	874	915	891	858	94	851	742	630	74
	계	1214	1245	1216	1205	99	1515	1541	1606	1594	1556	102	1601	1426	1233	77
전라북도	시	2633	2921	2962	3141	119	3786	3760	3663	3578	3382	89	3517	3107	2689	76
	군	828	771	748	732	88	545	516	521	524	494	90	478	418	361	72
	계	1398	1450	1447	1492	106	1934	1906	1868	1833	1732	89	1781	1570	1358	76
전라남도	시	2086	2219	2176	2225	106	3427	3405	3451	3186	3057	89	3003	2595	2240	74
	군	917	886	810	787	85	643	619	626	629	629	97	629	550	460	73
	계	1176	1182	1113	1107	94	1275	1252	1268	1211	1181	92	1169	1014	865	73
경상북도	시	1951	2044	1991	2054	105	3038	2982	3020	2843	2837	93	2858	2449	2089	73
	군	939	956	750	926	98	513	514	520	480	471	91	484	442	377	77
	계	1237	1276	1115	1257	101	1611	1587	1607	1507	1500	93	1516	1315	1121	73
경상남도	시	3129	3331	3188	3265	104	3981	3928	3834	3664	3546	89	3634	3180	2821	77
	군	962	992	1122	1099	114	566	587	562	553	533	94	501	437	374	74
	계	1684	1771	1810	1821	108	2273	2257	2198	2108	2039	89	2067	1808	1598	77
제주도	시	2628	2829	3148	3272	124	3011	3003	2943	2799	2759	91	3008	2605	2314	76
	군	1598	1703	2085	2157	134	1341	1288	1301	1212	1211	90	1264	1083	912	72
	계	2113	2266	2616	2714	128	2176	2145	2122	2006	1985	91	2136	1844	1613	75
시·군	시	3124	3332	3310	3409	109	4113	4039	4031	3827	3725	90	3876	3380	3036	78
	군	1019	1034	993	1014	99	820	716	735	704	688	83	687	572	497	72
전체		1724	1804	1769	1816	105	2217	2209	2216	2127	2072	93	2140	1887	1686	78

나타나고 있다.

이는 지방자치단체 일자리의 증가보다는 지방자치단체의 일자리는 소폭 감소한 데 반해[24] 우리나라 전체인구수가 감소함에 따라 경기도의 시군이나 일부 큰 도시를 제외하곤 주민수가 감소한 데 그 원인이 있다고 볼 수 있다.

<표 5-15> 취업기회

(단위: %)

구 분		1996	1997	1998	1999	2000	2001	2002
경기도	시	36.4	28	31.9	33.1	34.7	37.2	36.4
	군	40.6	32.6	35.2	37.3	39.8	35.1	35.0
	계	37.7	29.5	32.7	34.2	36	36.7	36.1
강원도	시	35.5	29.8	33	32.6	33.5	34	36.1
	군	29.2	25.6	27.6	28.9	29.7	29.7	30.9
	계	31.6	27.2	29.7	30.3	31.2	31.3	32.9
충청북도	시	34.9	27.4	30.4	31.6	33.4	33.4	34.3
	군	33.1	28.9	30.7	32.6	34.3	35	36.1
	계	33.6	28.5	30.6	32.4	34.1	34.6	35.6
충청남도	시	34.0	28.1	30.4	31.8	32.7	33.4	34.2
	군	27.6	24.2	26.5	27.1	27.7	27.8	28.9
	계	30.2	25.8	28.1	28.9	29.7	30.1	31.0
전라북도	시	29.4	25.5	28	28.1	26.1	28.9	55.4
	군	21.0	20.2	20.7	22.4	24.3	23.3	25.0
	계	24.6	22.5	23.8	24.9	25.1	25.7	38.1
전라남도	시	37.0	31.4	32.3	33.4	32	33.8	33.9
	군	25.8	22.8	24.6	25.1	26.2	24.6	25.3
	계	28.6	25	26.3	27	27.5	26.6	27.2
경상북도	시	-	28.2	29.9	30.6	32.4	33.5	33.6
	군	-	22.8	25.2	26	26.6	27.2	27.5
	계	-	25.1	27.2	28	29.1	29.9	30.2
경상남도	시	39.7	31.5	34.7	36.6	37.9	37.8	38.5
	군	25.9	22	23.2	24.3	26	25.5	26.4
	계	32.8	26.8	28.9	30.5	31.9	31.6	32.4
제주도	시	-	35.5	38.2	40.1	40.7	43	45.2
	군	-	20.9	23.7	23.6	24.9	25.7	26.7
	계	-	28.2	31	31.9	32.8	34.3	36.0
시군별	시	20.3	29	31.8	32.8	33.8	35.2	37.6
	군	18.1	24.6	26.3	27.4	28.7	27.7	28.6
전 체		31.9	26.5	28.8	29.9	31	31.3	32.8

출처) 1997-2003년 도통계연보, 1997-2003년 주민등록인구통계
주1) 취업기회 = (사업체종사자 수/15세이상인구)*100
주2) 취업기회에 대한 자료는 1996년부터임.

24) 시·군자치단체는 광역도시들에 비해 낮은 산업집적도를 보이며, 군자치단체의 경우 1차산업이 중심으로 IMF의 영향을 적게 받고, 3차산업이라 하더라도 생계위주형이기에 쉽게 포기하기 힘든 상황이다. 따라서 일자리의 수의 감소가 적을 것이다.

(3) **월평균소득**

시·군자치단체의 1인당 월평균소득은 1998년까지 하락하였으나, 그 이후 지속적인 상승세를 타고 있다. <표 5-16>에서 보는 바와 같이 1998년에 약 24만원이던 월소득이 2002년에 49만원으로 상승하였다. 시와 군지역간을 비교할 때, 월소득은 군지역보다 시지역이 높게 나타나 소득에 따른 인구이동의 동기가 여전히 나타날 수 있음을 알 수 있다.

<표 5-16> 1인당 월평균 소득

(단위: 원)

구 분		1996	1997	1998	1999	2000	2001	2002
경기도	시	390392	295930	298824	358561	364452	466230	522733
	군	432647	295608	211207	450809	255045	191056	531286
	계	404023	295815	267532	380924	325378	367954	524389
강원도	시	408155	434722	363334	417315	456983	506845	546859
	군	337971	272408	217974	269060	301999	316544	483331
	계	365265	324053	266427	316232	351312	377094	508036
충청북도	시	385188	355434	355658	383710	449587	469976	508481
	군	375822	325556	293468	327451	380346	407701	562379
	계	378376	340066	307819	340434	396325	422072	547680
충청남도	시	377059	298100	267805	296118	330226	359163	522834
	군	316534	212182	197553	211683	240521	256365	463932
	계	340744	242067	221989	241051	271723	292121	487493
전라북도	시	335809	275547	257054	258716	254190	301363	565135
	군	261683	186036	176521	175153	206577	212570	411763
	계	293451	220135	207200	206987	224715	246396	477494
전라남도	시	394665	376321	237833	279502	324347	331953	493599
	군	309923	285187	244969	257547	306239	302039	413308
	계	331109	307971	248185	263036	310766	309517	431556
경상북도	시	-	361069	320769	344767	397389	440938	510237
	군	-	181052	172010	184866	206557	222788	450195
	계	-	237629	218763	235092	266533	291349	476300
경상남도	시	418215	332314	297462	335595	377975	401896	565126
	군	316159	180009	165239	181014	205689	219590	437798
	계	367187	243879	220687	245838	277938	296041	501462
제주도	시	-	495355	443920	482352	529466	589507	642597
	군	-	291578	282764	270264	322732	349182	383083
	계	-	393466	363342	378208	426099	469495	512840
시군별	시	390478	333773	301925	339886	368343	423355	533195
	군	334233	237102	206249	238260	287058	260456	458283
전체		359184	275064	243993	278910	300759	324425	493369

출처) 1997-2003년 도통계연보
주1) 1인당월평균소득=(각 직종별 평균임금*직종별종사자수)/12월]/인구수
주2) 1인당 월평균소득에 대한 자료는 1996년부터임.

(4) 복지비용

1991년 이후 지방자치단체들은 각 자치단체의 복지관련 비용지출을 해마다 늘리고 있음을 알 수 있다.

1991년 지방자치단체 평균이 약 50억이었으나, 2000년도에 361억, 2002년도에는 461억원에 달한다. 이러한 경향은 시·군자치단체 모두에서 공통적으로 나타나는 현상이나, 상대적으로 시자치단체의 사업비가 크게 증가가 있다. 도별로 볼 때, 복지비는 경기도가 가장 높은 지출을 보인다.

<표 5-17> 복지비용

(단위 : 백만원)

구 분		1991	1992	1993	1994	1995	1996	1997	1998	1999	2000	2001	2002
경기 도	시	8108	10886	13371	15837	43986	41593	49188	54269	50546	54479	61943	69492
	군	4555	6465	8296	8946	11715	27581	28318	28766	30530	36708	34270	45138
	계	6540	8936	11132	12797	30453	37073	42456	47688	45208	49893	54820	64779
강원 도	시	5561	7025	8449	9637	15114	25421	34499	41136	37165	35246	41766	46902
	군	3241	3902	4422	5215	6290	9315	12239	12309	11108	14122	20579	21035
	계	3979	4896	5703	6622	9721	15579	20895	23519	21241	22337	28819	31094
충청 북도	시	8679	10732	15560	1618	22080	36077	45852	52178	44376	51875	60935	65328
	군	3743	5043	5817	6731	8753	13525	17096	19974	20155	38886	27855	28120
	계	4882	6356	8065	8913	12387	19675	24939	28757	26769	42429	36877	38268
충청 남도	시	4580	5459	7414	7505	15906	26978	32294	38594	42795	51415	60186	60332
	군	4739	5893	8611	8079	10926	14261	18681	19377	22918	29079	32393	36575
	계	4699	5785	8312	7936	12586	19348	24126	27064	30868	38013	43510	46077
전라 북도	시	8093	10325	13033	14869	23269	33983	47034	46469	47407	55707	68540	74770
	군	4318	5186	6147	6406	7466	10665	15082	16581	20666	21204	26457	28967
	계	5510	6809	8322	9078	14239	20659	28776	29390	3126	35991	44492	48597
전라 남도	시	7139	9122	10366	12325	17221	22115	28555	45878	48536	54414	64224	68899
	군	3900	5139	5760	6105	6953	11123	16666	18538	20931	22216	28003	29734
	계	4620	6024	6784	7488	9520	13871	19638	24752	27205	29534	36235	38635
경상 북도	시	5260	6957	7815	8073	18732	33430	39529	43265	47022	46390	57513	63399
	군	3984	4677	5429	6556	6315	9630	13385	14263	17123	18454	24912	24157
	계	4371	5347	6131	7002	11714	19977	24752	26872	30122	30600	39086	41219
경상 남도	시	7377	9581	10352	12549	18157	29485	40783	39255	49936	52042	59323	64946
	군	4198	5032	5771	6780	6712	10734	16421	15994	19324	21728	27999	28457
	계	5257	6548	7298	8703	12434	20109	28602	27624	34630	36885	44485	46701
제주 도	시	7335	9993	11541	12568	15196	25213	37851	45149	38917	37394	52273	53400
	군	4093	6713	7592	8524	10154	15888	26292	21081	26777	27392	34595	42322
	계	5714	8353	9566	10546	12675	20550	32071	33115	32847	32393	43434	47861
시군	시	6970	9074	10921	12484	25157	32925	41382	46499	46994	50407	59253	64959
	군	4082	5157	6228	6833	8120	13086	17238	17849	20053	24199	27619	29486
전 체		5054	6469	7800	8726	15254	21890	27952	30905	32237	36141	42127	46100

주) 출처 : 지방재정연감(1992-2003)

(5) 가족계획사업

가족계획사업은 1960년대에 정부가 3%에 달하는 인구증가를 억제하기 위해 시작한 사업으로, 가족계획은 그 자체 내에 출산조절, 원치 않은 임신 예방 및 인공임신중절 예방, 가족보건증진 등을 내포하고 있다.

그러나 당시 정부의 가족계획은 '출산조절'에만 치중하였으며, 이에 따라 가족계획은 출산감소를 이끄는데 기여를 한 사업이다. 이에 1980년대 중반이

<표 5-18> 가족계획사업

(단위 : 건)

구 분		1991	1992	1993	1994	1995	1996	1997	1998	1999	2000	2001	2002
경기 도	시	2447	2267	1219	1219	1747	629	375	336	288	390	493	-
	군	827	697	538	538	564	167	155	64	58	100	50	-
	계	1733	1574	918	918	1251	480	309	266	229	315	407	-
강원 도	시	839	798	482	482	855	790	154	97	257	240	201	-
	군	401	334	200	200	223	228	49	43	237	151	233	-
	계	540	482	290	290	469	446	92	64	244	185	220	-
충청 북도	시	1633	1729	736	736	490	441	238	183	180	1344	852	-
	군	337	295	126	126	73	76	46	58	68	558	587	-
	계	636	626	260	260	186	175	99	92	98	772	659	-
충청 남도	시	503	477	322	322	273	224	132	227	238	1577	948	-
	군	586	581	351	351	126	110	78	333	317	920	692	-
	계	566	555	344	344	175	156	99	291	285	1183	794	-
전라 북도	시	1254	1155	726	726	464	316	827	433	436	404	348	-
	군	324	317	160	160	58	81	202	199	163	143	100	-
	계	618	581	339	339	232	181	470	299	280	255	206	-
전라 남도	시	4167	4724	3323	3323	261	259	131	119	260	269	206	-
	군	1756	1606	906	906	59	57	47	32	116	176	165	-
	계	2292	2299	1443	1443	109	110	68	52	148	197	174	-
경상 북도	시	670	718	457	457	275	283	198	299	166	524	574	-
	군	265	308	203	203	41	40	26	14	41	240	234	-
	계	384	429	277	277	143	146	101	138	95	364	386	-
경상 남도	시	1252	1300	730	730	344	348	265	170	175	341	478	-
	군	482	362	212	212	77	81	45	31	30	72	70	-
	계	739	675	384	384	210	214	155	101	102	207	274	-
제주 도	시	1121	1294	709	709	478	1898	2197	728	380	294	68	-
	군	675	672	316	316	315	235	243	313	348	394	369	-
	계	898	983	512	512	396	1066	1220	520	364	344	218	-
시군	시	1679	1686	1003	1003	772	492	355	273	256	516	484	-
	군	662	603	361	361	162	104	77	90	131	279	260	-
전 체		1003	966	576	576	418	278	202	173	188	387	365	-

주) 2002년도에 가족계획사업이 폐지되었음
주) 출처 : 각 도 통계연보(1992-2003), 각 시·군통계연보(1992-2003)

후로 인구가 감소함에 따라 가족계획사업은 점차 하락세로 돌아섰다. 즉, 1991년의 평균 1003건에서 2002년도에는 365건으로 축소되었다. 이러한 현상은 시군 모두에서 나타나고 있다.

(6) 모자보건사업

모자보건사업은 임산부의 생명과 건강을 보호하고 건전한 자녀의 출산과 양육을 도모하기 위한 사업이다. 1952년 세계보건기구(WHO)의 모자보건전문분과위원회에서는 건강상태에서 정상분만을 하도록 하며, 건강한 아기를 분만하여 육아의 기술을 배우고 적절한 수태조절로 가정생활의 향상을 도모하기 위한 사업이라 하였다. 모자보건은 그 대상이 광범위하고, 예방사업이며, 성패 여부가 그 지역사회 평가의 척도가 된다는 점 등에서 중요하다.

모자보건사업의 건수는 1995년 이후 소폭 상승하고 있다. 특히 시자치단체의 경우 1991년에 자치단체 평균 1826건에서 2002년도에 평균 4226건으로 크게 상승하고 있다. 이러한 경향은 모자보건사업이 인구장려를 위해서는 기본적으로 이루어져야 하는 사업이기 때문이다.

<표 5-19> 모자보건사업

(단위 : 건)

구분		1991	1992	1993	1994	1995	1996	1997	1998	1999	2000	2001	2002
경기도	시	2693	2887	3331	3180	3961	3810	3784	3902	3634	4339	4545	5434
	군	1674	1451	1610	1895	1613	1313	1398	1191	1259	1530	1091	955
	계	2243	2253	2572	2613	2977	3005	-	3202	3021	3614	3876	4567
강원도	시	1213	1440	1498	1363	1708	-	2743	2955	3711	5774	1984	2191
	군	762	665	759	760	815	-	-	-	-	2423	698	867
	계	905	912	997	952	1162	-	2743	2955	3711	3726	1198	1382
충청북도	시	2023	1955	2000	1750	-	-	-	-	-	-	-	-
	군	930	951	992	979	-	-	-	-	-	-	-	-
	계	1182	1182	1224	1157	-	-	-	-	-	-	-	-
충청남도	시	924	926	-	-	-	-	2275	2240	2611	2920	2409	1918
	군	1155	1165	-	-	-	-	1224	1207	1218	1110	956	831
	계	1097	1105	-	-	-	-	1644	1620	1775	1834	1537	1266
전라북도	시	1901	1635	1695	1537	2872	2381	11039	-	-	-	-	-
	군	794	766	810	702	780	730	1683	-	-	-	-	-
	계	1144	1040	1089	966	1677	1437	5693	-	-	-	-	-
전라남도	시	1406	1373	-	-	-	-	2114	2730	3265	3299	3847	5190
	군	976	934	-	-	-	-	977	1029	954	923	1122	1077
	계	1071	1032	-	-	-	-	1261	1416	1479	1463	1741	2011
경상북도	시	1046	920	-	-	-	-	-	-	-	-	-	-
	군	824	837	-	-	-	-	-	-	-	-	-	-
	계	889	863	-	-	-	-	-	-	-	-	-	-
경상남도	시	1847	1964	2179	1865	2613	2449	2308	3335	3311	3629	3548	3533
	군	956	968	1028	1066	809	778	712	711	697	662	582	700
	계	1253	1300	1412	1332	1711	1613	1510	2023	2004	2145	2065	2116
제주도	시	2531	2369	-	-	-	-	-	-	-	-	-	-
	군	1543	1454	-	-	-	-	-	-	-	-	-	-
	계	2037	1911	-	-	-	-	-	-	-	-	-	-
시군	시	1826	1853	2490	2300	3088	3211	3908	3384	3400	4128	3711	4226
	군	1008	968	1049	1098	1054	955	1144	1023	1005	1294	900	907
전 체		1282	1267	1600	1558	2059	2239	2513	2242	2242	2658	2306	2566

주) 출처 : 각 도 통계연보(1992-2003), 각 시·군통계연보(1992-2003)

(7) 이혼건수

1991년 이후 최근까지 이혼건수가 크게 증가하고 있는 것으로 나타났다. 1991년에 자치단체평균 180건이던 이혼건수가 2002년도에 445건으로 크게 증가하였다. 이러한 경향은 시군지역 모두에서 나타나지만, 군지역에 비해 상대적으로 시지역의 이혼건수가 높았다. 2002년도에 군지역 이혼건수가 평균 127인데 반해 시지역은 806건에 달한다.

<표 5-20> 이혼건수

(단위 : 건)

구 분		1994	1995	1996	1997	1998	1999	2000	2001	2002
경기도	시	425	476	588	709	919	935	977	1082	1118
	군	126	96	105	127	168	176	173	199	212
	계	370	420	517	622	808	823	858	960	989
강원도	시	211	228	256	289	397	418	422	480	502
	군	50	51	61	63	87	89	89	102	101
	계	113	120	137	151	207	217	218	249	257
충청북 도	시	359	414	476	552	744	754	753	877	961
	군	65	69	77	87	122	124	120	144	152
	계	138	155	177	203	277	282	279	327	354
충청남 도	시	198	231	272	319	407	453	477	522	580
	군	74	83	98	109	142	153	151	167	171
	계	124	135	167	193	248	273	282	309	335
전라북 도	시	328	358	413	468	576	594	588	641	741
	군	47	47	56	57	86	83	83	87	91
	계	167	180	209	233	296	302	300	325	369
전라남 도	시	276	292	339	404	524	495	525	560	640
	군	53	54	66	74	97	107	108	115	123
	계	101	108	128	149	194	195	203	217	240
경상북 도	시	230	240	298	338	434	441	446	508	548
	군	45	41	53	63	76	84	78	89	91
	계	125	128	160	182	232	239	238	271	290
경상남 도	시	354	354	419	469	595	583	622	693	760
	군	58	52	66	72	90	97	102	103	113
	계	206	203	242	271	342	340	362	398	436
제주도	시	285	283	332	411	510	525	614	601	712
	군	122	112	137	146	190	211	267	259	268
	계	203	197	234	279	350	368	440	430	490
시군	시	321	349	422	495	638	649	675	758	806
	군	61	59	71	78	104	110	111	121	127
전 체		180	194	234	272	352	361	373	421	445

주) 출처 : 통계청 혼인 및 이혼에 대한 DB

이러한 이혼이 출산에서 문제가 되는 것은 젊은 20대와 30대의 이혼이 증가한다는 점으로, 이혼한 젊은이들이 재혼을 하지 않는 경우 출산을 기대하기 힘든 상황이다.

3) 영향요인에 대한 분석

(1) 1995년-2002년의 전체년도 분석

출산감소의 요인을 살펴보기 위해 여러 변수들을 영향요인으로 설정하고 년도별 변수간의 변화치를 사용하여 회귀분석을 실시하였다. 분석결과에 따르면, 출생자수 감소에는 월평균소득 · 모직업보유 · 이혼건수 · 첫출산시 모연령 등이 영향을 미치는 것으로 나타났다. 이들과 출산율 감소와의 관계를 구체적으로 살펴보자.

첫째, 월평균소득의 증가가 높은 자치단체의 출산감소가 높은 것으로 나타났다. 즉, 소득의 증가가 높은 자치단체는 그렇지 않은 자치단체보다 출산감소가 나타날 가능성이 높음을 의미한다. 이러한 결과는 소득증가와 출산은 음의 상관관계가 있다는 이론에 의해 뒷받침된다. 출산과 소득의 관계에 대해서는 양(+)의 상관관계 이론과 음(-)의 상관관계 이론이 있다(김승권외, 2002). 양(+)의 상관관계 이론은 맬서스(Malthus)에 의해 최초로 주장되었으며, 이를 발전시켜 베커(1960)는 소득, 비용, 그리고 기호에 의하여 출산력이 결정된다고 주장하였다. 음(-)의 상관관계 이론은 소득증대가 출산력을 억제시킨다는 이론은 많은 학자에 의하여 강력하게 대두되었으며, 이는 인구전환이론(demographic transition theory)에 의하여 뒷받침된다.

둘째, 모직업의 보유가 높은 자치단체의 출산율의 감소가 높은 것으로 나타났다. 여성의 경제활동은 출산에 부정적인 영향을 미친다. 결혼한 여성이 직장을 다니는 경우 그 여성은 어머니로서 그리고 직장인으로서의 상반된 두 가지 역할을 수행한다. 이러한 역할간의 갈등은 결국 한쪽을 포기하는 결과를 초래한다. 직장여성이 직업과 아이 양육을 동시에 수행할 수 있도록

<표 5-21> 회귀분석결과

구 분		1995-2002년		
		B	Beta	T값
경제적 요인	취업기회	5.600	.061	1.272
	1인당 월평균 소득	7.184E-04	.097	1.937*
	모직업	12.286	.114	2.315**
사회적 요인	부대졸이상 비	-6.426	-.052	-.871
	모대졸이상 비	-2.393	-.016	-.265
	남녀성비	-.999	-.033	-.706
	이혼건수	1.481	.405	8.408***
출산 및 혼인요인	첫 출산시 부 연령	45.493	.046	.726
	첫 출산시 모 연령	121.876	.125	1.962*
	30세 이상 혼인 남자비	-1.432	-.016	-.313
	30세 이상 혼인 여자비	4.328	.036	.752
정부요인	복지비	-7.541E-05	-.003	-.057
	가족계획사업	-5.308E-03	-.008	-.182
	모자보건사업	-8.874E-03	-.065	-1.419
R2(수정된 R2)		19.4(16.3)		
상 수		34.5		

주) * p < 0.1, ** p < 0.05, *** p < 0.01

하기 위해 최근 양육서비스를 강화하려는 움직임이 나타나고 있지만 아직은 힘든 상황이다. 따라서 모직업의 보유는 출산에 부정적인 영향을 준다.

셋째, 이혼건수가 높은 자치단체의 출산자수 감소가 높은 것으로 나타났다. 최근 우리나라의 이혼율 산정을 두고 말이 많지만, 앞의 이혼건수 표에서 보는 바와 같이 현재 이혼건수는 크게 증가하고 있는 실정이다. 따라서 이러한 이혼증가는 그리고 특히 젊은 층의 이혼증가는 출산에 부정적인 영향을 준다.

넷째, 첫 출산시 모연령이 높은 자치단체의 출산자수 감소가 높은 것으로 나타났다. 즉, 늦게 첫아이를 출산하는 여성이 많은 자치단체는 그렇지 않은 자치단체보다 출산감소가 높은 것으로 나타났다. 첫아이를 늦게 출산하는 여성은 둘째나, 셋째를 가지기 힘든 경향이 높다. 따라서 그런 자치단체의 출산아수는 감소경향을 보일 것이다.

(2) 시·군자치단체별 분석

① 시자치단체의 영향요인 분석

시·군자치단체별 출산감소의 영향요인에 대한 분석에서 시자치단체의 경우 모직업·이혼건수·첫 출산시 모연령 등이 영향요인으로 나타났는데, 출산감소와 이들 요인과의 관계를 구체적으로 살펴보자.

첫째, 모직업의 보유가 높은 시자치단체의 출산율의 감소가 높은 것으로 나타났다. 최근 들어 도시민들 중 맞벌이를 원하는 젊은 세대가 늘어나고 있으며, 직장이 없는 기혼여성들은 가정경제와 자녀교육을 위해 직장을 가지길 선호하고 있다. 특히 1990년대 중반이후 어려운 경제상황은 주부들을 직장으로 유인하는 역할을 한다. 이에 자녀를 적게 낳는 대신에 직장생활을 선호하는 경향이다. 이런 상황하에서 모직업의 보유가 높은 자치단체의 출산자수가 감소하는 것은 당연한 귀결이라 할 수 있다.

<표 5-22> 시·군별 분석

구 분		시			군		
		B	Beta	T값	B	Beta	T값
경제적 요인	취업기회	9.866	.093	1.446	.601	.030	.372
	1인당 월평균 소득	9.428E-04	.100	1.390	-4.956E-05	-.038	-.455
	모직업보유	42.820	.225	3.140***	4.290	.288	3.937***
사회적 요인	부대졸이상 비	-33.539	-.165	-1.652	-.407	-.024	-.279
	모대졸이상 비	7.346	.031	.304	-.932	-.044	-.514
	남녀성비	-2.903	-.044	-.674	1.072E-02	.003	.040
	이혼건수	1.542	.390	5.802***	.114	.044	.615
출산 및 혼인 요인	첫 출산시 부 연령	211.684	.089	.988	18.277	.150	1.544
	첫 출산시 모 연령	637.699	.308	3.375***	6.045	.048	.506
	30세 이상 혼인 남자비	-1.729	-.009	-.135	-.609	-.050	-.667
	30세 이상 혼인 여자비	6.514	.031	.443	-1.273	-.077	-1.061
정부요인	복지비	-1.770E-04	-.006	-.088	-1.573E-03	-.232	-3.228***
	가족계획사업	-1.820E-02	-.026	-.411	-1.348E-02	-.088	-1.266
	모자보건사업	-7.701E-03	-.056	-.884	-1.463E-02	-.186	-2.686***
R2(수정된 R2)		24.2(19.0)			20.2(13.9)		
상 수		122.0			26.0		

주) * p < 0.1, ** p < 0.05, *** p < 0.01

둘째, 이혼건수가 높은 시자치단체의 출산자수 감소가 높은 것으로 나타났다. 최근 서구적인 문화유입에 의한 개인주의적·개방적인 사고는 전통적인 결혼관을 붕괴시키고 있다. 이에 따라 앞의 이혼건수에 대한 표에서 살펴본 바와 같이 도시에서 이혼건수가 크게 증가하고 있다. 따라서 도시의 경우 이혼의 증가는 가족의 붕괴로 나타나며, 이는 출산감소의 요인이 된다.

셋째, 첫출산시 모연령이 높은 시자치단체의 경우 출산감소가 높은 것으로 나타났다. 도시에 거주하는 여성들은 대체로 가능한 한 결혼을 늦게 하려는 추세이며, 이에 따라 첫아이의 출산 역시 늦어진다. 그러므로 도시의 경우 첫출산시 모연령이 높을 경우 출산감소로 연결될 수 있다.

② 군자치단체의 영향요인분석

군자치단체의 경우 모직업·복지비·모자보건사업 등이 출산감소의 영향요인으로 나타났다.

첫째, 모직업의 보유가 높은 군자치단체의 출산율의 감소가 높은 것으로 나타났다. 시자치단체와 마찬가지로 군자치단체에 거주하는 여성들 역시 직업을 가지길 원한다. 최근 농업산업의 하락은 이러한 현상을 더욱 가속화시키고 있다. 그러나 도시에 비해 육아를 위한 서비스는 상대적으로 부족한 것이 농촌현실이다. 그러므로 직장을 가진 여성들은 상대적으로 출산을 하지 않으려는 경향이 높을 것이므로, 모직업의 보유가 높은 군자치단체의 출산은 떨어진다.

둘째, 복지비의 지출이 높은 군자치단체의 출산감소가 낮은 것으로 나타났다. 복지비의 지출이 높다는 것은 지역의 사회보장과 생활안정을 보장해주는 정도가 높음을 의미한다. 그러므로 복지비의 지출은 출산에 영향을 준다.

셋째, 모자보건사업의 건수가 높은 군자치단체의 출산감소가 낮다. 모자보건사업은 임산부의 생명과 건강을 보호하고 자녀의 출산과 양육을 도모하는 사업이다. 따라서 모자보건사업의 건수가 많다는 것은 군자치단체에 의한 출산보조가 적극적임을 의미한다. 그러므로 모자보건사업은 출산에 긍정적인 영향을 미친다.

6 시·군 기초자치단체의 사회적 감소 요인

1990년대 이후 수도권 지역의 기초자치단체와 비수도권 지역에서 타 기초자치단체들에 비해 상대적으로 규모가 큰 일부 기초자치단체 등을 제외한 거의 대부분의 지방자치단체들에서 주민수의 지속적인 감소에 의한 지역과소화가 나타나고 있는 실정이다. 그러므로 인구가 급격히 유입되고 있는 과대성장지역과 인구의 유출이 심각한 과소 지역간의 균형적 발전을 모색하기 위해서는 사회적 감소를 유발하는 인구이동과 관련한 기초적 연구가 절실히 요청되고 있다. 이러한 필요성에 따라 본 연구는 기초자치단체 주민수의 사회적 감소가 발생하는 원인을 분석하고 분석을 통해 정책적인 함의를 제시한다. 여기서는 지방자치단체에 대한 다양한 통계자료를 활용하여 시·군자치단체 주민수 사회적 감소의 요인을 분석하고자 한다.

1. 시·군 기초자치단체 사회적 감소의 실태

<표 6-1>은 1991년부터 2002년 사이의 우리나라 기초자치단체인 시와 군의 연평균 사회적 증감의 현황이다.

시자치단체의 전체평균에서는 아직까지 전입이 전출보다 많은 사회적 증가현상을 보이며, 군자치단체의 전체평균은 전출이 전입보다 많은 사회적 감소추세이다. 그러나 감소하는 자치단체수와 증가하는 자치단체수를 살펴

<표 6-1> 1991년-2002년의 시·군기초자치단체의 연평균 사회적 증감

(단위: 명)

구분			1991	1992	1993	1994	1995	1996	1997	1998	1999	2000	2001	2002
시	평균주민수		4,290	3,404	3,960	5,932	5,509	4,172	3,465	2,317	2,273	1,939	2,707	3,431
	자치단체수	감소	13	20	32	23	29	28	28	35	40	44	45	43
		증가	53	47	35	44	37	45	45	38	34	30	29	31
군	평균주민수		-2,967	-1,782	-1,394	-1,050	-182	-758	-763	-173	-705	-886	-533	-1240
	자치단체수	감소	119	111	119	109	71	68	70	62	73	77	67	74
		증가	14	21	13	23	23	16	14	22	11	7	17	10

주1) 사회적인 증감 : 전입자수 - 전출자수
주1) 군자치단체의 경우 감소하는 자치단체수가 1994년의 109개에서 1995년에 71개로 급격히 줄어드는
데, 이는 1995년의 도농통합에 의해 38개 군이 없어졌기 때문이다.

<표 6-2> 사회적 증감의 자치단체

(단위: 수, %)

구 분		1991		1995		2002	
		시	군	시	군	시	군
경 기 도	감소	0(0)	6(33.3)	3(16.6)	1(7.6)	6(24)	3(50)
	증가	19(100)	9(66.6)	15(83.3)	12(92.3)	19(76)	3(50)
강 원 도	감소	1(14.2)	15(100)	3(42.8)	11(100)	5(71.4)	10(47.6)
	증가	6(85.7)	0(0)	4(57.1)	0(0)	2(28.5)	11(52.3)
충청북도	감소	0(0)	10(100)	1(33.3)	6(75)	2(66.6)	8(100)
	증가	3(100)	0(0)	2(66.6)	2(25)	1(33.3)	0(0)
충청남도	감소	1(20)	15(100)	2(40)	7(70)	4(66.6)	8(88.8)
	증가	4(80)	0(0)	3(60)	3(30)	2(33.3)	1(11.2)
전라북도	감소	2(33.3)	13(100)	3(50)	7(87.5)	6(100)	8(100)
	증가	4(66.6)	0(0)	3(50)	1(12.5)	0(0)	0(0)
전라남도	감소	2(33.3)	21(100)	3(50)	16(88.8)	5(100)	16(94.1)
	증가	4(66.6)	0(0)	3(50)	2(11.2)	0(0)	1(5.9)
경상북도	감소	3(30)	22(91.6)	7(70)	12(92.3)	8(80)	10(76.9)
	증가	7(70)	2(8.4)	3(30)	1(7.6)	2(20)	3(23.0)
경상남도	감소	4(44.4)	15(83.3)	6(60)	10(100)	6(60)	10(100)
	증가	5(55.6)	3(16.6)	4(40)	0(0)	4(40)	0(0)
제주도	감소	0(0)	2(100)	1(50)	2(100)	1(50)	1(50)
	증가	2(100)	0(0)	1(50)	0(0)	1(50)	1(50)

볼 경우 일부 자치단체에서는 사회적증가가 나타나는 반면에 다수 자치단체에서는 사회적 감소가 나타남을 알 수 있다. 그런데 사회적 증가를 보이는 자치단체들은 <표 6-2>와 같이 주로 경기도의 큰 시·군, 제주도 시, 각 도에서 규모가 큰 시자치단체들임을 알 수 있다.

1) 1991-1994년의 연평균 사회적 증감 실태분석

첫째, 전체 시자치단체 사회적 증감의 평균은 정(+)의 수치를 나타내므로, 전출보다는 전입이 많은 것으로 보인다. 하지만, 각 년도의 사회적 이동으로 인한 주민수는 조금의 차이가 존재한다. 1992년부터 1994년까지는 증가하였다. 그러나 이러한 사회적 이동에 의해 시자치단체의 전체 평균 주민수는 증가하였음에도 불구하고, 주민수가 감소되는 시자치단체가 점차적으로 많아지고 있는 사실도 <표 6-1>을 통해서 알 수 있다.

둘째, 군자치단체의 사회적 증감상태를 살펴보면, 전체 시군자치단체의 사회적인 증감은 여전히 부(-)의 상태로 전입보다는 전출이 많은 상태이나, 1991년부터 1994년까지 평균수는 줄어들어 전출에 대비한 전입숫자가 조금씩 증가함을 알 수 있다. 그러나 앞의 시자치단체와 마찬가지로 전입보다 전출이 많은 즉, 사회적 감소가 나타나는 군자치단체수가 그렇지 않은 자치단체에 비해 월등히 많이 나타나고 있다.

2) 1995-2002년의 연평균 사회적 증감 실태분석

첫째, 시자치단체의 사회적인 이동에 따른 인구수는 전체적으로 양(+)의 상태에 있으나 1996년 이후 대체로 감소하고 있으며, 또한 사회적이동에 의해 주민수가 감소하는 시자치단체가 늘어나고 있다. 따라서 시자치단체에서도 사회적이동에 의한 주민수 감소는 중요한 문제로 나타나고 있다.

둘째, 군자치단체의 경우 사회적인 이동에 따른 주민수 감소는 심각해지고 있다. 군자치단체의 주민수는 전출에 의해 지속적으로 감소하고 있으며, 감소추세에 있는 자치단체수는 2001년 67곳이다.

2. 분석틀과 연구방법

1) 연구내용과 분석틀

우리나라 시·군자치단체의 주민수 감소는 전입보다 전출이 많음으로 인한 사회적 감소의 영향이 크다. 따라서 시·군 기초자치단체들의 정책결정자들은 이러한 사회적 감소를 막는 방안에 고심하고 있다. 이런 이유로 시·군자치단체의 사회적 감소 실태에 대한 탐색과 사회적 감소의 원인에 대한 연구가 필요하며, 이를 통해 정책적인 대안을 모색하는데 활용할 수 있을 것이다.

사회적감소를 유발하는 원인에 대한 고찰을 위한 분석틀을 제시하면 <그림 6-1>과 같다.

<그림 6-1> 연구의 분석틀

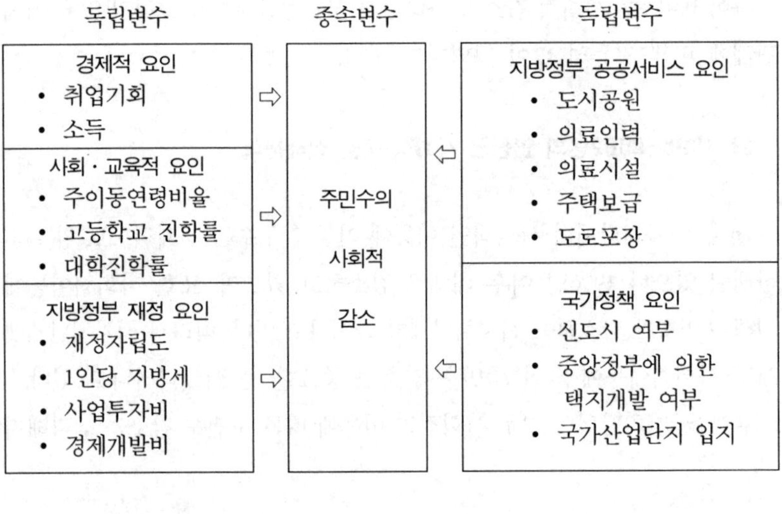

독립변수	종속변수	독립변수
경제적 요인 • 취업기회 • 소득		**지방정부 공공서비스 요인** • 도시공원 • 의료인력 • 의료시설 • 주택보급 • 도로포장
사회·교육적 요인 • 주이동연령비율 • 고등학교 진학률 • 대학진학률	주민수의 사회적 감소	
지방정부 재정 요인 • 재정자립도 • 1인당 지방세 • 사업투자비 • 경제개발비		**국가정책 요인** • 신도시 여부 • 중앙정부에 의한 택지개발 여부 • 국가산업단지 입지

분석틀에서 나타난 바와 같이 본 연구는 기존 연구에서 제시한 여러 모형을 통합하여 변형한 통합변형모델에 따른다. 즉 주민수의 감소는 다양한 원인에 의해 나타날 수 있으므로 여러 모형에서 제시한 주요 요인들을 통합하여 사용하며, 또한 기존의 경제학적·사회학적·국토지리학적 연구에서 잘 다루지 않았던 행정적인 요인을 보강하여 분석한다. 따라서 기존의 연구들과는 달리 중앙정부와 지방정부의 요인에 의한 영향을 분석하는데 유용하다. <그림 6-1>에서 제시한 바와 같이 본 연구는 시·군지방자치단체 주민수의 사회적 감소에 영향을 미치는 요인을 알아보고자 하였다. 그런데 본 연구는 사회적인 감소의 변화치를 종속변수로 사용하며, 주민수의 사회적 감소에 영향을 미치는 요인으로는 경제적요인, 사회교육적요인, 지방정부 재정요인, 지방정부 공공서비스요인, 국가정책요인 등 다양한 요인들을 가정하였다. 이러한 요인들을 영향요인으로 가정한 이유는 다음과 같다. 첫째, 경제적요인은 전통적으로 인구이동에서 중요하게 인식된다. 둘째, 사회교육적요인에 속하는 이동연령과 교육 역시 중요하다. 주민이동은 연령과 밀접한 관련성이 있으며 젊은 층의 이주가 많으므로, 인구이동의 주연령대인 20대와 30대의 비율이 사회적 감소에 영향을 줄 수 있다(Show, 1975). 우리나라의 경우 이동의 요인 중 교육이 주요요인으로 작용하므로 교육적인 측면을 고려하였다. 셋째, 지방정부의 재정력과 재정운용은 지역발전과 지방분권과도 관련 있는 요인으로 티부모형에서 특히 중요한 요인으로 인식되며, 주민들 역시 지역의 발전도가 높은 지역으로 이주하려는 경향이 높을 것이다. 넷째, 지방정부가 제공하는 공공서비스 수준과 지역간 이동사이에는 밀접한 관계가 있으며(김종순, 1997), 지방공공재의 혜택에 따라 주거지 분포가 달라지기도 한다(송명규, 1992). 다섯째, 인구에 대한 기존 연구들은 국가 특히 중앙정부의 정책적인 차원이 주민이동에 미치는 영향에 대해서는 소홀히 다루었다. 그러나 중앙정부의 국가적인 인구이동과 재배치 정책들은 지방자치단체의 인구 감소에 영향을 미친다. 즉, 상급기관의 개발계획과 투자에 따라 지역간인구이동이 나타날 수 있다. 도시화에 따른 주민집중은 대도시의 종주도시화와

외연적 확산에 따른 경향이 있으며, 수도권의 인구집중은 보다 거시적인 국토의 불균형개발의 한 단면이다(박종화, 1997; 김경환외, 2002). 따라서 국가 정책요인은 지방자치단체의 주민수 감소와 관련되므로, 신도시 해당여부 · 산업공단 입지여부 · 중앙정부에 의한 택지개발 여부 등을 분석에 사용하였다.

2) 측정차원 및 측정지표

본 연구의 각 측정지표들은 기본적으로 년도별 변화치[(t-(t-1)]로서[25]), 요인들의 측정차원 및 측정지표는 <표 6-3>과 같다.

첫째, 사회적 감소는 사회이동을 계산하는 일반적인 방식인 순이동을 활용하며, 구체적으로 전출-전입로 구한다. 그러므로 사회적 감소는 전출에서 전입을 뺀 순이동의 년도별 변화치이다.

둘째, 영향요인 중 경제적 요인은 취업기회 · 소득 등의 년도별 변화치로서, 이중 소득은 1인당 월소득으로 기존의 경제 관련 자료를 응용하여 직접 계산하여 구한 자료이다[26].

---

25) 본 연구에서 사용하는 데이터는 각 년도의 통계치를 그대로 사용하는 것이 아니라, 년도별 변화치[t - (t-1)]를 사용한다. 그 이유는 각 요인별 1995년-2002년까지의 데이터는 시계열의 횡단면자료에 해당한다. 따라서 시계열 분석을 하는 것이 적당하나 여기에는 한계가 있다. 즉, 요인은 많은 반면에, 시계열 년도가 적기 때문이며, 우리 현실상 30년 이상의 각 요인별 데이터를 구할 수 없기 때문이다. 따라서 연도별 변화치를 활용하여 분석하고자 하며, 이는 종속변수와 독립변수 모두 마찬가지이다.

26) 본 연구는 우리나라 각 시 · 군의 개별적인 자료를 활용한다. 따라서 일차적으로 우리나라 각 시 · 군의 지역소득(또는 지역총생산액)을 구하여야 하나, 현재 지역총소득은 경기도 · 강원도 · 경상북도에서만 작성되며, 다른 도의 시군에서는 작성되지 않고 있다. 따라서 우리나라 9개도의 전 시 · 군자치단체 각 각의 소득을 알기 위해 기존의 통계자료를 활용하여 직접 산출하였다.

<표 6-3> 영향요인별 차원 및 측정지표

요인		년도별 변화치 측정지표
사회적감소률 (종속변수)		전출자수 - 전입자수
경제적요인	취업기회	(사업체종사자 수/15세 이상 인구)*100
	1인당 월평균소득	[(각 직종별 평균임금*각 직종별종사자수)/12개월]/인구수
사회적요인	교육 고등학교 진학율	(고등학교 진학자수/졸업자수)*100
	대학교 진학율	(일반고 진학자수/졸업자수)*100
	이동 가능연령 비율	20대와 30대 비율
지방정부 재정요인	자주재정	재정자립도
	조세부담	주민 1인당 조세부담액
	사업투자	사업투자비용
	경제개발비	경제개발비용
지방정부 공공서비스 제공		도시공원면적, 주택보급율, 도로보급율, 의료인력수, 병실수
국가정책요인	신도시	신도시 해당여부
	택지개발	정부차원의 택지개발여부
	국가산업단지	국가산업단지여부

셋째, 사회교육적 요인은 주이동연령층의 비율로 20대와 30대의 비율, 중학교의 고등학교로의 진학률·일반고등학교의 대학으로의 진학률 등이다.

넷째, 지방정부 재정요인은 각 시·군의 재정자립도·조세부담(1인당 조세부담액) 등과 각 지방정부가 각 년도에 사업(투자)비와 경제개발비 등으로 투입한 예산(일반회계 세출예산 결산)이다.

다섯째, 지방정부 공공서비스요인은 도시공원(어린이공원+근린공원+도시자연공원+묘지공원+체육공원)의 면적, 의료인력수, 병실 수, 주택보급율, 도로포장율 등이다.

여섯째, 국가정책요인은 국가정책이 시·군자치단체의 사회적 감소에 주는 영향을 고려한 것으로, 신도시로의 지정여부, 중앙정부에 의한 택지개발여부, 국가산업단지의 입지여부 등이며, 이들 변수들은 더미변수로 하였다.

3) 연구방법

본 연구는 시·군자치단체 차원에서 나타나는 사회적인 감소의 원인을 밝히는데 그 목적이 있으므로, 연구단위는 지방자치단체이며, 구체적인 분석 자료는 년도별 각 통계의 변화치를 활용한다[27]. 이를 구체적으로 살펴보면 다음과 같다.

첫째, 본 연구의 연구단위는 시·군지방자치단체로서, 광역시에 속하는 일부군(인천광역시 강화군과 옹진군, 부산광역시 기장군, 대구광역시 달성군, 울산광역시 울주군) 등을 제외한 모든 시·군이다. 광역시 소속의 군자치단체들은 일반 시·군과 같은 독립성과 차별성을 가진다고 보기 힘들다. 이는 광역시에 속한 자치구나 군자치단체들은 지역적인 특색이나 경계의 구분이 불분명하며, 주민들의 인식 역시 자치구민 또는 자치군민으로서 보다는 광역시의 일원으로 여기는 경향이 높기 때문이다.

둘째, 분석대상 기간은 총 1995년부터 2002년이다. 1995년 이후로 한정한 이유는 1995년의 도농통합에 의한 지방자치단체의 수 및 구역변동 때문이다[28]. 즉, 지방자치단체 수는 1991년-1994년에 200개, 1995년-2002년에 160개(시자치단체 75개, 군자치단체 85개)이다.

셋째, 분석을 위해 프로그램은 SPSSWIN이며, 분석방법은 빈도분석, 분산분석, 회귀분석 등을 사용한다.

---

27) 인구이동에 대한 거시적인 분석의 연구들은 일부 도 또는 일부 시·군자치단체를 대상으로, 몇 가지의 경제 사회적 요인에만 한정하여, 단순히 이동의 요인을 밝히는데 연구들이 대부분이다. 또한 분석의 데이터는 인구센서스의 자료 또는 일부 시·군의 단순한 시계열적인 통계자료를 그대로 활용하는 수준이다. 그러나 본 연구는 그에 비해 우리나라의 모든 시·군(광역시에 속하는 일부 군을 제외한)이 대상이며, 다양한 요인들, 12년간의 데이터, 년도별 변화치 등을 사용한다.

28) 1995년도에 40개 시와 38개 군이 통합하여 39개의 도농통합시가 나타났다. 따라서 분석 대상 자치단체의 단절이 나타나기 때문이다.

3. 사회적 감소의 요인에 대한 분석

1) 개별 변수에 대한 추세분석

본 연구의 분석기간은 1995년부터 2002년까지이다. 그러나 본 연구의 개별변수들의 변화 추세 를 살펴보고자 1991년-1994년도를 포함하고자 한다.

(1) 사회적 감소

<표 6-4>는 각 도의 시·군자치단체의 사회적 감소 현황으로, <표 6-1>의 내용과 연관지어 시·군기초자치단체의 사회적 감소에 대해 살펴보면, 우리나라 시·군자치단체의 사회적 감소는 2002년으로 갈수록 더욱 증가하는 경향이며, 특히 군자치단체의 경우 사회적 감소가 크게 이루어지고 있음을 알 수 있다.

<표 6-4> 주민수의 사회적 감소

(단위 : 명)

구분		1991	1994	1995	2002
경기도	시	-8879	-16986	-16905	-12218
	군	-1154	-1778	-5247	-1718
강원도	시	-130	-508	-276	820
	군	2933	1518	1024	1040
충청북도	시	-8638	-3217	-3045	-535
	군	3003	989	670	1226
충청남도	시	-2456	-1687	-2430	-110
	군	3961	2004	1023	1587
전라북도	시	-3292	716	-180	5530
	군	4382	1433	1400	2944
전라남도	시	-994	-1499	-1613	2672
	군	5484	2405	1602	1928
경상북도	시	-1851	-3849	-547	2382
	군	2709	1229	775	573
경상남도	시	-3671	-2114	-1856	-2052
	군	2130	364	1216	1363
제주도	시	-2531	664	-1377	-855
	군	1195	140	1790	738

주1) 사회적 감소 = 전출 - 전입
주2) +방향은 전출 > 전입인 사회적 감소, -방향은 전출 < 전입인 사회적 증가를 의미

(2) 경제적 요인

경제적 요인은 취업기회와 소득수준이다.

첫째, <표 6-5>에서 보는 바와 같이, 시·군자치단체에 거주하는 주민들의 전체 시·군의 취업기회 평균은 1997년 이후 점차 증가하여 2000년에 31%, 2002년도에 32.8%로 증가하였다.

<표 6-5> 취업기회

(단위: %)

구 분		1996	1997	1998	1999	2000	2001	2002
경기도	시	36.4	28	31.9	33.1	34.7	37.2	36.4
	군	40.6	32.6	35.2	37.3	39.8	35.1	35.0
	계	37.7	29.5	32.7	34.2	36	36.7	36.1
강원도	시	35.5	29.8	33	32.6	33.5	34	36.1
	군	29.2	25.6	27.6	28.9	29.7	29.7	30.9
	계	31.6	27.2	29.7	30.3	31.2	31.3	32.9
충청북도	시	34.9	27.4	30.4	31.6	33.4	33.4	34.3
	군	33.1	28.9	30.7	32.6	34.3	35	36.1
	계	33.6	28.5	30.6	32.4	34.1	34.6	35.6
충청남도	시	34.0	28.1	30.4	31.8	32.7	33.4	34.2
	군	27.6	24.2	26.5	27.1	27.7	27.8	28.9
	계	30.2	25.8	28.1	28.9	29.7	30.1	31.0
전라북도	시	29.4	25.5	28	28.1	26.1	28.9	55.4
	군	21.0	20.2	20.7	22.4	24.3	23.3	25.0
	계	24.6	22.5	23.8	24.9	25.1	25.7	38.1
전라남도	시	37.0	31.4	32.3	33.4	32	33.8	33.9
	군	25.8	22.8	24.6	25.1	26.2	24.6	25.3
	계	28.6	25	26.3	27	27.5	26.6	27.2
경상북도	시	-	28.2	29.9	30.6	32.4	33.5	33.6
	군	-	22.8	25.2	26	26.6	27.2	27.5
	계	-	25.1	27.2	28	29.1	29.9	30.2
경상남도	시	39.7	31.5	34.7	36.6	37.9	37.8	38.5
	군	25.9	22	23.2	24.3	26	25.5	26.4
	계	32.8	26.8	28.9	30.5	31.9	31.6	32.4
제주도	시	-	35.5	38.2	40.1	40.7	43	45.2
	군	-	20.9	23.7	23.6	24.9	25.7	26.7
	계	-	28.2	31	31.9	32.8	34.3	36.0
시군별	시	20.3	29	31.8	32.8	33.8	35.2	37.6
	군	18.1	24.6	26.3	27.4	28.7	27.7	28.6
전 체		31.9	26.5	28.8	29.9	31	31.3	32.8

출처) 1997-2003년 도통계연보, 1997-2003년 주민등록인구통계
주1) 취업기회 = (사업체종사자 수/15세이상인구)*100
주2) 취업기회에 대한 자료는 1996년부터임.

둘째, <표 6-6>은 시·군자치단체의 1인당 월평균소득에 대한 추세를 나타낸다. 1인당 월평균소득은 1998년까지 하락세를 보이다가, 1998년 이후 최근 들어 대체로 지속적인 상승 추세하에 있다. 전체 시·군자치단체의 1인당 월평균소득은 1998년에 약 24만원이던 것이 2002년에 49만원으로 상승하였다. 시·군자치단체간에 비교할 때 시자치단체의 소득이 군자치단체

<표 6-6> 1인당 월평균 소득

(단위: 원)

구 분		1996	1997	1998	1999	2000	2001	2002
경기	시	390392	295930	298824	358561	364452	466230	522733
도	군	432647	295608	211207	450809	255045	191056	531286
	계	404023	295815	267532	380924	325378	367954	524389
강원	시	408155	434722	363334	417315	456983	506845	546859
도	군	337971	272408	217974	269060	301999	316544	483331
	계	365265	324053	266427	316232	351312	377094	508036
충청	시	385188	355434	355658	383710	449587	469976	508481
북도	군	375822	325556	293468	327451	380346	407701	562379
	계	378376	340066	307819	340434	396325	422072	547680
충청	시	377059	298100	267805	296118	330226	359163	522834
남도	군	316534	212182	197553	211683	240521	256365	463932
	계	340744	242067	221989	241051	271723	292121	487493
전라	시	335809	275547	257054	258716	254190	301363	565135
북도	군	261683	186036	176521	175153	206577	212570	411763
	계	293451	220135	207200	206987	224715	246396	477494
전라	시	394665	376321	237833	279502	324347	331953	493599
남도	군	309923	285187	244969	257547	306239	302039	413308
	계	331109	307971	248185	263036	310766	309517	431556
경상	시	-	361069	320769	344767	397389	440938	510237
북도	군	-	181052	172010	184866	206557	222788	450195
	계	-	237629	218763	235092	266533	291349	476300
경상	시	418215	332314	297462	335595	377975	401896	565126
남도	군	316159	180009	165239	181014	205689	219590	437798
	계	367187	243879	220687	245838	277938	296041	501462
제주	시	-	495355	443920	482352	529466	589507	642597
도	군	-	291578	282764	270264	322732	349182	383083
	계	-	393466	363342	378208	426099	469495	512840
시군	시	390478	333773	301925	339886	368343	423355	533195
별	군	334233	237102	206249	238260	287058	260456	458283
전체		359184	275064	243993	278910	300759	324425	493369

출처) 1997-2003년 도통계연보
주1) 1인당 월평균소득 = [(각 직종별 평균임금*각 직종별종사자수)/12개월]/인구수
주2) 1인당 월평균소득에 대한 자료는 1996년부터임.

에 비해 상대적으로 높게 나타나 시·군에 소득격차가 발생함을 알 수 있다. 2002년의 경우 시자치단체가 53만원인데 반해 군자치단체는 45만원이었다. 도별로 볼 때, 평균비용은 충청북도가 약 54만원으로 가장 높은 것으로 나타났는데, 충청북도의 경우 청원군, 진천군, 음성군 등의 산업체 종사자 수가 상대적으로 인구에 비해 많다. 예를 들어 음성군의 경우 2002년도에 주민수가 약 88,000명인데 반해 산업체 종사자 수는 35403명이었다. 그에 반해 전라남도는 약 43만으로 가장 낮은 수치를 보인다.

(3) 사회교육적 요인

사회교육적요인은 중학교에서 고등학교로의 진학률, 일반고등학교 졸업자가 대학에 진학하는 비율, 사회이동 주연령층비율 등이다

첫째, 중학교에서 고등학교로의 진학률은 1991년 이후 최근 까지 지속적인 상승률을 보인다. 시·군자치단체 전체의 고등학교 진학률은 1991년에 95.8%이던 진학률이 2002년도에 99.5%에 달해 거의 모든 시·군에서 높게 나타났다.

둘째, 각 시·군별로 일반고등학교 졸업자가 대학에 진학하는 비율은 급격한 증가추세를 보인다. 1991년에 시·군자치단체에서 일반고등학교 졸업자가 대학에 진학하는 비율은 전체평균 33.9%에서 2002년도에 89.7%로 크게 증가하였다. 도별로 볼 때, 일반고등학교 졸업자가 대학에 진학하는 비율은 2002년도에 제주도가 94.3%로 높게 나타난 반면에, 경기도는 83.4%로 상대적으로 낮게 나타나고 있다. 시·군자치단체는 시자치단체가 90.7%, 군자치단체가 88.8%로 큰 차이를 보이지 않는다. 이는 일반고로 진학하는 학생들은 대학진학을 목적으로 하는 경향이 높기 때문이다.

셋째, 사회이동 주연령층 비율이다. 사회적 이동의 주 이동연령은 20대와 30대라 할 수 있다. 20대와 30대는 학교, 직장, 결혼 등을 이유로 타 자치단체로 전출을 하는 경향이 높으므로, 주이동연령층인 20대와 30대의 비율을 구하였다. 시·군자치단체 주이동연령의 비율은 1991년 33.8%에서 2002년

<표 6-7> 고등학교로의 진학률

(단위: %)

구 분		1991	1992	1993	1994	1995	1996	1997	1998	1999	2000	2001	2002
경기도	시	98.7	98	92.4	-	95.4	98.2	96.2	99.6	98.7	99.6	99.6	99.7
	군	95.8	99	99	-	99.1	95	99.7	99.3	99.6	99.8	99.7	99.7
	계	97.4	98.4	95.3	-	97	97.0	97.2	99.5	99	99.6	99.6	99.7
강원도	시	96.5	97.9	98.1	97.5	97.7	98.5	99.1	99.4	99.3	99.6	99.6	99.6
	군	90	94.5	96.9	96.9	97.1	97.4	98.8	99.4	96.2	99.3	99.4	99.6
	계	92.1	95.3	97.3	97.1	97.3	97.8	98.9	99.4	97.6	99.4	99.5	99.6
충청북도	시	97.6	99.4	83.7	97.7	97	97.1	98.6	98.5	99.2	98.9	98.6	99.7
	군	95.1	97.7	97.3	98.6	98.1	98.8	98.9	99.3	99.1	99.2	99.5	99.2
	계	95.7	98	94.2	98.4	97.8	98.5	98.8	99.1	99.2	99.1	99.3	99.3
충청남도	시	96.8	94.6	98.2	98.3	96.6	98.1	99.3	99.1	99.2	97.9	99.5	99.5
	군	97.9	97.5	95	98.3	98.2	98.4	99	99	99.8	99.4	96.7	99.6
	계	97.6	96.7	95.9	98.3	97.6	96.6	99.1	99	99.6	98.8	97.8	99.6
전라북도	시	96	98	97.1	97.6	85.9	98.7	99.1	98.6	97.8	98.9	99.2	97.8
	군	94.6	96.5	96.9	98.4	97.7	98.5	96.8	97.8	95.8	98.2	97.2	99.4
	계	95	96.9	97	98.2	93	98.6	97.8	98.2	96.6	98.5	98.1	98.7
전라남도	시	97	99.1	96.7	97.1	96.7	97.7	99	98.8	99.4	99.6	99.5	99.6
	군	94.2	96.1	96.5	97.3	97	98.2	98.4	99.2	99.2	99.5	99.5	99.5
	계	94.7	96.7	96.5	97.3	96.9	98.1	98.5	99.1	99.2	99.5	99.5	99.5
경상북도	시	96.6	98.1	97.6	96.8	97.8	95.5	98.8	99.2	99.4	99.6	99.7	99.6
	군	94.8	97.2	97.6	99.7	98.4	97.9	99.1	99.7	98.9	99.7	99.4	99.4
	계	95.3	97.5	97.6	97.6	98.2	98.9	99	99.5	99.1	99.6	99.7	99.5
경상남도	시	96.9	98.5	96.7	98.3	98.4	98.4	99.3	99.4	99.7	99.7	99.8	99.7
	군	97.7	98.7	98.1	99.1	98.8	99.2	99.4	99.4	99.4	99.5	99.7	99.8
	계	97.4	98.6	97.6	98.8	99.8	98.8	99.4	99.4	99.5	99.6	99.7	99.8
제주도	시	99.4	99.4	94.7	99.5	99	98.5	99.8	99.3	99.3	99.6	99.6	99.6
	군	99.5	99.6	99.7	99.7	98.7	99.4	99.5	98.9	99.5	99.6	99.4	99.5
	계	99.5	99.5	97.2	99.6	98.8	98.9	99.1	99.1	99.4	99.6	99.5	99.5
시군	시	97.3	98	95.3	97.6	96	90.6	98.1	99.3	99	99.4	99.6	99.5
	군	95	97.1	97.2	98	99	98	98.8	99.2	98.6	99.4	99	99.5
전체		95.8	97.4	96.6	97.9	97.3	97.7	98.5	99.2	98.8	99.4	99.3	99.5

출처) 1991년-2003년 각 도별 교육통계연보
주) 고등학교 진학률 = (고등학교 진학자수/졸업자수)*100
  대학진학률 = (일반고 진학자수/졸업자수)*100

도에 30.4%로 점차 감소하는 것으로 나타나 시·군자치단체에서 20대와 30대의 비율이 줄어듦을 알 수 있다. 이러한 경향은 크게 두 가지로 생각해 볼 수 있는데, 출산율의 저하에 의한 영향과 주이동연령층의 대도시로의 전출에 따른 영향 등이다.

<표 6-8> 일반고의 대학교진학률

(단위: %)

구 분		1991	1992	1993	1994	1995	1996	1997	1998	1999	2000	2001	2002
경기도	시	36.4	36.1	37.6	-	61.2	65	-	80	83.2	81.3	80.5	84.2
	군	19.3	22	26.4	-	56.6	54.4	-	54.2	59.1	59.9	68.1	78.2
	계	29.9	30.9	33.7	-	59.6	62.7	-	75.4	78.7	77.5	78.7	83.4
강원도	시	55.5	62.1	63.5	65.8	80.9	81	88.1	92.5	92.3	92.9	95.3	94.8
	군	30.1	28.7	31.8	37.1	50	54.4	67.7	75.6	81.5	84.8	88	91.5
	계	39	39.8	42.4	46.2	62	66.0	75.6	82.6	85.9	88.2	91	92.9
충청북 도	시	61.5	76.1	73	82	86.4	89.8	92.6	93.7	95.2	92.2	95.4	95.8
	군	24	39.7	32.5	42.7	58.4	69.3	90.2	82.6	84	85.1	87.5	87.2
	계	32.6	48.1	41.9	51.8	66	74.9	90.9	85.6	87.1	87	89.6	89.5
충청남 도	시	47.2	49.2	56	64.1	69.1	72.2	80.1	86.3	87.3	91.3	91	89.5
	군	24.8	25.2	23.4	36.3	54.4	66.9	73.4	80.7	83	84.3	87.7	87.1
	계	30.4	31.2	31.5	43.2	59.3	69	76.1	82.9	84.7	87.1	89	88
전라북 도	시	46.5	45.2	58	65.6	79.8	84.5	87.9	9.09	90.3	89.7	93.2	93.2
	군	20.1	23.8	21.7	31.9	45.7	65.4	99.2	82.2	69.5	84.3	73.1	84.3
	계	28.4	31.8	35.3	44.6	61.4	74.2	94	85.8	79.1	86.8	82.4	88.4
전라남 도	시	56.9	56.7	71.2	81.1	85.9	93.2	91.2	92.6	94.4	96.3	94.7	95.2
	군	21.3	24	26.4	39.7	56.6	74.6	67.9	80.5	82.9	86.4	89.3	93
	계	28.1	31.6	36.8	49.3	63.9	79.3	74	83.2	85.5	88.7	90.6	93.5
경상북 도	시	57.6	61.3	71.5	72.7	80.5	83.5	87.5	92.1	90.2	94.5	94.1	95.7
	군	26.1	29.1	30.4	44	58.6	67	77.9	81.2	83.4	87	87.7	87.8
	계	36	39.5	43.6	53.3	69	74.5	82.3	86.1	86.5	90.2	90.6	91.2
경상남 도	시	63.3	62.6	68.7	74.8	81.4	87.6	90.4	90.1	90.4	90.2	94.7	94.2
	군	32.2	34.6	37	45.4	50.9	67	72.8	68.4	81.2	83.8	87.7	89.4
	계	44.3	45.1	48.9	56.4	66.9	77.3	81.6	79.3	85.8	87	91.3	91.8
제주도	시	54.8	57.3	76.6	80.6	85.6	86.7	93.4	90.5	93.5	89.3	89.2	93.3
	군	34.6	23.6	45.1	51.4	76.1	64.6	78.3	84.1	89.1	94.5	94.4	95.3
	계	44.7	40.4	60.9	66	80.8	75.7	85.9	87.3	91.3	91.9	91.8	94.3
시군	시	50.5	52.2	58.5	72.3	75.7	78.7	88.3	87.4	88.6	88.5	213	90.7
	군	24.9	28.1	29.2	40.3	54.9	75.2	76.3	77.3	80.2	84	97.3	88.8
전체		33.9	36.8	39.8	50.1	64.2	72.1	81	82.1	84.1	86.2	87.7	89.7

출처) 1991년-2003년 각 도별 교육통계연보
주) 대학진학률 = (일반고 진학자수/졸업자수)*100

<표 6-9> 이동연령비율

(단위: %)

구 분		1991	1992	1993	1994	1995	1996	1997	1998	1999	2000	2001	2002
경기도	시	43.1	43.5	43.2	42.7	42	41	40.3	39	38.3	37.4	36.6	36.1
	군	35.9	37.4	37.7	37.6	35.9	35.4	35.6	34.8	34.1	33.3	31.8	31.1
	계	41.2	40.8	37.7	40.5	40.5	39.8	38.8	37.9	37.2	36.3	35.7	35.1
강원도	시	36.6	36.9	40.8	37.1	36	35.6	35.2	35	34.4	33.7	33.1	32.5
	군	33.4	33.1	37.2	33.8	33.9	33.5	32.9	32.6	32	31.1	30.3	29.6
	계	34.6	34.3	33.7	34.9	34.7	34.3	33.8	33.5	32.9	32.1	31.4	30.7
충청북도	시	38	38.3	34.8	38.6	37.1	36.8	36.3	35.8	35.4	34.7	33.9	33.2
	군	31.3	30.9	38.6	31.8	31.9	31.8	31.5	31.2	30.8	30.2	29.3	28.4
	계	33.1	32.6	31.6	33.4	33.3	33.1	32.8	32.5	32	31.4	30.5	29.7
충청남도	시	36.9	36.9	33.2	37.5	34.6	34.3	34.3	34.1	33.7	33.1	32.4	31.9
	군	29.8	30.2	37.4	30.9	30.4	30.2	29.9	29.9	29.5	28.9	28.2	27.6
	계	31.6	31.9	30.7	32.6	31.8	31.8	31.7	31.6	31.2	30.6	29.9	29.3
전라북도	시	35.6	35.6	32.4	36.3	33.9	35.8	36	36	35.9	35.6	34.9	30.2
	군	28	28.3	36.1	29.3	28.8	28.8	28.7	28.8	28.4	27.6	27.3	26.3
	계	30.5	30.6	28.8	31.5	31	31.1	31.1	31.2	30.9	30.2	29.8	27.6
전라남도	시	36.2	38.1	31.1	38.1	36.1	36.1	35.7	34.7	34.3	34.3	33	32.5
	군	27.8	28.2	38.2	28.8	28.1	28.1	27.9	28.1	27.9	27.2	26.7	26.0
	계	29.6	30.4	28.5	30.9	30.1	30.1	29.9	29.6	29.3	28.7	28.1	27.5
경상북도	시	37.5	37.8	30.7	38	34.8	34.5	34.2	34	33.5	32.8	32.1	31.6
	군	29.5	30.5	38	31	29.8	29.5	29	28.5	28.2	27.7	27	26.4
	계	32.8	32.6	30.8	33.1	32	31.7	31.1	30.9	30.5	29.9	29.2	28.6
경상남도	시	39.5	39.6	32.9	39.4	38	37.6	37	36.6	-	35.3	34.7	34.2
	군	29.3	31.6	32.2	32.5	30	29.5	29.1	28.8	-	27.7	-	26.2
	계	33.1	34.3	34.7	34.8	34	33.6	33.1	32.7	-	31.5	30.8	30.2
제주도	시	38.3	38.4	38.8	38.8	38.4	37.9	37.4	36.9	-	35.7	35.2	34.8
	군	34.9	34.8	35.5	35.8	35.7	35.4	35.1	34.9	-	34	33.4	32.8
	계	36.6	36.6	37.2	37.3	37	36.7	36.3	35.9	-	34.8	34.3	33.8
시군	시	39.1	39.4	39.5	39.3	37.6	37.4	37	36.4	35.9	35.2	34.5	33.8
	군	30.3	31.2	31.7	31.9	30.7	30.5	30.5	30.2	29.8	29	28.2	27.5
전체		33.8	33.9	34.3	34.4	33.7	33.6	33.3	33	32.5	31.8	31.1	30.4

출처) 통계청 홈페이지
주) 주이동연령 비율 = [(20대인구수 + 30대인구수)/총인구]* 100

시·군별로 비교할 때는 시자치단체의 20대와 30대 비율이 33.8%로 군자
치단체의 27.5% 보다 높게 나타났다. 도별로 볼 때는 경기도와 제주도의
20대와 30대 비율이 각각 35.1%와 33.8%로 상대적으로 높았으며, 전라북도
와 전라남도가 각가 27.6%와 27.5%로 낮게 나타났다.

(4) 지방정부 재정요인

지방정부 재정요인으로 재정자립도, 1인당 지방세, 일반회계 사업(투자)비의 지출, 경제개발비의 지출 등이다.

첫째, 시·군 지방자치단체의 재정자립도 전체 평균은 1991년의 43.4%에서 2002년의 30.3%로 전반적으로 하락하고 있음을 알 수 있어, 재정자립도가 지방자치단체의 존립에 심각한 영향을 줄 수 있음을 나타낸다.

재정자립도는 특히 군자치단체가 심각한 것으로 나타나고 있는데. 2002년

<표 6-10> 재정자립도

(단위: %)

구 분		1991	1992	1993	1994	1995	1996	1997	1998	1999	2000	2001	2002
경기도	시	72.3	74.1	75.2	70.3	69.7	73.7	75.4	69.1	68.3	68	68.4	67.4
	군	52.2	54.1	53.1	52.4	40.3	42.2	55	34.1	34.9	35.2	37.2	35.6
	계	63.4	65.3	65.5	62.4	64	67.6	70.1	62.3	61.8	61.6	62.4	61.2
강원도	시	55.8	61.7	55.2	55.3	46.7	47.4	49.9	35	37.7	35.1	32.2	28.9
	군	39.4	40.3	32.3	31.9	29.2	33.1	44.1	20	22.2	18.9	17.9	17.6
	계	44.6	47.1	39.6	39.4	36	38.7	46.3	25.8	28.2	25.2	23.5	22
충청북도	시	62.2	66	60.9	56.7	59.2	59.2	55.1	46.5	43.4	44.4	44.9	40.4
	군	36.2	42.4	34.5	32.4	32	39.9	37.2	23.7	24.7	22.5	22.3	20.4
	계	42.7	47.9	40.6	38	39.4	45.2	42.1	29.9	29.8	28.5	28.5	25.8
충청남도	시	50.3	58.8	55.9	48.3	37.9	49.9	47.9	32.4	35.4	31.8	30.2	27.5
	군	35.6	40	38.2	35.1	30.6	41.7	37.8	22.3	24.3	24.6	21	20.1
	계	40	44.7	42.1	39	33.6	45	41.8	26.3	28.8	27.5	24.7	23
전라북도	시	55.3	55.5	56.2	51.8	42.6	46.2	50.1	35.3	35.7	34.1	29.9	29.2
	군	26.9	31.9	27.1	26.9	27.4	30.7	35.4	15.3	17	15.8	16.5	15.4
	계	35.9	39.3	36.3	34.8	33.9	37.3	41.7	23.9	25	23.6	22.2	21.3
전라남도	시	67.2	69	68	61.4	52.5	53.5	55.9	41.1	36.5	34.7	31.8	29
	군	24.1	29.4	26.1	26.7	24.3	28.7	31.2	15.3	15.6	14.5	13.8	12.4
	계	33.6	38.2	35.4	34.4	31.4	34.9	37.4	21.8	20.4	19.1	17.5	16.2
경상북도	시	59.8	63.8	61.3	57.7	43.1	45.8	45.6	33.8	34.8	34.5	33	31.5
	군	28.8	39.1	28.6	31.3	28.3	29.1	30.6	16.5	18.5	17.3	17	18.4
	계	37.9	46.4	38.2	39.1	34.8	36.3	37.2	24	25.6	24.8	23.9	24.1
경상남도	시	63.2	66.9	64.6	64.1	54	58.3	59.8	47.3	46.1	45.9	43.4	39.3
	군	30.2	37.1	32.3	34.1	26.8	30.6	37.1	17.2	18.1	17.1	17.2	15.7
	계	41.2	47.1	43.1	44.1	40.4	44.4	38.4	32.3	32.1	31.5	30.3	27.5
제주도	시	66.2	65.6	61.7	56.5	49.5	54.9	46	47.5	43.8	39.8	35.7	33
	군	29.6	37.7	34.3	30.4	26.4	26.1	26	31.1	25	24.5	21	19.7
	계	47.9	51.6	48	43.4	37.9	40.5	36	39.3	34.4	32.1	28.3	26.3
시군	시	63	66.4	64.9	60.7	54.9	58.7	59.2	48.9	48.7	47.7	46.3	44.1
	군	33.2	48.8	33.3	33.5	28.7	33.1	37.1	19.5	20.8	19.5	18.8	18.1
전체		43.4	48	43.9	42.7	41	45.1	47.2	33.3	33.9	32.7	31.7	30.3

도의 군자치단체의 재정자립도는 평균 18.1%로 시자치단체의 44.1%에 비해 상대적으로 낮게 나타나고 있다. 도별 재정자립도 역시 큰 차이를 보이는데, 2002년도에 경기도의 재정자립도가 61.2%인 반면에, 전라남도는 16.2%로 가장 낮게 나타났다.

둘째, 1인당 지방세는 해마다 크게 증가하고 있으며, 군자치단체에 비해 시자치단체의 지방세 부담이 높게 나타나고 있다. 시·군자치단체를 전체 평균한 1인당 지방세 부담은 1991년에 약 7만3천원에서 2002년도에 약 38만원으로 증가하였으며, 2002년도의 경우 시자치단체가 약 48만원, 군자치단체가 약 28만원이었다. 그리고 그 부담액은 도의 시·군간에도 큰 차이를 보여 경기도와 제주도가 약 70만원인 반면에 전라남도는 약 16만원으로 상대적으로 큰 차이를 보인다.

셋째, 사업(투자)비는 지역개발을 위한 투자비로서 지역의 발전에 중요한 역할을 한다. 모든 시·군자치단체의 년평균 사업투자비는 1991년의 약 233억에서 대체로 해마다 크게 증가하여 2002년도에는 약 1,513억이 되었다.

이러한 경향은 시·군자치단체 모두에서 공통적인 현상으로, 군자치단체에서도 지속적인 사업투자비의 증가가 나타나고 있다. 군자치단체의 경우 1991년에 233억원이던 사업투자비가 2002년도에 약 1,073억에 달한다. 도별로 비교할 때, 2002년도에 경기도의 시·군자치단체가 약 2,036억으로 가장 높은 반면에, 충청북도의 시·군자치단체가 약 1,261억으로 낮게 나타나고 있다. 시·군별로 비교할 때, 시자치단체의 사업투자비는 2002년도에 약 2,015억인데 반해 군자치단체는 약 1,073억으로 시자치단체의 사업투자비가 군에 비해 상대적으로 높게 나타났다.

넷째, 각 시·군에서 지출하는 경제개발비 역시 사업투자비와 마찬가지로 해마다 크게 증가하고 있으나, 사업투자비에 비해서는 적은 것으로 나타나고 있다.

<표 6-11> 1인당 지방세

(단위: 원)

구 분		1991	1992	1993	1994	1995	1996	1997	1998	1999	2000	2001	2002
경기도	시	98945	-	349052	437192	492640	577840	367869	505920	561840	644840	935960	744948
	군	100626	-	421300	264125	329666	328166	436125	337333	396000	394666	532833	603724
	계	99687	-	373965	396470	461096	529516	533871	473290	529741	596419	857935	717615
강원도	시	89564	-	211000	253285	270428	301000	328857	303000	297285	317714	401857	217411
	군	64645	-	145133	180066	221181	276909	276090	267090	274818	296818	405727	220604
	계	74906	-	166090	203363	240333	286277	296611	281055	283555	304944	404222	219362
충청북도	시	79130	-	203000	239000	270000	308000	298000	268666	293000	302666	381333	422978
	군	-	-	154600	191600	245250	272625	279375	256750	257125	287625	382750	416973
	계	79130	-	165769	202538	252000	282272	284454	296000	266909	291727	382363	418775
충청남도	시	94648	-	240000	242500	250833	302666	282666	260000	306166	336500	428333	461634
	군	70993	-	142071	176142	210111	247444	241333	234666	245111	275666	345111	387906
	계	87890	-	167842	196050	226400	269533	257866	259200	269533	300000	378400	417397
전라북도	시	79103	-	191500	216166	216833	231833	252500	236333	239333	253500	319333	338756
	군	40546	-	90307	112461	145750	163375	187250	185500	188125	195500	244500	271275
	계	52722	-	122263	145210	176214	192714	215214	207285	210071	220357	276571	300196
전라남도	시	121776	-	283833	287000	267000	329166	327166	275400	304800	337600	423600	239683
	군	43713	-	87809	111714	140277	170177	175388	169764	175000	193411	254411	149468
	계	61061	-	131370	150666	171958	210375	213333	193772	204500	226181	292863	169972
경상북도	시	93223	-	249000	281400	255400	291000	297700	269500	286500	315800	391300	213641
	군	55479	-	119708	154125	171923	197307	210846	211384	220384	227230	279384	164340
	계	65773	-	157735	191558	208217	238043	248608	236652	249130	265739	328043	185775
경상남도	시	102251	-	223333	274000	283700	333200	335400	320900	322400	347000	434100	510479
	군	57010	-	134111	162777	160100	190000	212900	198800	205700	223000	286500	294783
	계	70930	-	163851	199851	221900	261600	274150	259850	264050	285000	360300	402631
제주도	시	116148	-	284500	327500	360500	385000	402000	401500	375500	445000	538000	588575
	군	61053	-	156000	189000	259500	267000	305000	330000	434500	425000	703000	826966
	계	88600	-	220250	258250	310000	326000	353500	365750	405000	435000	620500	707771
시군	시	97110	-	266253	323546	340520	395316	391315	362878	387067	432418	585000	484238
	군	59264	-	146000	160088	191882	221211	242160	224928	237297	253583	333476	288052
전체		73734	-	187530	211385	261556	302962	310212	289538	307443	337341	451278	380522

출처) 행정자치부. 지방재정연감(1992-2003); 각 도통계연보(1992-2003); 통계청 시·군·구 100대 지표

\<표 6-12\> 사업투자비

(단위: 백만원)

구 분		1991	1992	1993	1994	1995	1996	1997	1998	1999	2000	2001	2002
경기도	시	31859	41735	46761	51288	122893	100064	135214	142365	142365	136373	160087	220173
	군	29009	31810	32171	44089	53124	78112	91967	96306	96306	96388	103058	134881
	계	30601	37356	40324	48112	93635	92982	121263	130478	130478	126054	149049	203665
강원도	시	21983	26212	18701	33373	74288	77013	95512	117146	117146	103820	125455	163492
	군	23283	20078	18564	27415	31464	44125	51766	57972	57972	82079	93057	109938
	계	22869	22030	18607	29310	48118	56915	68778	80984	80984	90534	105656	130764
충청북도	시	23930	35265	37422	46500	97062	118575	184652	154831	154831	151237	176678	202399
	군	42154	21195	18397	29058	37596	57063	62105	72253	72253	64447	86031	97505
	계	37948	24442	22788	33083	53814	73839	95527	94775	9475	88117	110753	126113
충청남도	시	13859	25721	13532	23537	102323	103854	104856	114588	114588	120269	160479	183880
	군	19394	21459	22564	34289	41830	64183	68559	62692	62692	78906	93447	110857
	계	18010	22524	20306	31601	63435	80051	83078	83450	83450	95451	120259	140066
전라북도	시	28476	23133	20461	37056	117528	318628	127443	134784	134784	133650	179865	195925
	군	15264	17352	18271	32005	42048	52107	63099	66680	66680	66474	90031	96273
	계	19437	19177	18963	33600	74397	166330	90675	95867	95867	95264	128531	138981
전라남도	시	18272	18192	15097	29254	74155	62575	87665	128597	128597	138432	126126	238442
	군	18300	20707	20046	30000	37145	51310	64137	71234	71234	73611	101379	113296
	계	18294	20148	18946	29834	45722	54126	70019	84271	84271	88343	107835	141738
경상북도	시	17334	20218	17321	41940	98858	109317	127950	134905	134905	129865	155702	188416
	군	20185	23880	18151	30594	30849	41034	50906	50477	50477	56393	75547	79701
	계	19346	22803	17907	33931	60418	70723	84404	87185	87185	88337	110397	126968
경상남도	시	19454	24565	20357	33511	105558	85085	118397	125252	125252	129281	150676	195065
	군	26809	20591	22388	34494	40422	50681	64568	65556	65556	69885	96537	116045
	계	24357	21915	21711	34166	71276	67883	91482	95404	95404	99583	123607	155555
제주도	시	21676	34233	33974	48182	77955	74892	108317	113258	113258	133161	176002	177351
	군	29645	34350	32024	45119	62360	88015	114660	101100	101100	101066	261712	150865
	계	25661	34291	32999	46650	70158	81453	111488	107179	107179	117113	218857	164108
시군	시	23471	29112	27418	40007	102474	112680	121999	132308	132308	130423	155000	201575
	군	23352	22444	21388	32849	39662	54577	65157	67544	67544	73453	96260	107034
전체		23392	24678	23408	35247	65900	80360	90381	97057	97057	99414	123967	151313

출처) 행정자치부. 지방재정연감(1992-2003)
주1) 사업투자비=자체사업비+의존재원(보조사업)에 의한 사업비 모두임

<표 6-13> 경제개발비

(단위: 백만원)

구 분		1991	1992	1993	1994	1995	1996	1997	1998	1999	2000	2001	2002
경기도	시	2349	4860	6023	4268	8074	14344	13622	19535	23670	18415	21047	20701
	군	8296	8495	11765	17055	21846	23342	25642	22659	25068	19558	23025	22711
	계	4973	6464	8556	9910	13849	17247	17499	20341	24043	18710	21430	21090
강원도	시	2730	5231	4037	4942	16349	16445	20520	24698	26555	25342	27711	34391
	군	5569	6834	8472	10837	15404	15793	20316	16107	15349	16192	21673	23717
	계	4666	6324	7060	8961	15771	16046	20396	19448	19707	19751	24021	27868
충청북도	시	2417	3146	11687	3695	15849	15862	18890	20155	20814	19743	27493	28433
	군	6604	6911	8958	11481	14670	17425	25093	24431	18182	16266	21654	21307
	계	5638	6042	9588	9684	14991	16999	23401	23264	18900	17214	23246	23250
충청남도	시	1162	1447	6097	2007	21653	23479	25481	28085	26217	22898	32056	30116
	군	6051	7560	16145	15140	20393	25084	33227	26636	23265	25338	25148	24073
	계	4829	6032	13633	11857	20813	24442	30129	27216	24446	24362	27912	26490
전라북도	시	2248	3277	3241	4134	24505	25124	29159	28507	26815	24609	31414	38197
	군	5212	7812	11126	17579	24614	22078	25307	23187	18186	16946	23980	25491
	계	4276	6380	8636	13333	24568	23383	26958	25467	21884	20230	27166	30937
전라남도	시	1804	1819	2365	2493	12405	11081	12902	18949	20988	27142	23411	44033
	군	7507	9826	12908	16595	22462	24613	28563	28589	22830	22154	44739	33017
	계	6240	8047	10565	13461	19948	21230	24648	26398	22411	23287	39891	35640
경상북도	시	1749	1826	2516	2062	24817	24164	29975	26856	26620	28713	95504	35468
	군	5864	7662	9918	13533	15681	13866	18807	17586	15184	14656	19560	18904
	계	4617	5945	7741	10159	19653	18344	23663	21617	20156	20768	52579	26106
경상남도	시	2602	3838	4862	3654	18701	17205	17547	21616	20957	16897	41181	26287
	군	6712	8358	11464	16357	19877	19583	19953	18234	18625	18444	27010	28309
	계	5342	6851	9263	12123	19289	18394	18750	19925	19791	17670	34468	27298
제주도	시	3162	4778	8603	5508	7201	16435	20098	23098	20037	15415	50684	27012
	군	5521	11843	13883	16763	32725	49919	56113	45745	39499	42057	76511	59217
	계	4341	8310	11243	11135	19963	33177	38105	34421	29768	28736	63598	43114
시도	시	2214	3561	4895	3598	16218	17867	19817	22887	24057	21776	37415	28989
	군	6492	8108	11452	14963	19828	20987	25309	22879	20005	19349	28661	26069
전 체		5052	6585	9256	11156	18317	19603	22872	22883	21837	20455	32788	27445

출처) 행정자치부. 지방재정연감(1992-2003)
주1) 경제개발비=농수산개발비 + 지역경제개발비(1995년의 지방예산 장·관항의 변경에 기인함)

2002년 도별 경제개발비 지출을 비교할 때, 제주도 시·군자치단체가 약 431억으로 가장 높게 나타나 반면에, 경기도가 210억으로 상대적으로 낮게 나타났다. 이러한 경향은 경제개발비는 농수산개발비와 지역경제개발비를 합한 것이므로, 상대적으로 경기도의 경우 농수산개발비의 지출이 적기 때문이다. 또한 시·군별로 비교할 때, 시자치단체의 경제개발비와 군자치단체의 경제개발비용은 큰 차이를 보이지 않는다. 2002년 현재 시자치단체의 경제개발비는 약 289억원이며, 군자치단체는 약 260억이었다.

(5) 지방정부 공공서비스 요인

지방정부 공공서비스 요인은 도시공원면적, 의료인력수, 병실수, 주택보급율, 도로포장율 등이다.

첫째, 일반적으로 주민들의 쾌적한 삶을 위해서는 도시공원이 필요하다는 주장이 제기되며, 특히 자연녹지가 부족한 도시의 경우 더욱 그러하다.

그러나 2000년까지 증가하던 도시공원의 면적은 2001년 이후 점차 줄어들고 있는 것으로 나타나, 전체 시·군자치단체의 평균은 1991년도의 2,577㎡에서 2000년에 3,136㎡, 2002년도에 2,888㎡이다. 대체로 지방자치단체의 결정자들은 보호보다는 개발논리를 우선시 하며, 상대적으로 자연환경과 녹지가 풍부한 군지역의 경우 도시공원에 대한 필요성의 인식이 낮기 때문이다. 이에 따라 도시공원 면적은 시자치단체가 2002년도에 4,685㎡인데 반해, 군자치단체는 1,246㎡이었다.

둘째, 의료인력은 의사, 간호사, 간호조무사 등 의료관련 전문인력의 수치로서 1991년 이후 지속적인 상승세를 나타낸다. 시·군자치단체 전체평균을 보면, 1991년에 평균 238명이던 의료인력이 2002년도에 798명으로 상승하였다. 도별로 볼 때, 의료인력의 비율이 가장 많은 곳은 경기도로 2002년의 경우 의료인력 1인당 주민수가 1,540명이며, 가장 낮은 곳은 전라북도로 207명으로 나타났다.

셋째, 병실수는 의료시설을 나타내는 대표적인 척도인데, 병실수 역시 의료인력과 마찬가지로 1991년 이후 지속적인 상승세를 나타낸다. 시·군자치단체 전체평균을 보면, 1991년에 평균 290실이던 병실수가 2002년도에 1,078실로 높아졌다. 도별로 볼 때, 병실수의 비율이 가장 많은 곳은 경기도이며, 가장 낮은 곳은 전라북도로 나타났다. 즉, 2002년의 경우 병실수는 경기도가 1,908개이며, 전라북도가 118개인 것으로 나타났다.

넷째, 군자치단체의 전체 평균 주택보급율은 1991년의 77.1%에서 2002년도 101.3%로 큰 폭의 증가세를 보여 통계치만으로는 집이 남아돈다고 할 수 있다. 시·군별로 비교할 경우 2002년도의 경우 주택보급율은 군자치단체가 104.4%로 시자치단체보다 높다. 이러한 경향은 군지역의 인구유출에 의해 빈집이 늘어나는 현상과도 밀접한 연관성을 가진다.

다섯째, 시·군자치단체의 전체 평균 도로포장율은 70%대에 달하며, 포장율은 년도별, 도별, 시군별로 많은 편차를 보인다.

년도별 도로포장율을 보면 1994년까지 증가하던 도로포장율이 1995년부터 감소하는 것으로 나타나고 있으며, 감소는 경기도를 제외한 다른 도의 시자치단체를 중심으로 이루어지며 군자치단체는 대체로 유사하게 나타난다. 1995년도에 그런 현상이 나타난 이유는 경기도의 경우 군지역이 시로 승격되는 경향이 있었던 반면에, 타 시군은 1995년의 도농통합에 의해 자치단체 구역에 변경이 있었다. 따라서 도로포장율이 낮은 군자치단체가 시·군통합에 의해 시자치단체에 포함되면서 시자치단체의 전체적인 도로포장율은 하락한 반면에, 군자치단체의 도로포장율은 거의 유사한 경향을 띈다. 그리고 그 밖에도 도로포장율이 정체되는 이유는 도로포장율에는 지방자치단체들이 자체적으로 건설하는 비포장의 지방도도 포함되기 때문이다.

<표 6-14> 도시공원면적

(단위 : ㎡)

구 분		1991	1992	1993	1994	1995	1996	1997	1998	1999	2000	2001	2002
경기도	시	-	-	1178	1315	6909	6329	4003	2842	2428	2447	1748	1755
	군	-	-	51	57	1458	966	134	45	73	97	65	65
	계	-	-	751	838	4623	5137	3498	2428	2008	2027	1422	1428
강원도	시	-	-	4291	43496	4605	4608	4616	4698	4607	4620	4669	4365
	군	-	-	933	73841	1027	1028	1026	1038	1038	1033	1035	921
	계	-	-	2001	59680	2418	2420	2422	2461	2426	2428	2448	2428
충청북도	시	-	-	10266	10360	11666	11666	11666	11666	11666	12000	12000	4898
	군	-	-	1210	1234	1142	1142	1142	1000	1000	1142	1333	1158
	계	-	-	3300	3340	4300	4300	4300	3909	3909	4400	4888	2178
충청남도	시	2979	2991	3146	3154	5449	4846	4883	4945	5123	5538	5533	5578
	군	1860	1902	1474	1671	1588	1560	1556	1574	1604	1647	1634	1477
	계	2140	2174	1892	2042	2875	2874	2887	2923	3012	3203	3194	3177
전라북도	시	-	5203	1008	1054	1076	1256	947	947	742	1149	1195	1166
	군	-	1087	25	72	179	222	147	164	174	239	235	165
	계	-	2387	446	563	669	786	547	555	432	694	715	627
전라남도	시	6155	5023	5086	5254	6395	6493	6494	8072	8071	8472	8501	8282
	군	1483	1505	1526	1552	1391	1503	1403	1474	1581	1567	1556	1503
	계	2521	2286	2317	2375	2642	2750	2676	2973	3056	3136	3134	3044
경상북도	시	3851	-	4103	4894	4898	4949	4958	4986	4968	4949	4975	4996
	군	766	-	778	1261	793	815	815	815	819	1374	1965	1964
	계	1673	-	1756	2775	2578	2613	2616	2628	2623	2928	3237	3282
경상남도	시	10090	10163	10163	9921	10988	10978	11433	11327	11327	11179	11453	11265
	군	1007	1078	1322	1272	1189	1218	1214	1239	1239	1241	1234	1285
	계	4151	4223	4382	4266	6089	6098	6323	6283	6283	6210	6344	6275
제주도	시	-	-	365	5521	5531	5550	5433	5432	5389	5391	6370	6561
	군	-	-	78	2631	2653	2653	2652	2729	2275	2276	2276	2295
	계	-	-	222	4076	4092	4101	4042	4080	3832	3834	4323	4428
시군	시	6038	6453	4054	8517	6471	6283	5658	5319	6571	5266	5031	4685
	군	1228	1403	994	6791	1209	1177	1112	1103	866	1220	1310	1246
전체		2577	2830	2063	2063	3469	3562	3248	3100	3035	3136	3098	2888

출처) 각 도 교육통계연보(1992-2003); 통계청, 시군구 100대지표

<표 6-15> 의료인력의 수

(단위 : 명)

구 분		1991	1992	1993	1994	1995	1996	1997	1998	1999	2000	2001	2002
경기도	시	656.3	702.3	764.9	963.2	1161.5	1145.8	1285.4	1332.2	1497.6	1487.5	1687.8	1843.3
	군	177.6	188.6	210.1	254.6	262.2	209.5	232.7	223.2	267.3	276.5	256.1	277.6
	계	445.1	475.7	520.1	650.6	784.3	843.7	945.8	1046	1180	1175	1715	1540.3
강원도	시	356.7	402	619.8	646.1	710	791.8	949	880	944.1	956.8	1056.8	1154
	군	38.4	43.9	66.2	68.2	80.1	85.1	85.2	89.1	103.4	113	170.1	172.4
	계	139.7	157.8	242.3	252.1	325.1	360	421.1	396.7	430.3	441.2	765.2	554.1
충청북도	시	897.6	993.3	1060.6	1184.6	1306.3	1391	1377.6	1510.6	2057	1790.6	1917.3	2057
	군	66.4	76.7	81.1	90.6	105.5	117.5	119.6	137.1	434.1	193.3	190.6	208.8
	계	258.2	288.2	307.1	343	433	464.8	462.7	511.7	876.7	629	942.9	712.9
충청남도	시	312.6	342.6	542.2	670.8	748	748.6	829.8	917.8	1047	1209.5	828.2	1376.3
	군	122.7	131.4	131	147.6	211.6	196.1	209	245.4	326.1	358.5	386.8	386.8
	계	170.2	184.2	233.8	278.4	390.4	417.1	457.3	514.4	614.4	698.9	844.3	782.6
전라북도	시	920	993.3	1094.5	1163.6	1341.8	1417	1319.5	1467.3	1623.6	1639.8	1741.5	1162.6
	군	46.4	59	61	65.4	79.6	92	112.6	114.7	126.2	125.3	138.7	137.1
	계	322.3	354.1	387.4	412.2	620.5	659.8	660.7	694.4	768	774.4	1072.8	576.6
전라남도	시	302.8	331.3	588.5	524	581.3	673	767.6	1163	1147.4	1217.2	1259.2	1234.8
	군	114.4	117.8	220.6	116.7	111.7	133.9	149.6	159.9	186.6	196.1	207.9	223.8
	계	156.3	165.2	302.3	207.2	229.1	268.7	304.1	387.9	405	428.2	471	453.5
경상북도	시	525.3	591.5	573.7	602.5	703.8	725.1	808.2	833.7	921.6	976.2	1017.3	1070.9
	군	64.6	65.3	59.9	64.3	78.6	79.9	81.7	92.8	111.1	111.1	118.3	127.7
	계	250.1	220.1	211	222.6	350.4	360.4	397.6	414.9	463	487.2	768	537.8
경상남도	시	412.2	447.4	747.8	808.6	905.8	996.2	1032.7	1059.6	1175.4	1255.8	1232.5	1347.1
	군	54.2	65.3	115.4	126.8	106.7	117.7	121.2	139.8	144.2	161	173.8	182.9
	계	173.5	197.6	334.3	362.8	506.2	556.9	576.9	599.7	659	708.4	703.1	765
제주도	시	386	434.5	743.5	848.5	889.5	875.5	893	966	1110	1144	1182.5	1380
	군	49.5	93.5	56	58.5	119.5	116.5	99.5	101.5	126	134.5	152.5	152.5
	계	217.7	264	399.7	453.5	504.5	496	496.2	533.7	618	639.2	536	766.2
시군	시	541.7	591.2	728.6	818.7	939.5	982.7	1069	1143.4	1280.2	1306.5	1384.8	1468.6
	군	85.5	93.4	120.1	114.2	131.4	127.3	136.7	145.5	197.7	184.7	198.1	207.3
전 체		238.3	261	325	351.4	469.8	506.9	550.4	600.2	691	695.9	749.9	798

<표 6-16> 병실수

(단위 : 개)

구 분		1991	1992	1993	1994	1995	1996	1997	1998	1999	2000	2001	2002
경기도	시	472.8	517.3	723.9	861.9	1170.5	1262.8	1389.7	1508.2	1662.3	1809.2	2032.9	2064.2
	군	215	209	381.4	481.8	563.5	398.8	347.6	379.7	422.1	429.6	393.3	476.5
	계	367.8	385.2	572.8	694.2	916	984	1053.5	1217	1342.3	1453.1	1715.5	1756.9
강원도	시	532.7	741	914.5	911.8	1013.8	1218.2	1192.8	1334.4	1181	1336	1606	1466.4
	군	124.5	155	129.4	143.2	145.5	145	151.8	246.4	172.9	151.2	230.1	213.6
	계	328.6	341.4	379.2	387.7	503	586.9	580.4	722.4	588	612	765.2	700.8
충청북도	시	856.3	922	1391.3	1416.3	1576.3	1692.6	1593.3	1942.6	1642	2126	2313.3	2349
	군	178	193.6	155	175.8	230.2	241.1	239	182.5	180.7	445.3	429	470
	계	432.3	466.7	464	486	634.1	676.6	608.3	662.3	579.2	903.7	942.9	982.4
충청남도	시	377.4	351.4	644.2	811.4	1006.4	1075	1007.5	1219.1	1342.8	1437.6	1517.6	2203.6
	군	173.2	206.5	251.1	264.6	326.3	280.1	286.3	319.3	322.8	377.3	395.4	408.1
	계	251.7	272.3	366.7	416.5	553	598	574.8	679	730.8	801.4	844.3	1126.3
전라북도	시	709	652.2	896.1	1087	1293.3	1423.6	1438.6	1120.6	1853.5	2040.5	2172.6	2294.1
	군	80	72.5	61	81.4	117.1	123.1	164.6	190.8	232.6	221.1	248	224.8
	계	394.5	394.5	355.8	458.5	621.2	680.5	710.6	589.3	927.2	1000.8	1072.8	1111.7
전라남도	시	380	455.4	617.6	606.3	757.5	799.1	841.8	1229.2	1466.2	1537	1634	1578
	군	90	101.7	282	286.8	246.8	240.9	326.5	374.1	409	485.5	479.1	437.8
	계	159.4	185.9	356.6	357.8	374.5	380.5	455.3	568.4	649.2	735.8	471.5	696.9
경상북도	시	625.5	663.8	758.9	794	845.1	897.5	981.5	1051.6	1119.9	1285.5	1394.6	1412.1
	군	57.3	63.5	99	69.2	92.1	112.7	117.6	134.9	174.9	197.1	205.9	232.7
	계	229.4	263.6	311.9	303	434.4	469.4	510.3	551.5	604.4	691.8	768	745.5
경상남도	시	538.4	561.2	942.6	946.6	1282.4	1463.1	1569.7	1579.8	1795.7	1964.8	2064.5	2091.1
	군	132.4	141.1	199.9	313.6	252.7	213.5	269	341.2	368	355.1	339.1	408.9
	계	306.4	321.1	467.3	557.7	858.4	907.7	991.6	1029.3	1161.1	1202.3	1247.2	1250
제주도	시	458	567.5	568.5	638.5	638.5	907.5	905	868	1058.5	1074	1038	1206.5
	군	-	-	-	-	-	29.5	31.5	23	25.5	35.5	35	47.5
	계	458	567.5	568.5	635.8	638.5	468.5	468.2	445.5	542	554.7	536.5	627
시군	시	532.8	586.2	803.6	882.4	1086.3	1201.8	1258.6	1362.4	1516.8	1674.2	1837.6	1908.6
	군	118.4	132.4	199.5	230.2	257.7	215.3	238.8	270	284.9	328	342.5	346.3
전체		290.4	317.5	415.9	465.1	623	667.2	703	784	860.8	953.4	1051.7	1078

<표 6-17> 주택보급율

(단위 : %)

구 분		1991	1992	1993	1994	1995	1996	1997	1998	1999	2000	2001	2002
경기 도	시	43.3	-	60.9	97.2	69.5	84.3	85.4	85.4	89	94.3	94.5	98.1
	군	-	-	78.8	80.9	75.5	99.2	102.5	101	100.3	114.5	113.8	116
	계	50.5	-	66.2	90	72	89.1	90.9	89.5	91.9	99.5	98.3	106.6
강원 도	시	26.1	-	106.2	85.4	92.9	88.3	95.2	91.9	92.9	92.8	94.2	102.3
	군	78.7	-	98.5	99.6	96.5	96.2	97.3	99.3	102.8	99.2	96.8	109
	계	96.1	-	102.1	95.1	95.1	93.1	96.4	96.4	98.9	96.7	95.8	106.4
충청 북도	시	-	-	73.7	104.3	85.2	86.5	88.2	86.2	87.4	83.8	81.2	99.9
	군	89.9	-	95.8	95.1	95.5	101.2	104.6	101.8	103.6	93.5	85.5	106.4
	계	84.2	-	90.7	97.6	92.7	97.2	100.1	97.5	99.2	90.8	84.3	104.6
충청 남도	시	19.1	-	90.2	90.5	85.3	104.6	104.5	103.8	94.7	95.6	96.3	95.5
	군	-4.1	-	68.4	98.7	90.3	97.3	96	100	96.8	98.4	100	101.9
	계	81.9	-	75.2	96.6	88.6	99.9	99.6	101.6	95.9	97.3	98.5	99.4
전라 북도	시	-	-	73.5	90.4	85.8	82.8	83.6	85.8	85.8	89.9	89.9	89.9
	군	-6.9	-	73.4	77.1	93.9	78.7	93.4	93.9	93.9	94.6	94.6	94.6
	계	85.2	-	73.4	80.9	90.4	80.3	89	90.4	90.4	92.6	92.6	92.6
전라 남도	시	-	-	86	87	87.8	93.1	92.7	94.1	96	97	99.1	100.2
	군	-3.5	-	94.3	98	93.2	98.8	99.6	98.9	99.5	100.3	100.2	101.6
	계	56.6	-	92.8	95.6	91.9	97.4	97.9	97.8	98.7	99.6	100	101.3
경상 북도	시	-	-	75.9	80.2	89.6	92.5	96.5	96.6	97.4	98.2	98.4	100.3
	군	25.9	-	99.9	98.8	98.3	99.8	101.6	100.8	100.6	100.9	102.6	103.7
	계	93.6	-	92.8	93.3	94.5	96.6	99.4	98.9	99.2	99.7	100.8	102.3
'경상 남도	시	3.8	-	73.6	123.5	93.6	89.8	91.8	93.6	93.8	94.1	94.8	95.5
	군	88.4	-	92.6	93.7	97	101.6	105.1	105.3	106.5	107	107.7	106.8
	계	82.8	-	86.3	105.9	90.3	95.7	98.4	99.5	100.2	100.6	101.2	101.1
제주 도	시	-	-	71.3	72.1	73.4	87	88.2	89.6	92.1	92.9	95.1	-
	군	-	-	93	94.5	92.7	111.3	111.6	110	111	109.3	108.7	-
	계	75.9	-	82.2	83.3	83	99.1	99.9	99.8	101.5	101.1	101.9	-
시군	시	72.9	-	77.2	94.8	82.2	92.1	91.2	91.1	91.9	94.1	94.6	97.8
	군	82.5	-	91.8	94.7	92.2	98	100.6	100.4	100.8	101.2	100.2	104.4
전 체		78.1	-	86.7	94.7	88	94.1	96.4	96.1	96.8	98	97.6	101.3

<표 6-18> 도로포장율

(단위 : %)

구 분		1991	1992	1993	1994	1995	1996	1997	1998	1999	2000	2001	2002
경기도	시	97.3	-	99.3	99.1	97.2	93.1	91.1	86.7	87.1	87.4	87.3	84.5
	군	70.7	-	86.4	80.8	76.5	69.9	70.3	72.7	73.1	75.9	74.2	74.4
	계	88	-	93.6	91	88.5	85.5	84.4	83.1	83.5	84.5	84.7	82.5
강원도	시	63.6	-	77.1	74.7	68.4	68.7	68.1	69.2	69.8	72.8	65.3	66.6
	군	57.6	-	78.3	62.4	60.8	59	61.7	63.5	64.7	65.8	67.5	68.7
	계	67.9	-	77.9	66.3	63.7	62.7	64.2	65.7	66.7	68.5	66.7	67.9
충청북도	시	63.2	-	93.1	79.2	65.2	61.6	61.9	62.8	66	64.3	63.5	64
	군	61.4	-	77.9	63	63.2	60.1	61.9	63.2	65.4	66.3	68.3	69.7
	계	72.3	-	81.4	67.4	63.8	60.5	61.9	63.1	65.6	65.8	67	68.1
충청남도	시	71.3	-	84.4	84.8	74.8	70.5	64.9	70.1	71.3	71.6	66.7	75
	군	64.3	-	81.3	76.2	73.1	72.8	74.1	75	75.8	77.2	75.6	76.8
	계	71.8	-	82.1	78.4	73.7	71.9	70.4	73.1	74	75	72	76.1
전라북도	시	81.7	-	93.5	94.8	76.4	75.8	76.1	77.4	77.9	79.6	79.8	81
	군	63.5	-	82	63.2	59.2	58.1	59.4	60.8	61.7	67.8	66.2	67.7
	계	76.9	-	85.6	73.2	66.6	65.7	66.6	67.9	68.6	72.9	72	73.4
전라남도	시	81	-	95.9	96.5	85.4	83.4	85.4	80	77.4	67.7	55.7	57.2
	군	62.2	-	83.2	72.5	71.2	70.5	69.8	71.4	72.2	72.4	71.5	70.9
	계	73.1	-	86.1	77.9	74.8	73.8	73.7	73.3	73.4	71.3	67.9	67.8
경상북도	시	85.4	-	94.6	94.9	77.2	69.3	70.4	71.1	72.1	72.8	76.7	76.8
	군	70.2	-	76.7	72.6	72.7	63.8	64.8	65.3	65.9	66.9	67.8	67.2
	계	79.8	-	82	79.2	74.7	66.2	67.2	67.8	68.6	69.5	71.7	71.4
경상남도	시	89	-	95.4	78.6	70.3	65.6	74.7	66	66.9	69.4	70.4	73.1
	군	68.5	-	82.8	70.1	64.1	54.3	62.4	58.2	59.3	60	62.6	60.9
	계	79.2	-	87	73.9	67.2	59.9	68.6	62.1	63.1	64.7	66.5	67
제주도	시	62.3	-	74.4	87.7	87.3	88.9	90.8	92.9	92.8	95.8	98.7	84.7
	군	30.3	-	84.5	69.9	71.2	63.7	65.2	66.4	67.4	53	69.4	72.8
	계	69.5	-	79.4	78.6	79.2	76.3	78	79.6	80.1	74.4	84	78.7
시군	시	90.4	-	92.8	90.3	80.9	77.8	78.4	76.5	77.1	77.4	76.4	76.5
	군	70.4	-	81.1	70.9	68.7	64.1	66	66.6	67.5	68.7	69.1	69.4
전체		77.1	-	85	77.7	73.8	70.2	71.5	71.1	71.9	72.6	72.5	72.5

(6) 중앙정부 정책적 요인

중앙정부 정책적 요인으로는 신도시 건설, 중앙정부에 의한 택지개발, 국가산업단지의 건설 등이다.

첫째, 신도시개발은 수도권의 인구과밀을 해소하기 위해 또는 산업도시나 산업기지의 배후도시를 육성하기 위해 1960년대 이후부터 추진되었다. 1980년 이전에는 울산·포항·구미·창원·여천·광양 등의 산업도시나 산업기지의 배후도시 건설의 신도시개발이 이루어졌지만, 본 연구의 연구기간인 1990년대 전후에는 <표 6-19>에서 처럼 서울의 행정기능·인구분산기능·도심기능분산 등을 위해 수도권 중심의 신도시개발이 이루어졌다. 즉, 1992년까지 200만호 주택건설의 일환으로 수도권내에 90만호를 지어야 할 필요성이 제기됨에 따라 서울 강남지역과 강북지역의 주택수요를 충족시키기 위해 분당과 일산 등의 신도시를 건설하였으며, 수도권내 안산지역에 산업도시를 건설하고 과천시에 정부청사를 입주시켰다.

둘째, 중앙정부에 의한 택지개발은 전국적으로 시행되었는데, 해당자치단체 수는 지속적으로 증가하여 2002년 현재 44개에 해당된다. 그러나 택지개발은 1년 또는 2년내에 끝나는 사업이 아니라 장기간에 걸쳐 이루어진다. 구체적인 해당 자치단체와 2002년까지의 택지개발 기간은 <표 6-20>와 같다.

셋째, 국가산업단지는 1991년 이전부터 건설되기 시작하여 1998년에 21개의 자치단체에, 2002년 현재 22개의 자치단체에 국가산업단지가 존재한다.

<표 6-19> 중앙정부 정책적인 요인

(단위: 개)

구 분	1991	1992	1993	1994	1995	1996	1997	1998	1999	2000	2001	2002
신도시	4	4	4	4	3	1	1	1	2	2	4	4
택지개발 지역	1	1	2	3	11	17	23	28	35	41	42	44
국가산업 단지지역	17	18	18	18	18	18	18	21	21	21	21	22

<표 6-20> 신도시, 택지개발, 국가산업단지 해당 자치단체

구 분	해당 자치단체
신도시	성남시(91-96년), 안양시·고양시(91-95년), 부천시(91-94년, 97-02년), 용인시(99-02년), 파주시·화성시(01-02년)
중앙 정부 택지 개발	전라남도 여수시(91-02), 충청북도 청주시(93-02), 경상남도 의령군(94-02), 부천시·평택시·남양주시·강원도 춘천시·전라북도 군산시·경상북도 경산시·경상남도 김해시·경상남도 양산시(95-02), 하남시·용인시·화성시·강원도 홍천군·전라남도 순천시·경상남도 함안군(96-02), 동두천시·파주시·강원도 동해시·충청남도 보령시·전라북도 전주시·경상북도안동시(97-02), 양주군·포천군·충청남도 천안시·충청남도 당진군·경상남도 진주시(98-02), 고양시·안성시·강원도 원주시·충청남도 예산군·전라남도 목포시·경상북도 구미시·경상남도 진해시(99-02), 김포시·강원도 태백시·충청남도 공주시·경상북도포항시·경상남도 거제시·제주시·북제주군(00-02), 성남시·오산시(02-)
국가산 업단지	안산시·시흥시·동해시·보은군·보령시·군산시·익산시·여수시·광양시·영암군·포항시·경주시·구미시·창원시·진해시·통영시·거제시(91-02년), 당진군(92-02년), 파주시·청원군·서산시(98-02년), 사천시(02년)

이러한 중앙정부의 신도시개발, 택지개발, 국가산업단지의 입지여부가 지방자치단체의 주민수 증감에 미친 영향을 분산분석을 통해 분석하였다. <표 6-21>에 나타난 바와 같이 신도시개발, 택지개발, 국가산업단지의 입지 등은 지방자치단체의 주민수 증가에 기여하는 것으로 나타났다.

첫째, 신도시로 지정된 자치단체(91-94년 평균 62.5, 95-02년 평균 57.7)가 그렇지 않은 시·군자치단체에 비해, 신도시외의 도시에 비해, 경기도의 다른 시군자치단체에 비해 91년-94년의 시기와 95년-2002년의 시기 모두에서 높은 사회적인 증가를 보이는 것으로 나타났다. 따라서 신도시 지정은 사회적인 증가에 기여함을 알 수 있다.

둘째, 중앙정부의 택지개발은 1995년-2002년의 시기에 주민수의 사회적인 증가에 기여한 것으로 나타났다. 중앙정부의 택지개발이 이루어진 지방자치단체의 사회적 증가는 10.8로 전출보다 전입이 높은 반면에, 그렇지 않은 자치단체는 오히려 전출이 전입보다 높은 것으로 나타났다.

<표 6-21> 중앙정부의 정책적 요인에 의한 사회적 증감 차이

구분		91-94년		95-02년	
		사회적 증감 평균	F값	사회적 증감 평균	F값
신도시	해당 신도시	62.5	60.2***	57.7	80.6***
	신도시외 시·군	-15.2		-4.6	
	해당 신도시	62.5	20.2***	6.1	49.4***
	신도시외 도시	13.4			
	해당 신도시	62.5	10.6***	24.4	11.3***
	경기도 신도시외 시·군	21.2			
중앙정부 택지개발	해당 시·군	0.1	.782	10.8	71.8***
	비해당 시·군	-13.6		-7.1	
국가산업 단지	해당 시·군	9.8	18.0***	3.6	11.1***
	비해당 시·군	-15.2		-4.8	

주1) 주민수의 평균에서 +는 사회적 증가를 의미하며, -는 사회적인 감소를 의미함
주2) *** p < .001

셋째, 국가산업단지가 입지한 자치단체는 91-94년의 시기와 95-2002년의 시기 모두에서 자치단체의 사회적 증가에 기여한 것으로 나타났다. 즉, 91-94 년의 시기에 국가산업단지가 입지한 자치단체는 평균 9.8의 사회적인 증가를 보인 반면에 그렇지 않은 자치단체는 평균 -15.2의 감소세를 보이며, 95-2002 년에는 국가산업단지가 입지한 자치단체는 평균 3.6의 증가, 비 해당 자치단 체는 평균 -4.8의 감소세를 보인다.

2) 사회적 감소의 영향요인에 대한 분석

앞에서 1991년부터 2002년까지 각 개별변수들의 변화추세를 고찰하였다. 지금부터는 앞에서 언급한 바와 같이 사회적 감소의 영향요인을 분석하며, 분석기간은 1995년부터 2002년까지이다.

(1) 사회적 감소의 영향요인

<표 6-22>에 제시된 바와 같이 사회적 감소에는 다양한 요인들이 영향을 미친다. 경제적 요인인 소득수준, 사회적 요인인 주이동연령비율·일반고대학진학율, 지방정부의 공공서비스 요인인 공원면적·의료인력, 중앙정부 요인인 신도시 지정여부·중앙정부의 택지개발 등이 영향요인으로 나타났다. 사회적 감소에 이들 요인들이 미치는 영향을 구체적으로 살펴보면 다음과

<표 6-22> 전체 회귀분석

구 분		1995-2002년 전체		
		B	Beta	T값
경제적 요인	취업기회	126.435	.071	1.306
	1인당 월평균 소득	2.358E-02	.170	2.713***
사회 교육적 요인	주 이동연령비율	1303.350	.089	1.803*
	고등학교 진학률	36.691	.021	.446
	일반고의 대학진학률	72.227	.098	2.004**
지방정부 재정요인	재정자립도	-64.032	-.077	-1.244
	조세부담	-4.148E-03	-.058	-1.181
	사업투자비	1.697E-04	.001	.021
	경제개발비	2.728E-02	.074	1.510
공공서비스 요인	공원면적	-.827	-.094	-1.910*
	의료인력	-13.912	-.285	-5.877***
	의료시설	2.200E-03	.000	.002
	주택보급율	-21.796	-.022	-.454
	도로포장율	53.098	.055	1.137
중앙정부 요인	신도시 지정여부	-13536.293	-.209	-4.252***
	중앙정부의 택지개발	-2373.198	-.168	-3.419***
	국가산업단지 입지	891.817	.052	1.090
R2(수정된 R2)		25.2(21.4)		
상 수		71.1		

* p < 0.1   ** p < 0.05   *** p < 0.01

같다.

1995-2002년의 시기에는 소득수준의 증가가 높은 자치단체일수록 사회적인 감소가 많으며, 주이동연령의 비율이 높은 자치단체일수록 사회적인 감소가 많으며, 일반고의 대학진학률이 높은 자치단체일수록 사회적인 감소가 많으며, 도시공원면적이 적은 자치단체일수록 사회적인 감소가 많으며, 의료인력이 적은 자치단체일수록 사회적인 감소가 많으며, 신도시로 지정된 자치단체의 사회적인 감소가 적으며, 중앙정부의 택지개발이 이루어진 자치단체의 사회적인 감소가 적었다.

첫째, 소득수준이 높은 자치단체일수록 전출이 많은 것으로 나타났는데, 이는 노동시장의 전이 이론 또는 이동의 축적 논거로 해석해 볼 수 있다(이외희, 1999). 이 이론에 따르면 소득 수준이 상대적으로 높은 시 · 군에 거주하는 주민들은 더 높은 소득을 얻으려고 더 큰 도시로 이주하려는 성향 때문이 있다. 특히 지속적인 전출현상이 나타나는 자치단체들 중 상대적으로 소득수준이 높은 지역에 거주하는 주민들은 큰 도시에서 더 많은 소득을 올리려는 성향이 있다.

둘째, 주이동연령층의 비율이 높은 자치단체일수록 사회적 감소가 높은 것은, 우리의 경우 20대와 30대의 비율이 전출을 유발하는 요인으로 작용하기 때문이다. 즉, 20대와 30대는 대학 · 취업 · 결혼 등의 이유로 이동을 하는 경향이 높으며, 문화적 · 경제적 · 교육적인 측면에서 상대적으로 취약한 중소도시나 군지역의 젊은이들은 광역시나 특별시 또는 인근의 큰 자치단체로 이주하려는 성향이 높기 때문이다.

셋째, 일반고의 대학진학률이 높은 자치단체의 경우 사회적인 감소가 많은 것으로 나타났다. 일반적으로 대학은 수도권에 집중되어 있으며, 또한 비수도권의 경우 큰 도시를 중심으로 위치한다. 그리고 대학에 진학하려고 하는 고교졸업생의 경우 가능한 한 수도권에 소재하는 대학을 선호하거나, 또는 비수도권 대학의 경우 큰 도시에 소재한 대학에 진학하려는 경향을 강하게 보이고 있다. 이 때문에 대학진학이 사회적 감소의 요인으로 작용하고 있는 것으로 보인다.

넷째, 미미하지만 도시공원 면적이 사회적 감소에 영향을 미치는 것으로 나타났다. 1960년대 이후의 급격한 산업화와 도시화는 생활의 편리와 경제적 인 측면을 충족시켰지만, 도시와 공장지대에서 자연녹지 파괴와 환경오염을 가중시켜 사람들이 환경문제에 관심을 갖게 되는 반작용을 불러일으켰다. 즉, 대도시에 거주하는 주민이 인근교외로 역이주하는 현상이 발생하는 것이 다. 이러한 현상이 사회적 감소에 영향을 주는 것이다.

다섯째, 의료인력이 적은 자치단체일수록 사회적인 감소가 많은 것으로 나타났다. 의료행위는 주민의 생명 또는 신체의 안녕과 직결된 것으로 현대 에 들어 특히 그 중요성이 강조된다. 이런 이유로 지방자치단체간 의료서비 스의 차이는 사회적 감소의 요인으로 작용하고 있는 것이다.

여섯째, 신도시와 중앙정부의 택지개발이 이루어졌는가에 따라서 지방자 치단체의 인구유입 및 유출에 영향을 받고 있다. 주민이 외부로 빠져나가는 경향을 보이던 자치단체는 국가가 정책적으로 실행하는 신도시 개발과 택지 개발의 입지로 선정되면서 전입인구가 늘어난 반면에, 입지로 선정되지 못한 자치단체들은 상대적으로 인구유입의 기회를 갖지 못한 것으로 나타났다.

(2) 시·군자치단체별 사회적 감소의 영향요인

① 시자치단체의 사회적 감소의 영향요인

시·군 자치단체별 사회적 감소의 영향요인에 대한 <표 6-23>의 분석결 과에 따르면, 소득수준의 증가가 높은 시자치단체일수록, 주이동연령의 비율 이 높은 시자치단체일수록, 일반고의 대학진학률이 높은 시자치단체일수록, 도시공원면적이 적은 시자치단체일수록, 의료인력이 적은 시자치단체일수 록, 신도시로 지정된 시자치단체의, 중앙정부의 택지개발이 이루어진 시자치 단체의 사회적인 감소가 적었다. 이러한 성향은 군자치단체에 대비한 시자치 단체의 특성을 고려할 때 설명이 용이하다. 도시민들은 군지역 거주자에

<표 6-23> 시·군별 분석

구 분		1995-2002년 시·군별 분석					
		시			군		
		B	Beta	T값	B	Beta	T값
경제적 요인	취업기회	187.009	.096	1.299	-51.399	-.116	-1.079
	1인당 월평균 소득	4.451E-02	.259	3.132***	6.395E-05	.002	.018
사회 교육적 요인	주 이동연령비율	3711.570	.164	2.417**	-36.756	-.016	-.190
	고등학교 진학률	339.455	.094	1.383	19.243	.079	1.008
	일반고 대학진학률	180.697	.173	2.439**	-.303	-.002	-.030
지방 정부 재정 요인	재정자립도	-104.868	-.085	-1.024	-31.189	-.233	-1.853*
	조세부담	-6.98E-03	-.082	-1.187	1.274E-03	.087	1.038
	사업투자비	6.49E-03	.031	.432	-4.63E-05	-.001	-.016
	경제개발비	2.08E-02	.055	.780	2.46E-02	.188	2.207**
공공 서비스 요인	공원면적	-1.126	-.121	-1.749*	-1.72E-02	-.007	-.082
	의료인력	-12.491	-.257	-3.866***	2.649	.081	.983
	의료시설	.716	.037	.545	-1.488	-.217	-2.67***
	주택보급율	-112.413	-.090	-1.297	7.372	.039	.455
	도로포장율	39.901	.037	.561	21.281	.086	1.056
중앙 정부 요인	신도시 지정여부	-14021.35	-.225	-3.280***	-	-	-
	중앙정부 택지개발	-2209.715	-.138	-2.064**	-287.416	-.072	-.885
	국가산업단지 입지	2232.260	.122	1.864*	-411.309	-.072	-.814
R2(수정된 R2)		28.2(21.6)			13.0(3.6)		
상 수		-541.9			726.3		

주) 1991-1994년의 분석에서 경제적요인은 자료가 없어서 생략됨
* p < 0.1   ** p < 0.05   *** p < 0.01

비해 경제적인 것을 중시하므로 더 많은 소득의 기회를 얻기 위해 이동하는 성향이 강하며, 연령대로 보면 20대와 30대의 비중이 높으므로 이동경향 역시 강하다. 또한 자녀교육에 대한 관심이 높아 자녀교육을 위해 타지역으로의 전출도 감수하며, 군지역에 비해 체육공원·어린이 공원·근린공원·도시자연공원 등의 필요성이 높으며, 큰 병원을 선호하는 경향이 높다. 따라서 이러한 여러 요인들이 시자치단의 사회적 감소에 영향을 준다. 그러므로 시자치단체의 경우 사회적 감소를 줄이기 위한 방안을 모색하기 위해 다양한 요인을 고려한 대응방안을 모색할 필요성이 있음을 알 수 있다.

② 군자치단체의 사회적 감소의 영향요인

<표 6-23>의 분석결과에 따르면, 군자치단체의 사회적 감소에는 지방정부재정 요인 중 재정자립도·경제개발비 등이, 공공서비스 요인 중 의료시설 등이 영향을 미치는 것으로 밝혀졌다. 이를 구체적으로 살펴보면 다음과 같다.

첫째, 재정자립도의 증가가 낮은 군자치단체의 사회적 감소가 높은 것으로 나타났다. 개별변수의 분석에서 살펴본 바와 같이 군자치단체의 재정적인 여건은 갈수록 심각해지고 있다. 특히 1998년의 경제위기 이후 지방세의 수입이 줄어드는 경향이 나타나기도 하였다. 자주재원의 정도를 측정하는 재정자립도가 줄어드는 경우 지역의 투자나 공공서비스 제공 등에서 부정적인 영향이 나타난다. 그러므로 낮은 재정자립도는 전출의 요인으로 작용한다.

둘째, 경제비 지출의 증가가 높은 군자치단체의 사회적 감소가 높게 나타났다. 경제비는 농수산개발과 경제개발비로 측정하였는데, 정도의 차이는 있지만 일반적으로 농수산개발비의 지출비중이 높다. 농수산개발비의 비중이 다른 군자치단체보다 높다는 것은 군지역중 농수산에의 의존도가 특히 높음을 의미한다. 그러나 최근의 농업시장은 전망이 밝지 못하다. 농산물무역개방에 의해 농수산업은 하락하는 추세이며, 농업의 경쟁력 역시 낮아지고 있어서, 농업을 포기하는 경향이 늘어나고 있다. 그러나 지역의 주산업이 농업인 군자치단체의 경우 열악한 재정환경하에서도 그 지역의 주산업인 농업에 대한 지출을 늘릴 수 밖에 없는 실정이다. 이런 이유로 경제개발비 지출의 년도별 증가가 높은 군자치단체에서 사회적 감소가 높아지고 있다.

셋째, 군자치단체의 공공서비스 중 가장 열악한 서비스중의 하나는 의료관련 서비스의 공급이다. 최근 들어 군지역의 노령화가 가속화됨에 따라 병이 발생하더라도 인근 도시의 병원으로 나가기가 쉽지 않은 실정이다. 즉, 치료를 받고 싶어도 교통의 불편 때문에 의료서비스를 받는데 어려움을 겪는다. 그러므로 의료시설의 부족이 사회적 감소의 요인으로 작용한다.

4. 정책적 함의

시·군 자치단체의 주민수 감소는 자연적인 감소보다는 사회적인 감소 즉, 전입보다 전출이 많음에 따라 나타난다. 시·군자치단체의 사회적 감소의 원인은 다양하여 경제적 요인인 소득수준이, 사회적요인인 주이동연령비율·일반고대학진학률 등이, 지방정부 재정요인 중 재정자립·경제개발 등이, 지방정부의 공공서비스 요인인 도시공원서비스·의료서비스 등이, 중앙정부 요인인 신도시 지정여부·중앙정부의 택지개발·산업단지의 입지 등이 사회적 감소에 영향을 미치는 것으로 나타났다. 이러한 결과를 중심으로 정책적인 함의를 논의하고자 한다.

1) 지역 소득수준의 향상

감소의 원인에 대한 분석결과에 따르면, 소득수준이 높은 자치단체의 사회적 감소가 높은 것으로 나타났으며, 특히 도시의 경우 그런 경향이 강하다. 앞에서 언급한 같이 자치단체간 인구이동은 소득이 높은 자치단체에서 더 높은 소득을 창출하는 자치단체로 나타나며, 개인적으로도 소득이 높은 사람은 더 높은 소득을 얻기 위해 보다 큰 도시로 진출하려는 성향을 가진다. 그러나 각 시·군지방정부가 지역개발을 통해 지역 주민들의 소득을 높일 경우 이는 주민 유출의 원인되므로 주민소득을 높이는 정책을 포기하는 것이 타당하다고 할 수는 없다. 지역소득이 높은 것이 유출의 원인임을 인정하더라도, 지역의 높은 소득은 외부의 사람들에게는 더 높은 전입의 동기가 된다. 그러므로 각 지방정부는 지역의 경제발전과 고소득 산업의 활성화를 통해 전출요인을 차단함과 더불어 외부인들에게 전입동기를 부여하도록 하여야 한다.

2) 20대와 30대 이동요인의 억제

20대와 30대의 경우 다른 연령층대에 비해 유동성이 강하므로 전출 역시 많으며, 특히 도시의 경우 그런 경향이 높다. 따라서 20대와 30대의 전출을 막기 위해서는 20대와 30대의 유출요인을 차단할 필요성이 있다. 일반적으로 20대와 30대의 이동요인으로는 직업, 문화적인 여건 등을 들 수 있다. 따라서 20대와 30대의 젊은 층의 유출을 막고 나아가 유입을 늘릴 수 있는 방안으로 는 지역내 일자리 창출, 청장년 지역문화의 활성화 등이 요구된다.

3) 지역교육 여건 및 질적인 개선

지역교육의 여건은 사회적 감소에 영향을 주므로 지역교육을 여건을 개선 하는 방안이 요구된다. 군자치단체의 경우 중·고등학교 이하 교육여건의 개선 및 질적인 교육의 향상이 필요하다. 1990년대 이루어진 초등학교의 통폐합은 어린이를 둔 가정의 도시 전출을 초래하였으며, 도시지역에 대비한 군지역 중·고등학교의 교육여건과 상대적인 질적 하락 등 역시 전출을 위 한 요인으로 작용한다.

시자치단체의 경우 중·고등학교 이하 교육여건의 개선 및 질적인 교육의 향상과 더불어 지역내 대학 유치 및 기존 대학의 육성 등에 대한 노력이 요구된다. 이를 위해서는 교육인적자원부의 지방대학육성책의 마련이 우선 시 되겠지만, 지방정부의 지역내 산업체와 지역대학간의 교육 및 취업연계, 지역대학 활성화를 위한 행정적인 지원 등의 노력이 요구된다.

4) 지방자치단체 자주재정권의 강화

시·군 지방자치단체의 대도시로의 사회적 감소를 예방하기 위해서는 재 정적인 측면에서 시·군 지방자치단체의 자주 재정권의 강화가 요구되며,

특히 군자치단체의 경우 빠른 시일 내에 재정자립도를 높일 필요성이 있다. 현재의 지방재정상황하에서 지역의 발전을 기대하기 힘들다. 특히 현재 평균 18%대에 이르는 군자치단체의 재정여건을 감안 할 때, 자체적인 지역개발을 위한 투자 물론 심한 경우 자치단체의 경상경비를 충당하기도 힘든 자치단체가 나타나고 있다. 이처럼 열악한 자치단체의 재정적인 여건하에서 전출이 늘어나는 것은 필연적이다. 그러므로 자치단체의 재정자립도를 높이기 위해 국세를 통한 지원 확대, 광역시나 특별시에 대비한 군자치단체의 재정형평화 확대 등이 요구된다.

또한 군지역 경제개발비 확대를 통한 지역개발이 요구된다. 경제개발비중 농어촌관련개발비의 지출은 현재의 우리나라 농업의 자생력을 높이기 충분하다고 보기 힘들므로, 군지역 경제개발비의 지출이 실제적인 성과를 얻기 위해서는 충분한 자금 지원이 요구된다. 그와 함께 경제개발비 내 지역경제개발비 역시 적정수준으로 높이는 방안이 요구된다.

5) 도시공원의 확대

향후 도시민들의 환경에 대한 관심은 더욱 커질 것으로 전망된다. 따라서 도시민의 쾌적한 환경조성과 어린이와 노인들을 위한 전문적인 도시공원의 확대가 요청된다. 즉, 도시자연공원 · 근린공원 · 생활체육공원과 같이 도시민들의 건강을 증진하는 공원뿐만 아니라 어린이 공원이나 어린이와 노인이 같이 즐길 수 있는 공원 등과 같이 특수계층을 위한 시설 역시 요구된다. 또한 도시민들이 조상에 대해 기리며 휴식 공간으로도 활용할 수 있도록 공원 같은 묘지로의 조성 역시 필요해진다.

6) 중앙정부의 지역적인 균형개발 및 빠른 시행

앞에서 언급한 바와 같이 국가정책요인인 신도시 지정, 중앙정부에 의한 택지개발, 국가산업단지 입지 등은 사회적인 감소를 억제하는 요인으로 작용한다. 따라서 시·군 지방자치단체의 인구균등화를 위해서 중앙정부의 균형개발 및 투자가 중요하다. 현재 중앙정부의 건설교통부, 지방분권위원회, 국가균형개발위원회 등의 기구가 만들어져 지역의 균형개발을 위해 노력하고 있으나, 인구의 균등배분을 위한 직접적인 정책은 부족한 것이 그 현실이다. 또한 정부는 국가기관의 지방이전, 지방혁신도시·기업도시 등의 건설, 행정수도후속대책위원회를 통한 후속대안 등의 마련 등을 위해 추진중이나 실제적으로 성과 역시 나타났다고 보기 힘들다. 따라서 빠른 시행을 통한 인구의 적정 균등이 이루어지도록 하여야 한다.

7 인구감소 대응정책 : 실태 및 평가

　우리나라를 비롯한 외국의 일부 국가들은 심각한 인구감소 문제에 직면하고 있다. 프랑스를 비롯한 일부 국가들은 이미 인구감소 문제에 직면하여 다양한 정책들을 수립하여 시행하고 있다.

　우리나라 역시 인구감소 문제에 직면하여 중앙정부와 지방정부는 인구감소에 대응하기 위해 일련의 인구조정정책과 인구대응정책을 수립하여 시행하고 있다. 따라서 먼저 선진 외국들이 추진하는 정책의 실태를 기술한 후, 우리나라 중앙정부의 인구감소 대응정책의 실태 및 정책에 대한 평가하고자 한다. 그 후 지방자치단체에서 수립하여 추진 중인 인구정책의 실태를 살펴보고, 이에 대해 평가를 하고자 한다.

1. 외국의 인구감소 대응정책

　외국의 경우 우리나라보다 앞서서 이미 인구감소에 따른 문제를 경험하였으며, 그에 따른 정책을 시행하고 있다. 여기서는 외국의 인구정책에 대해 간략하게 기술하고자 한다.

1) 인구장려정책(출산감소 대응책)

1980년대의 미국·캐나다·오스트리아·일본·스웨덴·영국 등은 저출
산에 의한 인구감소의 문제가 심각해짐에 따라 인구의 현상유지와 증가를
위한 정책에 관심을 두기 시작하였다(Weeks, 1999). 그러나 인구감소에 대한
정책적인 대응책 모색은 쉽지 않다. 인구정책은 다양한 각종 지원시책이나
유인 정책에도 불구하고 단기간에 출산력 회복이 이루어기는 힘든 반면에,
정책시행에 따른 경제적 부담이 큰 정책이다. 사회구조와 국민의식이 저출산
의 양상으로 변화되면, 출산력을 높이기 위한 정책의 효과는 크게 기대할
수 없다는 것이 선진국의 경험이다. 즉, 저출산을 경험한 국가들은 지금까지
여러 가지 형태의 가족보호정책, 출산장려정책을 실시하였음에도 불구하고
여전히 출산율이 감소하고 있으며, 소가족화가 이루어지고 있다(문현상 외,
1993; 조남훈 외, 1998).

프랑스의 경우 오랫동안 국가의 출산장려책에도 불구하고 합계출산율[29]
증가는 0.2-0.3명에 불과하였으며, 스웨덴의 경우 1973-1991년 기간에 국민총
생산의 3-6%에 이르는 막대한 아동수당을 지급하였음에도 불구하고 평균자

---

[29] 출산 가능한 여성의 나이인 15세부터 49세까지를 기준으로, 한 여성이 평생 동안
낳을 수 있는 자녀의 수를 나타낸다. 국가별 출산력 수준을 비교하는 주요 지표로
이용되는데, 2가지 방법으로 산출된다. 먼저 일반적으로는 연령별 출산율의 합계,
예를 들어 지난 해 만 30세 여성이 낳은 아이의 수를 전체 만 30세 여성의 수로
나누어 연령별 출산율을 산출한 다음 이렇게 계산한 각 연령별 출산율을 모두 더하
면 합계출산율이 된다. 다른 하나는 5세 계급으로 계산된 연령별 출산율에 5를 곱하
는 방식인데, 이들 간의 관계를 공식화하면 합계출산율=연령별 출산율의 합=∑5
세 계급연령별 출산표×5가 된다. 이 경우 전체 여성수는 미혼·기혼을 구별하지 않기
때문에 한국과 같이 혼인이 출산의 전제조건으로 작용하는 국가에서는 미혼 여성이
늘어날수록 출산율이 떨어진다. 2002년 통계청이 발표한 '2001년 출생통계'에 따르
면 2001년 총 출생아수는 55만 7000명에 합계출산율은 1.30명으로 나타났다. 한국의
경우 1990년대 이후 합계출산율이 자꾸 낮아져 2002년 현재 선진국의 1.5명보다도
낮은데, 이는 출산과 육아에 따른 부담 때문에 여성들이 출산을 기피한다는 사실을
나타내는 것이다.

녀수는 겨우 두 자녀 수준을 유지할 정도였다. 그리고 일본은 합계출산율이 1989년에 1.57명으로 낮아짐에 따라(1.57쇼크), 이를 계기로 1990년 8월에 관련 부처 조정회의를 위한 기구를 설립하였다. 일본정부는 이 기구에서 1991년에 제출한 권고안에 따라 육아 휴직법이 제정되고, 자녀수당법을 제정하여 취업여성의 자녀양육을 지원하고 있다. 그러나 이러한 노력에도 불구하고 합계출산율은 1995년 1.42명, 1997년 1.40명으로 더욱 낮아졌다.

그러므로 한국보다 40여년을 앞서 저출산 현상을 경험하고 있는 프랑스, 독일, 스웨덴, 영국, 일본 등 여러 나라들의 인구정책은 우리에게 큰 시사점을 준다(보건복지부, 2004a; 보건복지부, 2004c).

(1) 프랑스

출산율을 높이는 정책으로는 세금관련 시책, 산모와 어린이에 대한 복지 혜택, 수당 지급 등 다양한 방식이 있다(Week, 1999). 이 중 프랑스는 출산시 각종 출산 혜택을 제공한다.

첫째, 출산혜택으로는 세금감면, 교통기관·영화·문화 시설 등의 공공시설 이용료에 대한 할인(특히, 자녀가 셋이상인 가정은 공공시설 이용료의 50%를 할인한다), 공공 및 사기업에서 자녀 양육 근로자에 대한 각종 지원혜택을 제공(예 : 자녀 질환시 부모 중 한명이 10일 이내의 휴가)한다.

둘째, 출산 휴가 및 육아 휴직제이다. 산모는 둘째 아이까지 16주(산전 6주와 산후 10주)의 출산휴가를 가지며, 각종 산전산후 관련 자료와 교육을 받을 수 있다. 또한 부성휴가제도도 있어 아버지는 14일간 휴가를 가질 수 있으며, 수당으로 611유로를 받는다.

셋째, 프랑스 역시 현물급여와 현금급여로 나누어지는 출산급여의 지급을 통해 인구증가책을 마련하고 있다. 프랑스의 경우 현물급여는 출산의 명목으로 제공되는 급여로 임신기간 중의 검사·입원 및 의료행위에 따른 비용·산모에 대한 산후검사 비용·유아에 대한 관찰검사 등을 포함하며, 출산장려금으로 2004년부터 임신 8개월이 되면 800유로를 받는다. 또한 분만비용

<표 7-1> 보육수당의 유형 및 특징

보육유형	특 징
재택아동양육수당	맞벌이 가족 6세 이하 자녀 위해 1인 이상 보육사 고용시 지급, 자녀수, 자녀나이, 고용 보육사의 수에 따라 차등지급
자녀교육수당	6-18세 자녀가 1명 이상인 경우 , 소득액에 따라 수혜자격 제한, 모든 자녀가 동일한 액수로 지급
영유아수당	3세 이하의 자녀를 두었거나 임신 5개월 이상 임산부
자녀입양수당	21개월 동안 지급, 3세미만 아동의 경우 영유아 수당 동시 지급
자녀간병수당	간병이 필요한 경우
특수교육수당	20세 이하의 자녀 부양하는 경우, 자녀당 매달 109.40유로

에 대한 전액 의료보험 처리 등을 제공한다(의료보험관리공단, 1997).

넷째, 영유아보육과 관련된 아동보육수당은 아래 <표 7-1>과 같이 다양한데, 아동보육수당으로는 재택아동양육수당 · 자녀교육수당 · 영유아수당 · 자녀입양수당 · 자녀간병수당 · 특수교육수당 등이 있다.

(2) 독일

독일은 1960년대 후반부터 출생율의 저하가 나타나기 시작하였다. 이에 독일은 여성들의 취업과 가족생활의 양립을 지원하여 여성 개인들의 복지증진과 출산율을 향상을 높이려고 한다.

첫째, 자녀양육과 관련하여 가족수당을 지급한다. 가족수당은 원칙적으로 18세 때까지 모든 자녀들을 대상으로 지급한다. 다만 예외적으로 자녀가 각종 (직업)훈련을 받을 때에는 27세까지 그리고 직장이 없을 때는 21세까지 지급기간이 연장되기도 한다. 그러나 생계 수단이 없는 장애자의 경우 연령 제한이 없다. 가족수당은 자녀의 수에 따라 차이가 있는데, 1-3자녀까지는 월 154 유로가, 4자녀 이상일 때는 월 179 유로가 지불된다.

둘째, 자녀양육수당도 지급된다. 신생 자녀들을 돌보고 있는 어머니나 아버지들은 자녀양육수당을 신생아 24개월 때까지 월 300유로까지 지급 받는다. 또한 신생아가 돌이 될 때까지 월 450유로까지 받는 경우도 있다.

셋째, 휴가혜택으로는 부모휴가와 모성휴가 등이 있다. 자녀가 세 번째 생일을 맞이할 때까지 부모휴가(또는 자녀양육휴가)를 받을 자격이 있다. 부모들은 이 부모휴가를 휴가 일수 전체 또는 일부를 동시에 혹은 따로 얻을 수 있다. 모성 휴가는 일반적으로 자녀출생 전 6주부터 출생 후 8주까지 유급 여성 근로자들에게 주어진다. 건강보험에 가입한 어머니들에게는 매일 13유로까지 지급되며, 일시불 모성휴가로 210유로까지도 지급한다.

넷째, 편부모 한쪽이 자녀양육비를 지급받지 못할 때에 자녀양육비가 지급된다. 즉, 자녀양육이 아버지나 어머니 한쪽에 의해 이루어지는 경우 자녀양육에 어려움이 있다. 이 경우 정부는 자녀양육비를 지원한다.

다섯째, 교육지원책으로 기초과정 후의 교육을 원하는 학생들(중등학교와 대학교)에게는, 가정의 재정 형편상 자신들의 적성, 기대 및 학업 성적에 따른 상위 교육을 받을 수 없을 때 교육지원비 지급 대상이 된다. 교육지원연방법률에 따라 필요한 금액을 평가하여 매월 일정 비율로 제공하고 있다. 필요한 금액의 수준은 하고자 하는 교육의 형태(중등학교, 대학 등)와 숙식환경(가정내 또는 밖에서 숙식)에 따라 달라질 수 있다.

여섯째, 주택소유혜택법에 의한 자녀 할당이다. 자신의 생활을 위한 주택을 매입하거나 건축하는 경우 부모들은 주택소유혜택법에 의해 기초 보조금 외에도 8년 동안 매 어린이 1명당 연간 767유로에 달하는 자녀 할당수당을 받는다. 일곱째, 부양자녀 및 자녀양육을 위한 세금감면을 받는다. 대부분 부양자녀에 대한 세금감면은 기혼부부가 3,648유로, 편부모가 1,824유로이며 자녀 양육, 교육 및 훈련에 대한 세금감면은 기혼부부가 2,160유로, 편부.모가 1,080유로로 이는 거의 가족수당으로 사용된다.

(3) 스웨덴

스웨덴은 1960년대 이후 하락한 출산율을 회복하기 위해 가족정책의 범주 내에서 출산 및 자녀양육과 관련한 다양한 조치들을 시행하고 있다. 그 결과

1980년대 중반부터 출산율이 서서히 상승하여 비교적 안정적인 출산율을 유지하고 있다. 이러한 출산율의 상승에 기여한 시책은 취업여성의 가정과 직장 양립을 지원하는 정책이며, 기타 출산 및 육아 관련 각종 휴가정책 및 수당제도, 아동보육서비스 등의 효과도 나타났다(보건복지부, 2004). 이를 구체적으로 살펴보면 다음과 같다.

첫째, 가족 및 아동수당제도는 1947년 아동수당기본법(Basic Child Benefits Act)의 제정 후 1948년 도입되었다. 지급자격은 16세 미만의 아동 1명 이상의 자녀가 있는 전체 가정이 대상인데, 학생인 경우는 20세까지, 정신지체로 인해 특수학교에 재학중인 경우는 23세까지 연장이 된다. 지급수준은 첫째 및 둘째아동에게는 1인당 월 750크로너(약 11만원)가 지원되며, 전액 정부에서 부담한다.

둘째, 출산휴가 및 육아휴직제도는 초기에 여성에게만 인정하였으나, 부모휴가법이 제정됨에 따라 남성에게도 자녀양육을 위한 휴직이 인정되어 부모 모두가 육아휴직의 대상이 된다. 육아휴직 자격은 남성과 여성에 따라 육아휴직에 대한 우선권은 없으며, 부모 모두 평등하게 권리 행사가 가능하다. 육아휴직의 형태는 전일휴직형(하루를 완전히 쉬는 휴직형태), 근로시간 단축형(통상 근로시간을 절반으로 단축하거나, 6시간으로 단축하는 형태로서 자녀가 8세 또는 초등학교 1학년을 마칠 때까지 사용가능) 등이며, 휴직기간동안에도 근로자의 고용관계가 유지되며, 사회보험에서의 피보험자 자격이 지속된다.

셋째, 보육서비스는 12세 이하의 아동을 대상으로 공적 보육(공보육)을 실시하는 것이다. 이를 위해 지방자치단체는 12세 이하의 아동을 위한 교육 및 보호시설을 마련하여야 하고, 특별한 지원 및 교육이 요구되는 장애아들에게 보육서비스 및 방과 후 보육을 제공하여야 한다. 그러나 장애아에 대한 무상보육은 1일 4시간, 연간 총 130일로 국한시키고 이를 초과시 보호자가 부담한다. 그리고 1세~6세의 아동은 공립유치원에서 정부지원에 의한 종일제 보육을 제공하고, 취업여성의 자녀에게만 입소자격을 부여하며, 미취업모 자녀는 민간기관인 네키스(Nekis)를 이용하도록 한다. 또한 부모가 일을 하거나 공부를 하는 경우에는 여성인력의 활용과 출산장려를 위해 18개월 미만의 아이들을 대상으로 정부 운영 시설에서 보육한다. 넷째, 기타 부모보험제도로 부모현금급여(자녀출산이나 입양과 관련해서 부모가 받는 보상으로서 첫 번째 자녀 출산 후 30개월 이내에 두 번째 자녀를 출산하면 첫째자녀와 동일한 조건의 급여를 지급받을 수 있음), 일시적 부모현금급여(자녀가 아프거나 정기적으로 자녀를 돌보는 사람이 아플 때 또는 부모가 일을 그만두고 자녀를 돌보는 경우에 지급받음) 등이 있으며, 아버지에게도 10일간의 출산휴가를 주고 있다.

(4) 영국

영국은 출산장려를 위해 아동수당제도, 출산휴가 및 육아휴직제도, 보육서비스 등을 시행하고 있다.

첫째, 아동수당제도로서 자녀가 많은 가정의 빈곤을 방지하기 위하여 가족수당법을 제정한 것으로 아동에게 일정액의 아동수당(child benefit)을 지급한다. 지급자격은 의무교육 종료 이전의 아동으로, 가정의 경제수준에 관계없이 한 자녀 이상을 가진 모든 가정에게 지급되며, 의무교육연령 상한 이하(현재 16세)의 모든 아동에게 지급됨을 원칙으로 한다. 다만 전일제 교육을 받고 있는 경우는 19세까지 아동수당을 지급하며, 편부모의 첫째 자녀에게는 일정액의 아동수당을 추가 지급한다.

둘째, 출산휴가 및 육아휴직제도로 출산휴가(Maternal leave)와 부모휴직제도 등이 있다. 출산휴가는 여성근로자에게 18주 동안의 출산 휴가를 주는 것으로 입양의 경우에도 동일하게 적용되며, 본래의 18주에 추가로 11주의 휴가 사용이 가능하다. 출산휴직시 처음 6주 동안은 급여의 90% 지급하며, 12주 사용시에는 고정액(flate rate)을 지급받는데 고용상태에 따라 차이가 난다. 부모휴직제도(parental leave)는 자녀가 5세가 될 때까지 13주 동안 무급휴가 사용이 가능한데, 자녀가 장애를 가지고 있을 경우는 자녀가 18세가 될 때까지 18주 동안 부모휴직 사용 가능하며, 급여는 고용상태에 따라 차이가 발생한다.

셋째, 보육서비스는 5세의 아동 연령을 기준으로, 5세 이상인 경우는 교육
노동부 및 지방교육당국 관할 하에 전원 무상교육을 받으며, 5세미만인 경우
사회보장부 및 지방정부의 관할 하에서 실시되는 영유아 보육을 한다. 그리
고 저소득층으로 보육이 절실하게 필요한 아동을 대상으로 공립유아원에서
주로 4세 아동들을 대상으로 보육서비스를 제공한다.

(5) 일본

일본은 1987년 합계출산율 1.57명을 기록하면서 저출산 문제에 대한 사회
적 관심이 제고되었고 1990년 이후 저출산의 원인과 대처방안에 대한 연구를
추진하였다. 1991년 「육아휴직법」(Child Care Leave Act) 제정으로 기존의 모성
휴직에 출산 후 최대 1년까지 모 또는 부에게 육아휴직을 제공한다. 또한
아동수당법(Child Allowance Act)의 개정으로 아동수당 지급대상을 종전 2자녀
이상에서 1자녀까지 확대하였으며, "엔젤플랜 · 골드플랜" 등의 다양한 정책
들이 추진되고 있다. 아동수당은 소득보장정책 및 아동의 건전한 성장과
양육을 도모한다는 아동복지정책의 측면에서 월단위로 지급하고 있으며,
재정은 사업주와 국가, 지방공공단체가 공동으로 부담하고 있다. 보육서비스
는 자녀양육을 지역사회가 지원하고 자녀 이익을 최대한 존중하고 배려하는
기본 관점에서 다양하게 추진하고 있으며, 기타 근로시간 단축제, 탄력적
근무제, 시차 출퇴근제, 시간외 근로의 금지, 사업체 내에서의 육아서비스
제공 및 보육시설 운영, 가족과 관련된 이유로 퇴직한 근로자에 대한 재고용
제도 등을 시행하고 있다. 이를 구체적으로 살펴보면 다음과 같다.

첫째, 아동수당제도는 아동 양육으로부터 오는 경제적 압박을 경감시키기
위해 시행된 제도이다. 지급대상은 18세 미만으로 아동을 양육하고 있는
모든 국민으로서 전년도 소득이 일정액 미만인자(2003년 4인가족 기준 415만
엔 미만인 자)중 의무교육 취학 이전(만 6세)의 아동을 포함하여 3인 이상의
아동(이하 지급요건의 아동)을 감호하고 이들과 생계를 같이 하는 부 또는 모,
아동을 감호하거나 또는 이들과 생계를 같이하는 그 부 또는 모, 부모에게

감호되지 않거나 또는 생계를 같이하지 않는 지급요건의 아동을 감호하고 그 생계를 유지하는 사람 등이다. 지급액은 첫째 자녀와 둘째 자녀에게 월 5,000엔이, 의무교육 종료이전(만15세미만)의 셋째 자녀에게는 월 10,000엔을 지급한다. 이를 위한 재원은 사업주와 국가, 지방공공단체(도·도·부·현과 시·정·촌) 등 3자가 부담한다.

둘째, 육아휴직제도는 만 1세 미만의 영아를 양육하는 근로자로서 아동이 1세에 이를 때까지 희망하는 기간에 육아휴직이 가능하도록 한 제도로서, 육아휴업기간 중에는 고용이 보장되며, 불이익 취급이 금지된다. 육아휴직제도는 공사부문 모두에서 가능하며, 원칙적으로 전일육아휴업이어야 하지만 부분적인 육아휴업도 가능하다. 임금지급은 공공부문과 민간부문에 차이를 두고 있다. 공공부문의 경우 전일육아휴업의 경우 원칙적으로 무급이나, 교직원·간호사·보모 등 특정 직종의 여직원에 대해서는 유업휴업금(공제조합의 봉급이 직원부담분에 상당한 액)이 지급되며, 부분휴업은 근무하지 않는 시간만큼 급여액을 감액하여 지급한다. 민간부문의 경우 고용보험법에서 휴업 전 임금의 25% 상당액을 육아휴직 급여로 지급하며, 건강보험법과 후생연금보험법에 따라 건강보험 및 후생연금보험의 보험료 납부를 면제받을 수 있다. 또한 출산 전 6주간(다태아 임신인 경우 10주), 출산 후 8주간(산후 6주를 경과한 여성이 취업신청을 하고 의사가 지장이 없다고 인정한 업무에는 산후 6주간)의 산전산후 휴가가 제공된다.

셋째, "소자화(少子化)대책 플러스"는 육아의 책임을 부부가 모두 부담할 수 있도록 하여, 노동과 자녀양육 양립의 부담감이나 자녀양육의 부담감을 완화시키는 제도이다. 아내가 출산할 경우 남편에게도 5일간의 휴가를 주고, 아이를 키우고 있는 사원의 1일 잔업시간을 1시간 이상으로 하지 않도록 기업들에 요청한다. 또한 이 제도는 세대간 일의 분담을 가능하게 한다. 즉, 아이를 키우는 30~40대 근로자는 가족과 함께 할 수 있도록 30~40대의 노동시간을 감소시키는 반면에, 고령자와 20대 젊은이를 추가 고용할 수 있다는 것이다.

넷째, 일본은 임산부 출산보조금을 지급한다. 임신 6개월 미만일 때 9,230엔(약 10만원), 임신 6개월 이상일 때 13,960엔(약 15만원), 산모에게는 8,580엔(약 9만원)의 출산보조금을 지급한다.

2) 인구대응정책(사회적 감소에 따른 대응책)

다음은 외국의 수도권정책과 지역균형개발제도에 관련된 내용이다(국회사무처 예산정책국, 2003b).

(1) 지역균형개발제도

지역균형개발제도는 지역간의 균형적인 발전을 위한 제도이다.

첫째, 유럽연합(EU)은 지역균형발전을 위해 적극적인 노력을 하고 있으며, 이를 위한 대표적인 것이 구조기금(Structural Fund)과 결속기금(Cohesion Fund)이다. 구조기금은 유럽연합 지역정책의 핵심재원으로 회원국의 재정분담을 통해 조성되며 발전이 지체되거나 침체된 지역 및 사회집단을 위해 사용된다. 구조기금의 종류로는 유럽지역개발기금(European Regional Development Fund), 유럽사회기금(European Social Fund), 유럽농업지도 및 보증기금(European Agricultural Guidance and Guarantee Fund), 어업지도금융수단(Guidance Section and the Financial Instrument for Fisheries Guidance) 등이 있으며, 2000~2006년 기간 중 구조기금의 총예산은 1,950억 유로이다. 결속기금은 유럽의 낙후지역 환경 및 교통인프라 개발을 위한 개별 프로젝트별로 직접 지원하는 기금으로 2000~2006년 기간 중 180억 유로에 달한다.

그런데 지역균형개발제도하에서 지역간 지원이 존재한다. 이러한 차별적 지원은 명확한 원칙과 선별기준에 따라서 7가지 유형으로 구분한 후 차등지원이 이루어진다. 선별지표는 1인당 지역내총생산, 실업률 및 실업기간, 인구이동 등의 객관적인 지표이다.

둘째, 영국은 유럽연합의 지역균형발전을 위한 지원의 기본지침에 따라 지원지역을 선정한 후 해당지역의 산업경쟁력을 높이는데 주력하고 있다. 영국에서 지역균형개발을 위한 핵심적 정책수단은 "지역선별지원금(RSA)"인데, 지원지역은 산업발전법에 의해 통상산업부장관이 지정한다. 지원지역을 선정할 때, 영국은 유럽연합의 기본 지침에 의거하여 객관적인 통계지표를 사용해 결정한다. 사용되는 지표들은 주민의 소득수준, 경제활동참가율, 실업률, 제조업 비율 등이다. 지원지역으로 선정되면 공장 등을 설립하여 고용이 창출되도록 하고, 중앙 및 지방정부가 프로젝트 비용의 일부를 무상으로 지원한다.

영국의 경우 또 다른 낙후지역 지원책으로 "기업특구제도"가 있다. 기업특구는 탄광촌이나 노동집약적 산업 지역들이 사양화되어 버린 곳을 영국정부가 전략적으로 육성하기 위하여 10년간 한시적으로 기업특구로 지정하여 투자기업들에게 여러 혜택을 부여하는 특별 산업단지이다. 기업특구 지역에서는 조세면제와 법률 및 행정통제를 완화하여 다양한 민간부문 활동을 장려하고 있다. 이러한 영국의 기업특구 정책은 낙후된 지역의 경제를 활성화하는데 크게 기여하고 있다.

셋째, 프랑스는 낙후지역을 개발하기 위해 광역화 국토개발계획을 수립하였으며, 이 계획에 따라 낙후지역개발이 이루어진다. 낙후지역 선정과정을 보면, 지방자치단체는 수상직속의 범정부적인 국가균형개발기획단(DATAR)에 지역개발계획을 제출하고, 국가균형개발기획단(DATAR)은 지방자치단체가 제출한 지역개발계획을 사전에 검토하며, 국토개발 관련 부처 장관회의에서 최종 승인이 나면 지방자치단체와 중앙정부간의 계획계약(Plan Contract)[30]이 이루어진다.

---

30) 계획계약이란, 지방자치단체와 중앙정부가 공동의 이해관계에 있는 사업을 상호 협의하여 선정하고, 동사업의 재정투자를 일정기간 분담하여 집행할 것을 중앙정부와 지자체가 공식 계약을 통해 상호 약속하여 사업을 추진하는 제도이다.

(2) 수도권 정책 및 지방분산

여기서는 영국, 프랑스, 일본의 수도권 정책 및 지방분산정책에 대해 살펴본다.

첫째, 영국은 수도인 런던의 인구유입과 이에 따른 각종 사회 경제적인 문제를 해결하기 위해 우리나라의 수도권정책과 마찬가지로 각종 규제정책과 분산시책을 추진하고 있다. 영국의 수도권정책은 그린벨트의 설치와 보존, 업무용건축물과 공장에 대한 규제, 정부기관의 이전 등을 통한 분산시책 등을 추진하고 있다.

영국의 런던은 1944년 대런던계획을 수립하면서 런던을 반경 15마일 이내로 묶어 내부시지대와 교외지대로 구분하면서 그 둘레에 폭 5마일 가량의 녹지대 설치하고서, 1947년 도시 및 농촌계획법에서 그린벨트에 대한 제도적인 뒷받침을 하였다. 이에 따라 그린벨트는 영국의 수도권의 팽창을 막는 하나의 수단이 되고 있다.

업무용건축물에 대한 신축허가제·공장개설허가제 등을 실시하여 수도권의 확대를 막고 있다. 업무용건축물에 대한 규제는 1965년부터 시작된 것으로 런던의 고용인구 분산과 기업의 지방이전 유도를 위한 것이다. 이러한 시책의 추진을 1963-1972년 사이 약 20만 명 이상의 사무직 고용인구가 런던에서 유출되는 가시적인 성과를 보였다. 또한 이와 더불어 1973년 이후에는 개발지역으로 이전하는 업무용사무실에 대하여 2000달러의 보조금을 지급하고, 5년간 임대료 전액 보조함으로써 자발적인 참여를 도모하고 있다.

공장개설허가제는 1945년 공업배치법과 1947년 도시 및 농촌계획법에 근거한 것으로 런던과 그 주변지역에 공장의 경우 공장건축면적이 465㎡를 초과하는 경우 상무성의 공장개설허가를 얻도록 하였다. 이러한 공장개설허가제의 운용에 따라 1971년 이후 약 13%의 공장건설계획이 취소되는 효과를 가져와 런던으로의 인구유입을 막는데 기여하였다. 그리고 영국은 정부서비스 부문에 종사하는 대한 사람들을 런던 밖으로 이주시켰다. 1974년 노동당 정부 11,500명을 지방으로 분산시킴으로써 수도권의 집중에 대응하고 있다.

이러한 노력에 의해 영국 런던의 인구는 1950년대 이후 대체로 감소세를 보이고 있다.

둘째. 프랑스는 파리지역의 집중을 억제하고, 다른 지역으로의 인구분산을 추진하기 위해 공장규제, 3차산업의 성장억제, 공공기관의 분산 등의 시책을 추진하고 있다.

우선, 공장규제의 경우, 파리지역에서는 고용인 50인 이상 또는 연면적 5,500ft²이상인 공장의 증축이 힘들도록 하고 있는 반면에, 파리지역 이외에서 공장을 건설하는 경우 조세감면 혜택을 부여하여 규제와 유인책을 동시에 활용하고 있다. 또한 정부활동의 분산을 위해 1955년에 공공기관분산을 위한 정부령을 제정하고서 공공기관의 지방이전 계획을 실시하고 있다. 이에 따라 1960년 파리의 대학 일부를 리용, 낭트 및 브레스트 등의 지역으로 이전하였으며, 보험회사 및 금융기관 등의 지방이전도 추진하고 있다. 또한 개인적으로 또는 가족단위로 이주하는 경우 특별보조금이나 가족이주보조금등을 지급한다. 이러한 노력에 의해 프랑스는 낙후지역 개발과 산업의 분산을 동시에 추구하고 있다.

셋째, 일본은 1950년 이후 다양한 수도권정책을 통해 동경권의 인구를 규제하고 있다. 1950년에 수도건설법을 제정한 후, 1958년에 제1차 수도권정비계획 수립하여 팽창을 억제하고자 하였으며, 1968년에는 제2차 수도권기본계획 수립하여 공업의 분산과 동경의 과밀을 해소하고자 하였다. 그 후 1976년 제3차 수도권기본계획에서는 사무실규제와 사무실의 분산을 기하였으며, 제4차 수도권정비계획에서는 공장 및 대학 등의 적정한 배치, 국가행정기관인 76개 기관 및 자위대를 이전시켰다. 그리고 이후에도 일본은 다양한 제도도입을 통해 지속적인 동경에 대한 인구유입을 억제하고 있다.

<표 7-2> 외국의 수도권 정책

구분	영국	프랑스	일본
수도권 규제수단	·그린벨트설치 ·공장개설허가제 ·사무용건물 신축 허가제, 부과금 징수 ·정부기관의 런던 외곽분산	·공장설치 허가제 ·사무실개설 허가제 ·공업·서비스업체에 부과금, 교통세 부과 ·파리기능의 지방분산 촉진 ·파리대학기능 지방분산촉진	·근교그린벨트 설치 ·기성시가지를 공장제한 구역으로 지정 ·공장, 대학 신·증축 억제 ·업무관리기능의 적정배치 (동경권내 업무 핵도시 추진)
신도시 개발	·런던주변 : 8개시 ·지방 : 17개시	·파리권 : 5개시 ·지방 : 4개시	·동경권 : 15개시 ·오사카·나고야권 : 16개시 ·지방권: 9개시
지역 차등 지원	·3개 지역으로 구분 선택적 보조 ·특별개발지역(SDA) ·개발지역(DA) ·중간지역(IA)	·제조업의 경우 3개 지역으로 구분, 차등 보조 ·서비스업의 경우 (연구기능포함) 3개 지역으로 구분 차등보조	·제조업 분산을 위해 3개 지역으로 구분, 차등 보조
전담기구	·환경성	·DATAR(총리직속:조정) ·도시 및 지역개발부	·국토청(총리직속)
결과	·런던인구 감소 : 730만('73) → 673만('88) ·런던권 인구분담율 22.8%, 1300만인('90) ·런던권 고용자수 감소 : 440만('66)→ 300만('88)	·60년대 후반부터 파리권 인구 분담율 정체(18.6%) 최근 하락추세 ·낙후지역의 소득 증가, 지역간 경제 격차 감소추세	·동경권 인구비율의 완만한 증가 23%('68)→ 25.7%('90) : 전국인구 증가분의 60% 분담 ·동경권 공업, 대학, 본사 기능 분담 ·국제기능은 집중지속 <지방도시 국제화 시책추진> ·최근 동경국제회의 개최 비중감소 추세

<출처> http://www.moct.go.kr/

2. 우리나라 중앙정부의 인구감소에 따른 대응정책: 실태 및 평가

중앙정부의 인구감소에 따른 과소화 대응정책은 출산에 관련된 정책과 인구이동에 따른 정책으로 구분할 수 있다. 출산에 관련된 정책은 인구조정 정책이며, 인구이동에 따른 정책은 인구대응정책이라 할 수 있다. 따라서 인구조정정책과 인구대응정책으로 구분하여 고찰한다.

1) 인구장려정책의 실태 및 평가

지금까지 우리나라의 출산에 대한 인구조정정책은 1962년부터 1996까지의 인구억제정책, 1997년부터 2002년까지의 인구자질향상에 역점을 두는 신인구정책, 2003년부터의 인구장려정책으로 구분할 수 있다. 이 중 주민수 감소에 대한 대응은 인구장려정책과 연관성이 높다. 출산율의 저하는 국가적으로 심각한 사회경제적 문제를 야기할 수 있어서 출산율을 높이는 정책이 필요해 졌다(김혜수, 2003; 김경근, 1996). 이러한 필요성에 의해 보건복지부는 2003년 4월에 우리나라의 인구정책을 인구장려정책으로 전환하였다. 그 후 범정부적인 '신인구정책위원회'를 설치하고, 복지부내에 인구정책 전담국을 설치하여 본격적인 장려정책을 추진하고 있다. 그러나 인구감소에 대응하기 위한 인구장려정책은 국가차원의 중요한 정책이나 아주 최근에 시작된 정책으로 아직 초기단계에 머물러 있다. 인구감소에 대응하기 위한 구체적인 대응책이나 내용이 아주 미약한 상황이다. 그러므로 여기서는 현재 추진중이거나 추진하려는 시책을 중심으로 살펴보기로 한다.

(1) 인구장려정책의 추진실태

2003년 4월에 보건복지부는 인구정책을 인구장려정책으로 전환하여 추진하고 있다. 그러나 2004년 최근까지도 명확한 대안이 제시되지 못하고 있는 실정이나, 최근 들어 몇 가지 사업들을 시행하고 있다. 이러한 사업들을 살펴보면, 다음과 같다.

첫째, 최근 정부는 저출산에 대응하기 위해 민·관협력 차원에서 TV·라디오·인터넷·전광판·지하철 PDP 등을 이용한 캠페인을 실시하고 있다. 이런 캠페인은 저출산 문제에 대한 국민적 인식을 높이고, 국가와 사회가 출산과 자녀양육의 책임을 분담하도록 하며, 아울러 국민의 자발적인 참여를 높이는데 그 목적이 있다.

둘째, 보건복지부와 (사)소비자문제를 연구하는 시민의 모임은 제왕절개 분만율 감소를 위한 대국민 교육·홍보사업의 일환으로 2004년 11월 27일에 제주도에서 '행복한 출산 2004 Festival'을 개최하였다. 우리나라의 2003년 하반기 제왕절개 분만율은 38.5%로 OECD 국가 중 최고 수준이다(2003년 건강보험심사평가원). 이에 보건복지부 지원으로 소비자시민의모임이 제주국제컨벤션센터에서 신혼부부 100쌍을 초청하였다. 그리고 이들에게 임신과 자연 분만이 자연스러운 현상이라는 점과 앞으로 행복한 출산을 준비할 수 있도록 전문가의 설명과 상담, 그리고 아름다운 음악을 듣는 행사 등을 개최하였다.

셋째, 보건복지부는 출산친화적 보험급여계획에 따라 2004년 12월 1일부터 주요 산전검사 중 풍진검사 및 선천성기형아검사(3중표지검사, 트리플테스트)에 대하여 보험급여를 적용하는 반면, 인구 감소를 유발할 수 있는 정관·난관결찰술 등 피임시술은 보험급여에서 제외하여 비급여로 하기로 하였다.

또한, 향후 보건복지부는 임신에서 출산까지 발생하는 각종 의료비용에 대한 부담으로 출산을 기피하는 일이 없도록 건강 보험에서의 지원을 대폭 확대하기로 계획 중이다. 구체적인 내용은 다음과 같다.

2005년부터 자연 분만으로 출산한 경우 발생하는 입원료, 분만비 등 모든 진료비에 대해서는 본인 부담을 포함하여 전액 건강 보험에서 지원하기로 하였다. 또한 조기출산 및 저체중으로 태어난 미숙아들에 대한 지원을 강화하였다. 미숙아들은 생존과 직결되는 집중 치료가 필요하고, 가정에서의 육아가 가능해지기까지 장기입원이 요구되는 등 진료비 부담이 높다. 따라서 이런 점을 고려하여, 신생아실 입원료, 인큐베이터 사용료 등 미숙아 치료에 드는 모든 보험 진료비를 내년부터 건강 보험에서 전액 지원하기로 하였다. 인공분만 수가의 인상을 검토하여 점점 높아지고 있는 제왕절개 분만율을 낮추기 위한 방안도 검토하고 있다.

(2) 인구장려정책에 대한 평가

우리나라의 경우 인구장려를 위한 중앙정부의 시책은 아직 초보적인 수준에 머물러 있다.

첫째, 최근 정부는 저출산에 대응하기 위해 민·관협력 차원에서 TV·라디오·인터넷·전광판·지하철 PDP 등을 이용한 캠페인을 실시하고 있다. 그러나 이러한 홍보의 효과가 어느 정도인지는 미지수이다. 출산감소는 단지 홍보만으로 해결될 수 있는 것이 아니다. 이와 더불어 실질적인 도움을 줄 수 있는 제도가 나타나야 한다.

둘째, 우리의 경우 <표 7-3>과 <표 7-4>에 나타난 바와 같이 근로기준법과 남녀고용평등법에서 여성근로자의 산전·후 휴가 및 육아휴직 등을 할 수 있도록 하고 있다. 남녀고용평등법은 모성을 보호하고 직장과 가정생활을 양립시키려는 목적을 가진다. 그러나 출산휴가와 육아휴직의 일수가 적으며, 실제 이러한 내용들이 지켜지지 않는 경우가 많다. 공공기관의 경우 출산휴가나 모성휴가의 활용이 다소 이루어진다고 볼 수 있지만, 우리의 경우 어려운 경제사정에 의해 기업의 인원감축이 이루어지는 상황에서 기업에 근무하는 여성근로자들이 출산휴가나 모성휴가를 활용하기 힘들다.

셋째, 외국의 출산장려정책에서 살펴본 바와 같이, 선진 외국들의 중앙정부는 출산장려금이나 양육비를 지원하고 있다. 그러나 우리의 경우 출산장려금은 일부 지방자치단체에서만 이루어지고 있다. 양육비와 관련하여 볼 때 중앙정부의 지원은 부족한 상황이다. 우리의 경우 역시 영유아에 대한 지원, 결식학생들에 대한 지원, 중등교육까지의 의무교육 등이 이루어지고 있으나 적정한 수준이 아니다.

<표 7-3> 근로기준법상의 출산 및 육아관련 내용

해당조문	내 용
제30조 해고 등의 제한	산전·산후의 여성이 이 법의 규정에 의하여 휴업한 기간과 그 후 30일간은 해고하지 못한다.
제59조 연차유급휴가	산전·산후의 여성이 제72조의 규정(임산부보호)에 의하여 휴업한 기간은 출근한 것으로 본다.
제50조 탄력적근로시 간제	사용자는 취업규칙·서면합의를 통하여 특정주에 근로자의 근로시간을 초과하여 근무토록 할 수 있으나, 임신중인 여성근로자에 대하여는 이를 적용하지 아니한다. <개정 2001.8.14>
제63조 사용금지	① 사용자는 임신중이거나 산후 1년이 경과되지 아니한 여성(이하 "임산부"라 한다)을 도덕상 또는 보건상 유해·위험한 사업에 사용하지 못한다. ② 사용자는 임산부가 아닌 18세 이상의 여성을 임신 또는 출산에 관한 기능에 유해·위험한 사업에 사용하지 못한다.
제68조 야업(야업) 및 휴일근로의 제한	②사용자는 임산부와 18세 미만자를 오후 10시부터 오전 6시까지의 사이 및 휴일에 근로시키지 못한다. 다만, 다음 각호의 1의 경우로서 노동부장관의 인가를 얻은 경우에는 그러하지 아니하다. 1. 18세 미만자의 동의가 있는 경우 2. 산후1년이 경과되지 아니한 여성의 동의가 있는 경우 3. 임신중의 여성이 명시적으로 청구하는 경우
제69조 시간외근로	사용자는 산후 1년이 경과되지 아니한 여성에 대하여는 단체협약이 있는 경우라도 1일에 2시간, 1주일에 6시간, 1년에 150시간을 초과하는 시간외의 근로를 시키지 못한다. <개정 2001.8.14>
제71조 생리휴가	사용자는 여성인 근로자가 청구하는 때에는 월 1일의 생리휴가를 주어야 한다. [전문개정 2003.9.15]
제72조 임산부의 보호	① 사용자는 임신중의 여성에 대하여 산전후를 통하여 90일의 보호휴가를 주어야 한다. 이 경우 휴가기간의 배치는 산후에 45일 이상이 되어야 한다. ② 제1항의 규정에 의한 휴가중 최초 60일은 유급으로 한다.(2001년 11월 1일 이후 출산하는 근로자부터 적용한다.) ③ 사용자는 임신중의 여성근로자에 대하여 시간외근로를 시키지 못하며, 당해 근로자의 요구가 있는 경우에는 경이한 종류의 근로로 전환시켜야 한다. [전문개정 2001.8.14]
제73조 육아시간	생후 1년미만의 유아를 가진 여성근로자의 청구가 있는 경우에는 1일 2회 각각 30분이상의 유급수유시간을 주어야 한다. <개정 2001.8.14>

넷째, 입양은 가정이 없거나 가정이 있더라도 더 이상 보호할 수 없는 보호아동에게 새로운 가정을 찾아 주어 건전한 사회인으로 성장할 수 있도록 하는 제도이다. 그러나 우리나라의 국내입양은 어려운 것이 현실이다. 따라서 외국의 경우와 같이 입양에 대한 의식전환, 입양아에 대한 체계적인 지원, 입양부모를 위한 입양휴가제도 등의 도입이 요구된다.

<표 7-4> 남녀고용평등법의 출산 및 육아관련 내용

해당조문	내　용
제11조 정년 · 퇴직 및 해고	② 사업주는 근로여성의 혼인, 임신 또는 출산을 퇴직사유로 예정하는 근로계약을 체결하여서는 아니된다.
제18조 산전후휴가 에 대한 지원	① 국가는 근로기준법 제72조제1항의 규정에 의한 산전후휴가를 사용한 근로자중 일정한 요건에 해당하는 자에 대하여 당해 휴가기간중 무급휴가에 해당하는 기간의 통상임금에 상당하는 금액(이하 "산전후휴가급여"라 한다)을 지급하여야 한다. ② 제1항의 산전후휴가급여를 지급하기 위하여 필요한 비용은 재정 및 사회보장기본법에 의한 사회보험에서 분담할 수 있다. ③ 사업주는 여성근로자가 제1항의 규정에 의한 산전후휴가급여를 받고자 하는 경우, 관계서류의 작성 · 확인등 제반 절차에 적극 협력하여야 한다. ④ 제1항의 규정에 의한 산전후휴가급여의 지급요건 및 절차 등에 관하여 필요한 사항은 따로 법률로 정한다.
제19조 육아휴직	① 사업주는 생후 1년 미만의 영아를 가진 근로자가 그 영아의 양육을 위하여 휴직(이하 "육아휴직"이라 한다)을 신청하는 경우에 이를 허용하여야 한다. 다만, 대통령령으로 정하는 경우에는 그러하지 아니하다. ② 제1항의 규정에 의한 육아휴직기간은 1년이내로 하되, 당해 영아가 생후 1년이 되는 날을 경과할 수 없다. ③ 사업주는 제1항의 규정에 의한 육아휴직을 이유로 해고 그 밖의 불리한 처우를 하여서는 아니되며, 육아휴직 기간동안은 당해 근로자를 해고하지 못한다. 다만, 사업을 계속할 수 없는 경우에는 그러하지 아니하다. ④ 사업주는 제1항의 규정에 의한 육아휴직 종료후에는 휴직전과 동일한 업무 또는 동등한 수준의 임금을 지급하는 직무에 복귀시켜야 한다. 또한 제2항의 육아휴직기간은 근속기간에 포함한다. ⑤ 육아휴직의 신청방법 및 절차등에 관하여 필요한 사항은 대통령령으로 정한다.
제20조 직장과 가정생활의 양립 지원	① 국가는 사업주가 근로자에게 제19조의 규정에 의한 육아휴직을 부여한 경우, 당해근로자의 생계비용과 사업주의 고용유지비용의 일부를 지원할 수 있다. ② 제1항의 규정에 의한 비용의 지원요건 및 절차 등에 관하여 필요한 사항은 따로 법률로 정한다.
제21조 보육시설	① 사업주는 근로자의 취업을 지원하기 위하여 수유 · 탁아 등 육아에 필요한 보육시설(이하 "직장보육시설"이라 한다)을 설치하여야 한다. ② 제1항의 규정에 의한 직장보육시설을 설치하여야 할 사업주의 범위 등 직장보육시설의 설치 및 운영에 관하여는 영유아보육법에 의한다. ③ 노동부장관은 근로자의 고용을 촉진하기 위하여 제1항의 규정에 의한 직장보육시설의 운영에 필요한 지원 및 지도를 하여야 한다.

2) 인구대응정책의 실태 및 평가

(1) 인구대응정책의 실태
여기서는 인구대응정책의 시기별 사업 및 균형적인 지역개발 실태를 살펴보고자 한다.

① 인구대응정책의 시기별 사업
수도권으로의 인구집중이 심화됨에 따라 상대적으로 지방의 약화가 우려되었다. 그래서 중앙정부는 1964년부터 대도시로의 인구집중의 문제 해결, 인구의 재배치, 지역의 균형개발 등을 주요한 정책과제로 인식하고 그 해결책을 모색하기 위해, <표 7-5>에서와 같은 다양한 정책을 수립하여 시행하고 있다.

그런데 이러한 각종의 인구재배치 또는 인구분산정책들은 그 특징에 따라 시기별로 크게 정책도입기(1964-1969), 정책정비기(1970-1976), 정책 추진기(1977-1997), 정책전환기(1998-현재) 등으로 구분할 수 있다(권태환외, 1995:). 따라서 먼저 시기별로 구분한 후 시대별 정책내용을 살펴보고자 한다.

㉮ 정책도입기(1964년-1969년)
정책도입기는 정부가 본격적으로 정책을 추진하기 이전의 시기로, 대도시 특히 서울의 인구집중을 막기 위한 예방책의 마련에 치중한 시기이다. 이러한 도입기에 만들어진 시책은 다음과 같다.

첫째, 대도시 인구집중 방지책은 대도시, 특히 서울의 인구집중에 대한 해소방안을 모색하면서 시작되었다. 당시 건설부는 대도시 인구집중 방지책을 1964년 9월 22일에 국무회의에 상정하여 의결하였다. 이때 의결된 대도시 인구집중방지책은 정치·경제·사회·행정 등 각 부문에 걸쳐 해결책을 모색하기 시작한 최초의 종합적 시책으로 우리나라 인구재배치 또는 인구분산 정책의 시초이다. 주요 내용을 보면, 정치적 조치는 행정기관의 지방이전,

<표 7-5> 인구대응정책의 시기별 추진내용

년 도	정 책	주요 내용
1964.9.22	대도시인구 집중방지책	· 정치적 조치: 행정기관의 지방이전, 대도시 영세민에 대한 세금부과 및 정치적 과잉배려 지양 등 · 경제적 시책: 대도시의 공장시설 확장억제, 농지개간의 촉진, 전원도시 및 신산업도시의 건설 등 · 사회적측면: 대도시 영세민의 지방취업 알선, 대도시 교육시설 억제, 교육·문화·복지시설의 지방육성 등
1969.12.9	대도시 인구 및 시설의 조정대책	· 산업시설: 지정장소이외의 공장건축억제, 개발거점의 집중적인 분산대책 개발, 공해 및 용도지역 위반업체의 이전계획수립, 공업단지 건설계획의 조정통일 · 교육시설: 대도시내 고등교육기관의 신증설억제, 지방으로부터의 전입학 불허, 이전 학교에 대한 혜택부여 · 공공시설: 행정권한 및 사무권한의 지방이전, 행정의 간소화, 정부 산하기관 및 산하기관 본사의 지방이전
1970.4.3.	수도권 인구과밀 억제에 관한 기본지침	· 장기대책: 도시와 농촌의 균형발전, 수도권 정비계획의 수립이 포함 · 긴급대책: 개발제한구역설정, 지방공업개발법 제정, 수도권공장의 지방이전에 대한 조세감면 및 서울시 공장의 중과세, 행정권한의 지방이양, 2차 관서의 지방이전 등
1972-1981	제1차 국토종합개발 계획	수도권역은 권역간의 합리적 기능배분, 수도권내 각 지역별 기능분담체제의 확립, 인구 및 공업분산의 촉진, 토지이용체제의 확립, 공공시설의 개발정비, 도농촌지역의 정비 등이다.
1972	대도시 인구분산 시책	· 산업부문: 공장이전 촉진세신설, 대도시내 공장신설억제 및 이전 촉진, 지방공단 이전업체에 대한 세제지원 · 교육부문: 대도시 고교이상 학교의 신증설 억제, 서울 소재 대학의 지방이전 · 행정부문: 공공기관의 지방이전 · 도시부문: 위성도시건설, 도심반경 5km이내에 특정시설의 설치제한, 3대 도시에 주민세신설
1973	대도시 인구분산책	국영기업체 본사 및 공공기관의 지방이전 촉진, 공해공장 및 용도지역 위반공장의 지방이전 촉구, 사무실·백화점·일정규모 이상의 건축물에 대한 신증설 제한, 지방금융기관의 육성
1977.3.1.	수도권 인구재배치 기본계획	· 중장기계획: 서울시 산업시설 이전, 서울시내 사립대학 이전 및 분교설립지원 · 계획보장을 위한 조치: 수도권정비법의 제정, 기금 설치 및 금융지원 · 이후 1982년에 마련된 수도권정비 기본계획에 통합됨
1982-1991	제2차 국토종합개발계획	· 지역생활권의 조성과 성장거점도시의 육성 · 수도권을 5개 권역으로 구분하여 제시

1982.5.13.	수도권 공공청사 및 대규모 건축물 규제계획	·행정부, 입법부, 사법부, 지방자치단체 등의 청사 및 정부투자기관과 기업체 본사 사옥 건축에 대해 원칙적으로 신증축 금지 ·이전촉진권역내에서의 대학·전문대학 신증설 금지, 서울도심 8㎞권내의 고등학교의 신증설 금지 ·이전촉진권역내에서의 민간건축물에 대해서도 21층 이상의 사무소, 11층 이상의 판매용 건축물에 대한 신증축 금지
1992-2001	제3차 국토종합 개발계획	지방도시 및 농어촌의 집중육성·수도권집중억제·중서부와 서남부 지역에의 신산업지대조성
1994.3	수도권 정비계획	과밀억제권역·성장관리권역·자연보전권역별로 행위제한 차등규제 ·과밀억제권역: 인구집중유발시설에 대한 과밀부담금부과, 대학·공공청사·공장·연수시설 입지 및 규모규제, 종전대지 인구집중유발시설 입지규제 ·성장관리권역: 대학 및 공장의 총량규제, 공공청사와 연수시설의 입지 및 규모규제 ·자연보전권역 : 대규모개발사업 및 학교·공공청사·대형건축물 연수시설 규제

'99.8.23 (경제정책조정회의)	기업의 지방이전 촉진대책	·이전희망기업에 대한 일괄 서비스 제공을 위해 관계기관 합동으로 「지방이전지원센터」를 설치·운영('00.1.20)
		·지방이전 촉진을 위한 주요 대책
		  - 법인세, 특별부가세, 재산세, 종합토지세 등 감면
		  - 산업은행 등에서 시설·운전자금을 장기 저리로 융자, 신용보증기금의 신용보증한도 확대
		  - 토지공사에서 지방이전기업의 종전부지 매입
		  - 종업원 1,000명이상 대기업 이전시 토지수용권 등 배후도시개발권 부여, 진입도로 등 기반시설 국고 지원
		  - 지자체별로 기업유치위원회를 설치하고, 이전보조금·교육훈련비 보조금등 각종 보조금 지원

'00.12	지역균형 발전추진 전략	·분산·분권화를 통한 지방의 자치역량 확충 : 수도권 중추기능의 지방분산·이전, 중앙정부 기능 및 권한의 지방정부 이양, 지방재정제도 개선 ·자생력 있는 지역경제 발전 기반 구축 : 지역별 전략산업 육성, 지방과학기술·지역정보화·지역교육·지역금융·기타 제반여건 확충 ·국토의 효율적 이용을 위한 광역개발사업 추진: 10대광역권개발, 지역협력사업
2002-2011 건설부	제4차 국토종합 개발 계획	국토기본법의 제정추진, 국토균형발전추진단설치, 지역 균형발전을 위한 지역협력계획제도와 지역투자협약제도, 지방광역권 개발(부산·경상남도권, 대구·포항권, 광주·목포권, 대전·청주권, 아산만권, 전주·군산권, 광양만·진주권, 강원 동해안권, 제주권), 지방분권화 확대

대도시 영세민에 대한 세금부과 및 정치적 과잉배려 지양 등이고, 경제적 시책은 대도시의 공장시설 확장억제, 농지개간의 촉진, 전원도시 및 신산업도시의 건설 등이다. 그리고 사회적 시책은 대도시 영세민의 지방취업 알선, 대도시 교육시설의 억제, 교육·문화·복지시설의 지방육성 등이다.

둘째, 대도시 인구 및 시설의 조정대책이다. 1969년 12월 29일에 무임소장관은 산업시설분산, 교육시설분산, 공공시설분산 대책 등을 마련하였다.

④ 정책정비기(1970년-1976년)

정책정비기는 인구재배치 및 인구분산의 정책적 관심이 수도권으로 확대된 시기이며, 또한 인구재배치 및 인구분산에 대한 관심이 높아짐에 따라 이를 뒷받침하는 각종 계획들과 관련 법규들이 제정·정비되었던 시기이다. 따라서 전국적인 차원에서의 인구분산정책이 추진되기 시작하였다. 이 당시에 만들어진 시책은 다음과 같다.

첫째, 수도권 인구과밀 억제에 관한 기본지침이 1970년 4월 3일에 건설부에 의해 수립되었다. 수도권 인구과밀 억제에 관한 기본지침에서는 장기대책과 긴급대책으로 구분된다. 장기대책은 도시와 농촌의 균형발전, 수도권 정비계획의 수립 등이며, 긴급대책은 개발제한 구역설정, 지방공업개발법 제정, 수도권공장의 지방이전에 대한 조세감면 및 서울시 공장의 중과세, 행정권한의 지방이양, 관공서의 지방이전 등을 내용으로 한다.

둘째, 이 시기에 인구대응정책과 관련하여 가장 기본적인 계획인 제1차국토종합개발계획(1972년-1981년)이 건설부에 의해 만들어졌다. 제1차 국토종합개발 계획에서는 권역별 개발을 위해 권역별 8중권[31])으로 구분하여 개발을

---

31) 수도권 — 서울특별시, 경기도 전역 및 강원도의 철원군
  태백권 — 철원군을 제외한 강원도 및 충청북도의 충주시, 중원군, 단양군, 제천군
  충청권 — 서천군을 제외한 충청남도 및 충주시, 중원군, 단양군, 제천군을 제외한 충청북도
  전주권 — 남원군, 순창군을 제외한 전라북도 및 충청남도의 서천군
  광주권 — 전라남도 전역 및 전라북도의 남원군, 순창군

하고자 하였다. 먼저 수도권역에는 권역간의 합리적 기능배분을 이루고자 하였다. 수도권 중심부에는 중추 관리기능 중 전국적이거나 국제적인 관리 기능만을 담당케 하고 기타의 기능은 각 권역간의 보완적 관련을 가지면서 권역특성을 감안하여 합리적으로 기능을 분담시키기로 하였다. 또한 수도권 으로 집중하고 있는 산업을 각 권역별로 분산 배치하고 학교시설의 평준화를 기하여 권역간의 격차를 완화시켜 전 국토의 균형발전을 기하기로 하였다. 그리고 수도권내 각 지역별 기능분담체제의 확립, 인구 및 공업분산의 촉진, 토지이용체제의 확립, 공공시설의 개발정비, 도농촌지역의 정비 등을 포함한 다.

수도권 이외의 권역은 지리적 자연적인 특성을 반영한 개발을 하고자 하였다. 구체적으로 보면, 태백권은 풍부한 광물과 수산, 산림 및 관광 등 자연 자원을 개발하여 공업발전에 따른 권내 자원공급원으로서 기능을 강화한다. 충청권은 중앙부에 위치한 권역으로서 예당평야·서산평야·내포평야는 미작지대로 개발 보전하며 대전·청주·천안 등은 수도권을 비롯한 인접권 역과 관련 개발하면서 서울에서 분산되는 공업시설의 수용지역으로서 수도 권 정비와 보완관계를 유지하면서 개발한다. 전주권은 호남평야를 대식량(大 食糧) 기지로 개발하고 전주, 이리, 군산, 비인을 공업지대로 개발하여 이출인 구의 정착화를 도모한다. 광주권은 영산강 유역 및 해안지대 평야를 식량기 지로 개발하고 광주~나주~목포를 대상(帶狀)으로 개발하여 지역발전의 주 축으로 하는 동시에 여수지구를 공업지역을 개발한다. 대구권은 금호평야 및 안동분지 등 낙동강 연안평야를 식량기지로 개발하고 대구, 안동, 포항을 권역내 거점도시로 육성하며 특히 대구를 권역내 중심도시로 육성하여 기능 을 강화하는 동시에 광주권과 유기적 관련 개발을 도모한다. 부산권은 김해 평야와 낙동강 및 남강연안 유역평야를 식량기지로 개발하고 울산, 부산,

---

대구권 — 경상북도 전역
부산권 — 부산시 및 경상남도 전역
제주권 — 제주도 전역

진해, 마산, 삼천포를 공업대상(工業帶狀) 지역으로 개발 육성하여 국제진출의 기지로서의 기능을 강화한다. 제주권은 한라산의 수려한 관광자원과 어업 전진기지로서의 지리적 특수여건을 살려 제주시와 서귀포를 개발하여 국제적 관광지로 개발한다는 계획이다.

셋째, 대도시 인구분산 시책은 1972년에 청와대에 의해 수립되었다. 여기서는 대도시 인구분산을 산업부문·교육부문·행정부문·도시부문 등으로 구분하였다. 산업부문에서는 공장이전 촉진·세금 신설·대도시내 공장신설억제 및 이전 촉진·지방공단 이전업체에 대한 세제지원 등을 계획하였다. 교육부문에서는 대도시에서 고교이상 학교의 신증설 억제하고 서울 소재 대학의 지방이전을 촉진시키는 계획을 담고 있다. 행정부문에서는 공공기관의 지방이전을 촉진하고, 도시부문에서는 수도권의 위성도시를 건설하며, 도심반경 5km이내에 특정시설의 설치를 제한하며, 3대 도시에 주민세를 신설하였다.

넷째, 대도시 인구분산책이 1973에 경제기획원에 의해 수립되었다. 이 시책에서는 국영기업체 본사 및 공공기관의 지방이전 촉진, 공해공장 및 용도지역 위반공장의 지방이전 촉구, 사무실·백화점·일정규모 이상의 건축물에 대한 신증설 제한, 지방금융기관의 육성 등을 중심 내용으로 한다.

㉲ 정책추진기(1977년부터 1997년)

정책추진기는 그 이전의 제도적 장치의 바탕위에서 인구분산과 수용, 집중억제책 등이 본격적으로 추진 시행된 시기이다.

첫째, 1977년 3월에 무임소장관에 의해 수도권인구재배치기본계획이 성립되었다. 이 계획은 중장기계획으로, 서울시 산업시설의 이전, 서울 시내 사립대학의 이전 및 분교설립지원 등을 주요내용으로 하며, 이를 위해 수도권정비법의 제정과 기금 설치 및 금융지원 등을 포함하고 있다. 그러나 이후 1982년에 마련된 수도권정비 기본계획에 통합되었다.

둘째, 제2차 국토종합개발 계획(1982-1991, 건설부)이다. 제2차 국토개발계획은 그 기본목표를 인구의 지방정착 유도, 개발 가능성의 전국적 확대, 국민복지수준의 제고, 국토자연환경의 보전에 두었다. 이러한 것을 실천에 옮길 국토정책으로는 서울의 과대팽창 규제와 다핵적인 국토개발, 국토종합개발계획의 하부계획으로서 도건설종합계획의 수립 등이다. 또한 인구정착기반의 조성을 위해 지역생활권을 조성하여 지역생활권별로 인구배분을 하고, 도시개발과 대도시정비로 성장거점도시를 육성하면서 대도시 주변도시 및 중소도시를 육성하며, 어촌 및 특수지역 등을 개발하기로 하였다.

이중 농어촌 및 특수지역 개발과 관련하여 구체적으로 살펴보면 다음과 같다. 농어촌 지역은 계획기간중 도시화 추세에 따라 약 2,340천명의 인구감소가 예상되었다. 따라서 노동력의 부족과 소외현상에 대처하기 위하여 농어민 소득의 향상과 일상의 생활환경을 개선하는 것이 주요 과제였다. 특정지역개발은 그 동안의 개발여건의 변화와 수요를 감안하여 상대적으로 개발이 낙후된 지역 가운데 관광, 수산, 지하자원 등 부존자원에 대한 수요증대가 예상되는 지역을 특정지역으로 지정한다. 특정지역으로 지정된 지역에 대해서는 중앙정부의 지원하에 종합개발을 추진함으로써 지역주민의 생활수준 향상과 전국적 수요를 충족시키기로 하였다. 이러한 특정지역으로는 가야산~지리산~덕유산, 태백산, 다도해, 제주도 지역 등이 지정되었다. 가야·지리·덕유산지역은 국민휴양 및 관광권 조성에 주목을 두고 태백산지역은 자원 및 관광개발, 다도해지역은 해상휴양공간 조성 및 생활환경 개선, 제주도지역은 국제 및 국내 관광, 위락자원 개발에 주력한다. 특수지역개발도 이루어졌다. 특수지역개발은 광산도읍·낙도지역·휴전선 인근지역 등에 대한 개발이다. 광산도읍은 태백, 도계, 사북 등으로 이들 지역은 그 입지적 특수성 때문에 교통이 불편한 산지에 위치하여 생활복지시설에의 접근이 어렵고 채광작업에 따른 환경오염에 대한 대비책이 필요하다. 따라서 입지적 불리를 극복하기 위하여 도로확장, 노선변경 등의 직접적인 대책과 최소한의 기본적인 생활 서비스를 지역 자체내에서 공급 받을 수 있도록 생활기반시설을 완비하도록 하였다. 특히, 상수원의 확보, 주택개량, 위락시설 등 확충에 주력하는 동시에 채광지와 주거지역간에 시설녹지대를 조성하여 주거환경을 보호하고 폐광 후에는 일정수준의 산지복구를 의무화한다는 것이다. 낙도지역은 주변지역과의 접근도가 낮고 용수의 자체공급이 곤란하며 경제기반의 취약과 생활 서비스시설의 부족으로 안보상 취약지역이기도 하다. 따라서 육지 및 인근도서와의 정기항로를 개설 또는 증설하게 하여 접근도를 향상시키고 전화사업의 추진과 아울러 생활용수 확보대책을 강구한다. 이 밖에도 학교, 병원, 보건소의 증설과 주택개량, 통신시설의 보급 확대 등으로 최소한의 생활복지 서비스수준을 유지하도록 한다. 휴전선 인접지역은 타 지역에 비하여 상대적으로 개발이 부진하여 주민의 생활수준이 낙후된 상태에 있다. 그러나 지역적 특수성에 비추어 적극적인 개발이 추진될 수 없는 지역으로서 주민의 생활수준 향상을 위한 제한된 범위의 개발만이 가능하다. 따라서 이 지역 주민의 생활향상과 자연보전을 위하여 경지개간을 확대하고, 주택개량, 취락구조개선, 급수 및 보건위생시설 등의 확충으로 생활환경을 개선하도록 하는 동시에 희귀식물, 동물, 조류 등이 서식하고 있는 야생지역을 천연보호지역으로 확대설정하고 관광위락자원으로 활용하도록 한다.

셋째, 수도권 공공청사 및 대규모 건축물 규제계획(1982. 5.13. 건설부)이다. 이 계획에서는 행정부, 입법부, 사법부, 지방자치단체 등의 청사 및 정부투자기관과 기업체 본사사옥 건축에 대해 원칙적으로 신증축을 금지하였다. 그리고 권역별로도 이전촉진 권역내에서의 대학·전문대학 신증설 금지, 서울도심 8㎞권내의 고등학교의 신증설 금지하며, 이전촉진권역내에서의 민간건축물에 대해서도 21층 이상의 사무소, 11층 이상의 판매용 건축물에 대한 신증축을 금지하였다.

넷째, 수도권정비계획(1994.3)이 마련되었다. 이 계획에서는 수도권의 권역을 과밀억제권역·성장관리권역·자연보전권역으로 구분하고, 권역별로 행위제한에 차등 규제를 두었다. 과밀억제권역에서는 인구집중 유발시설에 대한 과밀부담금을 부과하고, 대학·공공청사·공장·연수시설 입지 및 규모를 규제하며, 인구집중유발시설의 입지를 규제하였다. 성장권리권역에서는 대학 및 공장의 총량규제, 공공청사와 연수시설 의 입지 및 규모를 규제하며, 자연보전권역에서는 대규모개발사업 및 학교·공공청사·대형건축물 연수시설의 설치를 규제하였다.

다섯째, 제3차국토종합개발계획(1992-2001)이 건설교통부에 의해 마련되었다. 제3차국토종합계획에서는 1차와 2차의 개발계획에 따른 고도경제성장 과정에서 경부축에 투자가 집중됨으로써 수도권집중과 지역간 불균형이 유발되어 경제적 · 사회적 부담이 가중되고 있다고 판단하였다. 이에 따라 수도권 억제와 더불어 지방도시 및 농어촌의 집중육성 · 중서부와 서남부 지역에의 신산업지대조성 등이 필요함을 강조하고 있다. 기본목표 중의 하나로 지방분산형 국토골격의 형성을 들고, 중점과제로 지방도시와 농어촌을 특성에 맞게 육성하고 낙후지역의 집중 개발을 지속적으로 추진한다. 또한 중부, 서남부지역에 새로운 산업지대를 조성하고 동남부지역의 산업을 고도화하며, 동북부와 제주도를 국민여가지대로 개발하고자 하였다. 구체적으로 살펴보면, 지방의 육성과 수도권집중의 억제를 위해 지방의 도시와 농어촌을 각각 특성에 맞게 육성하고, 낙후지역을 집중 개발하며, 공단배후도시 등 신도시를 개발한다. 또한 수도권 집중의 지속적 억제와 인구 및 산업의 자발적 분산을 유도하며, 수도권과 지방간에 조세 · 금융지원 등의 차등화 폭을 확대하고, 지방의 교육 · 문화여건을 개선하여 인구와 산업의 정착을 유도한다는 계획이다.

㉣ 정책전환기(1998 – 현재)

이 시기는 김대중 정부 출범 후 수도권 집중억제 및 국토균형발전, 지방분권의 중요성이 강조되면서 범정부적인 종합적인 대책을 강구한 시기이다. 이전까지의 시책들은 수도권 집중추세를 다소 둔화시키는 역할은 하였으나, 인구·제조업체의 수도권 집중 현상은 갈수록 심화되었으며, 기타 정치·경제·사회·문화 분야에서도 수도권이 중심이 되었다. 따라서 국토균형발전의 기본방향을 중앙정부 주도보다는 지방이 창의력을 발휘하여 스스로 발전할 수 있는 기반을 체계적으로 조성하는데 두었다. 이를 위해 지방에서 모든 문제를 해결할 수 있는 여건 조성을 위하여 행정·재정 등 지역발전의 핵심요소를 지방으로 분산하며, 지방의 교육·문화·정보환경을 개선하고, 지방중심의 새로운 국토골격을 구축하고 수도권 억제시책의 실효성을 제고하여 지역이 골고루 발전할 수 있도록 추진하였다. 노무현정부에 들어서는 김대중정부의 개발과 유사성을 보이지만, 참여정부의 국가균형발전정책은 자립형 지방화를 기본 전략으로 하여 중앙과 지방이 협력하여 체계적이고 종합적인 지원정책을 추진한다는 점에서 과거와는 접근방법이 달라진다. 정책전환기 시대의 대표적인 인구대응정책에 대해 살펴보면 다음과 같다.

첫째, 경제정책조정회의('99.8.23)에서 세제·금융·인프라 등을 일괄 지원하는 기업의 지방이전 촉진대책이 수립되었다. 이전희망기업에 대한 일괄 서비스 제공을 위해 관계기관 합동으로 지방이전지원센터를 설치하여 운영하기로 하였다. 이를 위해 건교부직원 2명, 토공직원 2명, 산업은행 직원 1명을 파견하여 구성토록 하였다. 지방이전 촉진을 위한 주요 대책으로는 법인세, ·특별부가세·재산세·종합토지세 등 감면하고, 산업은행은 시설·운전자금을 장기 저리로 융자, 신용보증기금의 신용보증한도 확대하며, 토지공사는 지방이전기업의 종전부지를 매입하며, 종업원 1,000명 이상 대기업 이전 시 토지수용권 등 배후도시개발권 부여하고 진입도로 등의 기반시설을 국고 지원한다. 지자체단체들은 기업유치위원회를 설치하고, 이전보조금·교육훈련비·보조금등 각종 보조금을 지원하였다.

둘째, 지방행정·재정·금융·산업·교육·문화·SOC 등의 모든 분야를 포괄하는 지역균형발전추진전략을 '00년 12월에 수립하였다. 추진 전략은 분산·분권화를 통한 지방의 자치역량 확충, 자생력 있는 지역경제 발전 기반 구축, 국토의 효율적 이용을 위한 광역개발사업 추진 등이다.

셋째, 제4차국토종합개발계획(2002-2011)이 건설교통부에 의해 마련되었다. 이 계획에서는 국토기본법의 제정추진, 국토균형발전추진단설치, 지역균형발전을 위한 지역협력계획제도와 지역투자협약제도, 지방광역권 개발

(부산·경상남도권, 대구·포항권, 광주·목포권, 대전·청주권, 아산만권, 전주·군산권, 광양만·진주권, 강원 동해안권, 제주권), 지방분권화 확대 등을 주요 내용으로 한다.

넷째, 참여정부는 신행정수도건설, 공공기관이전, 기업도시건설, 혁신도시건설 등의 인구분산 및 지역균형개발시책을 추진하고 있다. 정부는 국가균형발전의 큰 틀 속에서 2004. 1. 29 발표된 신국토구상에서 제시된 다핵형·혁신형 국토와 글로벌형 국토 경영을 구체적으로 실천하기 위하여 현행 규제위주·중앙정부 주도의 경직적 수도권 정책을 단계적·점진적으로 중앙과 지자체가 상호 협조하는 계획적·친환경적 관리 방식으로 바꾸어 나가고, 지방에는 각 시·도별로 공공기관 지방이전과 연계하여 혁신도시 또는 지구를 건설함으로써 지역전략산업과 연계한 자립적 성장 동력을 대폭 강화해 나가려한다. 또한 이를 위해 신수도권 발전방안, 혁신도시 건설, 공공기관 이전 등을 통합하여 추진하고 있다.

② 균형적인 지역개발

인구대응정책으로 추진되는 시책 중 지역균형개발을 위한 지역개발을 들 수 있다. 지역개발은 수도권에 대비한 지방의 낙후나 과소화를 막는 시책으로 추진되므로, 이에 대해 살펴보고자 한다.

㉮ 지역개발의 추진연혁

지역개발 전략은 1961년의 경제개발전략과 맞물려서 이루어졌다. 1960년대에는 빈곤의 극복을 위한 경제개발이 중요하였으므로, 지역개발 역시 개발효과가 큰 특징지역을 중심으로 이루어졌다. 즉, 1963년 국토건설종합계획법을 제정하여 성장잠재력이 있고 개발효과가 큰 특정지역을 집중 개발하는 거점개발방식을 채택하였다. 그 후 1972년 제1차 국토종합개발계획을 수립하면서 지역생활권의 조성과 성장거점도시의 육성을 시작하였다. 제1차 국토종합개발계획에서는 전국을 4대권·8중권·17소권[32]으로 나누어 개발하였다. 이러한 성장거점식 개발은 국가발전기반의 확충에는 기여한 측면이 있으나, 도리어 서울·부산등 대도시로의 인구집중을 초래하여 지역적 불균형을 가속화시켰다. 1980년대에 만들어진 제2차 국토계획에서도 성장거점전략을 채택하여 수도권 집중억제와 지역균형발전을 추구하였다. 이를 위해 2차 국토계획에서는 28개 생활권과 함께 15개의 성장거점도시 육성을 추진하였다.

또한 지역격차와 낙후지역문제 해결을 위해 제주도, 태백산, 다도해(1982), 88고속도로 주변지역(1985) 등을 특정지역으로 하는 개발사업 병행하였는데, 이러한 특정지역 개발사업은 지역적인 기반시설 확충에 기여하였다. 1990년대의 제3차국토계획은 지방분산형 다핵개발과 지역경제권 개발방식을 채택하였다. 이를 위해 8대 광역권 개발과 낙후지역 개발을 위하여 개발촉진지구 제도를 도입하였다.

㉯ 광역권개발

광역권 개발은 상대적으로 낙후된 지역을 집중 개발하거나 수도권에 대응할 수 있는 지방거점을 육성하기 위한 계획이다. 제1차 국토종합개발계획기간에는 광주권종합개발 1단계와 2단계사업, 제2차 국토종합개발계획기간에는 전주권종합개발이, 제3차 국토종합개발계획기간에는 지역별생활권과 경제권을 고려하여 8개의 광역권을 설정하였으며, 그후 중부내륙권과 제주도를 특정지역으로 하는 10개의 광역권으로 확대되었다. 디들 광역권에 대한 개발은 4차국토종합개발계획에 포함되어 추진되고 있다.

<표 7-6>과 같이 광역권은 4개의 대도시권, 3개의 신산업지대권, 2개의 연담도시권, 특정지역으로 제주도 등이 있다. 아산만권과 부산·경상남도권

---

32) 4대권: 한강·금강·낙동강·영산강 주변으로서 수자원개발을 중시
  ·8중권: 도단위 행정구역을 중심으로 한 수도권·태백·충청·전주·대구·부산·광주·제주권 으로서, 권역별 거점도시를 육성
  ·17소권: 경제적 결절성, 자치성, 면적등을 중심으로 서울·춘천·강릉·원주·천안·대전· 전주·대구·안동·포항·부산·진주·광주·목포·순천·제주 등에 지정

<표 7-6> 10개 광역권 현황

광역권		인구 (만명)	면적 (㎢)	행정구역	해당지역
대도 시권	대전·청주권	261	6,768	1광역시 3시 7군 2출장소	대전, 청주, 공주, 논산(일부)/청원, 괴산, 보은, 옥천, 영동, 금산, 연기/증평, 계룡
	광주·목포권	220	4,977	1광역시 2시 8군	광주, 목포, 나주/장성, 담양, 화순, 영암, 함평, 무안/해남, 신안 일부
	대구·포항권	428	9,869	1광역시 6시 7군	대구 / 포항, 경주, 구미, 김천, 경산, 영천 / 군위, 청도, 칠곡, 성주, 고령, 영덕, 울릉
	부산·경상남 도권	629	5,090	2광역시 8시 1군	부산, 울산, 김해, 마산, 창원, 진해, 밀양, 장승포, 양산, 거제 /함안
신 산업 지대	아산만권	126	3,517	4개시 5개군	천안, 당진, 서산, 아산, 예산, 태안/평택, 화성, 안성
	군산·장항권	112	3,100	5개시 2개군	보령, 부여, 서천, 논산 / 군산, 익산, 김제
	광양만· 진주권	136	4,544	5개시 4개군	광양, 순천, 여수, 고흥, 보성(벌교) /진주 사천, 남해, 하동
강원 동해안권 (연담도시형)		65	4,921	5개시 5개군	강릉, 동해, 태백, 속초, 삼척, 평창, 정선, 인제, 고성, 양양

은 1994.12에, 광주·목포권과 대전·청주권은 1998.12에, 광양만·진주권, 군산·
장항권, 강원동해안권, 대구·포항권 등은 1999.12에, 제주도와 중부내륙권은
2003년도에 계획이 수립되었다.

㉮ 개발촉진지구

개발촉진지구제도의 목적은 개발수준이 현저히 낙후된 지역 또는 새로운
소득기반의 조성이 필요한 지역에 대하여 소득기반 조성, 생활환경 정비
및 기반시설 설치 등을 위한 종합개발을 지원하여 지역간 균형발전을 도모하
는 것이다. 이러한 개발촉진지구제도는 지역균형개발및지방중소기업육성
에관한법(1994.1.7.제정) 및 시행령, 그리고 지역개발사업에관한업무처리지침
(훈령)에 근거한다. 2005년부터는 국가균형발전특별법33)에 의거한 국가균형

<図 7-1> 광역권개발분포

33) 국가균형발전특별법 5조에서는 낙후지역을 규정하고 있다. "낙후지역"이라 함은 다음 각목의 1에 해당하는 지역을 말한다.
가. 오지개발촉진법 제2조의 규정에 의한 오지
나. 도서개발촉진법 제4조제1항의 규정에 의한 개발대상도서
다. 접경지역지원법 제2조제1호의 규정에 의한 접경지역
라. 지역균형개발및지방중소기업육성에관한법률 제9조제1항의 규정에 의한 개발촉진지 구
마. 그 밖에 생활환경이 열악하고 개발수준이 현저하게 저조한 지역으로서 대통령령이 정하는 지역 등이다.

발전특별회계에서 사업비를 지원한다. 이에 따라 개발촉진지구사업이 더욱 활성화 될 것으로 여겨진다.

국가균형발전특별회계는 지역개발사업(지역불균형시정)과 지역혁신사업(특성화발전)으로 구성되는데, 이중 지역개발사업(지역불균형시정)은 낙후지역 및 농산어촌 개발·지역 사회기반시설의 확충·지역문화관광진흥사업·지역 고용창출 등 지역경제활성화사업·향토자원 개발과 활용 등의 사업이며, 지역혁신사업(특성화발전)은 지역혁신체제구축사업·지역전략산업 육성사업·지방대학육성 및 지역인적자원개발·지역과학기술혁신사업·공공기관·기업·대학의 지방이전 등의 사업을 한다. 국가균형발전특별회계의 세원은 주세전액, 일반회계 전입금, 과밀부담금 등으로 약 5조 원 규모의 재원으로 조성되는데, 이중 지역개발사업계정은 약 4조 원이며, 지역혁신사업계정은 약 1조원 규모이다.

개발촉진지구의 유형은 낙후지역형, 균형개발형, 도농통합형 등이 있다. 첫째, 낙후지역형은 8개의 선정지표[34] 중 인구증가율·재정자립도중 1개 이상과 기타 6개 지표 중 1개 이상이 전국 하위 30% 미만인 지역이다. 둘째, 균형개발형은 지역균형개발법에 의거하여 지정된 광역개발권역 및 특정지역내로서 전력·용수 등의 입지요건이 양호한 지역 중 특히 민간자본을 유치하여 집중개발이 필요한 지역이다. 셋째, 도농통합형은 도농통합형태의 시로서 개발수준이 상대적으로 낙후되고 종래의 지역산업이 급격히 쇠퇴한 농어촌 지역으로서, 새로운 소득기반 조성을 위해 인근 도시지역과 연계하여 산업 및 생활환경 정비, 사회간접자본시설의 배치가 필요한 지역이다. 지정대상은 수도권인 경기도와 제주도를 제외한 7개 도의 시·군으로, 162개 시·군·구 중 72개 시·군이 지정요건에 해당된다. 지구별 지정범위는 원칙적으로 150㎢ 이상(낙후지역형, 도농통합형에 한함)이고, 시·군 행정구역의 전부 또는

---

34) 낙후지역 지표 : 인구증가율, 재정자립도, 제조업종사자 인구비율, 도로율, 도시적 토지 이용율(대지·공장용지·학교용지/행정구역면적), 승용차 보유비율, 의사비율, 노령화지수 (65세 이상 인구/14세 이하 인구)

일부에 지정, 2개 이상 시·군에 걸쳐 지정 가능하며, 연접하지 않은 5개 이내 지역을 1개 지구로 지정 가능(1개 지역 최소면적은 30㎢ 이상)하다.

이러한 개발촉진지구로 지정되면, 낙후지역형 개촉지구의 접근교통망시설(도로), 소득기반 조성(지역특화사업, 관광휴양사업), 생활환경개선(상하수도 등) 사업에 소관 부처별로 국고 및 지방비를 지원하고, 개발사업 시행자 및 지구내 입지 중소기업에 대해 취득세·등록세를 면제한다. 또한 재산세·종합토지세를 5년간 50% 감면하고, 소득세·법인세를 4년간 50% 감면한다. 또한 절차간소화 등 행정적인 지원을 한다. 이러한 개발촉진지구의 지정현황 및 유형별 주요사업을 보면 다음의 <표 7-7>, <표 7-8>과 같다.

<표 7-7> 개발촉진지구의 지정현황

구 분		1차(7개)	2차(7개)	3차(6개)	4차(6개)	5차(5개)	도별 면적
사업기간		'96~'03	'97~'05	'98~'04	'00~'06	'01~'07	총면적 82,156.9㎢
차수별면적합		1,674.1㎢	1,557.7㎢	1,364.7㎢	1,456.8㎢	985.8㎢	7,039.1㎢
낙후지역형 강원도	지 구 명	탄광지역	영월·화천	평창,인제,정선	양구·양양	횡성	총면적 16,591.9㎢
	해당시군	태백, 삼척, 영월, 정선	영월, 화천	평창,인제, 정선	양구, 양양	횡성	
	지구면적	436.9㎢	325.8㎢	252.7㎢	249.7㎢	180.0㎢	1,445.1㎢ (8.6%)
	지구지정	'96. 4.12	'97.10.24	'98.12.30	'00. 2.10	'01. 3. 7	
	개발계획	'97. 2. 6	'97.10.24	'00. 2. 3	'02. 3.22		
충청북도	지 구 명	보은지구	영동				총면적 7,432.7㎢
	해당시군	보은군	영동				
	지구면적	135㎢	128.3㎢				263.3㎢ (3.5%)
	지구지정	'96. 4.12	'97.10.24				
	개발계획	'96. 4.12	'97.10.24				
충청남도	지 구 명	청양지구	홍성	태안	보령		총면적 8,584.8㎢
	해당시군	청양군	홍성	태안	보령		
	지구면적	150㎢	150㎢	126.4㎢	150㎢		576.4㎢ (6.7%)
	지구지정	'96. 4.12	'97.10.24	'98.12.30	'00. 2.10		
	개발계획	'96. 4.12	'97.10.24	'98.12.30	'01. 9.28		
전라북도	지 구 명	진안·임실	장수	순창	고창	무주	총면적 8,047.5㎢
	해당시군	진안,임실	장수	순창	고창	무주	
	지구면적	160.8㎢	156.8㎢	159.2㎢	154.3㎢	150㎢	781.1㎢ (9.7%)
	지구지정	'96. 4.12	'97.10.24	'97.10.24	'97.10.24	'97.10.24	
	개발계획	'96. 4.12	'97.10.24	'98.12.24	'00. 2. 3		
전라남도	지 구 명	신안·완도	곡성·구례	장흥·진도	보성·영광	화순·강진	총면적 11,963.8㎢
	해당시군	신안,완도	곡성, 구례	장흥, 진도	보성, 영광	화순, 강진	
	지구면적	180㎢	232.1㎢	210.2㎢	240.0㎢	237.8㎢	1,100.1㎢ (9.2%)
	지구지정	'96. 4.12	'97.10.24	'98.12.30	'00. 2.10	'01. 3. 7	
	개발계획	'96. 4.12	'97.10.24	'98.12.30	'02. 3.22	'02.11.22	
경상북도	지 구 명	소백산주변	산악휴양형	중서부평야	안동호주변	동해연안	총면적 19,022.9㎢
	해당시군	봉화,예천,문경	영주, 영양	상주, 의성	안동, 청송	울진, 영덕	
	지구면적	380.4㎢	329.4㎢	406.2㎢	452.6㎢	253.3㎢	1,821.9㎢ (9.6%)
	지구지정	'96. 4.12	'96. 4.12	'96. 4.12	'96. 4.12	'96. 4.12	
	개발계획	'96. 4.12	'97.10.20	'98.12.24	'00. 2. 3		
경상남도	지 구 명	지리산주변	의령·합천	남해·하동	합천·산청	함양	총면적 10,513.3㎢
	해당시군	하동,산청,함양	의령, 합천	남해, 하동	합천, 산청	함양	
	지구면적	231㎢	235.3㎢	210.0㎢	210.2㎢	164.7㎢	1,051.2㎢ (10%)
	지구지정	'96. 4.12	'97.10.24	'98.12.30	'00. 2.10	'01. 3. 7	
	개발계획	'96. 4.12	'97.10.24	'98.12.30	'02. 3.22		

<表 7-8> 개발촉진지구의 유형별 주요사업

도별	지구명	사업건수	유형별 주요사업 내용		
			관광휴양시설	지역특화사업	기반시설
계		529	168	120	241
강원	소계	146	41	27	79
	탄광지역	86	백병산스키장 등 28건	산사슴방목단지 등 15건	서학-만항간도로 등 43건
	영월화천	24	청령포관광지 등 8건	고랭지채소단지 등 5건	북쌍-신청간도로 등 9건
	인제·정선·평창	29	상리레포츠단지 등 5건	원대특화단지 등 6건	대화-개수간도로 등 18건
	양구·양양	9	-	-	상리-용하간도로 등 9건
충청북도	소계	31	9	9	13
	보은	18	동학기념공원 등 7건	대추식품공장 외 4건	누청-신정간도로 등 7건
	영동	13	백화산관광지 등 2건	수출전용사과단지 등 5건	마산-우매간도로 등 6건
충청남도	소계	56	13	23	20
	청양	9	도립온천지구	산산양방목단지 등 4건	칠갑산순환도로 등 4건
	홍성	12	홍성온천지구 등 4건	토굴새우젓store 등 5건	임해관광연계도로 등 3건
	태안	11	신진도종합휴게센타 등 4건	의항민박마을 등 5건	태안해안관광도로 등 2건
	보령	24	성주산자연휴양림 등 4건	성주폐갱도젓갈저장 등 9건	성주-청라남북도로 등 11건
전라북도	소계	50	17	16	17
	진안·임실	13	마이산예술관광지 등 6건	생약화학단지 등 4건	진안-관촌간도로 등 3건
	장수	14	무릉장수촌 등 5건	스피노자사과원 등 6건	장수관광순환도로 등 3건
	순창	9	전통고추장마을 등 2건	적성댐수변관광도로 등2건	모정-고원간도로 등 3건
	고창	14	명사십리송림휴양원 등 4건	구시포수산물유통 등 4건	구시포-두어리간도로 등 8건
전라남도	소계	63	20	10	33
	신안·완도	4	청해진국민관광지 등 2건	-	팔금-암태도연도교 등 2건
	구례·곡성	15	압록유원지 등 5건	죽곡표고재배단지 등 4건	산동-고달간도로 등 6건
	장흥·진도	25	진도 마린빌리지 등 5건	돈지백합화훼단지 등 5건	팽목연안항개발 등 15건
	보성·영광	19	율포해수욕장 등 8건	보성녹차문화공원조성	금천-옥전간도로 등 10건
경상북도	소계	145	54	28	63
	소백산주변	73	문경온천 등 30건	버섯재배단지 등 7건	구랑-진남교도로 등 36건
	산악휴양형	22	부석사지정비 등 8건	죽파임산물가공단지 등 5건	수하-왕피리간도로 등 9건
	중서부평야	26	공갈못복원 등 7건	의성마늘연구단지 등 9건	외답-사벌간도로 등 10건
	안동·청송	24	임하댐관광단지 등 9건	증평발효식품단지 등 7건	안동댐순환도로 등 8건
경상남도	소계	38	14	8	16
	지리산주변	8	청학동문화마을 등 4건	산청도예단지 등 2건	지리산순환도로 등 2건
	의령·합천	13	합천가야촌개발 등 6건	봉수한우육성단지 등 2건	자굴산관광도로 등 5건
	남해·하동	12	송정국민관광지 등 3건	과학영농단지조성 등 3건	금성해안도로개설 등 6건
	합천·산청	5	대전리온천휴양단지	느타리버섯특산지조성	가야산-합천호도로 등 3건

(2) 인구대응정책에 대한 평가

중앙정부는 1964년에 발표한 「대도시 인구집중 방지책」을 시작으로 다양한 인구대응정책(인구재배치 또는 분산정책)을 시행하여 왔다. 앞에서 기술한 바와 같이 중앙정부의 인구대응정책은 문제인식기, 시책형성기, 정비추진기, 시책전환기의 4단계로 구분할 수 있다. 따라서 시기별로 구분하여 평가하고자 한다.

중앙정부의 인구대응정책에 대한 평가는 효과평가에 해당된다. 중앙정부 인구대응정책의 목표는 1차부터 4차까지의 국토개발계획, 정부의 수도권시책, 인구재배치 시책 등에서 제시된 바와 같이 수도권의 인구유입의 억제와 지방에의 인구분산이다. 그러므로 중앙정부 인구대응정책의 효과는 각 도·광역자치단체별 사회적 증감의 정도로 측정한다. 다만, 정책도입기의 경우 사회적증감에 대한 자료를 구할 수 없으므로 인구증감률을 통해 측정하고자 한다.

① 정책도입기

정책도입기(1964년-1969년)는 인구의 재배치 또는 인구분산을 달성하기 위해 정부가 본격적으로 정책을 추진하기 이전의 시기로, 대도시 특히 서울의 인구집중을 막기 위한 예방책의 마련에 치중한 시기이다. 이 시기의 대도시 인구집중방지책은 정치·경제·사회·행정 등 각 부문에 걸쳐 해결책을 모색하기 시작한 최초의 종합적 시책이다. 이 시책에는 이후 이루어지는 인구대응정책의 기본적인 사항들이 포함되어 있다.

서울시와 다른 도간의 총인구와 인구변동률을 비교하면, 서울시의 인구증가가 다른 도에 비해 크게 증가하였으며, 인구변동률 역시 높음을 알 수 있다. 따라서 정책도입기에 수도권의 인구유입억제와 인구의 지방분산이 거의 이루어지지 않았음을 알 수 있다. 그 이유는 다음과 같다.

1960년대는 '빈곤의 극복과 국토복구'가 개발의 기본전략이었다. 이에 따라 1961년도부터 시작된 경제개발 5개년 계획에 의해 서울과 인근에 산업시

(단위 : 명, %)

구 분	총인구/인구변동률		
	1960	1966 (66/60)	1970 (70/66)
서 울	2,445,402	3,793,280 (55.1)	5,536,377 (45.9)
경 기	2,184,125	2,440,399 (11.7)	2,543,024 (4.2)
강 원	1,636,767	1,831,185 (11.9)	1,837,015 (0.3)
충 북	1,369,780	1,548,821 (13.1)	1,453,899 (-6.1)
충 남	2,174,781	2,471,401 (13.6)	2,281,474 (-7.7)
전 북	2,395,224	2,521,207 (5.3)	2,386,381 (-5.4)
전 남	3,143,758	3,516,534 (11.9)	3,309,785 (-5.9)
경 북	3,171,732	3,627,706 (14.4)	3,412,514 (-5.9)
경 남	2,811,514	2,941,669 (4.6)	2,787,065 (-5.3)
제 주	281,663	337,052 (19.7)	358,085 (6.2)

주) 인구변동률 = (현재년도총인구-전년도총인구)/전년도총인구*100

설들이 들어서기 시작하였다. 1960년대 이후 급속한 경제성장으로 수도권 특히 서울로 인구가 집중하게 되고 주택 및 상하수도 등 도시기반시설 부족 문제가 심각해졌다. 이에 따라 수도권에 대한 인구집중억제 및 분산의 필요 성에 대한 분위기가 조성되었다. 하지만 서울은 국가발전의 중심적인 역할을 수행하는 도시로 개발하던 중이었으므로 이런 상황하에서 수도권 인구증가 의 억제는 실효성이 없었다.

지역개발은 1963년에 만들어진 국토건설종합계획법에 의거하여 성장잠 재력이 있고 개발효과가 큰 특정지역을 집중 개발하는 거점개발방식을 채택 하여 추진하던 시기이다. 따라서 거점지역에서는 산업시설과 이를 위한 사회 간접자본시설들이 들어갔으나, 기타 지역은 경제개발의 논리에 의해 개발에 서 제외되었다. 그러므로 일부 거점 도시나 공업도시를 제외하곤 지방에의 분산이라는 효과는 기대하기 힘들었다.

② 정책정비기(1970년-1976년)

수도권의 인구유입 억제에 대한 관심이 본격적으로 나타나 수도권인구증가의 억제책이 만들어지면서, 지역으로의 인구재배치 및 인구분산을 위한 각종 계획들과 관련 법규들이 제정·정비되었던 시기이다. 이 시기에 수도권 인구과밀 억제에 관한 기본지침, 제1차국토종합개발계획(1972년-1981년), 대도시 인구분산 시책 등이 수립·추진되었다.

1970년부터 1997년까지의 사회적증감(순이동)을 보면, 서울과 경기도는 지속적인 상승을 보인 반면에, 강원도, 충청북도, 충청남도, 전라북도, 전라남도, 경상북도, 경상남도, 제주도의 지역들은 급격한 인구감소를 보였음을 알 수 있다. 서울시의 경우 해마다 약 20만명 이상의 증가를 보였으며, 수도권에 속하는 경기도 역시 1971년·1975년·1976년에 10만이상의 증가를 보인다. 그러므로 정책정비기의 수도권인구유입억제와 지역으로의 인구재배치 및 인구분산은 실효성이 없었음을 알 수 있다.

앞에서 언급한 바와 같이 제1차국토종합계획에서는 특정지역 개발방식에서 탈피하여 본격적으로 성장거점 전략을 추진하였다. 이에 따라 전국을 4대권 8중권 17소권으로 나누어 개발하게 되어 국가발전기반은 크게 확충되

<표 7-10> 정책정비기의 사회적증감

시점	서울	인천	경기	강원	충청북도	충청남도	전라북도	전라남도	경상북도	경상남도	제주도
1970	206,720	-	516	-60,830	-48,597	-81,439	-87,646	-127,507	-105,894	-116,166	-3,256
1971	252,690	-	121,277	-34,994	-44,692	-50,341	-74,495	-85,649	-57,379	-83,934	-3,912
1972	138,770	-	35,100	-30,734	-24,957	-22,371	-37,017	-41,002	-13,590	-47,696	651
1973	184,590	-	87,798	-35,802	-33,921	-38,158	-53,076	-59,451	-25,200	-59,260	-2,917
1974	230,730	-	94,597	-49,300	-40,750	-51,328	-71,645	-83,974	-27,208	-55,326	-5,577
1975	459,570	-	181,562	-60,210	-78,248	-80,524	-137,347	-133,291	-83,250	-116,412	-9,901
1976	260,890	-	124,094	-41,882	-49,003	-51,981	-86,763	-71,088	-58,531	-95,125	-7,042

주) 사회적증감 = 전입-전출

었으나, 서울·부산등 대도시의 인구집중과 지역적 불균형을 초래하였다. 따라서 수도권 인구과밀 억제에 관한 기본지침과 대도시 인구분산 시책 등은 효과를 발휘하지 못하였다. 여기에는 전 국토를 대상으로 하는 방대한 계획이 수립되었으나, 이를 시행하는 구체적인 정책수단이 결여되어 계획으로만 끝난 데도 원인이 있다.

③ 정책추진기(1977년부터 1997)
　정책추진기는 그 이전의 제도적 장치의 바탕위에서 인구분산과 수용, 집중억제책 등이 본격적으로 추진 시행되고 있는 시기이다. 이 시기에 1977년 3월의 수도권인구재배치기본계획, 제2차국토종합개발 계획(1982-1991, 건설부), 수도권 공공청사 및 대규모 건축물 규제계획(1982. 5.13. 건설부), 수도권정비계획(1994.3), 제3차국토종합개발계획(1992-2001) 등이 이루어졌다.

　<표 7-11>에서 제시된 정책추진기의 사회적 증감을 보면, 서울시의 경우 1977년부터 1989년까지는 사회적인 증가추세를 보이지만, 1990년 이후부터 1997년까지는 지속적인 감소추세를 보인다. 그에 반해 같은 수도권에 속하는 인천시는 1981년부터 1997년까지 지속적인 증가추세를 보이며, 경기도는 상대적으로 높은 증가세를 보여 1992년 이후 20만이상의 증가세를 유지하고 있다.

　수도권내의 이러한 경향은 <표 7-12>의 서울에서 경기도로의 전출현황과 <표 7-13>의 경기도에서 서울로의 전출현황에서와 같이 1989년의 신도시 개발이후 서울의 인구가 경기도로 빠져나갔음을 알 수 있다. 결국 정책추진기의 정부정책은 수도권 인구유입억제와 지방으로의 인구분산이 실효성이 없음을 의미한다.

　그런데 1990년대 들어 경상남도와 제주지역에서 사회적증가가 나타나며, 1995년부터 충청북도와 충청남도지역에서도 사회적증가가 나타나고 있다.

<표 7-11> 정책추진기의 사회적 증감

시점	서울	인천	경기	강원	충청북도	충청남도	전라북도	전라남도	경상북도	경상남도	제주도
1977	215,390	-	126,455	-45,713	-56,369	-43,393	-81,468	-76,770	-61,277	-52,227	-8,395
1978	278,530	-	168,318	-50,777	-84,617	-37,483	-94,771	-90,449	-62,379	-45,105	-9,636
1979	148,430	-	197,916	-50,280	-56,244	-45,182	-83,574	-86,252	-49,378	-31,492	-4,853
1980	164,910	-	137,444	-24,510	-38,585	-38,722	-71,224	-82,773	-42,490	-39,683	-1,348
1981	148,380	36,107	102,913	-22,376	-37,673	-51,106	-47,923	-64,538	-77,782	-25,836	-1,444
1982	131,860	10,018	177,836	-29,808	-40,296	-49,157	-59,435	-66,954	-94,141	-14,298	-3,131
1983	141,830	27,989	257,307	-44,683	-44,999	-57,748	-73,269	-85,868	-101,391	-19,820	-1,910
1984	132,750	45,638	205,222	-42,202	-45,698	-54,868	-74,678	-79,791	-103,114	-17,476	-4,202
1985	30,370	42,113	234,199	-28,504	-33,530	-36,013	-60,107	-61,356	-78,713	-30,189	-3,434
1986	-5,830	30,979	256,300	-33,499	-28,581	-33,187	-59,315	-76,907	-65,546	-40,145	-3,565
1987	84,400	45,184	191,460	-45,132	-34,712	-42,602	-65,908	-103,978	-64,620	-20,418	-2,858
1988	188,560	46,964	78,840	-52,482	-33,900	-41,199	-59,637	-108,839	-72,206	-11,556	-1,730
1989	109,650	66,414	151,180	-57,933	-29,026	-60,627	-63,258	-104,178	-72,807	-10,518	-231
1990	-90,990	116,685	250,510	-47,637	-17,579	-53,746	-53,340	-100,070	-49,953	18,390	3,128
1991	-36,880	80,398	177,060	-38,030	-11,131	-45,444	-42,298	-100,570	-47,308	21,856	2,776
1992	-104,890	59,381	214,870	-24,845	28	-28,290	-30,761	-76,533	-29,832	24,812	1,705
1993	-182,640	39,663	294,490	-24,586	1,684	-24,259	-25,990	-59,255	-15,509	10,806	-1,729
1994	-236,490	36,861	322,080	-18,471	-3,569	-20,627	-22,929	-46,442	-18,383	20,017	-2,145
1995	-321,900	18,556	372,520	-9,350	3,771	1,915	-10,115	-19,164	-4,608	13,664	-826
1996	-211,230	12,338	252,670	-7,870	5,624	12,187	-14,371	-19,522	5,548	19,704	-1,093
1997	-178,320	27,040	213,750	-922	4,924	14,100	-14,597	-21,590	-6,215	532	-594

주) 사회적증감 = 전입-전출

<표 7-12> 서울에서 경기도로의 전출현황

(단위: 명, %)

	1991		1992		1993		1994		1995		1996	
	이동자수	비율	이동자수	비율	이동자수	비율	이동자수	비율	이동자수	비율	이동자수	비율
서울	384,714	58.0	428,344	61.4	502,584	64.5	542,204	67.9	599,411	68.9	520,566	65.6
계	663,011	100.0	697,998	100.0	779,555	100.0	798,417	100.0	869,652	100.0	793,870	100.0
	1997		1998		1999		2000		2001		2002	
	이동자수	비율	이동자수	비율	이동자수	비율	이동자수	비율	이동자수	비율	이동자수	비율
서울	495,454	64.0	407,050	61.3	471,841	59.5	435,573	57.5	499,575	59.9	516,765	57.7
계	774,256	100.0	664,157	100.0	792,424	100.0	758,171	100.0	834,149	100.0	895,051	100.0

<표 7-13> 경기도에서 서울로의 전출현황

(단위: 명, %)

	1991		1992		1993		1994		1995		1996	
	이동자수	비율	이동자수	비율	이동자수	비율	이동자수	비율	이동자수	비율	이동자수	비율
서울	256,270	52.7	253,605	52.5	256,049	52.8	258,897	54.4	262,893	52.9	290,660	53.7
계	485,949	100.0	483,127	100.0	485,057	100.0	476,340	100.0	497,138	100.0	541,201	100.0
	1997		1998		1999		2000		2001		2002	
	이동자수	비율	이동자수	비율	이동자수	비율	이동자수	비율	이동자수	비율	이동자수	비율
서울	298,306	53.2	276,685	51.1	340,653	55.1	312,616	54.4	319,738	54.6	321,390	55.5
계	560,508	100.0	541,669	100.0	618,290	100.0	574,145	100.0	585,202	100.0	579,269	100.0

이처럼 수도권인구재배치기본계획, 수도권 공공청사 및 대규모 건축물 규제계획, 수도권정비계획 등의 수도권 시책들은 수도권 집중추세를 다소 둔화시키는 역할은 하였으나, 인구·제조업체의 수도권 집중 현상은 갈수록 심화되었다. 즉, 1960년에 전국 인구의 21%에 달하던 서울인구는 1999년에 전국인구의 45.9%로 상승하였으며, 1960년에 전국 제조업체의 27%가 밀집 했던 서울은 1999년에 전국 제조업체의 55.6%가 밀집한 지역이 되었다. 그러 므로 정치·경제·사회·문화·교육 분야에서도 수도권 중심이 되어 모든

분야에서 고착된 서울제일주의를 타파하는데 실패하였다.

첫째, 정책의 집행 및 조정기능의 미약이 원인이다. 즉, 각 부처별 고유기능 우선으로 계획집행에 착오가 발생하였으며, 각 기관의 관련정책에 대한 조정 통제기능이 미약하였다. 대표적인 사례로 대입정원정책을 들 수 있다. 즉, 1980년 교육개혁조치에 의한 대입정원의 대폭적인 증원방침에 따라 1981학년도 서울시내 대학입학 정원도 31%나 증가되어 수도권인구재배치계획에 배치되었다(맹정주, 1983).

둘째, 수도권정비 기본계획안에서는 계획상 수도권을 5개 권역으로 나누었으나, 경기도 남부지역의 개발로 수도권지역과 다른 지역과의 개발격차가 존재함에 따라 결과적으로 타지역에서의 인구유입이 가속화되었다. 특히 수원이남 만을 개발유도지역으로 개발하여 경부선축에 인구와 산업을 집중시키는 결과를 초래하였다(맹정주, 1983).

셋째, 수도권 신도시개발이 본래 목적을 달성하지 못한데도 그 원인이 있다. 90년대에 행해진 5개 신도시건설은 당초 총 15조의 건설투자를 통해 31조의 경제효과와, 166만명의 고용창출을 유도하는 자족도시건설을 목표로 하였다. 그러나 일산과 분당의 거주 주민 중 서울로 출퇴근 하는 인구가 60%를 상회하면서 서울의존형 도시로 전락하여 자족도시라는 신도시 목표의 실패는 물론 교통혼잡 등 많은 국가적·사회적 비용손실을 초래하게 되었다.

넷째, 도심지 재개발사업 등으로 인구유입을 촉진하였다. 도심지 재개발사업으로 아파트 등의 대형건물이 들어섬에 따라 인구유입이 발생하였다.

다섯째, 제2차와 제3차의 국토개발계획과 개발촉진지구제도를 통한 인구의 지역분산 역시 효과를 거두었다고 보기 힘들다. 제2차국토종합개발계획에서 1차와 마찬가지로 성장거점전략을 채택하여 수도권 집중억제와 지역균형발전을 추구하고자 하였으며, 또한 지역격차와 낙후지역문제 해결을 위해 특정지역 개발사업 병행 추진하였다. 그러나 특정지역개발을 제외하곤 광역계획과 관련된 제도 미비와 지방자치상의 권한배분 및 업무추진, 행재정적인 문제가 맞물려 만족할 성과는 거두지 못하였다. 제2차계획에서 균형개발과 인구분산을 위하여 대전, 광주, 대구 등의 3대권역을 개발하였으나 이들 지역은 자생적인 성장이 가능한 지역이므로 중소도시 개발이나 농어촌 공장유치 등이 더 요구되었다.

제3차계획에서는 지방분산형 국토골격의 형성을 목표로 다핵개발과 지역 경제권 개발방식을 채택하여 8대 광역권 개발을 구상하고, 지방참여를 통한 낙후지역 개발을 위하여 개발촉진지구제도를 도입하였다. 더 나아가 '94년 지역균형개발및지방중소기업육성에관한법률을 제정하여 광역권, 개발촉진지구와 같은 구체화된 지역개발시책을 마련하였다. 그러나 예산과의 연계가 제대로 이루어지지 않았으며, 집행수단의 실효성이 부족하여 큰 성과를 얻지 못하였다. 이러한 이유는 대책의 종합성·일관성이 부족하고 단편적·대증적으로 대처한데서 기인한다. 즉, 지방을 육성하는 적극적인 시책보다는 수도권 집중을 억제하는 소극적 규제 위주로 추진하였으며, 서로 다른 정책목표와 부처 이기주의로 인하여 지역균형발전이 제대로 실현되지 못하고 구호로 그치는 경우가 허다하였다. 그러므로 종합적인 지역균형개발 전략보다는 SOC 확충 등 물리적 정책수단 위주로 단편적으로 추진하는데 원인이 있다. 그리고 보다 근본적으로는, 지방의 성장여건이 갖추어지지 않은 상태에서 중앙정부 주도의 개발시책은 한계를 노출할 수밖에 없다.

④ 정책전환기(1998 ~ 현재)

김대중 국민의 정부 출범 후 국토균형발전의 기본방향을 중앙정부주도보다는 지방이 창의력을 발휘하여 스스로 발전할 수 있는 기반을 체계적으로 조성하는데 두었다. 이에 수도권의 성장억제, 수도권에 소재한 기업들의 지방이전, 지방의 균형발전 전략을 추진하였다. 그러나 전반적으로 큰 효과는 나타나지 않고 있다. <표 7-14>에서 알 수 있듯이 정책전환기에 서울시의 인구는 감소경향을 보이나 정책추진기에 비해 감소추세가 줄었으며, 인천시 역시 다소 감소로 나아가는 경향을 보였다. 그러나 경기도는 여전히 높은

<표 7-14> 정책전환기의 사회적증감

시점	서울특별시	인천광역시	경기도	강원도	충청북도	충청남도	전라북도	전라남도	경상북도	경상남도	제주도
1998	-134010	20811	122490	8890	5542	9365	-2269	1237	573	8567	2530
1999	-81120	1810	174130	-3798	-1446	-2915	-10449	-24153	-13205	-9375	181
2000	-46940	13165	184030	-11134	-4404	-7742	-21590	-33538	-25706	-8512	-2358
2001	-113950	1117	248940	-8113	-8528	-11628	-1911	-36424	-21305	-5166	-326
2002	-106420	230	315780	-17181	-8202	-13625	-56735	-46152	-31278	6896	234
2003	-68970	-16171	222050	-13063	-6081	2682	-3039	-36103	-36833	4288	-1447

주) 사회적증감 = 전입-전출

사회적증가 추세를 보임을 알 수 있다. 따라서 전체적으로 수도권으로의 전입에 따른 수도권 인구증가가 이루어짐을 알 수 있다.

이처럼 수도권 집중억제와 지방분산을 기본골격으로 한 지역균형발전정책을 꾸준히 추진해 왔으나, 투입주도형 성장전략과 SOC중심의 지역개발, 각 부처별 분산 추진으로 인해 소기의 성과를 거두지 못하고 수도권과 비수도권의 격차와 비수도권 내에서의 지역간 불균형이 더욱 확대되었다. 수도권의 지역내총생산 비중은 외환위기 이전인 1993~1997년에는 잠시 완화되었으나, 1997년 경제위기 이후 다시 증가하고 있어 최근에 수도권 경제력 집중이 더욱 심화되고 있다(국회사무처 예산정책국, 2003a:3). 또한 인구이동의 측면에서 1998년 이후 지방에서 수도권으로의 전입인구는 조금 감소하였으나, 전체적으로는 여전히 지방과 수도권간의 격차가 나타나고 있다. 특이한 것은 서울의 경우 인구 증가세가 주춤하거나 감소하는 경향을 보이는데, 이는 서울의 인구가 지방으로 빠져나감을 의미하는 것은 아니다. 이런 현상은 수도권의 재개발에 의해 서울 거주 주민들이 같은 수도권인 경기도로 전출을 많이하는 교외화현상에 의한 것이다. 더욱이 2004년도에 개발이 확정된 판교 신도시의 경우 택지공급 위주의 신도시 개발로 또 다시 인근의 개별적 택지 개발을 유도하게 되어 총체적 난개발의 원인이 되며, 수도권의 집중을 유발하는 시책이 된다(노춘희. 2001).

지금까지 시기별로 인구대응정책의 효과를 살펴보았다. 이를 종합해 볼 때 기존의 중앙정부차원의 인구대응정책은 대도시의 인구집중과 특히 서울을 포함한 수도권의 인구집중 문제는 해결되지 못하였을 뿐만 아니라 거대도시로의 인구집중을 더욱 높여 거의 성과가 없었다. 이 때문에 일부 학자들은 인구재배치 또는 인구분산을 위한 정책은 실패한 정책으로 보고 있다(문현상, 1995). 이러한 인구재배치 또는 인구분산시책의 문제점으로 다음과 같은 점이 제기된다(권태환외, 1995). 먼저 정책의 시기적 적실성으로 그 당시의 발전 중심의 정책하에서 수도권인구분산정책이 당장 해결해야할 과제는 아니었으며, 도시화의 단계에 비추어 보아 대도시의 인구집중을 정책적으로 억제하는 것이 거의 불가하였다. 또한 정책전략상에서도 문제가 있었는데 기존의 수도권정책의 기조는 서울에 집중되어 있는 인구, 시설, 기능을 전국적으로 분산, 이전하는데 정책의 초점을 두고 인구의 지방정착을 유도하기 위한 지역개발 정책은 미흡하였다. 마지막으로는 정책집행상에서 인구재배치 및 분산시책을 통합·조정·통제할 수 있는 부서나 기능이 미약하였다. 수도권 업무의 전담기구를 보면 1969년에는 청와대 정무수석비서관(1급)이 담당하였으나 1981년에는 건설부의 수도권 계획관(3급)이, 1983년 이후 지금까지는 건설교통부내의 수도권계획과장(4급)이 담당하는 등 담당권한이 계속 하향 조정되어 왔다.

3. 우리나라 지방자치단체의 인구감소 대응정책: 실태 및 평가

기존의 발간자료들을 중심으로 1절에서는 외국의 주민감소에 따른 대응정책의 실태를 간략하게 기술하였으며, 2절에서는 우리나라 중앙정부에서 인구감소에 대응하기 위해 시행한 정책의 실태 및 효과를 평가하였다. 3절에서는 본 연구의 주관심사인 지방자치단체 차원에서 인구감소의 대응책을 살펴보고자 한다. 일부 지방자치단체들은 주민수감소를 막기 위해 몇 가지의 시책을 수립하고 시행하고 있으나, 지방자치단체들의 정책수립을 위한 재정적·행정적인 능력상 적절한 대응방안의 모색이 쉽지 않은 상황이다. 이런 이유로 지방자치단체들이 시행중인 시책들에 대한 실태 조사 및 평가를 하고자 한다. 이를 위해 보건복지부의 자료뿐만 아니라 2004년 8월간 직접 지방자치단체를 방문하여 인구정책 담당, 기획실의 기획담당, 보건소의 출산장려담당 등의 직원과의 면접 또는 인터뷰 등을 통해 관련 자료를 수집하였다. 방문 자치단체는 각 도의 시·군들 중 가장 인구감소가 많은 자치단체들로서, 연구팀이 임의적으로 선정(비확률표본추출방식중 판단표본추출)하였다. 이러한 자치단체들로는 경기도 연천군, 강원도 태백시·삼척시·철원군, 충청북도 충주시·보은군, 충청남도의 논산시·보령시·부여군, 전라북도의 김제시·군산시·부안군, 전라남도의 여수시·해남군, 경상남도의 통영시·산청군·하동군·합천군 등이다.

1) 지방자치단체 인구장려정책의 실태 및 평가

(1) 인구장려정책의 실태

1990년대 이후 일부 시·군자치단체들은 출산감소에 대응하기 위해 자치단체별로 몇 가지의 대안을 마련하고서 이를 시행하고 있다. 일부 지방자치단체에서 추진하는 출산장려 시책에 대한 실태조사는 향후 출산장려시책을 추진하려는 다른 지방자치단체에게 도움을 줄 수 있다. 그러므로 지방자치단체의 출산장려시책의 추진실태를 고찰하고자 한다. 그리고 실태에 대한 자료는 2004년 8월의 본 연구의 조사결과를 중심으로 하되, 보건복지부의 조사결과를 일부 활용한다.[35]

---

35) 보건복지부(2004b)는 우리나라의 급격한 출산율 저하에 대응한 종합적인 인구정책 수립을 위하여, 현재 특별시·광역시·도·시·군·자치구 등의 자치단체에서 자체적으로 추진 중인 인구시책의 현황자료를 2004년 3월에 발표하였다. 그러나 보건복지부의 자료에는 과거에 시행했으나 효과가 없던 시책이나, 향후 추진하고자 하는 시책 등에 대한

지방자치단체는 중앙정부에 비해 상대적으로 행정적·재정적인 권한이 약하며, 또한 자치권의 행사에서 지역적인 제약이 따른다. 그러므로 선진 외국의 사례에서 나타난 세금감면, 휴직제도, 다양한 아동보육지원서비스 등은 대체로 중앙정부 차원에서 이루어지는 정책들이며, 지방자치단체 수준에서 이루어지는 출산장려정책은 대체로 현금급여나 현물급여에 한정되어 있다. 현금급여로서 대표적으로 들 수 있는 것은 일종의 출산장려금의 지원, 소액의 유아보육비 지원이며, 현물급여는 출산을 위한 각종 검사나 출산관련 용품의 지급, 기념품 등이 이에 해당한다. 출산장려금 또는 출산축하금은 직접 현금을 주거나 또는 즉시 현금으로의 전환이 가능한 물품을 지급하는 것이며, 유아보육비는 자녀양육에 따른 부담을 완화하여 일하는 여성의 가정과 직장의 양립환경을 조성하기 위한 것이다. 출산기념품은 출산을 축하할 수 있는 물품을 지급하는 것으로 대체로 앨범, 탄생축하카드, 통장 등을 전달하며, 출산 및 육아용품지원으로 신생아의 출생을 축하하기 위해 장려금이외에 출산·육아용품을 지급하는 경우이다. 그리고 산모와 아기건강을 위한 검사지원은 건강한 차세대 국민을 확보하기 위하여 여성과 어린이의 건강증진을 도모하는 것으로 인구자질향상시책에 포함된다. 여기에는 기형아검사·초음파검사·풍진검사 등의 각종검사, 임산부에 대한 철분공급, 영유아에 대한 영양제 공급 등을 포함된다. <표 7-15>는 자치단체별로 시행중인 출산장려를 위한 시책을 조사한 보건복지부 보고서의 내용 중, 시·군에 한정하여 출산장려시책의 유형별로 재구성한 내용이다.

부분이 없으며, 현행 시행제도의 최근 변화를 담고 있지 못하다. 따라서 2004년도 8월에 조사한 본 연구진의 연구자료를 덧붙여 기술하고자 한다.

<표 7-15> 지방자치단체 출산장려시책

유형	시작 년도	실시 자치단체
출산장려 또는 축하금품 지급	2000년	산청군(10만원 지급:250명 한도)
	2001년	전라남도의 모든 시·군(셋째부터, 30만원), 함양군(셋째부터,10만원) 군위군(셋째부터 신생아 출생시 20만원 지급, 출생1년 30만원지급)
	2003년	연천군(첫째부터 10만원 상당의 순금 1돈 반), 양평군(첫째부터 3만5천원 상당의 은목걸이), 태백시(첫째부터 10만원상당 상품권), 삼척시(첫째부터 10만원상당 상품권),청도군(첫째부터 5만원: 400명 한도), 합천군(첫째부터 30만원 : 출산후 1년동안 필히 거주)
	2004년	의성군(첫째부터 5만원 지급) 수원시(셋째부터 1회 20만원의 유아용품 상품권), 가평군(셋째부터 1회 10만원), 군산시(셋째부터 20만원:150명한도), 정읍시(셋째부터 30만원:330명한도), 남제주군(셋째부터 30만원)
	불명확	북제주군(셋째 자녀부터)
출산기념품 지급	2001년	보은군·함양군(앨범지급)
	2002년	고령군·진해시·김제시(탄생축하카드)
	2003년	태백시(신생아 명의 통장발급 및 1만원 입금) 남해군(출생기념앨범 지급) 함양군(임신축하 선물: 임신부 팬티와 태교서적)
보육료 지원	1993년	보은군(보육시설아동 간식비지원)
	2004년	산청군(어린이집 교육비 지원: 첫째아이 제외, 월12~18만원, 어린이집 프로그램 구입비지원)
출산 및 육아용품지원	2001년	보은군(신생아 기저귀), 옥천군(신생아 기저귀)
	2002년	김제시(신생아탄생 축하전보)
	2003년	청원군(35만원 상당 물품) 연기군(35만원 상당 출산용품교환권, 10만원 상당 영유아 용품 교환권 지급 봉화군(35만원 육아용품지급: 250명한도)
	2004년	영동군(신생아목욕용품, 건강관리용품), 단양군(20만원상당의 물품), 영양군(30만원 상당의 육아용품 지원), 고령군(5만원상당 용품지급)
산모 및 태아의 건강	2000년	고창군(산전기형아검진), 하동군(임부 초음파검사)
	2002년	인제군(태아기형아 검사)
	2003년	봉화군(임산부 초음파 검진비 지급: 250명 한도), 함양군(임산부 풍진 검사), 합천군(신생아 예방 접종비 지원)
	2004	진해시(예비신혼부부 건강검진, 임산부영양제 배부) 함안군(임산부,영유아영양제지급) 함양군(임산부철분제 공급)
	불명확	안동시(임산부·영유아 영양제보급) 마산시(임산부와 영유아 철분제 및 영양제 공급, 신생아건강관리용품) 합천군(기형출산예방검사) 북제주군(미숙아의료비지원)
기타	2003년	연기군(혼인신고시 5만원상당 도서 상품권 지급)

주) 출처 : 보건복지부 자료 재구성

보다 구체적으로 현장 방문조사를 하여 수집한 시·군자치단체들의 출산장려시책을 살펴보면 다음과 같다.

① 경기도 연천군

연천군은 사회문제로 대두되고 있는 출산율 저하문제를 해결하고 미아발생을 사전에 예방한다는 차원에서 신생아 축하기념품 전달사업을 하고 있다. 연천군은 2003년도 계획초기에는 약 2만원 상당의 은팔찌를 전달하기로 하였으나, 중도에 기념품을 약 11만원 상당의 금팔찌로 바꾸기도 하였다.

② 강원도의 태백시·삼척시·철원군

강원도의 경우 태백시는 출산장려시책을 추진 중이지만, 철원군은 출산장려시책을 하지 않고 있다. 첫째, 태백시는 2003년부터 출산기념품으로 1만원의 돈이 저금된 출생기념통장과 육아비용 지원을 목적으로 1인당 10만원 상당의 태백사랑상품권을 지급하고 있다. 둘째, 삼척시는 출산장려를 하기 위해 2003년부터 출산여성 축하행사 및 10만원 상당의 상품권을 출산축하금으로 지급하고 있다. 셋째, 그에 반해 철원군은 출산장려를 위한 특별한 시책을 추진하지 않고 있다.

③ 충청북도의 충주시와 보은군

충청북도의 충주시와 보은군은 시군에서 출산장려를 위해 특별한 시책을 추진하지는 않고 있다. 현재 자치단체에서 출산장려를 위해 제시하는 시책들은 대부분 중앙정부에서 제시하고 있는 시책이며, 이러한 시책이 실질적으로 출산장려에 그렇게 긍정적인 영향을 미치고 있다고 보지 않기 때문이다[36]. 즉, 아이를 낳으면 출산축하금이나 육아용품 지원 등의 프로그램을 시행하고

---

36) 예를 들어 '이전에 송아지를 한 마리 낳으면 5만원의 장려금을 지원하는 것과 현재 아이를 낳으면 얼마는 주는 것이 무슨 차이가 있는가? 애들이 송아지냐?'는 등의 표현에서 알 수 있듯 이를 부정적으로 인식하고 있음.

있지 않으며, 성과가 있을 것으로 보지도 않는다.

④ 충청남도의 논산시 · 부여군 · 보령시

충청남도의 경우 논산시는 현재 출산장려 정책으로 출산을 하게되면 기념품으로 5만원권 상당의 상품권을 제공하고 있으며, 이는 조례로 통과되어 운영하고 있다. 그러나 부여군과 보령시는 타 자치단체와 같은 출산장려 정책을 쓰고 있지 않다. 부여군은 타 자치단체의 정책이 효과를 가져올 것이라 보지 않기 때문이며, 보령시는 젊은 사람들이 많지 않은 상황에서 출산장려 자체의 효과가 없기 때문이다.

⑤ 전라북도의 군산시 · 김제시 · 부안군

전라북도의 군산시와 김제시는 현재 몇 몇 출산장려정책을 시행중이며, 부안군은 2005년부터 계획추진을 목표로 다양한 대안을 마련하고 있다. 첫째, 군산시는 다양한 출산장려정책을 시행하고 있다. 2004년도에 3자녀이상 출산자 290명에게 출산장려금 20만원 · 무료예방접종 · 축하카드를 발송하며, 신생아 출산자에게는 모두 무료예방접종과 축하카드를 보내고 있다. 이를 위한 2004년도의 예산으로 출산장려금은 3000만원을 그리고 축하카드로 300만원의 예산을 책정하고 있다. 둘째, 김제시는 2003년 6월 이후 출생한 아기로 김제시에 출생신고 후 부모와 아기가 3개월 이상 거주한 경우 출생기념통장 및 축하전보보내기를 하였다. 통장개설시 5만원을 적립해주며, 축하전보는 1회당 2,350원을 지출하였다. 셋째, 부안군은 2004년 현재 임산부철분제 공급(년 50-60건), 결혼한 사람들에게 태극기 증정(군청민원실 담당, 2003년 실적은 30건) 등을 실시하고 있다. 그리고 2005년도에는 3자녀 이상 갖기 운동에 따라 출산시 3번째 자녀부터 축하장려금 지원, 10만원의 아이 생일축하금, 출산후 관내거주시 육아비 50만원, 출산시 산후요양비 20만원, 출산시 부모 건강검진권 각 10만원 상당, 기형아 검사, 출산용품 20만원 상당의 지급 등을 지급하고 있다.

<표 7-16> 전라남도 농·어촌 지역 신생아에 대한 양육비 지원 개요

년도	지원금액	지원자수	총지원금액
2001년	1인당 10만원	9,624명	962백만원(도비 100%)
2002년	1인당 10만원	7,639명	764백만원(도비 50%, 시군비 50%)
2003년	1인당 20만원	8,155명	1,572백만원(도비 50%, 시군비 50%)
2004년	1인당 30만원	-	-

⑥ 전라남도의 여수시와 해남군

전라남도는 <표 7-16>에 나타난 바와 같이 2001년부터 「전라남도농어촌신생아양육비지원에 관한 조례」에 따라 농어촌 신생아에 대한 양육비를 도비 50%와 시비 50%로 지불하며, 또한 아기용품을 시비로 지원하고 있다. 따라서 전라남도 지방자치단체들은 이러한 도의 시책을 바탕으로 출산장려시책을 시행하고 있다.

여수시는 <표 7-17>와 같이 농어촌지역의 가정에서 탄생한 셋째아이부터 신생아양육비를 지원하며, 또한 아기용품을 지원하고 있다. 그리고 해남군은 신생아양육비 지원사업만을 시행하고 있다. 그러나 이러한 사업의 시행에도 불구하고 이들 자치단체의 출산율뿐만 아니라 전라남도의 전체 출산율은 저하되고 있다. 이에 해남군은 당장 1000명-2000명 늘리기 위한 시책보다는 거시적인 면에서 근본대책의 마련을 요구하고 있는 실정이다.

<표 7-17> 여수시 출산장려책의 성과

사업명	계	2001년	2002년	2003년	2004년 현재
농어촌신생아 양육비지원	961명 /170,700천원	300명 /30,000천원 (1인당 10만원)	203명 /20,300천원 (1인당 10만원)	254명 /48,400천원 (1인당 20만원)	227명 /72,000천원 (1인당 30만원)
아기용품지급	4,000명 /22,500천원		1,500명 /7,500천원, 전자체온계	1,500명 /7,500천원 아기배낭	1,500명 /7,500천원, 아기5앨범

⑦ 경상북도의 문경시・의성군

경부의 문경시는 인구감소가 답보상태이므로 특별한 인구장려정책을 쓰지 않고 있다. 의성군은 출산장려를 위해 1999년 8월부터 출생기념 저축통장 개설(1인당 2만원), 1999년 7월부터 출생아 읍・면장 방문 및 미역전달 등을 시행하였으나, 현재는 이를 시행하지 않고 있다.

⑧ 경상남도의 통영시・합천군・하동군・산청군

경상남도의 시・군들은 다른 도의 자치단체들에 비해 출산장려를 위한 다양한 시책들을 추진하고 있다. 첫째, 합천군은 인구감소를 막기 위한 한 방편으로 출산장려를 위한 시책을 추진하고 있다. 합천군은 출산율이 사망 대비 1/2에 달할 정도로 출산문제가 심각한 실정이다. 이에 따라 합천군은 2003년부터 인구증가를 위한 중・단기시책 중 단기시책으로 출산장려시책을 추진하고 있다. 추진시책으로는 출산장려금 30만원지급 및 신생아예방접종비를 지원이다. 그런데 출산장려금을 지급하기 위한 조건으로 출산 후 1년동안 필히 거주하도록 하고 있다. 이러한 조건을 설정한 이유는 일부 주민들이 출산장려금의 수령한 뒤 얼마 후 주소지를 옮기는 사례가 빈번하게 발생하였기 때문이다. 둘째, 하동군은 향후 실천을 목표로 2004년 8월 기준으로 출산장려를 위한 조례를 만들고 있다. 그 내용을 보면, 모든 신생아에 대한 월 10만원 상당의 출산용품의 지급, 셋째아이에게 100만원의 출산축하금 지급, 신생아에 대한 예방접종 등이다. 셋째, 산청군은 2000년부터 출생시 출산축하금을 10만원씩 지급하며, 둘째어린이부터 월 12만원부터 18만원의 어린이집 교육비를 지원하며, 또한 어린이집에 교육프로그램의 구입을 위한 일정액을 지원하고 있다. 그러나 산청군의 열악한 재정여건상 출산축하금은 250명에 한정하고 있는 실정이다. 넷째, 통영시는 재정여건상 그리고 정책의 성공가능성이 낮다고 판단하기에 별다른 출산장려시책을 하지는 않고 있다. 이러한 경향은 이전에 여러 자치단체들이 시행한 시책들이 자체적인 평가에서도 성과가 낮은 것으로 인식되고 있기 때문이다.

종합해 볼 때, 우리나라의 시·군들이 시행하고 있는 출산장려정책은 시행여부 및 정책의 내용에서 차이가 있다. 즉, 출산장려를 위한 시책을 추진중인 자치단체가 있는 반면에 추진하지 않는 자치단체도 있으며, 시책을 추진하는 자치단체간에도 지원의 내용이 약간씩 차이가 난다.

　이러한 차이는 첫째, 출산감소의 심각성에 따른 인식차이에 의해 발생한다. 즉, 인구감소가 상대적으로 가장 심각한 전라남도의 경우 도 차원에서 출산장려를 위한 정책을 시행한 반면에, 다른 광역자치단체들은 그러하지 아니하다. 전라남도는 2001년부터 전라남도농·어촌신생아양육비지원에관한 조례에 근거한 농·어촌신생아양육비지원사업을 통하여 전라남도내 농·어촌지역에 1년이상 거주한 셋째아이 출산가정을 대상으로 출산축하금 1인당 30만원과 사후관리 차원에서 신생아 건강진단·예방 접종 등을 한다.

　둘째, 출산장려정책의 효과에 대한 부정적인 인식 때문에 출산장려시책을 추진하지 않기도 한다. 즉, 출산장려시책을 추진하는 경상남도의 인근 자치단체들에게서 출산 증가의 징후가 없으므로, 지방자치단체 수준에서 추진하는 출산장려정책은 성과를 기대하기 힘들다는 인식하에 통영시는 출산장려시책을 포기하는 경우이다.

　셋째, 출산장려시책을 추진하는데 있어서 가장 큰 변수는 시책 추진을 위한 재원마련이다. 출산장려 시책을 추진하지 않는 군자치단체들은 미 추진 사유로 재정부족을 들고 있다. 또한 출산장려금을 지원하는 자치단체간에도 지역의 재정여건에 따라 지원금액이나, 지원대상자에 차이를 보인다. 즉, 전라남도의 시·군들은 도의 보조를 받아 출산축하금으로 30만원을 지불하지만, 광양시의 경우 도의 보조비 이외에 자체적으로 70만원을 추구하여 100만원의 출산축하금을 지불하며, 전라북도의 군산시와 정읍시 그리고 경상북도의 군위군의 경우 예산부족을 이유로 군산시는 150명, 정읍시는 330명, 군위군은 360명만 한정하여 지급한다.

(2) 시 · 군 기초자치단체 인구장려책에 대한 평가

지방자치단체의 인구정책에 대한 평가는 지방자치단체의 주민수 감소 억제정책의 효과에 대한 평가이다. 지방자치단체의 주민수 감소 정책의 효과는 이러한 제도들의 시행에 따른 주민수 감소율의 변화, 집행담당자들이 느끼는 효과를 통해 측정한다.

우리의 시 · 군자치단체들은 주민수 감소의 심각성에 대응하기 위하여 인구조정정책의 하나인 출산장려시책을 2001년 이후부터 추진하여 왔으며, 최근에는 이를 도입하는 자치단체들이 증가하고 있다. 그러나 <표 7-18>에서 보는 바와 같이 출산장려시책들을 추진한 자치단체들의 2003년도 출산자 수는 이전 년도에 비해 증가한 것은 아니다.

또한 자치단체 담당자들에 대한 면담에서도 거의 모든 자치단체들은 성과를 얻지 못하였거나, 성과를 얻더라도 일시적이었다고 평가한다. 이는 자치단체들이 시행하고 있는 시책에는 재정적인 그리고 행정적인 한계가 있기 때문이다.

조사대상인 지방자치단체들이 추진하는 출산장려시책으로는 출산장려금(또는 출산축하금)과 출산용품의 지원, 무료건강검진 및 무료예방접종, 축하카드나 선물 등이다. 이중 출산장려금(또는 출산축하금)은 대체로 3자녀이상부터 지원하고 있으나, 시행중인 자치단체들은 예산이 부족하여 전부 지원해주지 못하고 있는 실정이며, 시행하려는 자치단체들은 예산확보를 이유로 시행 자체에 의문을 가지기도 한다. 즉, 군자치단체의 경우 자주재원으로는 공무원의 봉급도 주지 못하는 상황에서 추진하기가 무리라는 것이다.

<표 7-18> 조사대상 자치단체의 출산지수 변화

자치단체	시행여부	2000	2001	2002	2003
연천군	-	673	526	498	446
태백시	○	570	470	489	461
삼척시	○	926	705	655	588
철원군	-	761	618	597	493
충주시	-	2652	2460	1963	1867
보은군	-	370	329	303	247
보령시	-	1198	1186	990	926
부여군	-	2180	1889	1623	1574
논산시	○	1462	1293	1119	1033
군산시	○	3731	3315	2731	2624
김제시	○	1153	1001	880	811
부안군	○	709	582	490	455
여수시	○	4256	3744	3121	3082
해남군	○	1025	879	716	657
문경시	-	746	684	569	501
의성군	○	498	367	350	306
통영시	-	1531	1323	1144	1178
하동군	○	547	496	378	351
산청군	○	337	288	246	238
합천군	○	454	414	349	387

주) 출산장려시책을 시행중인 자치단체 : ○

그나마 전라남도의 시·군들은 30만원의 지원금을 도와 시·군이 각각 15만원씩 분담하기에 시책이 유지되고 있는 편이다. 그러나 1회에 한하여 세 번째 자녀부터 지원되는 30만원 내지 50만원의 보조금을 받는다고 출산을 늘릴 것이라 생각하는 공무원들은 거의 없다. 단지 출산은 그들의 지원과는 상관없이 이루어지지만, 지방정부에서 얼마라도 부담하면 주민들의 심리적 그리고 재정적인 측면에 조금이나마 도움을 줄 수 있다는 생각에 추진 중인 것이다. 따라서 출산장려를 위한 직접적인 시책인 축하금의 지급이 출산율을 높이는데 직접적인 성과는 없다고 보며, 궁여지책으로 추진하나 근본대책은 아니다고 평가한다. 따라서 성과를 높이기 위해서는 1회성이 아닌 그리고 훨씬 더 많은 축하금을 주는 방안을 생각해 볼 수 있으나, 이는 지방자치단체의 여건상 힘들므로 한계가 있다.

전라남도는 자체적인 조사에서 농·어촌 신생아 양육비 지원사업에 대해 시·군들이 매우 긍정적인 사업으로 판단한다고 하였다. 또한 이러한 도의 시책을 바탕으로 광양·구례 등 일부 시군에서는 시·군비를 확보하여 지원금액을 상향조정하여 지급하고 있어서 사업에 대해 긍정적인 평가가 가능하다[37]. 그러나 향후 도내 전 신생아로 확대가 필요하며, 조사 주민들의 47.6%는 신생아 양육비의 인상을 요망하고 있어서 이에 대한 대책 마련이 필요한 실정이다.

2) 인구대응정책의 실태 및 평가

시·군지방자치단체의 인구대응정책에 대해 고찰하기 위해 공무원과의 면접에서 주민수감소의 심각성에 대한 인식, 수도권지역의 시군 또는 도내 인근지역과에 대비한 심각성에 대한 비교, 주민수 감소의 과소화에 따른 지역분위기, 지역과소화의 주요요인, 지역과소화를 막기 위한 중앙정부의 정책에 대한 인식, 지역과소화를 막기 위해 중앙정부가 해야할 일 등에 대해 질문하였다. 이러한 질문내용과 조사자료를 바탕으로 시·군지방자치단체의 인구대응정책의 실태 및 이에 대해 평가하고자 하였다.

경기도의 시·군과 기타 도의 규모가 큰 시자치단체를 제외하고는 사회적 감소에 따른 인구감소가 나타나고 있다. 이에 지방자치단체들은 주민수의

---

37) 주민들을 대상으로 한 설문조사에서도 농·어민의 복지증진을 위해 꼭 필요한 사업이라는 응답이 응답자의 71.4%, 모자보건사업 활성화에 기여한다는 응답이 응답자의 66.5%, 인구증가에 영향이 있다는 응답이 응답자의 59.6%였다.

감소를 막기 위해 인구대응정책의 마련에 고심하고 있으나, 지방자치단체의 여건상 실효성있는 인구대응정책을 수립하여 집행하지 못하는 있는 형편이다. 다만 일부 자치단체를 중심으로 주민수감소를 위해 인구대응정책을 수립하여 집행하고 있으나, 인구의 유입이나 감소를 막기 위한 순수한 인구대응정책은 거의 없고 대부분 기존의 사회개발 또는 경제개발 정책과 맞물려서 시행하고 있는 상황이다. 이에 대해 구체적으로 살펴보자.

(1) 인구대응정책의 실태

① 경기도 연천군

경기도 시·군의 경우 연천군을 제외하면 지속적인 인구감소 추세를 보이는 자치단체는 거의 없다. 간혹 광명시나 의정부시 같은 일부 자치단체에서 1년내지 2년동안 잠시 인구감소가 나타났으나, 곧 증가세로 반전되었다. 그러므로 연천군을 제외한 경기도의 시·군들은 인구유입을 위한 계획을 수립하지 않고 있으며, 또한 수립할 필요성도 느끼지 못하고 있다[38]. 더욱이 중앙정부는 이전의 수도권개발억제보다는 지방의 자생력을 키운다는 논리를 우선하므로 사실상 수도권개발 억제정책은 유명무실하게 되었을 뿐만아니라, <표 7-19>와 같이 수도권내 신도시개발 의지까지 보이고 있다.

---

38) 본 연구팀은 광명시에 의정부시가 어떤 인구대응정책을 내세우는지를 조사하기 위해 해당 시의 인구정책을 담당하는 담당자에게 방문전에 사전진화를 걸어 방문조사시 협조를 요청하였다. 그 결과 해당 시·군의 인구담당자들은 자신들의 지역에서 인구감소는 일시적일 현상일 뿐 큰 문제는 아니라는 견해를 밝혔다. 그 이유는 중앙정부의 신도시 개발계획이나 수도권 개발계획에 자신들의 지역이 포함되므로 향후 인구가 늘어날 것이라고 낙관적인 평가를 하였기 때문이다.

<표 7-19> 신도시 추진일정

'03. 12.16일 현재

구 분	지구지정	개발계획승인	실시계획승인	주택분양	준 공
판 교	'03.12.26(완료)	'03.12	'04. 9	'05. 6	'09.12
화 성	'01.4.30(완료)	'01.12.14 (완료)	'02.12.26 (완료)	'04. 3	'07.12
김 포	'03.12	'04.12	'05.12	'06. 9	'10.12
파 주 (1단계)	'03.12.13(완료) ('00.12.29)	'04.12 ('03.5.20)	'05.12 ('04. 5)	'06.10 ('05. 6)	'09.12 ('08.12)
시 화	'98.11.14(완료) ('04년 상반기 장기종합계획확정)	'05.12	'06. 12	'09. 3	'13.12
대 전 서남부	'00.12.18 (완료)	'03.12.16 (완료)	'06. 6	'08. 3	'10.12
아 산	'02.9.27 (완료)	'03.12	'04.12	'06. 2	'08.12

또한 경부고속전철의 개통과 더불어 경기도 지역에 고속철 역사가 들어섬에 따라 그에 따른 파급효과로 경기도의 인구유입은 더욱 늘어날 것이다[39].

이런 이유로 경기도의 경우 경기도의 다른 시군지역에 비해 지속적인 인구감소가 나타나는 연천군에 한정하여 인구대응정책에 대해 고찰하였다.

연천군은 상대적으로 경기도의 다른 시·군자치단체에 비해 개발이 덜 이루어진 지역이며, 발전의 가능성이 상대적으로 낮다고 할 수 있다. 이에 연천군의 공무원들과 주민들은 2000년 이후 주민수감소의 심각성을 크게 인식하고 있다. 경기도의 다른 시군들은 인구가 증가하는 반면에 연천군은 그렇지 않은 이유로 연천군의 지역적인 특수성을 들 수 있다. 연천군은 의정부에서 연천까지 약 2시간의 거리정도이지만, 휴전선에 인접한 지역이라는 지역적인 특수성 때문에 군사시설보호법·국토계획이용관리법·수도권정

---

39) 광명시의 경우 2004년 4월의 경부고속철도 광명역사 개통, 2005년말 경륜장 개장과 재정자립도 100%와 1일 20여만명의 이동 인구가 집·분산되는 수도권 서부축의 중심도시로 부상할 것으로 예견하고 있다.

비법·기타 개별 법률들에 의해 개발에 제약을 받는다. 즉, 군사시설지역이므로 다른 지역과 같은 자유로운 경제활동이 이루어질 수 없으며, 주민들의 대부분이 경제활동을 하지 않는 군인이므로 지역의 경제에 도움을 주기보다는 악영향을 미치는 경우가 많다. 연천군의 과소화는 이러한 지역적인 특수성에 기인한 바 크지만, 기타 자치권한의 약화, 지방재정의 취약, 중앙정부의 불균형적 개발 등이 모두 원인이라 할 수 있다(연천군의 관계자 지적). 김포시나 파주시는 연천군과 비슷한 환경이지만, 중앙정부의 수도권 불균형개발에 의해 상대적으로 김포시나 파주시에 비해 덜 개발이 되었다. 이에 연천군민들은 상대적으로 피해의식이나 소외감을 느끼며, 이는 전출의 요인으로 작용한다. 따라서 경기도의 타 시·군에 비해 사회적 감소가 높다고 할 수 있다.

연천군에서는 인구의 전입을 위한 시책들을 마련하여 추진하려는 적극적인 노력을 보이고 있다. 연천군에서는 거주주민용과 전출자용 2개 종류의 「21세기 역동하는 연천건설을 위한 -설문지」를 만들어 주민들의 인식을 조사하고 있다. 이중 전출자용 설문지는 연천군에 거주하다가 타지역등으로 전출하는 사람의 의견을 듣고자 하는 것이다. 전출사유에 대한 설문조사 결과는 <그림 7-2>와 같다.

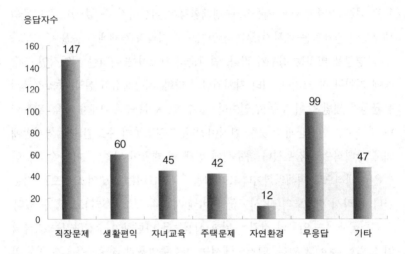

<그림 7-2> 연천군의 전출사유

출처: 연천군(2003). 연천군 인구감소 사유분석계획에 관한 설문조사 결과보고

　연천군의 전출사유는 직장 때문에 이주한 세대가 33%로 가장 많은 부분을 차지하여 이주사유는 직장 때문에 즉, 직업군이 부족하다는 것을 알 수 있다. 기타 사유별로는 생활편익 때문에 13%, 자녀교육 때문에 10%, 주택문제 때문에 9%, 자연환경 때문에 3%, 기타가 10%로 조사되었다.

　연천군에 거주 하는 사람들을 대상으로 연천군의 최대당면문제에 대해 조사한 결과 지역경제침체가 48%로 가장 높게 나타났으며 군(軍)관련 규제가 30%, 인구의 고령화 및 감소가 15% 등으로 나타났다.

② 강원도 태백시·삼척시·철원군

　첫째, 태백시의 주민감소는 자치단체의 존폐에 영향을 미칠 정도로 매우 심각하였다. 그러나 탄광산업에서 관광레저산업으로 변화하면서 현재는 감소율이 둔화되어 어느 정도는 안정적인 상태를 유지하고 있다. 강원도의 경우 인근의 영월, 정선, 삼척 등은 거의 비슷한 수준의 인구 감소를 나타내는

데 반해, 태백시의 주민수 증감의 정체는 다행이다. 그럼에도 2003. 7월부터 인구유입을 위한 시책을 추진중이다.

태백시의 시책 중 순수인구대응정책은 단기책으로서 관내 미전입자에 대한 전입 홍보 안내, 시청 전직원 대상 주소확인, 전입세대 인센티브 제공(종량제 규격봉투 무상제공 전입주민 1인당 월 40L씩 3개월 지급, 1개월간 상하수도료 감면), 1개월간 관광지 무료입장(용연동굴, 태백산도립공원), 학교교육 환경개선 사업 보조금 각 신청학교에 지급(100백만 원), 강원관광대생 전입유도(특별장학금 지급), 범시민적인 협의체제 운영 등을 실시하고 있다. 또한 이런 단기시책만으로는 인구 늘리기에 한계가 있으므로, 인구유입 장기대책으로는 서학레저단지조성, 국민안전체험테마파크 등 고용유발효과가 큰 대규모 일자리 창출 및 대체산업 추진을 통한 인구유입 분위기 확산과 정주의식 고취를 위한 주거환경개선 사업, 사회기반시설 확충, 지역특성화사업 등의 장기대책을 수립하여 추진하고 있다. 또한 지역개발차원에서는 지역현안 사업과 장기계획 등을 적극 추진하고 있다[40].

둘째, 삼척시는 주민수 감소를 매우 심각하게 인식하면서 태백시와 마찬가지로 탄광산업에서 관광산업으로 전환을 모색하고 있다. 2004년 8월 현재 순수 인구유입 시책은 현재 수립중이며, 지역개발정책내에서 추진하고 있다. 이러한 개발계획으로는 지역특화발전 및 관광특구 지정추진(동굴특구, 고원

---

40) *지역현안사업의 적극적 추진: 폐광지역진흥지구 공공개발사업 추진, 폐광지역개발기금 효율적 집행, 폐광지역진흥지구 민자개발사업 추진, 태백-강원랜드 합의사항 추진, 석탄가격지원금 10년간 1조원 지급

   * 특별법 시한연장: 폐광지역개발지원에 관한 특별법 시한연장 추진

   * 장성・철암지역 장기발전계획 추진: 구문소관광지 조성, 태백 고생대 자연사박물관 건립, 태백고원자연휴양림 조성, 장성 농공단지 조성, 국민안전체험 테마파크 조성, 철암 주거환경개선사업, 도시 주거환경 개선사업

   * 모터스포츠 복합타운 조성사업, 용연관광지 개발사업, 서학레저단지 조성사업, 풍력발전단지 조성, 태백체공원 폐탄광시설 개발, 가행탄광 보호육성, 탄광근로자 사택도색 사업, 중소기업육성자금 이자차액 보전, 폐광지역 기업유치 인센티브 지원, 범시민 석탄소비 촉진운동

건강산업특구, 대관령특구), 탄광지역 종합개발추진(민자유치 및 대체산업 육성, 상덕골프장 조성, 강원랜드 분산시설 투자유치, 삼척대 도계캠퍼스 조성, 종합문화센터 건립, 폐광지역 도시환경 정비), 관광지 민자유치 및 개발추진(삼척테마타운 운영활성화, 초당관광지 개발사업, 맹방해수욕장 관광지 개발) 등을 추진하고 있다.

셋째, 철원군은 전형적인 농촌지역이자 휴전선 접경지역으로, 1978년도 66,659명을 기점으로 해마다 1000여 명의 지속적인 감소현상이 나타나 2004년 6월말 현재 49,999명으로 5만 명 이하로 떨어졌다. 자체적인 분석에서 철원군은 인구감소의 원인으로 산업구조의 변화로 인한 농업부문의 기피현상·열악한 교육 및 문화여건·주거환경 등 농촌지역의 구조적인 취약성·접경지역인 군의 특성상 군사시설보호법 등 각종법령에 의한 개발제한·기반산업시설 등 일자리 창출을 위한 입지여건의 열악 등을 들고 있다. 또한 철원군 주민과 공무원들은 인구감소의 심각성을 절실히 느끼고 있으며, 이러한 인구감소는 고령화 사회는 물론 지역경기침체 및 투자위축 등으로 나타날 것을 우려하고 있다.

이러한 과소화의 가장 큰 원인으로는 중앙정부의 불균형적 개발이다. 철원군은 행정적으로 강원도에 속하나 상권이나 경제권은 경기도에 가깝다. 따라서 춘천보다는 포천이나 의정부에 영향을 많이 받는다. 그럼에도 불구하고 인근 경기도의 타지역 비해 상대적으로 개발이 되지 않고 있다. 수도권은 산업·문화·교육·주거여건 등이 잘 조성되어 지속적인 인구증가가 나타나며, 인근의 경기도 포천시의 경우는 수도권인접지역으로 수도권정비계획 및 규제강화의 여파로 산업시설이 포천시와 같은 수도권외곽지역으로 이전함에 따라 개발이 이루어지지만, 철원군은 그런 혜택을 받지 못한다. 이러한 인구감소의 상황이 지속됨에 따라 지역경제의 침체와 철원군 예산의 46%를 차지하는 지방교부세의 감소, 6.6%를 차지하는 자동차세의 지속적인 감소 등으로 부익부 빈익빈 현상이 심화되고 있다.

철원군은 다른 자치단체와는 달리 기존 개발정책과의 연계를 통한 인구유

입책뿐만 아니라 순수한 인구대응정책 즉, 인구늘리기 종합대책을 시행하고
있다.

철원군은 2002년도에 '인구 6만선 회복을 위한 인구늘리기 종합대책'을
마련하여 2003년부터 추진중이다. 단기적으로는 상주 주민 중 주민등록 미전
입자 전입조치, 관공서·학교·군부대·종교시설·기업체 전입운동전개,
친인척 우리군 전입운동전개, 군 발주 및 관내 건설업체 임직원 전입유도,
읍면별 인구유지 목표설정 및 인센티브 제공, 전입주민에 대한 각종 혜택제
공 등을 계획하였다. 외부인구 유입여건을 조성하기 위한 중장기대책으로는
특성화 대학유치(예: 플라즈마 산업과 관련된 대학) 및 적극적인 행정지원을
통한 교육여건 개선, 우량 중소기업의 적극유치, 수도권을 겨냥한 종합관광
지 조성, 농업진흥지역 대체지정을 통한 개발지구조성, 새농어촌 건설운동의
적극추진, 선진 사회복지시설의 유치, 관내 주둔군인의 주민등록 전입의무화
등을 들고 있다. 2004년도에는 실질적인 인구유입정주기반의 확충과 고향사
랑 및 군인되기 운동으로 주민의식을 변화시켜 인구감소추세를 차단하는
방향을 모색하고 있다. 세부적인 실행방안으로는 주민등록 미전입자의 전입
을 유도하기 위해 미전입자에 대한 과태료 부과, 첨단지식산업 유치, 우량중
소기업 유치, 관광산업 육성, 새농촌 모델마을 육성, 사회복지시설 유치, 중앙
기관 유치, 전입주민 및 유공자에 대한 인센티브 제공(전입주민에 대해서는
전입차량 번호판 교체비 지원, 전입가구 문패 달아주기, 쓰레기봉투지원, 상수도요금
감면, 가족 건강상담 체크 등을 한다. 또한 인구늘리기에 기여한 유공기관 및 단체
18곳과 유공자 20명에게 표창 및 시상금 지급) 등을 하였다. 또한 행정적으로는
실·과·소 및 읍면에 인구늘리기 세부추진계획을 수립하게 하며, 군민늘리
기 관련시책 및 아이디어를 공모하였다.

③ 충청북도 충주시·보은군
첫째, 충주시는 2004년 현재 인구수 21만 명으로 1996년의 23만 명에 비해
8년 만에 2만 명이 줄어드는 등 인구감소가 심각하게 이루어지고 있다. 특히

충주시는 수도권과 비교적 가까운 지역임에도 불구하고 인구가 줄어들고 있으므로, 자치단체장을 비롯한 주민들이 심각하게 생각하고 있다. 이러한 인구감소는 전반적으로 지역분위기를 침체시켰으며, 충주시의 지역개발과 지역경제, 그리고 조세수입 등에 부정적인 영향을 미쳤다. 이에 충주시는 인구감소를 위한 대응책의 모색에 고심하고 있는 형편이다. 그러나 현재 충주시는 순수한 인구유입정책의 효과에 대해서는 부정적이며, 일반적인 개발계획과 연계하여 인구유입책을 시행하고 있다. 즉, 공공기관 유치, 기업 유치(용탄공업단지, 목행공업단지, 그리고 각 면에 설치되어 있는 농공단지에 기업을 유치하기 위해 노력), 과학산업단지 유치 등을 노력하고 있다.

둘째, 보은군은 순수한 인구유입책으로서 특히 교육에 많은 관심을 두고 있다. 보은군에 근무하는 많은 경찰공무원, 행정공무원, 소방 공무원 등은 인근의 대전과 청주에서 출퇴근을 하는 경향이 있다. 이는 대부분 자녀교육 문제와 연관된다. 따라서 보은군은 2004년부터 인문계 고교 육성정책을 쓰고 있다. 현재 보은군에는 사립인문계 고교가 2개 있는데 '보은 장학재단'을 만들어 2004년도에 25억원을 조성하였으며, 향후 100억 원을 조성할 계획이다. 기타 일반계획적인 측면에서 공공기관 유치, 태권도 공원 등을 만들고 있다.

④ 충청남도의 논산시 · 부여군 · 보령시

충청남도는 2004년 8월전까지는 신행정수도의 후보지였다. 따라서 그 당시까지는 인구의 증가를 기대할 수 있었다. 부여의 경우 인구가 지속적으로 감소하는 상황임에도 불구하고 신행정수도와 가깝기 때문에 긍정적인 효과가 있을 것으로 보았다. 특히 문화재의 개발을 통한 관광사업과 신행정수도 건설을 연계하면 지역발전이 상당부분 이루어질 것이고, 이는 인구수 증가로 이어질 것으로 다소 기대를 하고 있다. 따라서 충청남도의 일부 시군을 제외하곤 다른 도의 시군들에 비해 다소 인구유입의 가능성이 높다[41].

---

41) 그러나 최근 신행정수도가 위헌판결이 나면서 분위기가 다소 누그러들었으나, 여전히

첫째, 논산시는 지금까지 인구가 지속적으로 줄어들다가, 2004년 5월부터 인구수 감소가 멈추고 답보상태에 있다. 이런 이유로는 논산시의 경우 대전과 차량으로 20분 거리에 있기 때문에, 그리고 최근 대전 지역의 부동산 가격이 상승하면서 대전과 가까운 논산에 대규모 아파트 단지가 건설되는 등 지역개발이 다소 활발히 진행되는 편이므로, 충청남도 인근 자치단체에 비해 인구수의 감소폭이 적어 주민수 감소에 대한 자치단체의 인식이 타 자치단체에 비해 그렇게 심각하지 않다. 하지만 수도권에 대비해서는 심각하게 인식하고 있다.

　그러나 과소화를 예방하기 위해 기업유치·대규모주택건설·고교 특히 실업계고교에 대한 자치단체의 장학사업 등을 위해 노력하고 있다. 그런데 논산의 경우 대전과 가깝기 때문에 기업유치에 다소 유리한 측면이 있으며, 충청남도에서는 두 번째로 기업유치율이 높은 자치단체이다. 그러나 기업이 유치되었다 할지라도 기업에 종사하는 사람들이 대전에 주소를 두는 경우가 많기 때문에 인구수 증가에는 큰 효과를 거두고 있지 못하다. 하지만 대규모 주택건설은 인구수 증가에 다소 긍정적인 효과를 가져왔다. 고교 특히 실업계고교에 대한 자치단체의 장학사업은 다른 시군과는 그 성격이 다르다. 논산의 경우 10여개의 고등학교가 있는데, 인문계 고교의 경우 다소 명문고의 성격을 가지고 있기 때문에 공주사대부고나 대전과학고 등의 이른바 특수목적고 중심으로 유출이 이루어지고 있지만, 큰 문제가 되지 않는다. 그러나 실업계 고교는 전국적인 추세와 같이 매우 어려운 현실에 있으므로 실업계 고교에 대한 지원을 하고 있다.

　둘째, 부여군의 경우 지속적으로 한 해 2,000-2,500명 정도의 인구가 줄어들고 있어 주민수 감소에 대해 심각하게 인식하고 있다. 그러나 현재 부여는 문화재 보전지구로 묶여있기 때문에, 인구감소를 줄이기 위한 방안마련이 어려운 현실이다. 즉, 부여의 경우 문화재 보전 지역으로 묶이면서 5층 이상의 건물을 읍내에 건설할 수 없다. 따라서 대규모 아파트 단지, 산업단지

가능성이 있다. 즉, 대안적인 개발이 이루어질 가능성이 높기 때문이다.

등을 유치할 수 없다. 이에 많은 사람들이 수도권으로 옮겨 갔으며 고교졸업자들의 대부분이 수도권으로 진학하며, 또한 논산이나 대전으로도 인구가 빠져나가고 있다. 그러므로 젊은 층의 인구감소로 노령화가 빠른 속도로 진행되어 전반적으로 지역분위기 자체가 가라앉아 있었다.

이러한 문제에 대처하기 위해 부여군은 순수인구유입책으로서 공무원 자기주소 갖기 운동을 전개하고, 일반 개발정책측면에서는 문화재와 관광산업을 잘 연계시켜 주민의 수익을 높이고자 하고 있다. 그리고 면단위에 농공단지를 건설하며, 전통문화학교 등 문화재 관련 대학의 유치에 노력하고 있다.

셋째, 보령시는 2004년 현재 인구수가 11만 명 정도인데, 한 달 단위로 100명 정도 줄고 있으며, 노인인구의 비율이 늘고 있다. 그러므로 인구가 줄어드는 것에 대해 심각하게 생각하고서 최근 인구수 증가방안 등에 대한 회의를 내부적으로 열리기도 하였다. 보령시는 현재 순수인구유입책으로 공무원들을 대상으로 보령으로 주소를 옮기고 실제 이사를 오기를 종용하고 있으며, 보령은 대천, 무창포 해수욕장 등 많은 관광지를 보유하고 있고, 관광도시로 발전하기 위해 노력하고 있다. 그러나 공무원 대상의 주소 옮기기는 자녀 교육문제 등으로 잘 되지 않고 있다.

⑤ 전라북도의 군산시·김제시·부안군

전라북도의 경우 군산시는 다양한 시책을 통해 군산시적정인구늘리기 사업을 추진하였으나, 기타 다른 시군들은 거의 시책을 추진하지 않았다.

첫째, 군산시는 인구증가를 위해 2003년도에 인구늘리기 시책을 만들고, 2004년 1월부터 본격적으로 시행하고 있으나 여전히 감소추세이다. 그러나 군산은 발전 가능성이 높으므로 곧 증가할 것으로 예상하고 있다. 지금까지 순수인구대응정책으로 주민등록법 위반자 정비, 유관기관·학교·기업체 임직원 주소 옮기기·대학생 주소 옮기기·전입자에 대한 인센티브제공(무료건강검진 530명, 쓰레기봉투 65명) 등을 하였으며, 2004년에도 이들 시책들을 추진하고 있다. 2004년도에 타시도로 부터의 전입자 6,790명에 대해 2,480만원을 들여 쓰레기봉투 20매(20ℓ), 생활안내책자배부, 무료건강검진 등을 중심으로 실시하였다. 쓰레기봉투는 읍면동에 전입신고 및 처리시 즉시 지급하며, 무료건강검진(혈압측정, 흉부 X선촬영, 혈당검사, 간염검사, 간기능검사, 성병검사 등)은 안내문 교부하여 본인 희망시 실시하고 있다. 또한 지역개발정책과 관련하여 다양한 정책을 추진중인데, 주로 사회간접자본투자에 중점을 두면서 대우군산공장, 새만금사업 등을 핵심적으로 추진하고 있다.

둘째, 김제시는 특히 인구감소를 심각하게 생각하고 있다. 김제시는 도시이지만, 농촌의 특성을 가지는 농촌형 도시이므로, 인구감소 및 노령화는 어제·오늘의 일이 아니다. 심각성은 1931년도의 김제시는 현재의 대전광역시나 광주광역시와 같이 읍이었으나, 현재 격차의 편차로 인구감소의 심각성을 어느 정도 짐작할 수 있다. 따라서 근본적인 대책이 필요하다고 인식하고 있다.

김제시는 인구유입을 위해 자체적으로 2003년도 4월 17일부터 인구늘리기 운동을 전개하였다. 2003년도의 순수한 인구유입대책으로는 타시도 및 타시군으로 전출하는 전출자의 전출원인 분석, 상인의 주민등록 이전유도, 직원 1인당 2명이상 전입시키기(2003년도에 24명의 직원이 48명을 목표로 하여 31명을 전입시키므로써 64.5%의 실적을 냄), 거주실태 전수조사, 학교 및 군부대 방문활동, 기업체 임직원 주소 옮기기 등을 하였다. 또한 각 부서별로 추진과제를 부여하여 이를 시행하도록 하고 우수부서에는 인센티브(2003년도에 5개 읍면에 2,500천원 지급)를 제공하였다. 그리고 전입자에 대해서는 쓰레기봉투를 무상으로 지원(2003년도에 657명 8,200매 전달)하며, 전입세대에 대해 수도요금을 감면(2003년에 16세대 246천원)시켜 주었다. 2004년도에는 인구늘리기 중장기 추진계획으로 중앙공공기관 유치, 김제시종합발전계획용역에 연구과업 지시(인구문제 전반에 대한 진단 및 대안제시, 교육문제 해소방안 모색, 기업유치방안, 대도시 인근위성도시화, 대도시 저소득층 인구유입 강구 등), 관내대학을 방문하여 주소이전 설득 등을 하였다. 기타 개발계획에서는 친환경생명농업, 지역혁신기반구축, 복지공동체 구현, 체계적인 도시개발, 미래지식기반산업,

차별화된 문화관광 등을 내세우고 있다.

셋째, 부안군은 인구감소를 아주 심각한 것으로 인식하고 있다. 1966년 부안군의 인구는 175,044명이었으나, 2003년 말 68,256명으로 감소하였으며, 2016년에는 46,423명이 될 것으로 예상하고 있다. 따라서 인구만 두고 볼때 과소 및 낙후지역이 분명하다. 그러므로 부안군은 자체적으로 인구유입을 위해 몇 몇 시책을 추진하였으나 별 효과가 없어서 현재 거의 추진하고 있지 않다. 이전에 했던 내용을 보면, 경제살리기 대책의 일환으로 인구늘리기 대책을 2003년 후반기부터 실시하였으며, 공무원이주운동, 관내기관 이주권유 등을 하였으나 제대로 성과를 거두지 못함으로써 현재는 이를 시행하지 않고 있다. 그리고 2004년 4월 9일부터는 실과소장읍면장 연석회의와 직원토론회를 개최하여 인구유입을 논의하고 있다. 경제살리기를 위한 인구유입회의에서는 실버농업시범단지 조성, 기업유치인센티브 부여, 유관기관(교원, 군부대, 조합, 은행 등) 지역거주협조, 국가기관 유치, 이순신드라마 영상세트장, 전라북도개발공사 투자유치 등이 제안되었다.

⑥ 전라남도의 여수시와 해남군

첫째, 여수시는 국가산업단지인 여수산단이 있으며, 전라남도에서 인구나 면적으로 볼 때 제일 규모가 큰 시임에도 불구하고 주민수가 감소하고 있다. 여기에는 몇 가지 이유가 있다. 여수산단은 중화학공업으로 일반 경공업 또는 서비스업 등에 비해 많은 인력이 필요한 것은 아니므로 신규채용효과가 없으며, 최근 나타난 수산업의 하락, 고등학교 및 대학진로 등이 주민수 감소의 요인으로 작용한다. 지방정부 입장에서는 주민수가 30만이하가 되면, 시의 조직부서와 공무원 수가 감축되며, 정부보조금에 영향을 줄 수 있으므로 주민수의 감소를 심각하게 받아들이고 있다. 이에 인구유입을 위해 2003년도에 시산하 공무원들의 주소 이전(66명), 전입실적우수자(62공무원이 172명 전입시킴)에 대한 인센티브 부여, 유관기관이나 기업체 임직원에게 주소이전 권유의 시장서한문 발송, 학교장과의 간담회(1회 35명 참여), 명문학교 만들기 및 지역인재육성, 타시군무단전출자 실태 조사 및 재전입조치(521명) 등이다. 2004년도에는 명문학교 만들기 및 지역인재육성, 대학생 및 여수산단 입주업체 임직원의 전입유도, 전입실적우수 공무원에 대한 인센티브 부여, 인구전입실적 우수 이·통장에 대한 포상제, 전입세대 수혜발굴 홍보 및 확대, 여수산단 고졸사원채용시 관내주소자 우선채용 등이다. 또한 현재 여수시는 사회경제개발계획과 병행하여 인구유입을 추진하고 있다. 이러한 사업들 중 대표적인 것으로 2012년 세계박람회, SOC 확충(2010년 세계박람회 유치 실패의 가장 큰 원인중 하나는 사회기반시설임) 등을 들 수 있다.

둘째, 해남군의 경우 주민수 감소의 심각성에 대해 주민들은 잘 인식 못하지만, 군에서는 심각한 것으로 인식하여, 지자체 존립을 위해 인구의 하한선 설정을 고려하고 있다. 해남군에서의 주민수 감소의 주요요인은 교육으로, 학생들은 주로 광주광역시나 목포시로 전학한다. 기타 요인으로는 저임금 취업기회의 제한, 농업종사자의 소득감소, 지방재정의 취약 등을 요인으로 들고 있다. 이러한 여러 요인들에 의해 1968년에 약 23만 명, 2000년도에 9만9천 명, 2003년도에 89,981명으로 감소하였으며, 2004년 현재 60대 이상이 23%로 지역분위가가 침체하였다.

이러한 인구감소에 대응하기 위해 해남군은 '내고장인구지키기' 추진계획을 실행하고 있다. 이를 위해 1단계로 주민등록 일제조사를 실시하며, 사회단체 솔선참여유도, 미혼자녀 고향으로 주소 옮기기 운동, 홍보활동전개 등을, 2단계로 유관기관 협조체제 구축, 군재정 지원 기관 및 단체 임직원전입운동 등을, 3단계로 집중홍보기간, 공직자 인구지키기 운동 등을, 장기대책으로는 중소기업유치 및 농공단지 활성화, 농수산과 관광 등에 대한 민간참여 등을 계획중이다. 또한 인센티브 제도를 활용하여 자동차번호판 수수료 지급, 중소기업유치에 따른 행정지원, 인구늘리기 유공자 표창 등을 추진중이다. 기타 일반 개발계획으로서 특히 소도읍 개발, 특구신청(한산면 우황리 공룡화석지, 화원관광단지), 화원관광단지 등을 추진중이다.

⑦ 경상북도 문경시 · 의성군

첫째, 문경시는 한때 주민수 감소를 매우 심각하게 인식하고 있다. 경상북도 문경시의 상황은 태백, 삼척과 유사한 상황인데, 이는 문경시 역시 폐광지역으로 대체산업으로서 관광산업을 활성화 시키려는 방안을 강구중이다. 현재 인구유입을 위한 순수 인구유입책은 시행하지 않으며, 단지 개발계획을 활용한다. 이러한 개발계획으로는 2004년의 경우 명상웰빙타운 조성, 명상그린타운(허브가든, 생태체험관, 도요체험관), 석탄테마파크 조성 추진, 한방종합휴양단지 조성사업 등을 추진중이다.

둘째, 의성군 역시 주민수 감소를 심각하게 인식하고 있다. 의성군은 전통적인 농업중심의 농촌으로서 주민수 감소는 지역분위기를 침체시켰다. 이에 순수인구유입책으로서 96년 10월부터 귀농자 빈집(농가) 알선, 2000년 상반기부터 동당 2000만원 5년 거치 15년 균등상환의 주택개량융자금 우선 지원, 새마을주민소득사업 융자금 우선대부(1가구당 300만원 2년 거치 2년 균등상환, 99년 하반기부터), 각종 장학금 지원대상 조정(관내 학교 재학생), 쓰레기봉투 무료지급(1인당 매월 60L), 진료비 및 건강검진비 무료시혜(진료비 3일 1100원, 5일 1300원, 무료건강검진 1인당 14000원, 99년 8월부터), 영농무경력자 유휴농지 매매 · 임대알선(97년 이후), 출향인 홍보 및 서한문 발송, 유관기관단체 임직원 의성군민화, 사실거주자 주민등록 이전 독려, 식품접객업소 종사자 전입조치, 간부공무원 관내 거주 완료, 공무원 관내 주소이전 확행, 공무원 관내 차량 이전, 관내거주 공무원 근무평정 가산(0.5점) 등을 시행하였다. 하지만 형식적인 시책이어서 지금은 전부 시행하지 않는 것으로 나타났다. 따라서 현재는 인구유입을 위한 특별한 시책은 추진하지 않고 있다.

⑧ 경상남도 통영시 · 산청군 · 합천군 · 하동군

첫째, 합천군은 1964년에 약 19만 명이 정주하는 곳으로 국회의원을 두 명씩 뽑던 곳이었으나, 90년대 이후 매년 1500-2000명이 감소하여 2002년도 말 현재 인구가 57,649명이다. 이에 2002년 말 제3기 민선부터 주민수 감소의 심각성을 인식하고서, 대책마련에 부심하고 있다. 합천군은 해인사라는 관광명소를 보유한 지역이지만, 산이 많고 농업이 주산업인 특성상 개발과 발전에 한계를 지니므로 매년 급격히 인구가 감소하는 추세이다. 이에 군정의 기본방향을 인구증가에 역점을 두고 지역내 각계각층이 솔선수범하여 참여하는 언제나 소중한 내고장 합천사랑 범군민 실천운동을 벌이고 있다.

인구증가를 위한 대책중의 하나로 추진하는 인구대응정책으로는 일반적인 개발계획과 일치하는 계획과 순수 인구유입책으로 구분할 수 있다. 일반계획으로는 권역별 문화관광시설 확충, 획기적인 도로망 구축, 사회복지시설 확충, 정주여건 및 생활환경 개선, 교육여건개선, 투자유치전략 수립 추진 등이다. 순수 인구유입책에 해당하는 것은 산모를 위한 산부인과를 합천군보건소에 개설, 농촌총각국제결혼추진(2003년 8명 결혼), 과거명성되찾기범군민 합천사랑운동(군민 모셔오기 운동, 노후생활 고향에서 보내기, 친인척 모셔오기 등), 주소지이전운동(2003년 이전대상 1350명 중 1003년 1월 말 현재 533명 이전), 주소이전시 인센티브주기(가구당 50만원 이사비 지원, 종량제봉투 무상지원, 4만원 한도 차량이전비 지원, 의료보험료지급 등), 인구증가시책유공표창 등이다.

둘째, 하동군은 심각한 인구감소를 겪고 있는 자치단체의 하나이다. 하동군은 지리산을 끼고 있으며, 하동녹차·화개장터·섬진강 재첩 등으로 이름이 나있는 자치단체이지만, 심각한 인구감소를 겪고 있다. 이러한 요인으로 경제문제로서 고용의 저하, 나쁜 교육여건 등을 들고 있다. 이에 주민들의 전입을 유도하기 위해 순수한 인구대응정책으로 2003년부터 공무원·교사·농산물품질관리원·KT직원·화력본부 직원들을 대상으로 주민등록 정리사업, 2004년도에 50억을 출원하여 장학재단을 만드는 내고장 학교보내기 운동을 하며, 주민제안으로 나온 탈북자 전입 등을 고려중이다. 또한 일반적인 개발정책 중 친환경농업특구개발·관광산업활성화 등과 경제개발 등을 아울러서 시행하고 있다.

셋째, 산청군은 재정악화가 심각한 실정으로 현재의 자주재정으로는 공무원의 급여를 자체적으로 해결하기 힘든 상황이다. 이러한 이유는 타 지역에 비해 교육·산업·상업시설 등의 제반여건이 나빠 인근의 진주시로 주민들이 빠져나갔기 때문인데, 전출은 주로 교육문제와 관련된다. 이에 사회적 감소에 대응하기 위해 교육문제 해결을 중시하고 있다. 따라서 순수한 인구 늘리기 대책으로 1999년 8월 12일에 교육환경개선(인재육성) 향토장학회 50억 기금을 조성하려는 목표를 세워 기금조성을 하였다. 2004년 6월 현재 3,618백만 원의 기금을 조성하였다. 또한 단성면에 특수학교인 지리산 고등학교를 설립하였다. 또한 지역정주환경개선권장시책 지원조례를 정해 정주의식고취를 위해 군민이 관내에서 결혼할시 20만원의 예식장 사용료 보조, 신규전입세대에 대한 쓰레기봉투 지급, 2인 이상 전입세대 또는 신축주택에 대한 우편함 제작지급, 행정도우미를 활용하여 이주에 필요한 행정업무대행 등을 추진하고 있다. 개발정책적인 관점에서 특화산업육성, 지역경제활성화를 꾀하고 있다. 지역특화 차원에서 한방 및 한약과 관련하여 한방관광단지 개발·한방축제·한의학대학유치·약초재배 활성화 등을 추진하고 있다.

(2) 인구대응정책에 대한 평가

앞서 여러 자치단체들의 인구대응정책 실태에 대해 살펴보았다. 조사결과 순수한 인구유입정책 즉 별도의 인구늘리기대책을 시행하는 자치단체들이 있는 반면, 특별한 인구유입대책의 수립 없이 기존의 개발계획을 중심으로 추진하는 자치단체도 있다. 인구유입시책을 추진하고 있는 자치단체들 중 경상북도 의성군·철원군과 합천군은 2002년도부터 인구유입대책을 추진하였으며, 기타 다른 자치단체들은 대체로 2003년부터 인구유입대책을 실시하였다.

<표 7-20>에서 보면 인구늘리기대책을 수립하여 다양한 정책을 수립하고 있는 자치단체들의 사회적 감소의 경향을 보면, 연천군·철원군·산청군·합천군 등은 2003년도 들어 다소 감소추세가 줄어드나, 여수시는 오히려 감소가 증가하였으며, 군산시·김제시·해남군·하동군은 변동이 심하다. 따라서 단순 수치상으로는 감소추세가 약간 줄어드는 것으로 나타난다.

<표 7-20> 자치단체의 사회적 감소

자치단체	시행정도	2000	2001	2002	2003
연천군	○	-1255	-1267	-1291	-843
태백시	○	-1816	-942	-1116	-1253
삼척시	◇	-2610	-2470	-2277	-1515
철원군	○	-1017	-1344	-1711	-444
충주시	◇	-2743	-3051	-3815	-3074
보은군	◇	-1256	-1075	-1483	-1215
보령시	◇	-2537	-2452	-2892	-2925
부여군	△	-2272	-2127	-1926	-2393
논산시	◇	-1808	-1227	-1843	-1368
군산시	○	-4371	-2344	-5625	-4220
김제시	○	-2744	-583	-3871	0
부안군	△	-2660	1255	-5219	-2039
여수시	○	-5450	-5594	-5694	-6233
해남군	○	-1651	-2522	-3777	-1979
문경시	◇	-200	-606	-5086	-2112
의성군	○	-1968	-1905	-2292	-1790
통영시	◇	-2768	-1789	-1675	-880
하동군	○	-1217	880	-3300	1502
산청군	○	-1015	-891	-869	-703
합천군	○	-1695	-1291	-1469	2908

주) ○ : 인구늘리기 대책수립하여 다양한 시책 활용
　　△ : 인구늘리기 대책수립하여 소수의 시책 활용
　　◇ : 인구늘리기 대책수립하지 않음

그러나 2003년도에 시작한 자치단체들은 주민등록 일제정리 및 공무원이나 공공기관 등에 대한 주소지이전운동을 주로 하고 있는데, 이 시책은 일시적인 인구유입효과만 나타나고 다음해에 인구가 다시 감소하는 경향을 보인다. 따라서 시·군자치단체들의 인구유입정책의 한계가 있으며, 대체로 적극적이지 못함을 알 수 있다. 예를 들어 합천군 경우, 인구유입대책을 실시하여 단기적으로 성과를 거두었으나 다시 감소하는 추세이다. 합천군의 총인구

는 2002년 말에 57,649명에서 2003년 말에 60,160명으로 증가하였으나, 2004
년도 6월 말 현재 57,328명이며, 2003년도 전입자수가 1645명으로 전출자수
1205명보다 많았으나, 2004년 6월말 현재 전입 421명이며 전출 547명이다.
그러므로 단기적인 성과만 거두었을 뿐 지속적이지 못하다. 또한 강원도
철원군은 다양한 인구늘리기를 추진한 결과 2003년도에 5311명의 전입이
이루어져 어느 정도 성과를 거두었으나, 전체인구는 약 320명이 감소하였다.
이러한 감소는 여전히 철원군의 교육환경 및 일자리 등의 기반시설이 열악함
에 따라 대도시로의 지속적인 인구전출에 그 원인이 있다. 김제시는 순수한
인구유입대책으로 2003년 4월부터 공무원이사오기운동. 유관기관 직원 이사
오기 운동, 특성화 중고등학교 사업 등을 추진하여 2003년도 4월의 인구
109,783명에서 2003년 6월에 112,808명으로 증가하였으나 그 후 지속적으로
감소하여, 사업을 추진하더라도 일시적인 유입책일 뿐 효과가 없으므로 거의
포기상태이다.

그런데 지방자치단체 인구늘리기의 성공가능성은 지방자치단체의 노력
에 의해 결정되기 보다는 현재의 지역발전정도나 미래의 정부개발가능성
등에 의해 결정된다. 김제시를 포함한 대부분의 자치단체들은 자신들의 자치
단체의 발전 가능성에 대해 부정적이다. 예를 들어 김제시는 타지역과 대비
해 볼 때 발전의 가능성이 낮다고 보고 있다. 주변의 전주시는 1000년의
고도이며, 교육 및 문화의 도시로서 김제시보다 유리하며, 군산시는 공업도
시이자 항구도시로서 인구가 약 30만에 달해 김제보다 여건이 좋은 편이다.
또한 익산시 역시 공업도시이면서 원광대학교라는 대학이 있어서 유리하다
는 것이다. 그에 반해 김제시는 재정자립도가 열악하고, 교육여건과 문화여
건이 나쁘며, 종업원이 100명이상인 기업은 거의 없다는 것이다 또한 만일
공장이나 기업이 들어와도 인구는 늘지 않을 것으로 평가하고 있다. 그 이유
는 김제시의 경우 주변 도시인 전주시나 익산시와 30분 거리 내에 있으므로,
교육여건이 좋은 않은 김제시보다는 익산시에 거주하면서 출퇴근 할 것이다.

그러나 일부 자치단체들은 장래의 인구유입 전망을 밝게 보기도 한다.

이러한 근거는 지역개발의 전망과 연결된다. 첫째, 연천군은 장기적인 발전 전망에 대해 낙관적인 평가를 하고 있으므로, 인구유입의 성공가능성이 높다고 할 수 있다. 이러한 가능성은 경기도내에서 휴전선 부근이 낙후지역이라는 인식과 이러한 지역에 대한 개발의사를 정부에서 보이고 있기 때문이다. 또한 연천군으로 연결되는 국도 37번과 31번의 도로망의 구축과 공항망의 구축, 구석기 문화유적 개발, 경원선 연결, 인근 지역의 포화상태 등은 연천군에 유리한 쪽으로 작용할 가능성이 높다. 둘째, 군산시 향후 인구유입을 대체로 낙관한다. 비록 교육 및 문화여건은 여전히 떨어지지만, 전라북도 지역 중 발전 가능성이 가장 높은 지역은 군산시라 할 수 있다 군산시는 개발권역의 중심도시로서 군산공단이 있으며, 전주-군산산업도로 등의 발달로 교통편이 좋으며, 신행정수도의 입지와도 가깝다. 즉, 전라북도의 다른 도시들에 비해 도로가 발 발달되어 있으며, 인근의 산업단지와 금강개발 등의 여러 가지 좋은 조건을 가지고 있기 때문이다.

종합해볼 때, 첫째, 가시적이면서도 형식적인 인구늘리기는 근본적인 해결책이 될 수 없다. 따라서 지방자치단체들은 근본적인 해결책을 모색하려는 의지를 가져야 한다. 단기간의 성과보다는 장기적인 관점에서의 해결방안을 모색할 필요성이 제기된다. 연천군의 경우 인구유입정책의 실효성이 높이기 위해 주민들과 거주민에 대한 설문조사 등의 방법을 활용하여 이주의사와 의주요인에 대한 분석을 하여 이를 정책에 활용하고 있으므로 지역적인 특수성의 한계에도 불구하고 실효성을 높이 평가할 수 있다.

둘째, 지방의 인구유입대책은 자체적인 노력만으로는 해결하기에는 한계가 있으므로 중앙정부의 정책적인 지원이 뒤따라야 한다. 철원군, 합천군, 하동군의 여러 자치단체의 사례에서 볼 수 있듯이 전반적인 지역경제 · 지역교육 · 공공서비스 등이 나아지지 않은 상태에서 군민유입이나 주소지이전운동은 한계를 가진다. 시책의 추진 초기에 주소지를 이전하였다가 그 다음 해에 다시 주소지를 옮기기 때문이다.

셋째, 주민수 감소는 현실적으로 지방자치단체의 기구 및 공무원수, 중앙정부의 보조금, 선거구 조정 등에 직접적인 영향을 미친다. 지방자치단체의 조직구조나 공무원정원을 정하거나, 중앙정부의 보조금을 정하는데 가장 중요한 요인은 주민수이다. 따라서 주민수가 줄어들 경우 공무원의 감축이나 조직이나 인사규모가 축소되며, 정부의 보조금 역시 줄어든다. 이런 이유로 주민수 감소는 지방자치단체의 존립여부뿐만 아니라 구성원 모두에게 직접적인 영향을 미치는 중대한 문제이다. 따라서 지방자치단체 전체 구성원의 적극적인 참여를 통한 감소문제의 해결이 요구된다.

8 지방자치단체 인구감소(과소화)의 대응방안

지금까지 우리는 인구변동의 실태, 인구이동의 실태, 주민수의 자연적 감소와 사회적 감소의 요인 등에 대해 살펴보았다. 또한 지방자치단체의 인구감소대응 정책의 실태와 이에 대한 평가를 하였다. 본 연구의 결과에 따르면, 수도권과 광역시 인근 도시를 제외한 대부분의 시·군자치단체들에서 출산율의 감소와 주민의 과다유출에 의한 인구감소가 심각함을 알 수 있다. 인구의 급격한 감소는 상당 수 기초자치단체의 과소지역화로 귀결되는 것이다. 이러한 과소지역화를 막기 위해서는 지방자치단체 차원에서 출산장려와 과도한 주민유출의 억제를 위한 정책적인 대응이 요구된다. 여기서는 출산장려 시책, 그리고 인구의 유출억제 및 나아가 유입촉진을 위한 몇 가지 대응방안을 제시해 보고자 한다.

1. 인구장려정책의 대응방안

주민수 감소는 자연적인 감소와 사회적인 감소로 구분된다. 이 중 자연적인 감소는 출산의 저하에 따른 감소이다. 최근 들어 출산율 저하에 따른 주민수 감소의 문제가 심각해지고 있다. 이러한 출산감소에 대응하여 정책적으로 출산율 감소를 억제하며, 나아가 출산율 증가를 유도하기 위한 시책은 인구장려정책이다. 따라서 출산감소에 대응하기 위한 인구장려정책 차원의 대응방안을 알아본다.

출산감소 문제는 지방자치단체 차원만의 문제가 아니다. 지방자치단체의 출산율 저하는 국가 전체의 인구규모 및 인구구조와 관련되므로, 전체 국민 수의 적절한 조정이라는 측면에서 중앙정부의 문제와도 직결된다. 따라서 출산장려를 위해서는 지방자치단체의 자체적인 출산장려시책뿐만 아니라 중앙정부의 적극적인 개입이 요구된다.

1) 결혼 및 가족에 대한 가치관 변화의 유도

우리 사회에서 미혼여성의 결혼 및 가족에 대한 부정적 가치의 확산은 결혼 및 출산으로 인해 여성의 개인적 희생이 크고, 사회제도적으로도 많은 제약이 따르고 있기 때문이다. 이 때문에 결혼적령기에 있는 청장년 남성들의 결혼관이나 여성관이 바뀌어야 하며, 여성을 제약하는 사회제도적 역시 바뀌어야 한다. 또한 현대 사회에서 서구적인 물질주의·개인주의적 가치관이 중요시되고, 상대적으로 우리의 전통적인 집단주의적·가족주의적 가치관은 점차 약화되어 감에 따라 여성들의 출산기피 역시 증가하고 있다. 이에 따라 출산 능력을 가진 여성들의 가족 및 결혼에 대한 가치관의 변화가 요구된다.

이처럼 출산은 모든 구성원들의 가치관과 연관되므로, 지역공동체 관점에서 전통적인 가족관이나 가치관을 확립하는 것이 필요하다. 이를 위해 장기적인 관점에서 결혼 및 가족에 대한 가치관을 정립시킬 수 있는 사회교육 및 학교교육의 강화가 요구된다.

2) 남아선호관의 변화유도

아들선호사상에 의해 야기된 남녀의 성비불균형은 오래 전부터 지속된 우리의 정신적인 가치관으로서 쉽게 고치기 힘들다. 성비불균형 그 자체로도 문제지만, 최근 <표 8-1>과 같이 해마다 출산가능(15세~44세) 여성수가 줄어드는 상황에서 남성우위는 더욱 큰 문제가 된다. 따라서 이러한 문제 해결을 위한 다방면의 노력이 요구된다.

첫째, 남아선호가치관을 불식시켜야 한다. 이를 위해 각종 홍보매체를 활용한 사회적인 홍보와 각종 시민교육에서의 강연들이 필요하다. 또한 장래에 출산을 담당할 청소년과 청년층에 대한 교육이 이루어져야 한다. 이를 위해 출산과 육아에 대한 학교교육, 인터넷상의 토론공간 활성화 등도 요구된다.

둘째, 우리의 성비불균형은 자연적인 상태에서 나타난 것이 아니라, 인위적으로 만들어진 결과이다. 즉, 자녀가 하나라도 아들인 경우 출산을 포기하거나, 첫째가 딸인데 둘째도 딸인 경우 낙태를 하는 경우이다. 법으로는 낙태를 금지하고 있으나, 아이의 부모는 의사에게 이를 물어보며, 의사는 이에 대해 우회적으로 암시하는 경우가 많으며, 딸인 경우 낙태를 선택하는 것이다. 그러므로 우회적인 태아성별판별 행위 자체를 없앨 필요가 있다.

셋째, 가부장제적 가치관을 조장하는 각종 제도를 수정하여야 한다. 남아선호사상은 근본적으로 남성위주의 사회제도에 기인한다. 이에 남성위주의 사회제도가 근절되어야 할 것이다. 따라서 최근 남성우위의 호주제 폐지 등은 이러한 남아선호를 조절하는 방법의 하나라고 할 수 있을 것이다.

<표 8-1> 출산가능여성수(15세~44세 여자 수)

(단위: 명)

구 분		1992	1993	1994	1995	1996	1997	1998	1999	2000	2001	2002
경기도	시	68522	76534	79201	93571	91993	95516	92294	94672	96564	94403	97492
	군	27868	28223	28445	28917	24380	25414	24364	24847	25710	21728	21873
	계	50587	54574	56809	66458	70182	72902	74764	76653	78279	80337	82856
강원도	시	29556	29761	30264	37518	38135	38594	39007	39032	38682	38095	37230
	군	11566	11178	10886	10333	10146	9844	9805	9499	9139	8971	8489
	계	17290	17091	17052	20905	21030	21025	21161	20984	20628	20297	19666
충청북도	시	64258	66102	68473	77358	79325	80595	82116	82535	82433	82040	81484
	군	14186	13958	13647	14347	14376	14330	14238	13931	13622	13197	12656
	계	25741	25991	26299	31532	32090	32402	32750	32641	32389	31972	31428
충청남도	시	22375	23033	24153	43741	43446	44729	45475	45881	45975	45775	45604
	군	21286	20646	20147	20599	19152	18531	18322	17641	16925	16317	15528
	계	21558	21243	21148	28313	28869	29010	29183	28937	28546	28100	27558
전라북도	시	49470	50419	51240	65060	65679	65971	66462	66169	65471	64643	62357
	군	14793	13993	13380	11364	10908	10545	10317	10216	9325	9498	8466
	계	25746	25496	25336	34377	34381	34299	34379	34196	33387	33131	31562
전라남도	시	31669	32105	32955	41764	38124	43117	54398	50874	52787	49169	50535
	군	15369	14505	13851	13074	12643	12271	12286	11952	11523	10991	10260
	계	18991	18416	18096	20247	18182	19982	21857	19366	20901	18263	19413
경상북도	시	32971	34239	35215	52428	53318	53632	53856	-	52520	51698	50327
	군	15675	15129	14793	10652	10569	10337	10181	-	9682	9344	9043
	계	20392	20341	20363	28815	29155	29161	29170	-	28307	27759	26992
경상남도	시	47392	48134	49388	64244	63673	64622	65458	-	65410	65115	65088
	군	17361	17393	17368	15745	12701	12349	12065	-	11026	10607	9950
	계	27371	27640	28041	37570	38187	38486	38761	-	38218	37861	37519
제주도	시	43362	43954	44812	45971	46772	47356	47829	-	47715	47617	47503
	군	21236	20824	20556	20237	20044	19851	19963	-	19298	18921	18408
	계	32299	32389	32684	33104	33408	33603	33896	-	33506	33269	32955
시군	시	47126	49597	51501	64137	64937	66450	67702	72940	68700	68430	68310
	군	17285	16877	16558	15838	14181	14007	13557	14072	12939	12020	11448
전 체		27182	27618	28147	35761	36526	37279	38231	40295	38349	38249	38814

3) 출산장려를 위한 지원의 확대

최근 우리나라의 일부 지방자치단체들은 출산장려를 위해 출산장려금이나 물품 등을 제공하고 있다. 그러나 지방자치단체들의 그러한 시책들은 큰 효과를 거두고 있지 못한 실정이다. 따라서 다음과 같은 개선책이 요구된다.

첫째, 지방자치단체에서 제공하는 출산장려금은 액수가 많지 않으며, 출산이후에 사진첩이나 유아용품 등의 일부 물품 제공 역시 1회에 그치기 때문에 그리 큰 효과를 발휘하지는 못하고 있다. 그러므로 지방자치단체의 재정확보를 통해 1회성이 아닌 지속적인 지원이 이루어지도록 하여야 한다.

둘째, 출산장려금 또는 축하금의 지급범위를 확대하여야 한다. 자녀 출산시 일정금액의 축하금 또는 수당을 지원하는 것은 가장 직접적인 출산장려정책이다. 현재 출산 수당은 지방자치단체 재원의 한계상 출생자 전부에게 지원되지 못하고 있다. 그러므로 출생자 모두에게 적절한 자금이 지원되도록 하는 것이 바람직하며, 이를 위한 충분한 재원이 확보되어야 할 것이다.

셋째, 아동수당제도의 도입이 필요하다. 아동수당제도는 소득이나 모의 취업여부에 관계없이 일정 연령이하의 아동에게 일정한 금액을 지급하는 제도로 자녀 양육을 위한 지원 방안의 하나이다. 영국의 경우 의무교육 기간인 16세-19세까지, 일본은 18세까지 일정액을 지급한다. 이를 통해 아동 양육으로부터 오는 경제적 압박을 경감시킬 수 있다. 그러나 이를 시행하기 위해서는 막대한 재정적인 부담이 요구되므로 단계별로 확대할 필요성이 있다. 먼저 18세 미만의 아동 중 셋째자녀 이상부터는 수당의 지급을 원하는 경우 차별 없이 지원하며, 또한 두 자녀 이상부터는 전년도 소득이 일정액 미만인 자(4인가족 기준 월 200만원인자)중 직접적으로 아동을 보육하는 사람에게 아동 명의로 지급하는 방안이다. 이를 위한 재원은 사업주와 국가, 지방공공단체 등이 공동으로 부담하는 방안을 고려해 볼 수 있다.

4) 출산휴가 및 육아휴직 등의 제도 정비

여성들의 취업이 확대됨에 따라 여성들이 출산·육아와 직장생활을 병행할 수 있는 휴가 및 휴직제도의 강화 및 철저한 시행이 요구된다.

첫째, 근로기준법에서는 산·전후휴가를 최장 총 9개월까지 하고 있으나, 출산의 후유증으로 고생하는 산모를 위하여 인턴제 등을 활용한 인력대체를 통해 출산휴가를 1년 정도로 확대하는 것이 요구된다.

둘째, 남녀고용평등법에서는 육아휴직기간은 1년 이내로 하고 있으며, 당해 영아가 생후 1년이 되는 날을 경과할 수 없다고 규정하고 있다. 그러나 1세 이상의 경우에도 자녀의 신체상 또는 정신건강상의 이유로 휴직해야 할 경우가 있다. 따라서 육아휴직기간을 1세 이상도 가능하도록 규정할 필요가 있다. 다만 너무 장기간의 휴직과 잦은 휴직은 문제가 되므로 이를 제한할 필요성은 있다.

셋째, 공공기관과 대기업의 경우 이러한 출산휴가나 육아제도가 비교적 지켜지는 경우가 있으나, 중소기업의 경우 제대로 지켜지지 않는 경우가 허다하다. 또한 휴직기간동안 임금지급이 되지 않고 있어 활성화되고 있지 않은 형편이다. 따라서 기업의 제도운용에 대한 감독이나 지도가 요구된다. 이를 위해 정부는 인력은행을 만들어 기업이 필요로 하는 사람과 업무에 대한 경험을 가지면서 단기간 일을 하고자 하는 주부·퇴직을 한 노인·단기간의 일을 원하는 사람들을 연결시켜줄 수 있는 시스템을 구축할 필요성이 있다.

5) 복지 및 육아시스템 확충

출산시 출산에 따른 축하금이나 장려금 또는 선물도 있어야 하지만, 무엇보다도 장기적인 관점에서 선물 보다는 복지 및 육아관련 사회적 시스템의 확충이 요구되고 있다(조계완, 2003; 김철홍, 2002; 김승권 외, 2002). 미흡한 복지

서비스 및 육아시스템은 실제 자녀양육에 대한 부담을 증가시키고 출산기피를 유발한다. 따라서 아동복지 및 양육에 따른 제도의 보완으로, 출산을 담당하는 여성이 가정이나 직장에서 적절한 역할을 하며, 또한 자아욕구를 달성할 수 있는 기회를 가질 수 있도록 하여야 한다. 이와 관련하여 앞으로의 과제를 들면 다음과 같다.

첫째, 영유아 보육원, 어린이집, 유치원 시설의 확충 및 지원이다. 증가하게 될 취업여성이 겪고 있는 직장생활과 가정생활의 양립과 자녀양육의 어려움을 지원하기 위하여 국·공립보육시설을 단계적으로 농어촌 및 저소득층 밀집지역 등으로 확대하며, 또한 민간보육시설을 원하는 부모를 위하여 민간보육시설 역시 확대할 필요성이 있다.

둘째, 아동보육시설 운영의 내실화이다. 영아보육, 장애아 보육, 야간보육, 시간제 보육, 휴일보육 등 특수보육을 확대시켜 나가야 할 것이며, 특히 국공립보육시설에서는 특수보육의 실시를 의무화 할 필요가 있다.

셋째, 민간보육시설에 대한 교사 인건비를 지원하고 교재교구비의 상향 지원으로 양질의 보육서비스 제공이 이루어질 수 있도록 하여야 한다. 이를 위해 정부 재정지원의 지속성과 신뢰성이 마련되어야 한다.

넷째, 보호자가 안심하고 영아보육시설에 아이를 맡길 수 있도록 보육교사의 자질을 향상시키며, 또한 보육시설이 제공하는 건강·영양·안전 등 보육서비스의 질적 제고를 위한 관리체계를 개선해야 한다. 특히 공간 확보와 아동 발달에 적합한 환경을 조성하기 위한 경제적 지원이 적극적으로 이루어져야 한다.

보육교사의 자질을 높이기 위해서는 정기적인 보수교육이 필요하며, 보수교육을 충분히 받을 수 있도록 대체인력의 보완제도도 마련되어야 한다. 그리고 보육의 질을 높이기 위해서는 교육청 및 지방자치단체, 학부모연합회 등의 상호 협력을 통한 엄격한 공동관리가 요구된다.

2. 인구대응정책의 대응방안

제7장의 지방자치단체 인구대응정책의 실태와 효과평가에서 살펴본 바와 같이, 지방자치단체 차원에서 인구유입을 높이는 데는 한계가 있다. 중앙정부 주도하에 이루어진 산업화 및 국토개발은 지방자치단체의 의지와는 상관없이 과소지역과 과밀지역, 수혜지역과 소외지역을 양산하였다. 따라서 지방자치단체 차원에서 대책을 마련하는 것이 쉽지 않은 실정이다. 이에 중앙정부의 적극적인 역할 수행과 대책마련이 요구된다. 그러나 지방자치단체 역시 손놓고 있을 수는 없다. 따라서 중앙정부와 지방정부의 긴밀한 협력을 통한 종합적인 대책이 필요한 실정이다. 여기서는 이러한 대응방안으로 중앙정부 차원에서 획기적인 국가균형발전시책의 추진, 자치단체 차원에서 자생적·내성적인 능력배양, 소득 및 복지수준의 향상, 지방교육 여건의 개선 등의 네 가지를 제시하였다.

1) 획기적인 국가균형발전 시책의 추진

면접조사에 따르면 조사대상의 모든 지역에서 중앙정부의 불균형적 개발을 지방과소화의 가장 중요한 요인으로 들고 있다. 또한 "지역과소화를 위해 지역에서 특별히 펼칠 수 있는 정책이나 시책은 없으며, 지역의 과소화를 막을 수 있는 방법은 중앙정부의 적극적인 지원이 있을 때만이 가능하다"고 응답하기도 하였다. 따라서 지방의 과소화를 막기 위해 수도권과 지방이 동시에 성장 할 수 있는 효율적인 정책을 모색할 필요성이 있다. 지방이 필요로 하는 정책은 수도권의 성장을 억제하는 정책이 아니라 성장을 관리할 수 있는 정책이 필요하다. 지역의 발전을 위해서는 각 자치단체가 사업을 할 수 있는 지역의 여건이 어느 정도 성숙돼 있고, 추진력과 경쟁력을 어느 정도 갖추고 있느냐 하는 것과 정확한 지원대상 지역의 구분, 정부와 지자체 간의 분명한 역할분담 등이 필요하다. 그와 더불어 속도감을 가지고 빨리

추진하는 것이 요구된다.

(1) 공공기관 이전의 조속추진

중앙정부는 지방분권의 일환으로 대부분의 공공기관을 지방에 이전하기로 하였다. 공공기관의 이전에 대해 유치가능성이 적다고 판단하는 일부 자치단체들은 비호의적이지만, 다수의 지방자치단체는 이 정책을 지지하는 편이다. 그러므로 공공기관 지방이전의 본래 취지를 달성하기 위해서는 지역 간 균형발전을 확실하게 도모하는 차원에서 그 지역의 특성을 살려서 그 지역과 연관된 성격을 갖는 공공기관을 정부가 강제로 배분하는 방식으로 추진하는 것이 바람직할 것이다. 만일 지방자치단체의 자체적인 능력에 의해서 자치단체 스스로 교섭을 해서 유치해야 한다면, 재정이 약하고 힘이 없는 지방자치단체는 하나의 기관도 유치하지 못할 가능성이 높다. 더 나아가 소도시에 집중 배치하는 것이 필요하며, 여건이 좋은 지역보다는 없는 지역에 배치하는 것이 필요하다.

(2) 균형발전을 위한 중앙과 지방의 원활한 의사소통체계 구축

앞에서 언급한바와 같이 수도권 인구집중과 지역 과소화는 중앙정부 주도의 일방적인 산업화나 지역개발에 의한 영향이 크다. 따라서 중앙과 지방의 원활한 의사소통 체계의 구축이 중요하다. 즉, 균형발전을 위한 계획수립이나 사업추진에서 지역의 요구를 체계적으로 반영하여 조정하며, 지방은 그들의 지나친 요구를 자제하도록 하여야 한다.

기획을 담당하는 지방공무원과의 면담 결과에 따르면, 중앙정부는 지방의 의견을 충분히 반영해주지 않는다는 주장이 종종 제기된다. 행정수도와 관련하여 보령시를 제외한 충청북도와 충청남도의 시군들, 그리고 전라북도 군산시, 경상북도 문경시 등과 같이 신행정수도 개발지와 가까운 곳의 자치단체들은 행정수도이전에 대해 긍정적인 평가를 하지만, 기타 다른 시·군들은 행정수도이전의 효과에 대해 부정적인 평가를 하며 특단의 대안을 요구하기

도 한다. 부정적으로 보는 자치단체들은 행정수도이전은 저비용-고효율의
절대정책도 아니며, 국토의 균형개발을 위한 것도 아니므로, 행정수도건설에
수십조 원을 투입하기보다는 그 돈으로 지방에 기업을 유치하고 대학을 설립
하며, 일자리를 창출하는 대안이 오히려 더 바람직한 대안으로 여긴다. 또한
지역의 특수성을 반영해 줄 것을 요구한다.[42] 즉, 각 지역의 특수성을 반영하
여 규제와 보상 그리고 지원책을 모색해 주길 바라고 있다.

(3) 지방신도시의 조속한 개발

신도시는 인구유입에 유리한 방향으로 작용한다. 따라서 지방에 신도시
건설을 통해 수도권의 인구를 지방으로 분산하는 방법을 생각해 볼 수 있다.
이러한 지방 신도시는 입지조건이 양호하지만 과소지역인 곳에 우선적으로
배정되어야 하며, 이럴 경우 인근지역으로의 외부효과를 기대할 수 있다.
그러한 도시로는 최근에 논의가 되고 있는 기업도시, 혁신도시, 첨단산업도
시, 교육도시 등을 들 수 있다. 따라서 이러한 지방 신도시의 조속한 건설이
이루어져야 한다.

---

42) 철원군은 중앙정부의 시책에. 특성화 대학 및 우량중소기업의 지방으로의 분산유도,
접경지역 군인들의 주민등록 이전의무화 또는 정부지원지표에 군인수를 포함하는 방안
등을 원하고 있다. 하동군은 행정구역의 재조정을 요구하는데 이는 섬진강의 개발을
위해서이다. 부여군은 문화재 보전지역으로서 각종 인허가의 제약 등으로 지역개발에
많은 어려움이 있다. 그러므로 필요치 않은 많은 규제를 해제하여 지역개발이 이루어질
수 있길 바라며, 또한 문화재 보전지역의 제한과 동시에 그에 대한 보상이 이루어지길
바라고 있다. 김제시는 새만금 사업의 계속추진을 바라고 있으며, 부안군은 농촌지역의
과도한 토지관련규제(농지법, 자연공원법, 국토계획법 등)를 풀어서 기업이나 상업시설
이 들어설 수 있도록 해주길 바란다. 여수시는 여수산단을 가진 도시적 특성상 산업단지
노사문제에 대한 정부의 적극개입, 산업공단에서 나오는 세금이 시세(市稅)로 전환되어
야 한다고 하였다. 해남군은 서해안고속도로를 목포에서 해남까지 연장해주길 원한다.
문경시는 현재 12개의 고등학교가 있지만 대학은 문경전문대학 하나뿐이다. 이에 젊은
층의 외부유출이 심각한 상태이므로 대학설립을 원한다.

(4) 기업이나 공장의 지방이전 촉진

수도권 팽창을 억제하기 위해 중앙정부는 기업이나 공장의 지방이전을 추진중이다. 이러한 계획의 일환으로 세금감면이나 행정지원 등을 해준다. 그러나 지방으로의 공장이전이 쉽게 추진된다고 보기 힘들다. 따라서 지방으로 이전하려는 기업이나 공장에 대해 기대이상의 획기적인 인센티브를 주는 방안이 먼저 모색되어야 한다. 즉, 지방에 공장을 세우면 부지나 기반시설 제공뿐만 아니라 해외 판로개척에 도움을 주는 등의 획기적인 조치가 뒤따라야 한다.

(5) 낙후지역의 선정 및 지원의 공정성 강화

최근 정부는 낙후지역에 대한 관심을 표명하면서 이들 지역에 대한 적극적인 지원을 추진중이다. 그러나 낙후지역의 선정이나 지원에 공평성이 요구된다. 국가균형발전특별법 2조에 따르면 낙후지역이라 함은 오지개발촉진법 제2조의 규정에 의한 오지, 도서개발촉진법 제4조제1항의 규정에 의한 개발대상도서, 접경지역지원법 제2조제1호의 규정에 의한 접경지역, 지역균형개발및지방중소기업육성에관한법률 제9조제1항의 규정에 의한 개발촉진지구, 그 밖에 생활환경이 열악하고 개발수준이 현저하게 저조한 지역으로서 대통령령이 정하는 지역 등으로 정의하고 있다. 그러나 객관적인 낙후지표를 개발하거나 낙후지역에 대한 최저기준을 설정하여 법안에 명시하여야 한다. 그러나 법안에 구체적으로 명시하는 것이 어렵다면 법안에는 낙후도나 최소기준 설정을 선언적으로 명시하고 그다음에 대통령령이나 기타 관계부처 규정에 구체적으로 낙후도를 산출할 수 있는 기준을 설정하는 것도 검토할 필요가 있다. 낙후지역으로 선정되는가 또는 되지 않는가에 따라 지역개발에서 큰 차이가 나므로 명확한 선택기준이 요구된다.

(6) 국가균형발전 추진체계의 정비

지방분권의 추진체계와 관련하여 좀 더 적극적이고 강력한 조직체계를 검토할 필요가 있다. 국가균형발전정책은 국가 경제발전의 새로운 패러다임을 구축하는 것이므로 위원회와 같은 느슨한 조직 형태로 사업을 이끄는 데는 한계가 있다. 또한 국가균형발전위원을 사무적으로 지원하는 기획단도 각 부처에서 파견 나온 공무원들로 파견공무원들은 자기 부처 이기주의에 빠질 가능성이 있다. 좀더 일관되고 체계적이면서도 강력한 형태의 추진조직을 설립하는 것을 검토할 필요가 있다.

2) 시·군 지방자치단체의 자생적·내성적인 능력 배양

(1) 기획능력의 향상과 재주재원의 확보

시·군 지방자치단체가 적정한 인구를 유지하기 위해서는 지방자치단체의 전략적인 기획능력의 향상과 기획에 따른 개발이 가능하도록 재정능력을 강화시켜야 한다. 전략적 기획은 자치단체의 존립가치와 지방정부의 임무, 지역주민의 요구를 수렴하여 우선적으로 시행해야 할 정책의 내용과 방향의 결정 이의 집행을 위한 행동계획을 도출하는 학습된 과정이자 지방정부의 미래를 위하여 현재 상태로부터 혁신을 이끌어 낼 수 있는 혁신의 기본틀로 변화를 관리하는 실천도구이다(한국지방행정연구원, 2000). 따라서 기획능력의 강화를 통해 각 지방자치단체의 문제점과 인구유입을 위한 최적의 정책을 수립하여야 한다. 시·군지방자치단체가 수립한 시책을 추진하는데 필요한 재원을 충당할 수 있도록 하는 자주재정 능력의 강화가 이루어져야 한다. 특히 군자치단체의 재정능력을 높여야 한다. 이를 위해 국세수입의 지원확대 등이 요구된다.

(2) 구역개편을 통한 지방자치단체의 역량 강화

지방자치단체의 과소화를 해결하기 위한 방법의 하나로 지방자치단체의 구역개편을 생각해 볼 수 있다. 현재 우리나라의 지역적인 편차는 크게 수도권과 비수도권의 격차, 대도시와 중소도시간의 격차라고 할 수 있다. 즉,

규모가 적은 시·군들의 개별적인 노력으로는 지역개발에 한계가 있다. 따라서 지방자치단체의 구역개편을 통해 현재의 자치단체수를 줄이면서 구역을 크게 하여 자치권의 향상 및 개발이 용이하도록 하는 방법을 생각해 볼 수 있다.

그 동안 행정구역 개편론은 김영삼정부 시기뿐만 아니라 지난해 신행정수도 이전계획이 위헌으로 결정된 뒤 새로운 대안으로 나타나기도 하였다. 여야정치권의 이해관계와 정치적인 문제와 맞물려 제시되지 않았다. 그러나 최근 국회에 제출된 지방행정구역개편촉구결의안은 자치단체간 인구집중과 감소에 따른 과밀화 및 과소화를 해결하는 하나의 대안이라 할 수 있다. 이 결의안에는 현행 16개 광역자치단체와 235개 시·군·구를 통폐합하여 인구 30만-100만 명 정도의 광역자치단체 50-70개 내외를 만들며, 행정체제도 중앙-광역-기초에서 중앙-광역으로 축소해 단층화 하자는 대안을 제시하고 있다

3) 지역소득 및 복지수준의 향상

인구이동을 위한 선택과 집중은 소득격차와 복지수준의 격차에 의해서도 발생한다. 따라 서 지역간 소득격차의 해소 및 복지수준의 균등배분이 요구된다.

(1) 지역소득 격차 해소 및 소득수준 향상

낙후된 시·군자치단체의 지역 소득수준의 향상이 요구된다. 현재 우리나라의 경우 대도시와 중소도시, 도시와 농촌 간에 큰 소득격차가 발생한다. 지역간 소득격차는 과거 70년대 이촌향도의 큰 요인이었으며, 최근에도 소득격차는 사회적 이동에 따른 감소를 촉진시키는 요인으로 작용한다. 그러므로 각 지방자치단체들은 지역주민의 소득개발을 위해 노력하여야 한다. 이를 위해 지역의 특성에 맞는 소득원의 개발, 기업이나 공장의 유치, 첨단산업의

입지를 위한 여건 조성, 지역의 특색 있는 브랜드의 개발, 지역의 브랜드 가치 향상 등이 요구된다. 이러한 예로는 산청군의 한방 및 약초관련 산업의 육성, 진주시의 첨단바이오 산업의 육성 등, 이천시의 쌀브랜드 개발, 대구지역의 밀라노프로젝트, 오창 및 오송의 첨단산업 육성 등을 들 수 있다.

(2) 지역문화 및 복지수준의 향상

과소지역 및 낙후지역의 인구감소를 막기 위해서는 이들 지역에 대한 의료시설 및 각종 문화 시설, 그리고 복지시설 등의 확충이 요구된다. 특히 우리나라의 소도시와 군지역의 경우 수도권과 대도시와 비교할 때, 각종 의료시설이나 인력이 부족한 것이 현실이며, 주민들이 문화 및 여가 생활을 즐길 수 있는 사회문화 복지시설이 제대로 갖추어져 있지 못한 경우가 많다. 따라서 지역문화와 복지시설의 개선 등이 이루어질 필요성이 있다.

4) 지역교육 여건 및 질적인 개선

우리의 지방교육여건은 자치단체의 규모에 커다란 영향을 받고 있다. 이 때문에 학부모나 학생들은 특별시나 광역시 등의 대 도시로 진학하길 원한다. 이러한 교육의 지역적인 차이를 해결하기 위해서는 열악한 지방자치단체의 교육여건을 양적인 측면과 질적인 측면에서 획기적으로 개선시킬 수 있는 조치가 필요하다.

(1) 군자치단체의 중·고등학교의 교육여건 확충

군자치단체의 학생들은 중·고등학교를 다니기 위해 인근의 도시로 전학을 가는 경우가 많다. 따라서 군지역 중·고등학교의 교육여건 개선이 필요하다. 이를 위해 시지역보다는 군지역 중고등학교에 대한 차별적 지원을 늘려 도시에서 학교를 다니지 않더라도 충분한 교육기회를 가질 수 있도록 하여야 한다. 이를 위해 군지역 중·고등학교에 대한 시청각교재 및 정보화

시설의 확대, 도서 및 각종 교재의 지원확대, 군지역 근무선생님에 대한 수당 지급확대, 교육평가를 통한 인센티브 지원 등이 요구된다. 또한 이와 아울러 수요도가 높은 특수목적고의 군지역 배치와 기숙사 시설 지원 등이 필요하다.

(2) 지방대학의 육성 및 체계적인 지원

교육수준에 따른 이동에서 가장 문제시 되고 있는 것은 두뇌유출현상이다 (이희연, 2003). 즉, 주민이동은 중소도시와 농촌지역의 고급인력이나 두뇌가 다른 큰 자치단체로 빠져나가는 현상을 유발한다. 이에 대도시, 수도권, 비수도권 간의 고급인력의 불균형이 나타나므로, 체계적인 지방대의 육성이 필요하며, 이러한 육성은 다양한 방식에 의해 이루어져야 한다.

첫째, 지방대학을 육성하기 위한 방안으로 대학교육도시(자치단체)의 조성이 요구된다. 대학교육도시는 타 산업은 열악하지만 외국의 경우와 같이 교육과 연구가 중심이 되는 도시이다. 이런 도시들은 군지역에 위치하게 하며, 그 지역에는 각종 첨단 연구시설 및 연구소를 입지시키며, 또한 교육을 위한 제반시설 등이 입지하도록 하여야 한다. 또한 이들 학교에 저명한 학자가 오도록 하며, 첨단산업중심의 학과를 개설하도록 한다.

둘째, 대도시 소재 대학과 지방소재 대학간의 지원 격차를 확대하여 지방대학 중심의 지원이 이루어지도록 하여야 한다. 대학들이 지방으로 가지 않으려는 가장 큰 이유는 학생 충원의 문제이다. 따라서 학생들의 충원이 가능하도록 하기 위해서는 지방대학을 특성화시키면서 지방소재 대학에 대한 정부의 장기적이고 지속적인 지원이 요구되며, 교육 및 연구를 위한 여건이 조성되도록 하여야 한다.

셋째, 지방혁신체제의 시스템이 지방대학의 취업과 연결될 수 있도록 하여야 한다. 지방정부의 지역내 산업체와 지역대학간의 교육 및 취업연계가 이루어지도록 한다. 최근의 어려운 경제사정과 취업으로 인해 취업이 잘되는 대학은 학생들이 많이 몰린다. 따라서 지역혁신체제의 시스템이 지방대학

출신자의 취업을 높일 수 있는 방안으로 연결될 수 있도록 한다.

(3) 지역할당제의 강화

교육에 따른 수도권지역이나 대도시로의 인구이동은 대학입학의 어려움과 취업에서의 차별이 가장 큰 원인이다. 따라서 지역인재의 할당제 강화를 통해 이를 해소하는 방안이 요구된다.

첫째, 대학입학시 지역할당제를 강화하여야 한다. 최근 서울대나 단국대 등 일부 대학에서 지방의 학생들에게 일정비율의 입학을 배정하는 지역할당제를 추진하고 있지만, 미미한 수준이다. 따라서 지역할당제를 실시하는 대학의 비율을 더욱 확대할 필요성이 있다. 일정비율을 할당하는 제도들을 시행하고 있으나 이를 더 강화하여 지역소재 학생들의 학습의욕을 높일 필요성이 있다.

둘째, 지역인재 할당제는 지방학생들의 취업에서의 차별을 없애기 위한 제도로서, 공무원 선발, KBS방송국이나 공기업 등 일부 공공기관 등에서 시행하고 있다. 이러한 제도는 교육에 따른 인구이동을 약화시킬 수 있는 훌륭한 대안이다. 따라서 지역인재할당제를 공공기관 전역과 사기업이나 중소기업까지 확대하는 방안이 요구된다.

9 요약 및 결론

　최근 많은 시·군 지방자치단체에서 과소지역화가 나타나고 있는데, 이러한 과소지역화의 근본적인 원인은 주민수의 감소이다. 주민수의 감소는 출산율의 감소, 전출이 전입보다 많은 사회적 감소에 의해 나타난다. 이러한 주민수 감소는 지방자치단체뿐만 아니라 국가적으로도 큰 문제이다. 지방자치단체의 인구과소화 현상은 지방자치단체의 존립에 심대한 영향을 미치며, 국가적으로는 국가발전과 국력의 지속에 심각한 영향을 미칠 것으로 예견되고 있는 것이다. 후속세대의 출산을 통한 적절한 인구규모의 유지는 국가공동체와 지역공동체의 지속에 필수적인 요소인데, 최근 우리나라는 세계에서 최저의 출산율을 보이고 있다. 그리고 지방자치단체 차원에서 지속적인 사회적 감소는 제로섬법칙의 적용에 의해 지역간의 불균등을 심화시켜서 국가의 균형개발과 지역간 형평을 어렵게 만들고 있다.

　우리의 경우 60-70년대 산아제한정책으로 인구의 과잉성장을 억제하는데 성공하였으나, 이제는 인구의 과소화라는 역풍을 맞고 있는 것이다. 인구조절정책은 단기적으로 해결될 성질의 것이 아니다. 이제부터라도 그동안 인구변화 추세와 요인에 대한 체계적인 분석과 연구를 통한 대응이 절실하게 요구되고 있는 것이다. 주민수 감소의 직접적이면서 심각한 원인인 사회적 감소는 지역간의 격차를 심화시키므로, 지역간 적절한 인구규모의 유지는 지역공동체의 지속에 필수적인 요소이다. 이런 이유로 경기도의 시·군과 각 도의 일부 도시를 제외한 우리나라 대부분의 기초자치단체들은 인구유출에 의한 사회적 감소를 막고 나아가 인구유입을 위한 여러 가지 대책마련에 부심하고 있다.

시·군 지방자치단체들은 출산감소를 막기 위한 대응방안과 주민수의 사회적 감소를 막기 위한 방안을 모색하고자 하나, 시·군의 지방자치단체 수준에서 정책수립을 위한 기초연구가 부족한 것이 현실이다. 이에 본 연구는 이러한 문제의식에 입각하여 지방자치단체 수준에서 시·군들의 출산감소 및 사회적 감소에 대한 체계적인 접근을 통해 시·군자치단체의 정책적인 대안 모색에 도움을 주고자 하였다. 그래서 제1장에서는 시·군자치단체의 출산감소 및 사회적 감소에 대한 대응방안을 연구하기 위한 전체적인 연구틀을 제시하였으며, 제2장에서는 출산과 인구이동에 대한 이론 및 모형, 그리고 인구정책에 대한 논의를 살펴보았다. 제3장에서는 각 도·시·군의 통계자료를 활용하여 1960년-2003년까지의 총인구변동의 실태, 1991년-2002년까지의 세부적인 인구이동 실태를 살펴보았으며, 제4장에서는 인구이동에 대한 통계청의 DB(데이터베이스)한 자료를 가공하여 인구이동의 실태를 고찰하였다. 제5장에서는 출생과 혼인에 대한 통계청의 DB(데이터베이스) 자료 및 각종 통계자료를 활용하여 출산감소의 요인에 대해 분석하였으며, 제6장에서는 사회적 감소의 요인에 대해 분석하였다. 제7장에서는 인구감소에 대응하는 외국의 인구정책의 실태, 우리나라 중앙정부의 인구정책의 실태 및 평가, 우리나라 시·군자치단체의 인구정책의 실태 및 평가를 행하였다. 제8장에서는 이러한 다양한 연구를 통해 나타난 결과를 바탕으로 출산장려를 위한 대응방안과 인구이동에 의한 주민수 감소를 막기 위한 대응방안을 제시하였다.

자연적 감소와 사회적 감소의 실증적 연구와 현장방문을 통한 면접에서 출산감소 및 사회적 감소의 직접적인 영향을 받는 지방자치단체의 결정자들은 인구감소의 문제를 아주 심각하게 인식하고 있는 것으로 확인할 수 있었다. 그러나 현재 시·군 지방자치단체들이 수립하여 집행할 수 있는 시책들은 지방자치단체의 재정권 및 행정권의 한계 때문에 제한적이다.

출산감소에 대응하기 위한 대표적인 시책인 출산장려금은 대부분의 지방자치단체에서 10만원 내지 30만원 정도 지급하는 수준이다. 시·군자치단체의 출산장려금은 받는 사람 입장에서는 얼마 되지 않는 돈이라서 이런 돈에 의해 출산결정에 영향을 받지 않는 반면에, 열악한 재정여건의 상황에서 이를 지출하는 지방자치단체의 입장에서는 큰 부담이 되고 있는 실정이다. 또한 출산장려사업을 담당하고 있는 담당자들조차도 출산장려사업 못지않게 중요한 것으로 영유아 양육에 따른 부담 및 열악한 지방교육 등의 획기적인 개선을 들고 있다. 그리고 인구늘리기 대책의 내용은 대체로 공무원들이나 유관기관의 주소이전을 시키는 수준으로, 공무원들의 반발, 유관기관의 비협조로 반짝 성과에 불과하다. 이에 따라 지방자치단체의 정책결정자와 실무자들은 지역경제, 지역사회개발, 지역교육의 활성화 등의 성공에 더 큰 기대를 걸고 있다. 즉, 근본적인 변화와 획기적인 대안 제시가 없는 한 시·군 지방자치단체의 주민수 감소 문제의 해결은 요원한 실정이다.

요컨대, 우리사회가 현재 당면하고 있는 지방자치단체의 인구감소(과소화) 문제는 지방자치단체의 자체적인 노력으로 해결될 성질의 문제가 아니다. 중앙정부와 지방정부간의 체계적인 협력을 통해 해결하여야 할 과제이다. 또한 이 문제는 더 이상 미루어서는 곤란한 시급한 과제임을 인식할 필요가 있다.

참고문헌

▌단행본 및 학술지

강은진. 1995. 「출산사망력의 지리적 차이와 그 변화: 1970-1990년을 중심으로」. 『서울대학교 지리학 논업』 26. pp.77-103.

고태욱. 2004. 『국내인구이동』. *Journal of the Korean data analysis society* 6(4). pp.1123-1137.

구성렬. 1996. 『인구경제론』. 서울: 박영사.

구성렬·윤석범. 1995. 「한국에서의 출산력과 가구의 경제활동」. 《연세경제연구》 2(2). 229-257.

권상철. 2003. 「인구이동과 인적자원 유출: 제주지역 유출 유입인구의 속성비교」. 《한국도시지리학회지》 6(2): 59-73.

권태환. 1978. 「인구재분배 정책에 대하여」. 《한국인구학회》 2(1). 67-71.

권태환·김태헌·최진호. 1995. 『한국의 인구와 가족』. 서울: 일신사.

권태환·김태헌·김두섭·전광희·은기수. 1997. 『한국출산력 변천의 이해』. 서울: 일신사.

권용우·이자원. 2000. 「우리나라 인구이동의 공간적 패턴에 관한 연구」. 《지역학연구》 34(3). 151-165

김경근. 1996. 「한국사회의 인구학적변동과 그 배경-경제발전과 교육열의 영향을 중심으로-」. 《교육사회학연구》 6(1). 33-50.

김경수·장욱. 2001. 「부산시 내부인구이동 특성에 관한 연구」. 대한국토·도시계획학회지 《국토계획》 36(5): 39-55.

김경환·서승환. 2002. 『도시경제』. 서울: 홍문사.

김남일. 1998. 「최근 인구이동 추세의 변동」. 《응용통계연구》 11(2). 221-232.

김문현. 1998. 「서울대도시권의 진전과 정책과제」. 《도시행정연구》 13. 75-104.

김성태·장정호. 1996. 「한국지역간 인구이동의 경제적 결정요인분석」; 1970-1991. 한국경제학회 7차국제학술회의. 229-256.

김승권 외 5인. 2002. 「출산력 및 가족보건실태의 변화양상과 대응방안에 관한 연구」. 한국보건사회연구원

김승권. 2002. 「출산의 경제성 높이려면 국가가 책임져라: 탁아시설 늘리고 육아휴 직확대해 출산의 기회비용 줄여야」. 《이코노미스트》 통권 659호. 60-66.

김원. 1997. 『도시행정론』. 서울: 박영사.

김인호. 1998. 「도농간인구이동이 도시경제에 미치는 영향」. 경희대대학원 경제학 박사학위논문.

김종순. 1997. 『지방재정학』. 서울: 삼영사.

김철홍. 2002. 「출산·육아 사회분담시스템 필요」. 《노동》 36(11). 한국산업훈련 협회. 16-19.

김태헌. 1996. 「농촌인구의 특성과 그 변화, 1960-1995: 인구구성 및 인구이동」. 《한국인구학회》 19(2). 77-105.

김혜수. 2003. 「제발 낳아만 주세요: 출산율 떨어져 둘만 낳아 잘 기르자도 이젠 옛말」. 《뉴스위크 한국판》 통권 56호. 중앙일보미디어인터네셔널. 78-80.

노춘희. 2001. 「경기도가 보는 수도권정책」. 월간 《자치행정》 (2001). 14-18.

맹정주. 1983. 「인구분산대책-일본·프랑스·영국·브라질·멕시코-」. 경제기획 원 해외연수보고서

문현상·장영식·김유경. 1995. 「출산력 예측과 인구구조 안정을 위한 적정 산출수 준」. 한국보건사회연구원. 서울: 대명출판사.

박상태. 1996. 「동아시아의 인구와 인구정책」. 《서강대 동아연구》 31. 105-144.

박병식·이시경·이창기. 1995. 『도시행정론』. 서울: 대영문화사.

박외수. 1999. 『도시행정론』. 서울: 박영사.

박종화. 1997. 『도시경영론』. 서울: 박영사.

박종화·윤대식·이종열. 1998. 『도시행정론』. 서울: 대영문화사.

박헌수·조규영. 2001. 「수도권집중으로 인한 외부효과 추정분석에 관한 연구」. 《경기개발연구원》.

박준익. 1978. 「우리나라의 인구조절대책과 그 문제점」. 《한국인구학회》 2(1). 52-66.

세르스틴린달 & 쉬슬링 한스란드베리. 2000. 『인구·경제발전·환경』. 박영한 외 4인 번역. 서울: 아카데미.

송명규. 1992. 「지방공공재가 소득계층별 주거지 분화에 미치는 영향에 관한 연구- 서울시를 사례로」. 서울대학교 환경대학원박사학위논문.

신현곤. 1998. 「지역간 인구이동 의사결정에 대한 미시-행태적 접근: 로짓모형을 이용한 실증분석을 중심으로」. 연세대대학원 경제학박사학위논문

안계춘. 1978. 「인구정책을 위한 조직 및 기구상의 제문제」. 《한국인구학회지》 2(1). 88-94.

_____. 1986. 「개발도상국가들의 인구정책에 관한 비교연구」. 《한국인구학회지》 9(1). 54-68.

양재모. 1986. 「우리나라 인구정책의 종합분석」. 《한국인구학회지》 9(1). 1-13.

여정성. 1994. 「기혼여성의 취업과 자녀출산에 대한 경제학적 접근」. 《한국가정학회지》 32(3).

연천군. 2003. 「연천군 인구감소 사유분석계획에 관한 설문조사 결과보고」

원석조. 2002. 『사회문제론』. 서울: 양서원

은기수. 2001. 「결혼연령 및 결혼 코호트와 첫출산간격의 관계 : 최근의 낮은 출산력 수준에 미치는 함의를 중심으로」. 《한국사회학》 36(5). 105-139.

_____. 2001. 「인공유산의 결정요인에 관한 연구: 로짓분석과 생존분석의 비교」. 《한국인구학》 24(2). 79-115.

의료보험관리공단. 1997. 「프랑스의 의료보험급여제도」. 《최근의보동향》 133권. 18-39

이성우. 2002. 「지역특성이 인구이동에 미치는 영향: 독립이동과 연계이동」. 《지역연구》 18(1): 49-82.

이세온. 1997. 「이주결정의 경제적 분석: 한국의 사례」. 《한국인구학회지》 10(1). 70-86.

이외희. 2001. 「경기도 도시지역의 인구이동결정요인에 관한 연구」. 《경기연구》 6. 137-152.

이외희·조규영. 1999. 「수도권인구이동의 특성에 관한 연구」. 경기개발연구원.

이은우. 1993. 「한국의 농촌도시간 인구이동에 관한 연구. 서울대학교 대학원 경제학박사학위논문.

이희연. 2003. 『인구학-인구의 지리학적 이해-』. 서울: 법문사.

전학석. 1993. 「수도권 인구집중요인의 경제적분석」. 세종대학교 대학원 경제학박사학위논문.

정성호. 1990. 「한국에 있어서 출산조절에 관한 요인분석」. 《한국사회학회》 24. 113-160.

조계완. 2003. 「애 낳는 사회를 설계하라: 추락하는 출산율이 국가경제를 위협한다」. 《한겨레 21》 통권 443호. 60-61.

조남옥·이형택·배화옥. (1993). 「인구통계적 변화: 한국에 있어서 인구가족계획의 미래의 방향」. 《한국인구학회지》 16(1). 37-58.

조성곤. 1999. 「풀뿌리 정치모범생이 는다: 인제군 출산보조금 정책으로 갈채」.

《한겨레 21》 통권 248호. 66-67.

조임곤. 1999. 「지방정부서비스의 외부성과 광역도시내 인구이동」. 《한국인구학》 22(1). 153-173.

최인현·정영일·변용찬. 1986. 「인구이동과 사회경제발전-인구이동특별조사 심층분석-」. 한국인구보건연구원 경제기획원조사통계국.

최준호·이환범·송건섭. 2003. 「광역도시와 인근 중소도시 지역주민간의 상호이주 영향요인 평가」. 《한국행정학보》 37(1). 183-203.

한국인구학회. 1997. 『인구변화와 삶의 질』. 서울: 일신사.

함주현. 2001. 「출산력과 노후조건과의 관련성에 관한 연구」. 《한국노인복지학회》. 113-127.

허재완. 1994. 『도시경제학』. 서울: 법문사.

홍문식. 1998. 「출산력 억제정책의 영향과 변천에 관한 고찰」. 《한국인구학》 21(2). 182-227.

▌정부간행물

건설부. 1998. 국토건설20년사.

국회사무처 예산정책국. 2003a. 국가균형발전과 산업집적 전략에 관한 정책건의. 국가균형발전과 산업집적 전략 참고자료 시리즈 2.

국회사무처 예산정책국. 2003b. 국가균형발전과 산업집적 정책의 평가와 개선과제. 핵심정책 및 주요기금분석시리즈 3

국회여성특별위원. 2001. 저출산시대의 여성정책 - 신인구정책과 여성인력 활용대책 -. 국회여성특위정책자료집.

대한민국정부. 1971. 1차 국토종합개발계획 1972-1981.

_____. 1981. 2차 국토종합개발계획 1982-1991.

_____. 1991. 3차 국토종합개발계획 1992-2001.

_____. 2000. 4차 국토종합계획.2000-2020.

보건복지부. 2004a. 출산 대응 인구정책 및 모자보건사업 국외연수(독일·프랑스). 보건복지부 인구·가정정책과

_____. 2004b. 지방자치단체 인구정책 사례집

_____. 2004c. 외국의 저출산 대응 인구정책 사례집

_____. 2005. 저출산의 영향과 대응방안 토론회

▌통계연보 및 통계자료집
전국 각 시·군 통계연보(1961~2003)

경기도 도통계연보. (1961-2003).
경기도 교육청. (1991-2003).
강원도 도통계연보. (1961-2003).
강원도 교육청. (1991-2003).
충청북도 도통계연보. (1961-2003).
충청북도 교육청. (1991-2003).
충청남도 도통계연보. (1961-2003).
충청남도 교육청. (1991-2003).
전라북도 도통계연보. (1961-2003).
전라북도 교육청. (1991-2003).
전라남도 도통계연보. (1961-2003).
전라남도 교육청. (1991-2003).
경상북도 도통계연보. (1961-2003).
경상북도 교육청. (1991-2003).
경상남도 도통계연보. (1961-2003).
경상남도 교육청. (1991-2003).
제주도 도통계연보. (1961-2003).
제주도 교육청. (1991-2003).
통계청. 1991-2002. 인구동태통계연보
_____. 1991-2002. 인구이동통계연보
_____. 2002. 시·군·구 100대지표
한국토지공사. 1991. 일산신도시개발사, 분당신도시개발사, 평촌신도시개발사,

▌외국문헌

Aguirre, Maria Sophia. 2002. "Sustainable Development: Why the Focus on Population?." *International Journal of Social Economics* 29(12). 923-942.

Arora, Gomti. 1990. *Social Structure and fertility*. New Delhi : National Book Organization.

Aspalfer, Christian. 2002. "Population Policy in India." *International Journal of Sociology and Social Policy* 22(11). 48-72.

Berelson, B. 1971. "Population Policy: Personal Note." *Population Studies: A Journal of Demography* 25(2). 173-182.

Bewley, Truman F. 1981. "A Critique of Tiebout's Theory of Local Public Expenditures." *Econometrica* 49(3). 714.

Bongaarts, John. 1982. "The Fertility-Inhibiting Effects of the Intermediate Variables." *Studies in Familys Planning* 13. 179-189.

Cannan, E. 1986. *A Study in Malthusianism*. Thomas Robert Malthus: *Critical Assessments*. edit by John Cunningham Wood. London: Croom Helm.

Clark William A. V. 1998. "Mass Migration and Local Outcomes: Is International Migration to the US. Creating a New Urban Underclass?." *Urban Studies* 35(3). 371-383.

Raina, Col. B. A. 1988. *Population Policy*. Delhi: B.R. Publishing Corporation.

Davis, K. & Blake, J. 1956. "Social Structure and Fertility : An Analytic Framework." *Economic Development and Culture Change* 4. 205-235.

Easterlin, R. A. & Crimmins, E. M. 1981. "Analysis of WFS Data in Socioeconomic Synthesis Framework". *Paper of IUSSP*.

Eldridge, H. T. 1968. *Population Policies: International Encyclopedia for Social Science* 12. 381-388.

Elliott, James R. 1997. "Cycles Within the System: Metropolitanization and Internal Migration in the US, 1965-90." *Urban Studies* 34(1). 21-41.

Ghosh, Bahnisikha. 1990. *The Indian Population Problems: A Household Economics Approach*. New Delhi: Sage Publications.

Gupta, S. P. 1990. *Population Growth and the Problem of Unemployment*. New Delhi: Anmol Publications PVT LTD.

Jackson, William A. 1995. "Population Growth : A Comparison of Evolutionary Views." *International Journal of Social Economics* 22(6). 3-16.

Jaya Kumar, G. Stanley. 2000. "Population and Environment by 2000 AD - A Social

Manifesto." *International Journal of Sociology and Social Policy* 20(8). 55-68

Jegasothy, K. 1999. "Population and Rural-Urban Environmental Interactions in Developing Countries." *International Journal of Social Economics* 26(7/8/9). 1027-1041.

Newell, Colin. 1988. *Methods and Models in Demography*. London: Belhaven Press.

Ravenstein, E. G. 1885. *The Low of Migration. Journal of the Rural Statistical Society*. pp.167-227.

Show, R. P. 1975. *Migration Theory and Fact. Paper of RSRL*. pp.17-39.

Shrivastava, O. S. 1994. *Demography and Population Studies*. New Delhi: Vikas Pulishing House PVT LTD.

Todaro, Michael P. 1981. *Economic Development in the Third World*. NewYork: Longman Inc.

Tiebout, C. M. 1956. "A Pure Theory of Local Expenditures." *Journal of Political Economy* 64.

Tripathi, R. S. & Tiwari R. P. 1996. *Population Growth and Development in India*. New Delhi: APH Publishing Corporation.

Weeks, John R. 1999. *Population - An introduction to Concept and Issues-* 7ed. Belmont: Wadsworth Publishing Company.

金科哲. 2003. 『過疎政策と住民組織―日韓を比較して―』. 古今書院.

過疎地域問題調査會. (平成14年). 『過疎地域における短期的人口移動調査報告書』.

總務省自治行政局過疎對策室. (平成15年). 『過疎對策の現況』.

지방자치단체 인구수 년변동율의 평균변동률
(10년간, 20년간, 43년간)

<표 1> 경기도의 년변동율의 평균변동률(10년간, 20년간,43년간)

(단위: %)

경기도	1960-1970	1971-1980	1981-1990	1991-2000	2001-2003	1960-1980	1981-2000	1960-2003
수원시	6.85	6.20	7.59	3.97	3.03	6.53	5.78	5.94
성남시	-	10.37	3.70	5.70	1.50	10.37	4.70	5.70
의정부시	6.52	3.52	4.80	5.51	3.09	4.85	5.15	4.87
안양시	-	12.56	6.65	2.03	1.42	12.56	4.34	5.96
부천시	.85	8.50	11.82	1.59	3.02	4.67	6.70	5.50
광명시	-	-	9.15	.31	-.13	-	4.50	3.87
동두천시	-	-	2.04	.74	-.09	-	1.36	1.16
안산시	-	-	19.97	8.83	5.29	-	11.73	10.59
과천시	-	-	8.21	-.08	-.52	-	3.61	3.02
구리시	-	-	4.42	4.55	4.54	-	4.51	4.52
오산시	-	-	1.17	6.22	3.99	-	5.76	5.38
시흥시	4.56	5.28	-4.29	11.96	5.57	4.92	3.84	4.46
군포시	-	-	-4.44	11.09	.67	-	9.68	7.75
의왕시	-	-	2.74	2.37	5.89	-	2.40	3.15
하남시	-	-	-7.50	2.16	1.67	-	1.28	1.36
고양시	6.11	1.75	4.66	13.26	2.94	3.93	8.96	6.20
평택시	-	-	2.18	26.42	1.16	-	19.50	16.26
평택군	2.66	1.43	-5.63	-.62	-	2.05	-4.20	-.52
송탄시	-	-	2.27	7.67	-	-	3.93	3.93
남양주시	-	-	-	8.62	4.13	-	8.62	6.94
남양주군	-	-	-2.61	5.09	-	-	-.41	-.41
미금시	-	-	1.66	-.12	-	-	.24	.24
양주시	.30	-3.30	-3.17	3.61	9.03	-1.50	.22	.03
여주군	-.34	-.27	-.12	.72	.34	-.31	.30	.02
연천군	3.92	1.14	-.87	-1.41	-1.81	2.53	-1.14	.52
포천시	1.02	-1.45	.18	2.95	2.30	-.21	1.56	.79
가평군	.86	-1.14	-1.92	1.01	-.50	-.14	-.46	-.31
양평군	.96	-1.21	-1.88	.73	.48	-.12	-.57	-.29
이천시	-.09	.39	3.06	2.22	1.45	.15	2.64	1.40
용인시	-.97	3.47	3.34	7.91	13.92	1.25	5.62	4.17
파주시	2.65	-1.35	1.16	.57	8.14	.65	.87	1.27
안성시	.10	-.42	-.77	1.53	3.80	-.16	.38	.37
김포시	-3.12	2.98	1.80	3.97	8.54	-.07	2.89	1.91
화성시	-1.08	1.14	-1.10	.54	8.56	.03	-.28	.48
광주시	1.07	-1.50	-.63	6.34	12.00	-.21	2.85	2.07

<표 2> 강원도의 년변동율의 평균변동률(10년간, 20년간, 43년간)

(단위: %)

강원도	1960-1970	1971-1980	1981-1990	1991-2000	2001-2003	1960-1980	1981-2000	1960-2003
춘천시	4.05	2.40	1.21	3.97	.31	3.22	2.59	2.73
춘천군	1.30	-4.30	-2.33	-1.61	-	-1.50	-2.13	-1.76
원주시	3.96	2.12	2.37	4.95	1.35	3.04	3.66	3.21
원주군	.83	-3.67	-1.66	-.50	-	-1.42	-1.33	-1.38
동해시	-	-	-1.50	1.60	-.76	-	.05	-.06
강릉시	2.47	4.63	2.72	5.03	-.53	3.55	3.87	3.42
명주군	.74	-4.61	-1.23	-3.02	-	-1.93	-1.74	-1.85
속초시	-	-.99	1.84	2.04	-.27	1.58	1.94	1.62
태백시	-	-	-2.45	-4.40	-1.80	-	-3.48	-3.25
삼척시	-	-	-3.69	10.67	-2.63	-	5.88	4.46
삼척군	2.93	-.80	-10.05	-7.76	-	1.07	-9.40	-3.24
홍천군	.12	-1.98	-2.54	-.40	-1.31	-.93	-1.47	-1.21
횡성군	.79	-2.67	-3.78	-.45	-1.14	-.94	-2.11	-1.50
영월군	1.50	-2.53	-3.82	-2.83	-2.68	-.52	-3.32	-1.97
평창군	1.29	-2.04	-3.30	-1.18	-.47	-.38	-2.24	-1.25
정선군	4.76	1.72	-3.88	-5.38	-2.72	3.24	-4.63	-.84
철원군	4.77	.77	-1.90	.15	-1.83	2.77	-.87	.76
김화군	-2.65	-	-	-	-	-2.65	-	-2.65
화천군	.66	-2.69	-2.75	-1.33	-.78	-1.02	-2.04	-1.48
양구군	1.67	-1.39	-1.53	-1.93	-1.93	.14	-1.73	-.87
인제군	1.64	-2.49	-2.56	-.83	-1.47	-.43	-1.69	-1.09
고성군	9.74	-2.54	-1.80	-1.40	-2.51	3.60	-1.60	.76
양양군	-5.52	-1.12	-1.65	-1.62	-.50	-3.32	-1.63	-2.34

<표 3> 충청북도의 년변동율의 평균변동률(10년간, 20년간, 43년간)

(단위: %)

충 북	1960-1970	1971-1980	1981-1990	1991-2000	2001-2003	1960-1980	1981-2000	1960-2003
청주시	4.71	5.81	7.02	1.66	1.94	5.26	4.34	4.60
충주시	2.54	2.59	1.44	6.05	-1.23	2.57	3.75	2.85
중원군	.95	-2.45	-4.56	.41	-	-.75	-3.14	-1.73
제천시	-	-	1.83	4.19	-1.62	-	3.01	2.40
제천군	2.46	-5.26	-6.73	-1.81	-	-1.40	-5.32	-3.01
청원군	-.90	-1.61	-3.95	.88	-.64	-1.26	-1.54	-1.34
보은군	.13	-2.31	-4.26	-1.82	-3.29	-1.09	-3.04	-2.15
옥천군	.25	-1.35	-2.51	-1.45	-1.77	-.55	-1.98	-1.30
영동군	-.14	-1.69	-2.09	-2.59	-2.60	-.92	-2.34	-1.70
진천군	-.16	-1.95	-2.59	2.22	.29	-1.06	-.18	-.56
괴산군	-.43	-2.08	-2.23	-6.35	-2.89	-1.26	-4.29	-2.78
음성군	-.25	-1.55	-2.48	1.81	-.39	-.90	-.34	-.60
단양군	3.48	-2.37	-3.74	-2.11	-3.66	.56	-2.93	-1.36
증평군	-	-	-	-	-	-	-	-

<표 4> 충청남도의 년변동율의 평균변동률(10년간, 20년간, 43년간)

(단위: %)

충 남	1960-1970	1971-1980	1981-1990	1991-2000	2001-2003	1960-1980	1981-2000	1960-2003
천안시	2.14	4.67	5.79	8.36	2.87	3.63	7.08	5.30
천안군	-3.84	-.68	-.72	.63	-	-2.26	-.34	-1.47
공주시	-	-	2.92	12.45	-1.03	-	9.73	7.83
공주군	-.55	-.78	-4.91	-3.51	-	-.66	-4.51	-2.25
보령시	-	-	-	-.71	-2.25	-	-.71	-1.29
대천시	-	-	1.62	-.70	-	-	.46	.46
보령군	.95	.36	-4.29	-6.01	-	.65	-4.78	-1.58
아산시	-	-	-	3.22	1.94	-	3.22	2.74
온양시	-	-	3.35	.40	-	-	1.87	1.87
아산군	-.97	-.02	-3.22	-3.87	-	-.50	-3.41	-1.70
서산시	-	-	1.21	15.48	.49	-	14.18	11.25
서산군	.65	-.38	-6.27	-2.88	-	.14	-5.30	-2.10
논산시	.42	-1.37	-1.62	-2.03	-1.49	-.47	-1.82	-1.17
계룡시	-	-	-	-	-	-	-	-
금산군	.76	-1.44	-2.09	-2.54	-1.85	-.34	-2.31	-1.36
연기군	-.15	-.36	-.72	-1.10	1.21	-.25	-.91	-.46
부여군	-.36	-1.27	-2.70	-2.27	-2.64	-.82	-2.48	-1.72
서천군	-.15	-1.17	-2.49	-2.83	-3.55	-.66	-2.66	-1.79
청양군	-1.02	-2.19	-2.94	-2.62	-3.27	-1.61	-2.78	-2.27
홍성군	-.22	-.64	-2.20	-.97	-.13	-.43	-1.59	-.95
예산군	-.56	-.67	-1.08	-2.58	-2.05	-.62	-1.83	-1.28
당진군	.53	-1.15	-1.04	-.95	-1.49	-.31	-.99	-.71
태안군	-	-	-1.68	-1.91	-2.35	-	-1.89	-1.99

<표 5> 전라북도의 년변동율의 평균변동률(10년간, 20년간, 43년간)

(단위: %)

전 북	1960-1970	1971-1980	1981-1990	1991-2000	2001-2003	1960-1980	1981-2000	1960-2003
전주시	3.43	3.40	3.51	1.87	-.10	3.41	2.69	2.83
군산시	2.26	4.05	2.84	2.96	-1.05	3.15	2.90	2.74
옥구군	.11	-2.68	-4.09	-1.36	-	-1.28	-3.31	-2.12
익산시	-	-	-	.45	-.91	-	.45	-.06
이리시	2.16	6.19	3.51	2.35	-	4.18	3.18	3.77
익산군	-1.20	-2.08	-3.75	-1.06	-	-1.64	-2.98	-2.19
정읍시	-	-	-	.16	1.08	-	.16	.50
정주시	-	-	3.87	-4.18	-	-	1.39	1.39
정읍군	.32	-1.59	-7.37	-4.94	-	-.63	-6.67	-3.12
남원시	-	-	1.06	8.09	-.46	-	4.76	4.05
남원군	.58	-1.46	-8.09	-2.56	-	-.44	-6.51	-2.94
김제시	-	-	4.79	14.72	-1.40	-	13.82	10.55
김제군	3.51	-1.87	-6.28	-3.23	-	.82	-5.41	-1.74
완주군	.37	-1.32	-5.10	-.44	-.01	-.47	-2.77	-1.51
진안군	.66	-1.98	-5.43	-3.40	-.63	-.66	-4.42	-2.41
무주군	1.03	-2.42	-4.11	-2.33	-2.77	-.69	-3.22	-2.01
장수군	.51	-2.63	-5.11	-1.17	-.07	-1.06	-3.14	-1.96
임실군	.13	-2.45	-5.32	-2.41	-2.85	-1.16	-3.87	-2.54
순창군	.22	-2.65	-4.69	-2.63	-3.06	-1.22	-3.66	-2.48
고창군	.31	-2.22	-3.99	-2.47	-1.95	-.96	-3.23	-2.08
부안군	.79	-2.05	-2.36	-3.11	-2.97	-.63	-2.74	-1.77

<표 6> 전라남도의 년변동율의 평균변동률(10년간, 20년간, 43년간)

(단위: %)

전 남	1960-1970	1971-1980	1981-1990	1991-2000	2001-2003	1960-1980	1981-2000	1960-2003
목포시	3.27	2.25	1.35	-.20	-.52	2.76	.57	1.51
여수시	2.71	3.57	.76	8.19	-1.37	3.14	4.47	3.44
여천시	-	-	3.55	3.51	-	-	3.53	3.53
여천군	1.09	-4.09	-3.78	-1.45	-	-1.50	-2.82	-2.10
순천시	2.76	2.34	3.93	5.82	-.01	2.55	4.87	3.45
승주군	.56	-1.61	-1.66	-8.17	-	-.53	-3.52	-1.76
나주시	-	-	-.74	16.72	-2.05	-	8.45	7.02
나주군	.25	-1.93	-5.19	-6.07	-	-.84	-5.44	-2.73
광양시	-	-	-	1.35	-.32	-	1.35	.72
동광양시	-	-	3.55	-3.23	-	-	-1.87	-1.87
광양군	.85	-1.79	1.09	-5.22	-	-.47	-71	-.57
담양군	-.31	-2.07	-2.07	-2.81	-2.49	-1.19	-2.44	-1.86
곡성군	-.04	-2.75	-3.99	-1.81	-4.93	-1.40	-2.90	-2.34
구례군	.57	-2.52	-3.24	-2.04	-3.13	-.98	-2.64	-1.90
고흥군	.92	-1.73	-3.45	-2.78	-3.20	-.40	-3.12	-1.86
보성군	.29	-2.59	-1.75	-5.19	-2.97	-1.15	-3.47	-2.36
화순군	.50	-2.66	-2.09	-.83	-1.00	-1.08	-1.46	-1.25
장흥군	.75	-1.82	-4.82	-2.39	-3.54	-.53	-3.60	-2.17
강진군	.23	-2.43	-2.56	-3.48	-2.98	-1.10	-3.02	-2.13
해남군	.55	-2.33	-2.84	-2.20	-3.17	-.89	-2.52	-1.81
영암군	.40	-2.38	-3.62	-.44	-.79	-.99	-2.03	-1.46
무안군	-5.49	-1.30	-2.36	-2.47	-3.17	-3.40	-2.41	-2.92
함평군	.07	-2.64	-4.10	-3.18	-2.26	-1.29	-3.64	-2.45
영광군	.42	-2.04	-3.16	-1.51	-4.10	-.81	-2.34	-1.75
장성군	.19	-2.28	-4.13	-.89	-2.64	-1.05	-2.51	-1.84
완도군	1.43	-1.31	-3.78	-2.41	-2.96	.06	-3.09	-1.62
진도군	1.05	-2.26	-3.90	-2.49	-3.10	-.60	-3.19	-1.98
신안군	-4.60	-2.29	-2.42	-6.23	-1.49	-2.50	-4.32	-3.48

<표 7> 경상북도의 년변동율의 평균변동률(10년간, 20년간, 43년간)

(단위: %)

경 북	1960-1970	1971-1980	1981-1990	1991-2000	2001-2003	1960-1980	1981-2000	1960-2003
포항시	2.97	9.82	5.12	6.01	-.44	6.40	5.56	5.53
영일군	.26	-.15	-1.26	2.20	-	.06	-.27	-.08
경주시	1.97	2.87	1.72	9.91	-.98	2.42	5.82	3.76
경주군	-.36	-1.17	-2.68	1.39	-	-.76	-1.52	-1.07
김천시	1.99	1.52	1.34	8.30	.17	1.75	4.82	3.07
금릉군	-.37	-2.30	-3.82	-.33	-	-1.34	-2.82	-1.95
안동시	3.87	2.95	1.51	5.87	-1.47	3.36	3.69	3.16
안동군	-2.29	-2.74	-4.97	-1.76	-	-2.52	-4.06	-3.15
구미시	-	13.92	7.30	5.71	1.84	13.92	6.50	6.82
선산군	-.27	-2.69	-1.23	.87	-	-1.48	-.63	-1.13
영주시	-	.32	.99	5.83	-1.88	.32	3.41	2.62
영풍군	1.99	-4.65	-3.86	-.41	-	-1.33	-2.88	-1.97
영천시	-	-	-.72	13.50	-1.96	-	6.76	5.57
영천군	.39	-1.81	-6.84	-.85	-	-.71	-5.13	-2.53
상주시	-	-	.83	14.78	-2.52	-	10.79	8.44
상주군	-.17	-1.95	-6.13	-3.76	-	-1.06	-5.45	-2.87
문경시	-	-	-	-1.24	-3.22	-	-1.24	-1.98
점촌시	-	-	-2.76	-.11	-	-	-1.43	-1.43
문경군	1.01	-.67	-6.26	-8.21	-	.17	-6.82	-2.71
경산시	-	-	8.16	17.16	.49	-	16.34	12.95
경산군	.99	1.59	-6.56	-.49	-	1.29	-4.83	-1.23
군위군	-.53	-2.55	-3.25	-1.41	-2.77	-1.54	-2.33	-1.99
의성군	-.17	-2.39	-3.88	-2.33	-3.55	-1.28	-3.10	-2.29
청송군	1.18	-2.41	-3.68	-2.40	-2.91	-.62	-3.04	-1.91
영양군	1.91	-2.46	-4.78	-3.03	-3.03	-.28	-3.90	-2.16
영덕군	.75	-2.19	-3.06	-2.52	-2.50	-.72	-2.79	-1.81
청도군	-.26	-2.58	-3.23	-1.36	-1.38	-1.42	-2.30	-1.82
고령군	-.58	-3.14	-3.00	.85	-2.16	-1.86	-1.08	-1.52
성주군	-.37	-3.18	-3.55	-.25	-1.42	-1.77	-1.90	-1.81
칠곡군	1.02	-.37	-2.91	2.99	.93	.33	.04	.24
예천군	-.13	-1.99	-3.91	-2.73	-3.55	-1.06	-3.32	-2.28
봉화군	.63	-1.47	-4.81	-2.95	-2.69	-.42	-3.88	-2.18
울진군	.72	-2.02	-2.42	-.49	-2.67	-.65	-1.45	-1.16
울릉군	2.68	-.91	-1.42	-4.30	-3.34	.88	-2.86	-1.15

<표 8> 경상남도의 년변동율의 평균변동률(10년간, 20년간, 43년간)

(단위: %)

경 남	1960- 1970	1971- 1980	1981- 1990	1991- 2000	2001- 2003	1960- 1980	1981- 2000	1960- 2003
마산시	2.01	8.16	2.54	-1.05	-.22	5.09	.75	2.70
창원시	-	9.89	11.31	5.02	-.55	9.89	8.17	7.51
창원군	-.35	-5.29	-1.87	7.58	-	-2.82	.83	-1.32
진주시	3.46	5.29	2.52	3.18	-.41	4.37	2.85	3.33
진양군	-.48	-2.65	-3.13	.44	-	-1.56	-2.11	-1.79
진해시	3.27	2.03	.72	1.14	4.03	2.65	.93	1.95
통영시	-	-	-	-.80	-.78	-	-.80	-.79
충무시	1.47	3.26	2.02	1.64	-	2.37	1.91	2.18
통영군	.13	-1.93	-3.43	-.59	-	-.90	-2.62	-1.61
사천시	-	-	-	-.55	-1.26	-	-.55	-.82
삼천포시	.89	1.65	-.27	1.15	-	1.27	.13	.80
사천군	-.04	-2.28	-2.83	1.93	-	-1.16	-1.47	-1.29
김해시	-	-	4.65	13.61	6.01	-	9.37	8.91
김해군	.08	3.39	-6.18	2.27	-	1.73	-3.77	-.53
밀양시	-	-	-4.46	14.99	-1.77	-	13.22	10.01
밀양군	-.20	-1.88	-5.83	.75	-	-1.04	-3.95	-2.24
거제시	-	-	-	2.50	2.37	-	2.50	2.45
장승포시	-	-	-4.24	3.43	-	-	1.90	1.90
거제군	-.04	-.23	-.15	-.16	-	-.13	-.15	-.14
양산시	.57	13.14	1.15	2.54	3.13	6.85	1.85	4.26
의령군	-.50	-3.64	-2.64	-3.37	-1.61	-2.07	-3.01	-2.47
함안군	-.70	-3.03	-2.89	1.00	-.55	-1.87	-.95	-1.35
창녕군	.06	-2.31	-3.08	-1.37	-2.59	-1.12	-2.23	-1.74
고성군	-.39	-2.54	-3.10	-.50	-2.52	-1.46	-1.80	-1.70
남해군	.11	-2.03	-3.58	-1.71	-3.03	-.96	-2.65	-1.89
하동군	.94	-2.87	-3.85	-.93	-.78	-.96	-2.39	-1.61
산청군	-.21	-3.36	-3.64	-1.97	-2.63	-1.78	-2.80	-2.32
함양군	-.02	-2.97	-3.99	-1.63	-2.67	-1.49	-2.81	-2.19
거창군	.10	-2.02	-2.72	-1.04	-1.62	-.96	-1.88	-1.43
합천군	-.17	-3.76	-4.52	-1.61	-.51	-1.96	-3.06	-2.37

<표 9> 제주도의 년변동율의 평균변동률(10년간, 20년간, 43년간)

(단위: %)

제주도	1960-1970	1971-1980	1981-1990	1991-2000	2001-2003	1960-1980	1981-2000	1960-2003
제주시	4.60	4.65	3.34	1.84	1.63	4.63	2.59	3.47
서귀포시	-	-	1.39	-.28	-.87	-	.51	.32
북제주군	.96	.60	-1.15	-.77	.59	.78	-.96	-.04
남제주군	2.90	1.87	-5.62	-.82	-1.24	2.38	-3.22	-.48

각 도내 전입지별 · 전출지별 시군간 인구이동
(1995-2002)

<표 1> 경기도내에서의 전입지별 총인구이동

(단위: 명, %)

경 기	1995		1996		1997		1998	
	이동자수	비율	이동자수	비율	이동자수	비율	이동자수	비율
수원시	118,300	11.0	139,512	13.0	148,379	13.0	173,968	17.0
성남시	128,082	12.0	126,065	11.0	119,993	10.0	100,123	9.6
의정부시	45,928	4.2	41,014	3.7	44,667	3.8	42,719	4.1
안양시	78,963	7.3	81,175	7.3	81,318	6.9	70,931	6.8
부천시	111,274	10	96,058	8.6	83,420	7.1	68,129	6.5
광명시	36,531	3.4	38,316	3.4	38,696	3.3	30,684	2.9
평택시	46,751	4.3	51,127	4.6	48,267	4.1	39,201	3.8
동두천시	11,267	1.0	12,042	1.1	12,366	1.1	9,620	0.9
안산시	91,404	8.4	83,296	7.5	86,014	7.3	67,390	6.5
고양시	88,552	8.2	83,483	7.5	95,410	8.1	87,288	8.4
과천시	8,205	0.8	7,649	0.7	7,528	0.6	6,822	0.7
구리시	21,724	2.0	27,788	2.5	25,073	2.1	18,955	1.8
남양주시	23,868	2.2	26,820	2.4	32,182	2.7	32,790	3.1
오산시	9,934	0.9	12,532	1.1	11,395	1.0	9,698	0.9
시흥시	21,347	2.0	41,817	3.8	50,181	4.3	40,116	3.8
군포시	44,502	4.1	38,459	3.5	43,789	3.7	37,712	3.6
의왕시	17,324	1.6	15,111	1.4	16,866	1.4	14,738	1.4
하남시	17,515	1.6	14,439	1.3	14,728	1.3	11,130	1.1
용인시	40,958	3.8	42,146	3.8	54,902	4.7	44,570	4.3
파주시	13,102	1.2	16,157	1.5	21,039	1.8	16,620	1.6
이천시	12,350	1.1	17,866	1.6	26,211	2.2	22,085	2.1
안성시	9,716	0.9	9,133	0.8	10,987	0.9	11,521	1.1
김포시	9,046	0.8	7,065	0.6	10,911	0.9	9,930	1.0
화성시	19,056	1.8	19,568	1.8	26,064	2.2	20,153	1.9
광주시	10,700	1.0	13,284	1.2	14,978	1.3	13,428	1.3
양주시	11,247	1.0	11,857	1.1	13,108	1.1	10,245	1.0
포천시	12,979	1.2	14,763	1.3	15,728	1.3	12,468	1.2
여주군	7,236	0.7	8,653	0.8	8,514	0.7	8,168	0.8
연천군	4,256	0.4	4,843	0.4	4,979	0.4	4,027	0.4
가평군	3,111	0.3	3,400	0.3	3,175	0.3	3,063	0.3
양평군	7,586	0.7	6,049	0.5	5,581	0.5	4,962	0.5
계	1,082,814	100.0	1,111,487	100.0	1,176,449	100.0	1,043,254	100.0

경 기	1999		2000		2001		2002	
	이동자수	비율	이동자수	비율	이동자수	비율	이동자수	비율
수원시	189,271	15.0	166,271	13.0	175,168	12.0	209,324	14.0
성남시	130,324	10.0	122,844	9.6	135,661	9.5	138,125	8.9
의정부시	49,709	3.9	49,771	3.9	47,973	3.4	59,124	3.8
안양시	89,433	6.9	89,332	7.0	96,321	6.8	95,971	6.2
부천시	94,280	7.3	92,975	7.2	100,285	7.1	121,984	7.8
광명시	36,489	2.8	34,293	2.7	41,278	2.9	44,135	2.8
평택시	48,941	3.8	43,973	3.4	47,062	3.3	44,985	2.9
동두천시	12,210	0.9	11,340	0.9	10,364	0.7	10,708	0.7
안산시	88,439	6.9	104,882	8.2	115,534	8.1	125,330	8.1
고양시	105,654	8.2	105,538	8.2	109,640	7.7	126,809	8.2
과천시	8,749	0.7	7,546	0.6	7,908	0.6	7,546	0.5
구리시	25,638	2.0	21,980	1.7	31,563	2.2	30,820	2.0
남양주시	37,706	2.9	38,821	3.0	38,508	2.7	44,081	2.8
오산시	17,395	1.4	31,221	2.4	23,255	1.6	19,598	1.3
시흥시	55,731	4.3	50,948	4.0	53,361	3.8	54,551	3.5
군포시	39,599	3.1	37,576	2.9	38,798	2.7	42,499	2.7
의왕시	17,640	1.4	20,109	1.6	19,396	1.4	24,952	1.6
하남시	13,999	1.1	13,077	1.0	14,004	1.0	16,693	1.1
용인시	61,762	4.8	61,324	4.8	85,985	6.0	103,511	6.7
파주시	19,596	1.5	24,005	1.9	43,902	3.1	33,621	2.2
이천시	21,509	1.7	21,903	1.7	23,815	1.7	21,591	1.4
안성시	14,655	1.1	16,276	1.3	18,335	1.3	20,083	1.3
김포시	18,019	1.4	15,681	1.2	18,266	1.3	18,294	1.2
화성시	23,016	1.8	25,703	2.0	38,411	2.7	42,558	2.7
광주시	18,086	1.4	23,543	1.8	25,452	1.8	35,212	2.3
양주시	14,374	1.1	17,208	1.3	24,830	1.7	21,277	1.4
포천시	13,867	1.1	13,907	1.1	15,315	1.1	19,171	1.2
여주군	7,808	0.6	9,330	0.7	9,224	0.6	8,413	0.5
연천군	4,463	0.3	4,063	0.3	3,953	0.3	4,235	0.3
가평군	3,355	0.3	3,265	0.3	3,063	0.2	3,295	0.2
양평군	5,329	0.4	5,451	0.4	5,324	0.4	5,875	0.4
계	1,287,046	100.0	1,284,156	100.0	1,421,954	100.0	1,554,371	100.0

<표 2> 경기도내에서의 전출지별 총인구이동

(단위: 명, %)

경 기	1995		1996		1997		1998	
	이동자수	비율	이동자수	비율	이동자수	비율	이동자수	비율
수원시	127,620	12.0	138,935	13.0	141,290	12.0	147,729	14.0
성남시	130,340	12.0	137,881	12.0	139,893	12.0	117,954	11.0
의정부시	48,112	4.4	44,650	4.0	46,501	4.0	39,224	3.8
안양시	99,472	9.2	92,344	8.3	100,406	8.5	84,807	8.1
부천시	120,780	11.0	104,470	9.4	95,452	8.1	76,315	7.3
광명시	49,464	4.6	47,096	4.2	48,633	4.1	35,856	3.4
평택시	42,217	3.9	45,738	4.1	46,224	3.9	41,514	4.0
동두천시	11,383	1.1	12,066	1.1	12,392	1.1	10,032	1.0
안산시	83,656	7.7	88,880	8.0	92,831	7.9	75,260	7.2
고양시	71,093	6.6	79,180	7.1	93,466	7.9	88,086	8.4
과천시	12,295	1.1	10,588	1.0	10,426	0.9	8,900	0.9
구리시	22,490	2.1	27,090	2.4	26,973	2.3	22,437	2.2
남양주시	25,115	2.3	26,310	2.4	27,476	2.3	26,210	2.5
오산시	9,346	0.9	11,264	1.0	10,481	0.9	9,466	0.9
시흥시	18,224	1.7	19,132	1.7	22,428	1.9	22,034	2.1
군포시	36,376	3.4	38,390	3.5	43,646	3.7	37,260	3.6
의왕시	16,492	1.5	16,103	1.4	17,181	1.5	15,116	1.4
하남시	18,335	1.7	16,395	1.5	16,950	1.4	13,652	1.3
용인시	26,942	2.5	32,159	2.9	44,496	3.8	38,400	3.7
파주시	14,906	1.4	16,318	1.5	19,533	1.7	16,592	1.6
이천시	12,433	1.1	17,137	1.5	21,813	1.9	21,124	2.0
안성시	9,211	0.9	9,291	0.8	10,037	0.9	10,744	1.0
김포시	6,936	0.6	6,595	0.6	8,134	0.7	9,180	0.9
화성시	16,348	1.5	18,669	1.7	20,300	1.7	19,398	1.9
광주시	8,966	0.8	9,823	0.9	11,286	1.0	11,124	1.1
양주시	10,673	1.0	11,052	1.0	11,685	1.0	10,683	1.0
포천시	12,058	1.1	12,464	1.1	13,550	1.2	12,614	1.2
여주군	7,249	0.7	7,783	0.7	8,434	0.7	8,088	0.8
연천군	4,748	0.4	4,997	0.4	5,317	0.5	5,018	0.5
가평군	3,036	0.3	3,224	0.3	3,408	0.3	3,245	0.3
양평군	6,498	0.6	5,463	0.5	5,807	0.5	5,192	0.5
계	1,082,814	100.0	1,111,487	100.0	1,176,449	100.0	1,043,254	100.0

경기	1999		2000		2001		2002	
	이동자수	비율	이동자수	비율	이동자수	비율	이동자수	비율
수원시	166,309	13.0	160,974	13.0	176,871	12.0	202,260	13.0
성남시	153,564	12.0	144,974	11.0	159,589	11.0	165,944	11.0
의정부시	48,578	3.8	49,809	3.9	52,826	3.7	61,140	3.9
안양시	103,800	8.1	102,252	8.0	103,377	7.3	110,845	7.1
부천시	104,910	8.2	101,386	7.9	108,776	7.6	125,693	8.1
광명시	43,978	3.4	41,477	3.2	49,156	3.5	51,413	3.3
평택시	50,309	3.9	47,197	3.7	49,124	3.5	48,828	3.1
동두천시	11,916	0.9	11,387	0.9	11,977	0.8	11,852	0.8
안산시	99,290	7.7	106,062	8.3	113,145	8.0	115,678	7.4
고양시	110,495	8.6	110,829	8.6	128,711	9.1	134,674	8.7
과천시	11,106	0.9	9,437	0.7	10,059	0.7	10,188	0.7
구리시	28,866	2.2	24,422	1.9	30,425	2.1	31,704	2.0
남양주시	31,916	2.5	34,797	2.7	39,339	2.8	44,802	2.9
오산시	12,323	1.0	17,143	1.3	19,458	1.4	21,450	1.4
시흥시	34,868	2.7	39,802	3.1	47,399	3.3	54,526	3.5
군포시	45,617	3.5	43,512	3.4	46,344	3.3	50,260	3.2
의왕시	18,506	1.4	17,688	1.4	19,817	1.4	20,753	1.3
하남시	16,021	1.2	15,407	1.2	16,609	1.2	18,508	1.2
용인시	45,157	3.5	49,075	3.8	60,358	4.2	73,208	4.7
파주시	19,134	1.5	19,796	1.5	24,880	1.7	29,244	1.9
이천시	20,614	1.6	22,280	1.7	23,266	1.6	21,817	1.4
안성시	13,814	1.1	13,786	1.1	16,414	1.2	16,916	1.1
김포시	12,364	1.0	12,504	1.0	15,409	1.1	16,957	1.1
화성시	21,400	1.7	22,203	1.7	24,395	1.7	31,971	2.1
광주시	13,455	1.0	15,151	1.2	19,596	1.4	23,216	1.5
양주시	12,373	1.0	13,312	1.0	15,106	1.1	18,658	1.2
포천시	14,206	1.1	15,013	1.2	16,635	1.2	17,474	1.1
여주군	8,164	0.6	8,357	0.7	8,990	0.6	9,175	0.6
연천군	5,337	0.4	5,179	0.4	5,059	0.4	5,335	0.3
가평군	3,405	0.3	3,455	0.3	3,177	0.2	3,621	0.2
양평군	5,251	0.4	5,490	0.4	5,667	0.4	6,261	0.4
계	1,287,046	100.0	1,284,156	100.0	1,421,954	100.0	1,554,371	100.0

<표 3> 강원도내에서의 전입지별 총인구이동

(단위: 명, %)

강 원	1995		1996		1997		1998	
	이동자수	비율	이동자수	비율	이동자수	비율	이동자수	비율
춘천시	42,970	23.0	33,684	21.0	36,897	22.0	35,094	21.0
원주시	38,683	21.0	33,158	21.0	42,138	25.0	33,443	20.0
강릉시	34,785	19.0	30,808	19.0	30,028	18.0	36,095	21.0
동해시	14,967	8.1	13,557	8.6	11,496	6.8	12,192	7.1
태백시	6,799	3.7	5,772	3.6	6,060	3.6	5,704	3.3
속초시	12,813	7.0	10,958	6.9	12,071	7.2	14,297	8.4
삼척시	6,820	3.7	6,199	3.9	6,267	3.7	7,787	4.5
홍천군	3,878	2.1	4,153	2.6	3,583	2.1	4,155	2.4
횡성군	2,966	1.6	2,495	1.6	2,444	1.5	2,620	1.5
영월군	2,385	1.3	1,870	1.2	1,832	1.1	2,191	1.3
평창군	2,531	1.4	2,511	1.6	2,288	1.4	2,122	1.2
정선군	3,098	1.7	2,622	1.7	2,450	1.5	2,800	1.6
철원군	1,829	1.0	1,845	1.2	1,908	1.1	2,008	1.2
화천군	1,779	1.0	1,414	0.9	1,406	0.8	1,785	1.0
양구군	1,424	0.8	1,383	0.9	1,404	0.8	1,697	1.0
인제군	2,104	1.1	2,014	1.3	2,030	1.2	2,199	1.3
고성군	2,333	1.3	2,102	1.3	2,057	1.2	2,729	1.6
양양군	2,038	1.1	1,970	1.2	1,876	1.1	2,258	1.3
계	184,202	100.0	158,515	100.0	168,235	100.0	171,176	100.0

강 원	1999		2000		2001		2002	
	이동자수	비율	이동자수	비율	이동자수	비율	이동자수	비율
춘천시	44,138	24.0	37,572	22.0	35,023	21.0	43,233	24.0
원주시	37,507	20.0	39,495	23.0	39,242	23.0	39,275	22.0
강릉시	35,144	19.0	31,733	19.0	29,543	17.0	33,127	18.0
동해시	12,733	6.9	11,798	6.9	12,088	7.1	12,121	6.7
태백시	6,190	3.4	5,279	3.1	7,056	4.2	6,113	3.4
속초시	13,102	7.1	14,007	8.2	13,193	7.8	13,283	7.3
삼척시	7,448	4.1	6,223	3.6	5,613	3.3	6,642	3.6
홍천군	4,403	2.4	4,233	2.5	4,620	2.7	4,058	2.2
횡성군	2,755	1.5	2,495	1.5	2,684	1.6	2,906	1.6
영월군	2,375	1.3	1,658	1.0	3,118	1.8	1,857	1.0
평창군	2,491	1.4	2,141	1.3	2,045	1.2	2,591	1.4
정선군	2,728	1.5	2,693	1.6	3,068	1.8	4,777	2.6
철원군	2,006	1.1	1,969	1.2	2,073	1.2	2,038	1.1
화천군	2,031	1.1	1,903	1.1	1,754	1.0	1,493	0.8
양구군	1,630	0.9	1,434	0.8	1,666	1.0	1,450	0.8
인제군	2,299	1.3	2,057	1.2	2,023	1.2	2,156	1.2
고성군	2,427	1.3	2,257	1.3	2,305	1.4	2,520	1.4
양양군	2,373	1.3	2,103	1.2	2,377	1.4	2,589	1.4
계	183,780	100.0	171,050	100.0	169,491	100.0	182,229	100.0

<표 4> 강원도내에서의 전출지별 총인구이동

(단위: 명, %)

강 원	1995		1996		1997		1998	
	이동자수	비율	이동자수	비율	이동자수	비율	이동자수	비율
춘천시	41,083	22.0	32,309	20.0	35,076	21.0	34,129	20.0
원주시	36,158	20.0	30,716	19.0	39,231	23.0	32,015	19.0
강릉시	34,590	19.0	30,577	19.0	29,450	18.0	35,036	21.0
동해시	13,870	7.5	12,365	7.8	11,121	6.6	12,441	7.3
태백시	7,153	3.9	6,186	3.9	6,607	3.9	6,029	3.5
속초시	12,142	6.6	10,339	6.5	11,150	6.6	13,984	8.2
삼척시	7,859	4.3	7,315	4.6	6,848	4.1	7,939	4.6
홍천군	4,581	2.5	4,326	2.7	4,368	2.6	4,506	2.6
횡성군	3,543	1.9	3,195	2.0	3,282	2.0	2,940	1.7
영월군	2,494	1.4	2,135	1.3	2,182	1.3	2,383	1.4
평창군	2,952	1.6	2,661	1.7	2,641	1.6	2,602	1.5
정선군	4,583	2.5	3,828	2.4	3,440	2.0	3,187	1.9
철원군	1,873	1.0	1,862	1.2	1,942	1.2	2,039	1.2
화천군	2,322	1.3	1,917	1.2	1,841	1.1	2,066	1.2
양구군	1,654	0.9	1,650	1.0	1,676	1.0	1,889	1.1
인제군	2,479	1.3	2,418	1.5	2,501	1.5	2,496	1.5
고성군	2,640	1.4	2,562	1.6	2,809	1.7	3,063	1.8
양양군	2,226	1.2	2,154	1.4	2,070	1.2	2,432	1.4
계	184,202	100.0	158,515	100.0	168,235	100.0	171,176	100.0

강 원	1999		2000		2001		2002	
	이동자수	비율	이동자수	비율	이동자수	비율	이동자수	비율
춘천시	41,637	23.0	35,607	21.0	34,290	20.0	41,274	23.0
원주시	35,515	19.0	37,199	22.0	37,592	22.0	37,096	20.0
강릉시	33,743	18.0	30,737	18.0	29,144	17.0	33,100	18.0
동해시	12,913	7.0	11,415	6.7	11,729	6.9	11,994	6.6
태백시	6,589	3.6	5,850	3.4	7,194	4.2	6,058	3.3
속초시	12,342	6.7	13,259	7.8	13,217	7.8	12,869	7.1
삼척시	7,917	4.3	7,139	4.2	6,740	4.0	7,442	4.1
홍천군	5,016	2.7	4,645	2.7	4,756	2.8	4,939	2.7
횡성군	3,283	1.8	3,128	1.8	2,918	1.7	3,125	1.7
영월군	2,592	1.4	2,011	1.2	2,351	1.4	3,525	1.9
평창군	3,145	1.7	2,749	1.6	2,557	1.5	2,679	1.5
정선군	3,794	2.1	3,233	1.9	3,801	2.2	3,671	2.0
철원군	2,239	1.2	2,068	1.2	2,165	1.3	2,203	1.2
화천군	2,554	1.4	2,292	1.3	2,024	1.2	2,123	1.2
양구군	1,880	1.0	1,707	1.0	1,868	1.1	1,850	1.0
인제군	2,872	1.6	2,459	1.4	2,268	1.3	2,632	1.4
고성군	3,086	1.7	2,843	1.7	2,614	1.5	2,958	1.6
양양군	2,663	1.4	2,709	1.6	2,263	1.3	2,691	1.5
계	183,780	100.0	171,050	100.0	169,491	100.0	182,229	100.0

<표 5> 충청북도내에서의 전입지별 총인구이동

(단위: 명, %)

충 북	1995		1996		1997		1998	
	이동자수	비율	이동자수	비율	이동자수	비율	이동자수	비율
청주시	95,080	56.0	80,783	53.0	96,505	57.0	83,518	55.0
충주시	24,700	14.0	27,672	18.0	26,515	16.0	22,977	15.0
제천시	21,116	12.0	15,797	10.0	16,184	9.5	14,070	9.3
청원군	8,556	5.0	9,799	6.4	11,742	6.9	10,867	7.2
보은군	1,937	1.1	1,693	1.1	1,784	1.0	1,956	1.3
옥천군	1,846	1.1	1,561	1.0	1,775	1.0	1,940	1.3
영동군	1,854	1.1	1,507	1.0	1,574	0.9	1,748	1.2
진천군	3,048	1.8	3,124	2.0	3,299	1.9	3,241	2.1
괴산군	6,023	3.5	5,166	3.4	4,745	2.8	4,962	3.3
음성군	4,511	2.6	4,184	2.7	4,635	2.7	4,386	2.9
단양군	2,365	1.4	2,259	1.5	1,924	1.1	2,280	1.5
계	171,036	100.0	153,545	100.0	170,682	100.0	151,945	100.0

충 북	1999		2000		2001		2002	
	이동자수	비율	이동자수	비율	이동자수	비율	이동자수	비율
청주시	96,358	56.0	86,830	55.0	86,557	56.0	95,760	58.0
충주시	25,226	15.0	23,276	15.0	22,562	15.0	24,967	15.0
제천시	17,046	10.0	14,904	9.5	14,513	9.4	14,750	8.9
청원군	10,708	6.3	12,146	7.7	11,161	7.2	10,210	6.2
보은군	2,075	1.2	1,799	1.1	2,013	1.3	1,875	1.1
옥천군	1,817	1.1	1,529	1.0	1,486	1.0	1,809	1.1
영동군	1,824	1.1	1,394	0.9	1,555	1.0	1,570	0.9
진천군	3,280	1.9	4,018	2.6	3,865	2.5	3,478	2.1
괴산군	6,433	3.8	5,057	3.2	4,864	3.1	5,044	3.0
음성군	4,551	2.7	4,225	2.7	4,345	2.8	4,637	2.8
단양군	1,912	1.1	1,806	1.2	1,541	1.0	1,497	0.9
계	171,230	100.0	156,984	100.0	154,462	100.0	165,597	100.0

<표 6> 충청북도 내에서의 전출지별 총인구이동

(단위: 명, %)

충 북	1995		1996		1997		1998	
	이동자수	비율	이동자수	비율	이동자수	비율	이동자수	비율
청주시	91,334	53.0	79,185	52.0	94,174	55.0	80,110	53.0
충주시	24,592	14.0	27,406	18.0	26,126	15.0	23,047	15.0
제천시	21,163	12.0	15,884	10.0	16,406	9.6	14,486	9.5
청원군	9,366	5.5	8,899	5.8	11,067	6.5	10,700	7.0
보은군	2,527	1.5	2,219	1.4	2,412	1.4	2,322	1.5
옥천군	1,936	1.1	1,724	1.1	1,949	1.1	1,979	1.3
영동군	2,024	1.2	1,552	1.0	1,622	1.0	1,994	1.3
진천군	3,544	2.1	3,434	2.2	3,659	2.1	3,783	2.5
괴산군	6,766	4.0	6,094	4.0	6,004	3.5	6,148	4.0
음성군	4,384	2.6	4,368	2.8	4,770	2.8	4,718	3.1
단양군	3,400	2.0	2,780	1.8	2,493	1.5	2,658	1.7
계	171,036	100.0	153,545	100.0	170,682	100.0	151,945	100.0

충 북	1999		2000		2001		2002	
	이동자수	비율	이동자수	비율	이동자수	비율	이동자수	비율
청주시	92,012	54.0	83,145	53.0	81,202	53.0	88,943	54.0
충주시	25,535	15.0	23,931	15.0	23,068	15.0	25,721	16.0
제천시	17,119	10.0	14,902	9.5	14,892	9.6	15,086	9.1
청원군	11,455	6.7	11,498	7.3	11,853	7.7	11,815	7.1
보은군	2,627	1.5	2,335	1.5	2,431	1.6	2,595	1.6
옥천군	1,963	1.1	1,748	1.1	1,600	1.0	1,836	1.1
영동군	1,957	1.1	1,550	1.0	1,698	1.1	1,718	1.0
진천군	3,891	2.3	3,991	2.5	4,188	2.7	4,234	2.6
괴산군	7,142	4.2	6,709	4.3	6,580	4.3	6,340	3.8
음성군	4,933	2.9	4,849	3.1	4,852	3.1	5,298	3.2
단양군	2,596	1.5	2,326	1.5	2,098	1.4	2,011	1.2
계	171,230	100.0	156,984	100.0	154,462	100.0	165,597	100.0

<표 7> 충청남도내에서의 전입지별 총인구이동

(단위: 명, %)

충 남	1995		1996		1997		1998	
	이동자수	비율	이동자수	비율	이동자수	비율	이동자수	비율
천안시	50,645	37.0	42,567	33.0	54,775	38.0	46,207	34.0
공주시	10,817	7.9	9,987	7.7	8,945	6.2	10,402	7.5
보령시	9,465	6.9	8,996	7.0	11,747	8.1	10,145	7.3
아산시	15,397	11.0	17,312	13.0	19,718	14.0	18,108	13.0
서산시	13,763	10.0	13,802	11.0	11,536	8.0	12,895	9.3
논산시	6,730	4.9	8,387	6.5	9,137	6.3	9,594	6.9
금산군	2,643	1.9	1,763	1.4	1,914	1.3	1,955	1.4
연기군	2,602	1.9	3,060	2.4	2,694	1.9	3,061	2.2
부여군	3,303	2.4	3,049	2.4	3,109	2.1	3,518	2.5
서천군	2,702	2.0	2,333	1.8	2,283	1.6	2,583	1.9
청양군	1,322	1.0	1,227	1.0	1,409	1.0	1,481	1.1
홍성군	4,558	3.3	3,475	2.7	4,582	3.2	4,345	3.1
예산군	4,184	3.1	4,174	3.2	3,866	2.7	4,237	3.1
태안군	2,596	1.9	2,625	2.0	2,742	1.9	2,844	2.1
당진군	5,473	4.0	6,210	4.8	6,404	4.4	6,695	4.8
계	136,200	100.0	128,967	100.0	144,861	100.0	138,070	100.0

충 남	1999		2000		2001		2002	
	이동자수	비율	이동자수	비율	이동자수	비율	이동자수	비율
천안시	57,164	38.0	53,395	37.0	51,886	35.0	55,436	36.0
공주시	11,758	7.8	10,425	7.1	10,752	7.2	11,176	7.2
보령시	9,847	6.5	9,148	6.2	9,215	6.2	9,396	6.1
아산시	18,350	12.0	19,146	13.0	21,155	14.0	24,116	16.0
서산시	13,060	8.6	12,956	8.9	13,691	9.2	12,280	7.9
논산시	9,471	6.3	9,722	6.6	9,982	6.7	11,087	7.1
금산군	2,045	1.4	2,026	1.4	1,707	1.1	1,688	1.1
연기군	3,679	2.4	2,846	1.9	3,618	2.4	4,231	2.7
부여군	3,790	2.5	3,595	2.5	3,611	2.4	4,401	2.8
서천군	2,700	1.8	3,204	2.2	2,418	1.6	2,188	1.4
청양군	1,492	1.0	1,626	1.1	1,474	1.0	1,430	0.9
홍성군	4,219	2.8	4,454	3.0	4,786	3.2	4,237	2.7
예산군	4,197	2.8	4,391	3.0	4,668	3.1	4,285	2.8
태안군	2,822	1.9	3,258	2.2	2,800	1.9	2,683	1.7
당진군	6,488	4.3	6,201	4.2	6,996	4.7	6,457	4.2
계	151,082	100.0	146,393	100.0	148,759	100.0	155,091	100.0

<표 8> 충청남도내에서의 전출지별 총인구이동

(단위: 명, %)

충 남	1995 이동자수	비율	1996 이동자수	비율	1997 이동자수	비율	1998 이동자수	비율
천안시	47,933	35.0	40,723	32.0	52,797	36.0	44,330	32.0
공주시	10,859	8.0	10,206	7.9	9,382	6.5	10,363	7.5
보령시	9,905	7.3	9,393	7.3	11,820	8.2	10,215	7.4
아산시	15,792	12.0	16,189	13.0	18,322	13.0	17,967	13.0
서산시	13,209	9.7	13,187	10.0	11,963	8.3	12,990	9.4
논산시	6,045	4.4	8,239	6.4	8,933	6.2	9,754	7.1
금산군	2,578	1.9	1,790	1.4	2,018	1.4	2,016	1.5
연기군	3,125	2.3	3,299	2.6	3,076	2.1	3,190	2.3
부여군	3,902	2.9	3,660	2.8	3,762	2.6	3,741	2.7
서천군	2,875	2.1	2,596	2.0	2,574	1.8	2,674	1.9
청양군	1,658	1.2	1,459	1.1	1,621	1.1	1,633	1.2
홍성군	4,734	3.5	3,935	3.1	4,601	3.2	4,507	3.3
예산군	4,840	3.6	4,738	3.7	4,682	3.2	4,606	3.3
태안군	3,253	2.4	3,363	2.6	2,768	1.9	3,061	2.2
당진군	5,492	4.0	6,190	4.8	6,542	4.5	7,023	5.1
계	136,200	100.0	128,967	100.0	144,861	100.0	138,070	100.0

충 남	1999 이동자수	비율	2000 이동자수	비율	2001 이동자수	비율	2002 이동자수	비율
천안시	53,021	35.0	48,644	33.0	48,872	33.0	52,565	34.0
공주시	11,722	7.8	10,454	7.1	10,981	7.4	11,248	7.3
보령시	10,092	6.7	9,530	6.5	9,628	6.5	9,927	6.4
아산시	19,251	13.0	19,655	13.0	21,351	14.0	23,340	15.0
서산시	13,062	8.6	13,435	9.2	13,472	9.1	12,199	7.9
논산시	9,439	6.2	9,768	6.7	9,946	6.7	11,092	7.2
금산군	2,134	1.4	2,072	1.4	1,817	1.2	1,774	1.1
연기군	3,919	2.6	3,321	2.3	3,539	2.4	3,983	2.6
부여군	4,094	2.7	3,967	2.7	3,896	2.6	4,604	3.0
서천군	2,968	2.0	3,503	2.4	2,713	1.8	2,615	1.7
청양군	1,704	1.1	1,788	1.2	1,640	1.1	1,874	1.2
홍성군	4,653	3.1	4,881	3.3	5,095	3.4	4,671	3.0
예산군	4,861	3.2	5,205	3.6	4,945	3.3	5,060	3.3
태안군	3,315	2.2	3,212	2.2	3,181	2.1	3,212	2.1
당진군	6,847	4.5	6,958	4.8	7,683	5.2	6,927	4.5
계	151,082	100.0	146,393	100.0	148,759	100.0	155,091	100.0

<표 9> 전라북도내에서의 전입지별 총인구이동

(단위: 명, %)

전 북	1995		1996		1997		1998	
	이동자수	비율	이동자수	비율	이동자수	비율	이동자수	비율
전주시	118,531	42.0	107,173	45.0	104,923	42.0	112,633	43.0
군산시	41,784	15.0	36,836	15.0	38,037	15.0	37,860	15.0
익산시	47,674	17.0	39,401	16.0	45,580	18.0	42,760	16.0
정읍시	18,623	6.7	15,225	6.3	14,728	5.9	16,000	6.1
남원시	15,647	5.6	9,737	4.0	11,086	4.5	10,918	4.2
김제시	12,699	4.5	10,676	4.4	10,032	4.0	13,398	5.1
완주군	7,214	2.6	6,717	2.8	8,790	3.5	9,014	3.4
진안군	2,306	0.8	2,092	0.9	1,778	0.7	2,992	1.1
무주군	1,044	0.4	907	0.4	948	0.4	879	0.3
장수군	1,496	0.5	1,307	0.5	1,345	0.5	2,997	1.1
임실군	2,720	1.0	2,313	1.0	2,342	0.9	2,752	1.1
순창군	1,476	0.5	1,281	0.5	1,280	0.5	1,421	0.5
고창군	3,971	1.4	3,166	1.3	2,758	1.1	3,123	1.2
부안군	4,349	1.6	3,887	1.6	4,110	1.7	5,143	2.0
계	279,534	100.0	240,718	100.0	24,7737	100.0	261,890	100.0

전 북	1999		2000		2001		2002	
	이동자수	비율	이동자수	비율	이동자수	비율	이동자수	비율
전주시	124,112	45.0	119,124	44.0	103,190	39.0	112,102	42.0
군산시	36,693	13.0	35,029	13.0	37,103	14.0	40,988	15.0
익산시	44,871	16.0	40,997	15.0	43,374	16.0	44,359	17.0
정읍시	18,115	6.6	20,067	7.5	19,564	7.4	15,130	5.7
남원시	10,872	3.9	10,703	4.0	13,478	5.1	11,887	4.5
김제시	11,479	4.2	12,476	4.7	12,542	4.7	12,061	4.5
완주군	9,186	3.3	8,812	3.3	11,945	4.5	9,648	3.6
진안군	3,411	1.2	3,693	1.4	4,162	1.6	4,313	1.6
무주군	1,475	0.5	855	0.3	1,770	0.7	1,047	0.4
장수군	2,724	1.0	3,463	1.3	3,960	1.5	1,565	0.6
임실군	2,987	1.1	2,617	1.0	2,923	1.1	2,936	1.1
순창군	1,534	0.6	1,458	0.5	1,522	0.6	1,504	0.6
고창군	3,406	1.2	3,978	1.5	3,843	1.4	3,703	1.4
부안군	5,171	1.9	4,782	1.8	6,189	2.3	5,204	2.0
계	276,036	100.0	268,054	100.0	265,565	100.0	266,447	100.0

<표 10> 전라북도내에서의 전출지별 총인구이동

(단위: 명, %)

전 북	1995		1996		1997		1998	
	이동자수	비율	이동자수	비율	이동자수	비율	이동자수	비율
전주시	114,722	41.0	101,153	42.0	101,812	41.0	108,326	41.0
군산시	42,005	15.0	36,622	15.0	37,708	15.0	38,597	15.0
익산시	46,425	17.0	40,043	17.0	44,817	18.0	41,751	16.0
정읍시	18,642	6.7	15,237	6.3	13,993	5.6	16,364	6.2
남원시	16,122	5.8	9,991	4.2	11,712	4.7	11,578	4.4
김제시	13,345	4.8	11,947	5.0	11,468	4.6	14,257	5.4
완주군	7,926	2.8	7,806	3.2	7,983	3.2	9,341	3.6
진안군	2,957	1.1	2,722	1.1	2,699	1.1	3,843	1.5
무주군	1,033	0.4	919	0.4	998	0.4	1,015	0.4
장수군	1,877	0.7	1,517	0.6	1,644	0.7	2,465	0.9
임실군	3,335	1.2	3,313	1.4	3,223	1.3	3,405	1.3
순창군	1,777	0.6	1,377	0.6	1,490	0.6	1,715	0.7
고창군	4,381	1.6	3,567	1.5	3,445	1.4	3,463	1.3
부안군	4,987	1.8	4,504	1.9	4,745	1.9	5,770	2.2
계	279,534	100.0	240,718	100.0	247,737	100.0	261,890	100.0

전 북	1999		2000		2001		2002	
	이동자수	비율	이동자수	비율	이동자수	비율	이동자수	비율
전주시	117,867	43.0	111,104	41.0	103,860	39.0	102,791	39.0
군산시	37,918	14.0	36,276	14.0	37,793	14.0	40,810	15.0
익산시	44,591	16.0	41,432	16.0	43,366	16.0	43,784	16.0
정읍시	17,475	6.3	19,244	7.2	19,847	7.5	18,612	7.0
남원시	11,712	4.2	10,973	4.1	13,916	5.2	12,234	4.6
김제시	13,333	4.8	13,743	5.1	13,129	4.9	12,814	4.8
완주군	9,934	3.6	9,855	3.7	9,592	3.6	10,088	3.8
진안군	3,799	1.4	5,113	1.9	3,490	1.3	4,930	1.9
무주군	1,173	0.4	1,395	0.5	1,443	0.5	1,479	0.6
장수군	2,789	1.0	3,292	1.2	4,071	1.5	3,259	1.2
임실군	3,548	1.3	3,570	1.3	3,369	1.3	3,459	1.3
순창군	1,926	0.7	1,,711	0.6	1,759	0.7	1,816	0.7
고창군	3,989	1.4	4,392	1.6	3,910	1.5	3,976	1.5
부안군	5,982	2.2	5,954	2.2	6,020	2.3	6,395	2.4
계	276,036	100.0	268,054	100.0	265,565	100.0	266,447	100.0

<표 11> 전라남도내에서의 전입지별 총인구이동

(단위: 명, %)

전 남	1995		1996		1997		1998	
	이동자수	비율	이동자수	비율	이동자수	비율	이동자수	비율
목포시	51,008	25.0	44,757	25.0	42,497	24.0	41,615	21.0
여수시	47,668	23.0	44,252	24.0	42,231	24.0	44,530	23.0
순천시	44,499	22.0	34,274	19.0	36,223	21.0	36,315	19.0
나주시	6,461	3.2	9,445	5.2	5,750	3.3	6,846	3.5
광양시	11,680	5.7	9,618	5.3	9,853	5.6	15,564	8.0
담양군	1,321	0.6	1,247	0.7	1,275	0.7	1,389	0.7
곡성군	1,045	0.5	987	0.5	1,321	0.8	1,557	0.8
구례군	1,706	0.8	1,791	1.0	1,636	0.9	1,785	0.9
고흥군	3,792	1.9	3,482	1.9	3,487	2.0	4,580	2.3
보성군	2,658	1.3	2,045	1.1	1,986	1.1	2,695	1.4
화순군	2,634	1.3	3,000	1.7	2,615	1.5	3,915	2.0
장흥군	2,121	1.0	1,897	1.0	1,815	1.0	1,850	0.9
강진군	2,226	1.1	1,957	1.1	2,155	1.2	2,278	1.2
해남군	4,365	2.1	3,775	2.1	3,719	2.1	5,325	2.7
영암군	2,823	1.4	4,416	2.4	2,740	1.6	4,839	2.5
무안군	3,859	1.9	3,411	1.9	3,526	2.0	4,066	2.1
함평군	1,739	0.9	1,370	0.8	1,444	0.8	2,583	1.3
영광군	2,929	1.4	2,230	1.2	3,349	1.9	4,074	2.1
장성군	1,756	0.9	1,484	0.8	1,657	0.9	1,776	0.9
완도군	2,376	1.2	1,862	1.0	2,041	1.2	2,447	1.3
진도군	1,905	0.9	1,565	0.9	1,400	0.8	1,855	1.0
신안군	3,103	1.5	2,366	1.3	2,371	1.4	3,264	1.7
계	203,674	100.0	181,231	100.0	175,091	100.0	195,148	100.0

전 남	1999		2000		2001		2002	
	이동자수	비율	이동자수	비율	이동자수	비율	이동자수	비율
목포시	44,723	22.0	44,520	23.0	46,888	24.0	50,329	24.0
여수시	43,686	21.0	43,111	22.0	37,605	19.0	47,730	23.0
순천시	40,138	20.0	38,321	20.0	38,858	20.0	38,029	18.0
나주시	7,495	3.6	7,824	4.0	7,100	3.7	7,226	3.5
광양시	11,468	5.6	10,143	5.2	11,472	5.9	11,367	5.5
담양군	1,516	0.7	1,271	0.7	1,286	0.7	1,408	0.7
곡성군	1,747	0.9	1,952	1.0	1,742	0.9	1,132	0.5
구례군	2,018	1.0	2,145	1.1	2,907	1.5	1,735	0.8
고흥군	5,502	2.7	5,254	2.7	4,243	2.2	6,182	3.0
보성군	2,668	1.3	2,433	1.3	2,408	1.2	2,485	1.2
화순군	3,520	1.7	3,311	1.7	3,602	1.9	4,037	2.0
장흥군	1,938	0.9	1,882	1.0	2,141	1.1	2,620	1.3
강진군	3,543	1.7	2,087	1.1	3,484	1.8	2,190	1.1
해남군	7,301	3.6	6,195	3.2	5,977	3.1	4,830	2.3
영암군	5,064	2.5	4,497	2.3	3,910	2.0	5,752	2.8
무안군	5,172	2.5	4,847	2.5	5,320	2.7	4,470	2.2
함평군	1,597	0.8	1,604	0.8	1,443	0.7	1,650	0.8
영광군	3,611	1.8	3,421	1.8	3,206	1.7	3,585	1.7
장성군	1,931	0.9	2,310	1.2	2,443	1.3	1,798	0.9
완도군	4,930	2.4	2,808	1.4	2,769	1.4	2,232	1.1
진도군	2,523	1.2	1,785	0.9	1,992	1.0	1,906	0.9
신안군	3,298	1.6	2,845	1.5	2,961	1.5	3,536	1.7
계	205,389	100.0	194,566	100.0	193,757	100.0	206,229	100.0

<표 12> 전라남도내에서의 전출지별 총인구이동

(단위: 명, %)

전 남	1995		1996		1997		1998	
	이동자수	비율	이동자수	비율	이동자수	비율	이동자수	비율
목포시	47,667	23.0	42,865	24.0	40,302	23.0	43,239	22.0
여수시	49,388	24.0	44,616	25.0	42,976	25.0	45,645	23.0
순천시	38,498	19.0	30,876	17.0	32,807	19.0	36,158	19.0
나주시	6,739	3.3	9,467	5.2	5,934	3.4	7,058	3.6
광양시	13,907	6.8	10,653	5.9	10,886	6.2	14,688	7.5
담양군	1,435	0.7	1,382	0.8	1,482	0.8	1,461	0.7
곡성군	1,124	0.6	1,074	0.6	1,219	0.7	1,550	0.8
구례군	1,896	0.9	1,866	1.0	1,835	1.0	1,784	0.9
고흥군	4,707	2.3	4,190	2.3	4,224	2.4	4,716	2.4
보성군	3,437	1.7	2,584	1.4	2,510	1.4	2,929	1.5
화순군	2,587	1.3	2,844	1.6	2,497	1.4	3,740	1.9
장흥군	2,252	1.1	1,923	1.1	1,909	1.1	1,916	1.0
강진군	2,423	1.2	2,122	1.2	2,185	1.2	2,374	1.2
해남군	4,805	2.4	4,295	2.4	4,059	2.3	4,795	2.5
영암군	3,017	1.5	3,058	1.7	2,687	1.5	3,290	1.7
무안군	4,328	2.1	3,991	2.2	3,731	2.1	4,265	2.2
함평군	1,787	0.9	1,567	0.9	1,621	0.9	1,827	0.9
영광군	3,108	1.5	2,379	1.3	3,283	1.9	3,988	2.0
장성군	1,743	0.9	1,528	0.8	1,529	0.9	1,905	1.0
완도군	2,422	1.2	2,268	1.3	2,239	1.3	2,516	1.3
진도군	1,980	1.0	1,977	1.1	1,710	1.0	1,899	1.0
신안군	4,424	2.2	3,706	2.0	3,466	2.0	3,405	1.7
계	203,674	100.0	181,231	100.0	175,091	100.0	195,148	100.0

전 남	1999		2000		2001		2002	
	이동자수	비율	이동자수	비율	이동자수	비율	이동자수	비율
목포시	45,538	22.0	43,726	23.0	45,711	24.0	48,313	23.0
여수시	44,951	22.0	44,484	23.0	38,971	20.0	48,416	24.0
순천시	39,040	19.0	35,935	19.0	36,290	19.0	35,863	17.0
나주시	7,517	3.7	7,533	3.9	7,232	3.7	7,147	3.5
광양시	11,167	5.4	10,638	5.5	11,261	5.8	11,309	5.5
담양군	1,550	0.8	1,406	0.7	1,382	0.7	1,453	0.7
곡성군	1,625	0.8	1,827	0.9	1,939	1.0	1,361	0.7
구례군	2,129	1.0	2,232	1.1	3,024	1.6	1,867	0.9
고흥군	5,373	2.6	5,291	2.7	5,324	2.7	6,656	3.2
보성군	2,977	1.4	2,691	1.4	2,673	1.4	2,852	1.4
화순군	3,209	1.6	3,070	1.6	3,312	1.7	3,866	1.9
장흥군	2,152	1.0	2,165	1.1	2,340	1.2	2,595	1.3
강진군	3,573	1.7	2,376	1.2	2,850	1.5	3,090	1.5
해남군	7,147	3.5	6,352	3.3	6,245	3.2	5,631	2.7
영암군	3,902	1.9	4,089	2.1	4,280	2.2	4,957	2.4
무안군	4,486	2.2	4,999	2.6	5,304	2.7	5,328	2.6
함평군	2,454	1.2	1,761	0.9	1,540	0.8	1,704	0.8
영광군	3,507	1.7	3,488	1.8	3,238	1.7	3,553	1.7
장성군	1,907	0.9	2,185	1.1	2,411	1.2	1,872	0.9
완도군	4,872	2.4	2,963	1.5	2,857	1.5	2,460	1.2
진도군	2,385	1.2	2,017	1.0	2,106	1.1	2,118	1.0
신안군	3,928	1.9	3,338	1.7	3,467	1.8	3,818	1.9
계	205,389	100.0	194,566	100.0	193,757	100.0	206,229	100.0

<표 13> 경상북도내에서의 전입지별 총인구이동

(단위: 명, %)

경북	1995		1996		1997		1998	
	이동자수	비율	이동자수	비율	이동자수	비율	이동자수	비율
포항시	68,890	25.0	63,560	25.0	52,106	21.0	58,269	24.0
경주시	25,560	9.3	31,942	12.0	28,310	11.0	27,477	11.0
김천시	14,376	5.2	12,544	4.8	13,666	5.5	11,969	5.0
안동시	23,947	8.7	20,826	8.0	17,191	6.9	20,473	8.5
구미시	55,758	20.0	49,652	19	52,864	21.0	40,983	17
영주시	12,981	4.7	13,452	5.2	11,405	4.6	13,358	5.5
영천시	10,128	3.7	8,153	3.1	11,564	4.6	9,545	4.0
상주시	11,647	4.2	7,536	2.9	9,767	3.9	8,473	3.5
문경시	7,723	2.8	4,939	1.9	5,873	2.4	5,750	2.4
경산시	14,400	5.2	18,769	7.2	18,176	7.3	16,750	6.9
군위군	1,041	0.4	900	0.3	1,032	0.4	998	0.4
의성군	2,467	0.9	2,221	0.9	2,311	0.9	2,424	1.0
청송군	1,907	0.7	1,576	0.6	1,633	0.7	1,552	0.6
영양군	979	0.4	1,022	0.4	919	0.4	900	0.4
영덕군	2,279	0.8	2,183	0.8	2,255	0.9	2,359	1.0
청도군	1,675	0.6	1,740	0.7	1,773	0.7	2,231	0.9
고령군	882	0.3	1,070	0.4	1,096	0.4	1,041	0.4
성주군	1,696	0.6	1,656	0.6	1,653	0.7	1,819	0.8
칠곡군	8,335	3.0	8,243	3.2	7,237	2.9	6,688	2.8
예천군	2,200	0.8	2,056	0.8	2,183	0.9	2,352	1.0
봉화군	1,998	0.7	1,859	0.7	1,761	0.7	1,825	0.8
울진군	3,200	1.2	3,239	1.2	3,636	1.5	3,144	1.3
울릉군	669	0.2	527	0.2	500	0.2	643	0.3
계	274,738	100.0	259,665	100.0	248,911	100.0	241,023	100.0

경 북	1999		2000		2001		2002	
	이동자수	비율	이동자수	비율	이동자수	비율	이동자수	비율
포항시	63,921	23.0	61,974	25.0	56,374	23.0	57,937	23.0
경주시	29,861	11.0	26,104	11.0	26,097	11.0	26,815	11.0
김천시	15,919	5.8	10,883	4.4	12,716	5.2	12,918	5.1
안동시	21,270	7.8	19,777	8.0	19,533	7.9	19,213	7.6
구미시	54,681	20.0	41,581	17.0	47,533	19.0	47,370	19.0
영주시	13,285	4.9	11,738	4.7	11,291	4.6	11,470	4.6
영천시	10,283	3.8	8,771	3.5	9,503	3.9	9,813	3.9
상주시	9,085	3.3	8,354	3.4	9,722	4.0	9,555	3.8
문경시	6,411	2.4	6,377	2.6	6,758	2.7	5,887	2.3
경산시	17,831	6.5	16,956	6.8	17,891	7.3	18,603	7.4
군위군	1,421	0.5	1,555	0.6	1,999	0.8	1,440	0.6
의성군	2,996	1.1	2,332	0.9	2,056	0.8	1,997	0.8
청송군	1,793	0.7	1,591	0.6	1,422	0.6	1,414	0.6
영양군	1,119	0.4	912	0.4	802	0.3	777	0.3
영덕군	2,476	0.9	2,215	0.9	2,102	0.9	4,317	1.7
청도군	2,053	0.8	1,579	0.6	1,704	0.7	1,700	0.7
고령군	1,051	0.4	1,103	0.4	1,135	0.5	1,100	0.4
성주군	1,944	0.7	1,581	0.6	2,040	0.8	2,433	1.0
칠곡군	7,174	2.6	14,608	5.9	8,111	3.3	9,693	3.9
예천군	2,190	0.8	1,975	0.8	2,082	0.8	2,117	0.8
봉화군	1,911	0.7	1,561	0.6	1,563	0.6	1,526	0.6
울진군	3,273	1.2	3,474	1.4	3,080	1.3	2,873	1.1
울릉군	684	0.3	543	0.2	483	0.2	575	0.2
계	272,632	100.0	247,544	100.0	245,997	100.0	251,543	100.0

<표 14> 경상북도내에서의 전출지별 총인구이동

(단위: 명, %)

경 북	1995		1996		1997		1998	
	이동자수	비율	이동자수	비율	이동자수	비율	이동자수	비율
포항시	68,613	25.0	64,751	25.0	53,009	21.0	58,793	24.0
경주시	24,891	9.1	29,493	11.0	26,958	11.0	27,417	11.0
김천시	15,551	5.7	13,162	5.1	14,107	5.7	12,268	5.1
안동시	23,676	8.6	20,410	7.9	17,589	7.1	20,751	8.6
구미시	50,957	19.0	49,384	19.0	50,098	20.0	39,324	16.0
영주시	13,271	4.8	13,522	5.2	11,371	4.6	13,231	5.5
영천시	10,656	3.9	9,028	3.5	11,789	4.7	9,402	3.9
상주시	12,228	4.5	7,760	3.0	10,123	4.1	8,968	3.7
문경시	8,467	3.1	5,336	2.1	6,152	2.5	5,809	2.4
경산시	14,158	5.2	17,625	6.8	16,996	6.8	16,015	6.6
군위군	1,254	0.5	1,103	0.4	1,124	0.5	1,240	0.5
의성군	3,528	1.3	2,756	1.1	2,698	1.1	2,615	1.1
청송군	2,232	0.8	1,907	0.7	1,840	0.7	1,621	0.7
영양군	1,304	0.5	1,298	0.5	1,117	0.4	1,077	0.4
영덕군	2,946	1.1	2,827	1.1	2,775	1.1	2,511	1.0
청도군	1,975	0.7	1,800	0.7	1,876	0.8	2,249	0.9
고령군	992	0.4	1,042	0.4	1,061	0.4	1,053	0.4
성주군	1,911	0.7	1,844	0.7	1,898	0.8	1,898	0.8
칠곡군	6,423	2.3	5,922	2.3	7,201	2.9	6,117	2.5
예천군	2,829	1.0	2,358	0.9	2,436	1.0	2,517	1.0
봉화군	2,563	0.9	2,225	0.9	2,255	0.9	2,322	1.0
울진군	3,501	1.3	3,406	1.3	3,803	1.5	3,201	1.3
울릉군	812	0.3	706	0.3	635	0.3	624	0.3
계	274,738	100.0	259,665	100.0	248,911	100.0	241,023	100.0

경 북	1999		2000		2001		2002	
	이동자수	비율	이동자수	비율	이동자수	비율	이동자수	비율
포항시	63,715	23.0	60,640	25.0	55,448	23.0	58,074	23.0
경주시	29,503	11.0	26,765	11.0	26,801	11.0	27,390	11.0
김천시	15,329	5.6	11,589	4.7	12,359	5.0	14,321	5.7
안동시	21,218	7.8	19,460	7.9	19,283	7.8	18,523	7.4
구미시	53,477	20.0	45,435	18.0	45,068	18.0	43,763	17.0
영주시	13,162	4.8	11,926	4.8	11,411	4.6	11,530	4.6
영천시	10,819	4.0	9,405	3.8	9,947	4.0	10,458	4.2
상주시	9,717	3.6	8,906	3.6	10,314	4.2	9,835	3.9
문경시	6,328	2.3	6,269	2.5	6,856	2.8	6,782	2.7
경산시	16,899	6.2	16,377	6.6	17,008	6.9	17,702	7.0
군위군	1,293	0.5	1,248	0.5	1,685	0.7	1,804	0.7
의성군	3,381	1.2	2,874	1.2	2,577	1.0	2,692	1.1
청송군	1,979	0.7	1,788	0.7	1,681	0.7	1,839	0.7
영양군	1,261	0.5	1,059	0.4	991	0.4	992	0.4
영덕군	2,855	1.0	2,754	1.1	2,541	1.0	2,583	1.0
청도군	2,403	0.9	2,131	0.9	2,003	0.8	1,928	0.8
고령군	1,120	0.4	1,158	0.5	1,194	0.5	1,244	0.5
성주군	2,049	0.8	1,932	0.8	2,289	0.9	2,247	0.9
칠곡군	6,829	2.5	7,044	2.8	8,160	3.3	9,213	3.7
예천군	2,777	1.0	2,489	1.0	2,452	1.0	2,493	1.0
봉화군	2,356	0.9	1,970	0.8	1,999	0.8	1,985	0.8
울진군	3,373	1.2	3,737	1.5	3,343	1.4	3,428	1.4
울릉군	789	0.3	588	0.2	587	0.2	717	0.3
계	272,632	100.0	247,544	100.0	245,997	100.0	251,543	100.0

<표 15> 경상남도내에서의 전입지별 총인구이동

(단위: 명, %)

경 남	1995		1996		1997		1998	
	이동자수	비율	이동자수	비율	이동자수	비율	이동자수	비율
창원시	94,343	27.0	95,124	27.0	74,544	23.0	70,508	20.0
마산시	64,000	18.0	70,694	20.0	55,554	17.0	80,111	23.0
진주시	48,063	14.0	49,688	14.0	50,090	16.0	49,598	14.0
진해시	19,612	5.5	17,752	4.9	20,179	6.3	15,916	4.6
통영시	21,395	6.0	16,153	4.5	15,985	5.0	17,622	5.1
사천시	14,093	4.0	11,492	3.2	11,819	3.7	11,966	3.4
김해시	26,700	7.5	34,804	9.7	32,350	10.0	33,840	9.7
밀양시	10,167	2.9	8,153	2.3	10,299	3.2	8,550	2.5
거제시	15,701	4.4	16,465	4.6	14,051	4.4	19,241	5.5
양산시	10,823	3.0	11,389	3.2	9,814	3.0	10,585	3.0
의령군	2,428	0.7	1,838	0.5	1,874	0.6	2,153	0.6
함안군	5,879	1.6	5,227	1.5	5,605	1.7	6,386	1.8
창녕군	3,824	1.1	3,394	0.9	3,557	1.1	3,742	1.1
고성군	3,724	1.0	3,392	0.9	3,457	1.1	3,539	1.0
남해군	2,711	0.8	2,210	0.6	2,372	0.7	2,373	0.7
하동군	3,069	0.9	2,472	0.7	2,606	0.8	2,843	0.8
산청군	2,695	0.8	2,617	0.7	2,264	0.7	2,442	0.7
함양군	1,989	0.6	1,695	0.5	1,679	0.5	2,075	0.6
거창군	2,938	0.8	2,693	0.7	2,586	0.8	2,727	0.8
합천군	2,504	0.7	2,057	0.6	2,101	0.7	2,087	0.6
계	356,658	100.0	359,309	100.0	322,786	100.0	348,304	100.0

경 남	1999		2000		2001		2002	
	이동자수	비율	이동자수	비율	이동자수	비율	이동자수	비율
창원시	87,427	25.0	71,039	22.0	69,768	22.0	68,436	19.0
마산시	63,101	18.0	57,337	17.0	60,821	19.0	61,797	17.0
진주시	49,750	14.0	48,059	15.0	45,015	14.0	51,712	14.0
진해시	17,920	5.1	18,376	5.6	15,508	4.8	20,020	5.6
통영시	16,969	4.9	15,944	4.8	16,445	5.1	17,398	4.8
사천시	13,855	4.0	13,363	4.1	13,063	4.0	11,896	3.3
김해시	33,175	9.5	39,670	12.0	34,347	11.0	61,112	17.0
밀양시	9,921	2.8	8,294	2.5	8,524	2.6	8,666	2.4
거제시	16,070	4.6	15,752	4.8	17,348	5.4	16,802	4.7
양산시	11,321	3.2	14,584	4.4	12,637	3.9	13,181	3.7
의령군	2,228	0.6	1,883	0.6	1,734	0.5	1,948	0.5
함안군	5,323	1.5	5,015	1.5	6,853	2.1	5,951	1.7
창녕군	3,507	1.0	3,376	1.0	3,167	1.0	3,610	1.0
고성군	3,584	1.0	3,603	1.1	3,653	1.1	3,704	1.0
남해군	2,552	0.7	2,230	0.7	2,198	0.7	2,287	0.6
하동군	2,773	0.8	2,869	0.9	4,095	1.3	3,041	0.8
산청군	2,446	0.7	2,243	0.7	2,362	0.7	2,598	0.7
함양군	2,103	0.6	1,735	0.5	1,683	0.5	1,898	0.5
거창군	2,826	0.8	2,506	0.8	2,704	0.8	2,558	0.7
합천군	2,225	0.6	1,934	0.6	1,992	0.6	1,974	0.5
계	349,076	100.0	329,812	100.0	323,917	100.0	360,589	100.0

<표 16> 경상남도내에서의 전출지별 총인구이동

(단위: 명, %)

경 남	1995		1996		1997		1998	
	이동자수	비율	이동자수	비율	이동자수	비율	이동자수	비율
창원시	85,962	24.0	91,931	25.0	73,160	23.0	76,266	22.0
마산시	70,303	20.0	74,222	21.0	59,269	18.0	73,553	21.0
진주시	49,484	14.0	49,270	14.0	48,670	15.0	48,564	14.0
진해시	18,857	5.2	17,500	4.8	19,167	5.9	16,580	4.8
통영시	21,675	6.0	17,020	4.7	16,788	5.2	18,052	5.2
사천시	14,069	3.9	12,026	3.3	12,868	4.0	12,662	3.6
김해시	25,339	7.0	29,039	8.0	28,072	8.7	31,044	8.9
밀양시	10,865	3.0	8,978	2.5	10,388	3.2	8,975	2.6
거제시	13,961	3.9	15,246	4.2	13,328	4.1	17,963	5.2
양산시	11,336	3.2	12,391	3.4	9,686	3.0	10,923	3.1
의령군	2,842	0.8	2,733	0.8	2,312	0.7	2,492	0.7
함안군	6,473	1.8	6,165	1.7	5,654	1.8	6,411	1.8
창녕군	4,636	1.3	4,194	1.2	3,816	1.2	4,276	1.2
고성군	4,647	1.3	4,444	1.2	3,801	1.2	4,273	1.2
남해군	3,391	0.9	3,041	0.8	2,786	0.9	2,662	0.8
하동군	3,805	1.1	3,447	1.0	3,207	1.0	3,339	1.0
산청군	3,205	0.9	3,051	0.8	2,833	0.9	2,944	0.8
함양군	2,397	0.7	2,135	0.6	1,908	0.6	2,115	0.6
거창군	3,231	0.9	2,866	0.8	2,571	0.8	2,723	0.8
합천군	3,094	0.9	2,760	0.8	2,502	0.8	2,487	0.7
계	359,572	100.0	362,459	100.0	322,786	100.0	348,304	100.0

경 남	1999		2000		2001		2002	
	이동자수	비율	이동자수	비율	이동자수	비율	이동자수	비율
창원시	81,623	23.0	70,653	21.0	69,803	22.0	81,561	23.0
마산시	63,459	18.0	59,270	18.0	59,287	18.0	60,453	17.0
진주시	49,259	14.0	47,429	14.0	45,739	14.0	50,167	14.0
진해시	18,845	5.4	18,570	5.6	16,225	5.0	19,529	5.4
통영시	17,425	5.0	17,171	5.2	17,356	5.4	17,951	5.0
사천시	13,638	3.9	13,176	4.0	12,752	3.9	13,057	3.6
김해시	32,498	9.3	32,874	10.0	32,290	10.0	43,082	12.0
밀양시	10,404	3.0	9,096	2.8	9,166	2.8	9,667	2.7
거제시	15,941	4.6	15,288	4.6	16,280	5.0	16,190	4.5
양산시	11,151	3.2	14,061	4.3	12,303	3.8	13,503	3.7
의령군	2,629	0.8	2,239	0.7	2,241	0.7	2,373	0.7
함안군	5,975	1.7	5,746	1.7	6,208	1.9	6,518	1.8
창녕군	4,112	1.2	3,784	1.1	3,889	1.2	4,183	1.2
고성군	4,434	1.3	4,345	1.3	4,329	1.3	4,474	1.2
남해군	3,071	0.9	2,811	0.9	2,700	0.8	2,835	0.8
하동군	3,451	1.0	3,391	1.0	3,263	1.0	4,723	1.3
산청군	3,101	0.9	2,838	0.9	2,833	0.9	3,092	0.9
함양군	2,444	0.7	2,000	0.6	2,007	0.6	2,126	0.6
거창군	2,914	0.8	2,645	0.8	2,863	0.9	2,658	0.7
합천군	2,702	0.8	2,425	0.7	2,383	0.7	2,447	0.7
계	349,076	100.0	329,812	100.0	323,917	100.0	360,589	100.0

<표 17> 제주도내에서의 전입지별 총인구이동

(단위: 명, %)

제 주	1995		1996		1997		1998	
	이동자수	비율	이동자수	비율	이동자수	비율	이동자수	비율
제주시	45,161	70.0	39,220	67.0	40,514	69.0	47,928	68.0
서귀포시	10,548	16.0	9,219	16.0	8,468	14.0	10,022	14.0
북제주군	6,013	9.3	7,091	12.0	6,508	11.0	8,738	12.0
남제주군	3,281	5.0	3,389	5.8	3,432	5.8	4,052	5.7
계	65,003	100.0	58,919	100.0	58,922	100.0	70,740	100.0

제 주	1999		2000		2001		2002	
	이동자수	비율	이동자수	비율	이동자수	비율	이동자수	비율
제주시	42,305	64.0	43,024	67.0	52,387	70.0	50,114	69.0
서귀포시	11,655	18.0	9,684	15.0	9,456	13.0	9,367	13.0
북제주군	7,869	12.0	7,446	12.0	8,388	11.0	9,292	13.0
남제주군	4,576	6.9	4,207	6.5	4,338	5.8	3,865	5.3
계	66,405	100.0	64,361	100.0	74,569	100.0	72,638	100.0

<표 18> 제주도내에서의 전출지별 총인구이동

(단위: 명, %)

제 주	1995		1996		1997		1998	
	이동자수	비율	이동자수	비율	이동자수	비율	이동자수	비율
제주시	41,664	64.0	36,786	62.0	38,106	65.0	46,614	66.0
서귀포시	10,999	17.0	9,795	17.0	9,211	16.0	10,675	15.0
북제주군	7,454	12.0	7,784	13.0	7,179	12.0	8,200	12.0
남제주군	4,886	7.5	4,554	7.7	4,426	7.5	5,251	7.4
계	65,003	100.0	58,919	100.0	58,922	100.0	70,740	100.0
제 주	1999		2000		2001		2002	
	이동자수	비율	이동자수	비율	이동자수	비율	이동자수	비율
제주시	40,944	62.0	40,725	63.0	49,523	66.0	47,498	65.0
서귀포시	12,015	18.0	10,448	16.0	10,533	14.0	10,308	14.0
북제주군	8,239	12.0	8,379	13.0	9,139	12.0	9,333	13.0
남제주군	5,207	7.8	4,809	7.5	5,374	7.2	5,499	7.6
계	66,405	100.0	64,361	100.0	74,569	100.0	72,638	100.0

■ 지은이

이시원
서울대학교 행정학 박사
현재 경상대학교 교수(행정학)
주요저서 『정책학원론』(공저)

김영기
부산대학교 행정학 박사
현재 경상대학교 교수(행정학)
주요저서 『미국의 주민소환제도』(번역서)

이성진
경상대학교 행정학 박사
현재 경상대학교 강사(행정학)
주요논문 『지방정부 혁신이행에 효과적인 리더십 연구』

하상근
경상대학교 행정학 박사
현재 경상대학교 강사(행정학)
주요논문 『정책불응의 현황 및 불응요인의 상대적 영향력 검증』

한울아카데미 749
한국의 지역사회 인구변동

ⓒ 이시원 외, 2005

지은이 ︱ 이시원, 김영기, 이성진, 하상근
펴낸이 ︱ 김종수
펴낸곳 ︱ 도서출판 한울

편집 책임︱ 안광은

초판 1쇄 인쇄 ︱ 2005년 7월 5일
초판 1쇄 발행 ︱ 2005년 7월 11일

주소 ︱ 413-832 파주시 교하읍 문발리 507-2(본사)
　　　 121-801 서울시 마포구 공덕동 105-90 서울빌딩 3층(서울 사무소)
전화 ︱ 영업 02-326-0095, 편집 02-336-6183
팩스 ︱ 02-333-7543
홈페이지 ︱ www.hanulbooks.co.kr
등록 ︱ 1980년 3월 13일, 제406-2003-051호

Printed in Korea.
ISBN 89-460-3390-8 93330

* 가격은 겉표지에 표시되어 있습니다.

이 책은 한국학술진흥재단 2003년도 기초학문육성 인문사회분야
지원사업의 지원과제 '지방자치단체 인구변동 및 정책적 대응에
관한 연구-과소지역의 인구변동 및 정책적 대응을 중심으로-'
(KRF-2003-072-BS1003)의 최종 연구성과물이다